船舶主体工种岗位培训教材

船舶管系工

主编 章炜樑 许正权
主审 章祖岐

国防工业出版社
·北京·

内 容 简 介

本书由基础知识、管子材料及管路附件、管系识图、船舶管系、船舶柴油机动力装置、管系液货船专用管系简介、管子加工、管子安装、管系密性和冲洗、HSE 管理共十章组成,着重介绍了管子材料的规格、性能;船舶管系各种图表的识图知识;船舶管系的加工、安装的工艺流程、主要设备和操作技能以及相关的 HSE 管理的要求等。

本书可作为船舶管系工的上岗和中级工的培训教材,也可作为技校管系工专业的教材和有关院校、专业技术人员、工人的参考。

图书在版编目(CIP)数据

船舶管系工/章炜樑,许正权主编 . —北京:国防工业
出版社,2008.9(2015.9 重印)
船舶主体工种岗位培训教材
ISBN 978-7-118-05845-1

Ⅰ. 船…　Ⅱ.①章…②许…　Ⅲ. 船舶管系-技术
培训-教材　Ⅳ. U664.84

中国版本图书馆 CIP 数据核字(2008)第 100636 号

※

国防工业出版社出版发行
(北京市海淀区紫竹院南路 23 号　邮政编码 100044)
三河市腾飞印务有限公司印刷
新华书店经售

*

开本 787×1092　1/16　印张 24¾　字数 557 千字
2015 年 9 月第 1 版第 4 次印刷　印数 15001—18000 册　定价 43.00 元

(本书如有印装错误,我社负责调换)

国防书店:(010)68428422　　　　发行邮购:(010)68414474
发行传真:(010)68411535　　　　发行业务:(010)68472764

船舶主体工种岗位培训教材
编著委员会

序

经过改革开放三十年，特别是新世纪以来近八年的发展，我国造船工业不仅在造船产量、能力规模方面实现了跨越式发展，而且在产品结构、造船效率、技术研发等方面有了长足进步，取得了令世人瞩目的历史成就。作为我国船舶工业的主力军，中船集团公司用短短几年时间提前实现了"五强"、"三强"目标，2007年造船完工量、新船接单量和手持定单量均跃居世界造船集团第二位。

当前，中船集团公司已经站在了从做大迈向更加注重做强的历史新起点。集团公司第六次工作会议明确提出，到2015年，我们不仅要成为世界第一造船集团，全面实现"五三一"目标，而且要推动做强的新跨越，达到"五个世界领先"。这个宏伟目标，既为我们各项工作进一步指明了方向，也提出了新的要求。其中，人才队伍世界领先更具战略意义，需要付出更多努力。我们要紧紧围绕集团公司改革发展实际需要，创新人力资源管理机制，以建设职业化的管理经营人才队伍、创新型科技人才队伍以及技艺精湛的高技能人才队伍为重点，建设世界领先的人才队伍。

加强员工培训，是提高人才队伍素质的重要手段。深入系统地开展岗位技能培训，提升企业员工尤其是造船生产一线员工的技能水平和业务素质，对于不断壮大集团公司技艺精湛的高技能人才队伍，更好地适应集团公司新的跨越式发展具有重要意义。为此，集团公司委托上海地区公司组织编著了《船舶主体工种岗位培训教材》系列丛书。这套书比较完整地汇集了集团公司各单位造船技术和工艺的精华，凝聚着集团公司造船专家们的经验和智慧，是一套难得的员工技能培训教材。希望集团公司各单位结合工作实际，真正学好、用好，取得实效。

谨向编著本套教材的专家和同志们表示衷心感谢。

中国船舶工业集团公司总经理

2008年4月10日

编 者 的 话

近年来,随着我国船舶工业的快速发展,各造船企业的造船能力和产量迅速提升,各类新建造船企业如雨后春笋般涌现,由此带来造船员工队伍尤其是劳务工队伍的需求持续增长。伴随造船员工队伍总量的迅猛扩大,员工队伍的技能素质越来越难以适应造船总量的快速提升,在一定程度上已成为我国造船工业进一步发展的瓶颈。为了适应我国造船工业的快速发展,满足造船企业培训技能员工尤其是劳务工的需求,全面提升企业员工队伍整体技能素质,编写一套造船主体工种岗位培训教材已成为当务之急。

受中国船舶工业集团公司的委托,上海船舶工业公司从 2005 年开始筹划,并组织上海地区所属江南造船(集团)有限责任公司、沪东中华造船(集团)有限公司、上海外高桥造船有限公司、上海船厂船舶有限公司、中船澄西船舶修造有限公司等造船企业的几十名造船专家开展了船舶主体工种岗位培训教材的编写。

本套岗位培训教材共 10 本,囊括了造船生产中员工相对需求量较大的所有工种的岗位培训要求,是一套主体工种齐全、内容全面的上岗培训教材。它们是《船舶切割工》、《船体装配工》、《船舶电焊工》、《船舶管系工》、《船体火工》、《船体冷加工》、《船舶除锈涂装工》、《船舶起重工》、《船舶钳工》、《船舶电工》。

本套岗位培训教材的编写,以造船企业对技能人才的需求为导向,以造船工种岗位技能需求为依据,以现代造船流程和工艺为标准,以新入企业员工(劳务工)培训为对象,以模块化教学为单元。在编著过程中着力把握以下原则:一是实用性。突出标准操作流程和作业要领,教会员工正确的作业方法和操作步骤,并辅以基础理论知识。二是通用性。在内容上以现代造船模式的流程和新技术、新工艺、新设备为主,兼顾传统生产管理模式、流程和老设备。在深度上以适用文化程度较低的劳务工初级培训为主,兼顾已掌握一定技能员工进一步提高的再次培训。三是先进性。以建立现代造船模式为基础,广泛吸收国内外先进造船理念、技术和工艺,体现技术、管理和生产一体化思想,结合"HSE"和"5S"要求,使员工充分了解和掌握先进、规范的作业要求以及安全生产和产品质量的基本知识。

如有可能,我们还将陆续制作影像教学光盘,以便使教学更直观、更形象、更生动。我们真诚希望本套教材的出版,为加速培养我国造船工业更多、更优技能人才起到积极的推动和促进作用,同时衷心希望从事造船岗位培训教学人员和广大读者对本套教材提出宝贵意见和建议。

船舶主体工种岗位培训教材编著委员会
2008 年 3 月

前　言

本书是根据中国船舶工业集团公司岗位培训教材编著委员会审定的《船舶主体工种岗位培训教材》编写大纲，并在编委会的具体组织下编写的，作为船舶行业管系工岗位培训教材。

本书编写过程中，按照编写大纲的要求，紧密结合各船厂目前的实际情况，同时贴近现代造船模式转换的要求，使培训教材既有实用性，又有前瞻性。

本书由沪东中华造船（集团）有限公司章炜樑、许正权同志主编。第一章到第六章由章炜樑同志编写，第七章到第十章由许正权同志编写。

本书初稿形成后，由江南造船（集团）有限责任公司的章祖岐同志主审，并提出了许多宝贵意见，上海船舶工业公司的领导也对本书提出了修改和指导意见。在此我们向提供支持和帮助的有关单位和个人表示诚挚的感谢。

由于编者学识水平和实践经验的局限，书中难免有错误和取舍不当之处，恳请广大读者给予批评和指正。

编　者

2008 年 3 月

目　录

第一章 基础知识

第一节 船舶概述

一、船舶工业发展概况

(一) 古代造船史

大约在七八千年前世界就出现了舟船,在新石器时代,人们能够利用火和石斧制造独木舟。中国、埃及、希腊和罗马等都是世界造船和航海的发源地。

中国古代的造船技术,在一个较长的时期中,一直处于领先地位,在世界船舶的发展历史长河中,曾做出过重要的贡献。

在秦、汉时期我国舟船技术获得很大的发展,在唐、宋时期舟船技术臻于成熟的基础上,才有了明代永乐年间郑和七下西洋的壮举。

郑和在 1405 年—1433 年期间,受政府派遣统帅舟师七下西洋。每次出洋海员达 27000 余人,船舶一二百艘,其中大型宝船长 44 丈 4 尺,宽 18 丈,排水量达 14000t 以上。郑和的船队不但访问了南洋群岛的主要国家,而且一直开到了非洲东岸,总航程十万余里。其规模之大,人数之多,船舶技术之先进,航行海域之广阔,都开创了世界航海史上的新纪元。

15 世纪初的中国,以高超的造船技术,建造了难以置信的巨大船舶,而郑和下西洋,达到了这一航海历史阶段的最高峰。

(二) 近代造船史

17 世纪的欧洲,自然科学有了迅速的发展,到 18 世纪近代造船科学开始建立,欧洲各国对船舶应具有的航海性能有了更深刻的认识,因此其帆船的设计水平、制造技术都有了显著的进步。到了 18 世纪末,西、法、英、美等诸国有不少人开始研究制订利用蒸汽机推进船舶的方案。1807 年美国人富尔顿建成了第一艘蒸汽机明轮船"克雷门特"号。1838 年,英国人建成的客船"大东方"号,采用风帆、明轮和螺旋桨联合推进装置。其船长达 207.13m,排水量为 18915t。

19 世纪 60 年代以后,曾国藩、左宗棠、李鸿章等洋务派,奏请清朝政府操办洋务运动;1861 年开办安庆内军械所;1865 年在上海创办了制造军火和轮船的综合企业——江南制造总局;1866 年在福建马尾设立专门从事造船的福州船政局,船政局设"前学堂"培养造船、造机人才;1872 年又创办了招商局。

1865 年,制成我国第一艘蒸汽机轮船,该船长 17.6m,航速约 6kn。1868 年,制成木壳桨兵船,航速约 9.5kn;1869 年,制成木壳运输舰,航速约 10kn,是我国最初的几艘机械动力轮船,从技术上看,相当于美、英等国 19 世纪初的水平,但这毕竟是中国近代造船工业的开端。

1879年，在上海建成了载重763t的长江铁壳螺旋桨轮船，具有载重量大、燃料消耗省的特点。1905年又建成钢质长江客货轮，载重1900t，载客326人，动力机器采用火管锅炉三座，三膨胀式蒸汽机两台，航速12.5kn；1918年建成载客200余人的客货船，其航速达到了13.79kn，深受航运界的欢迎，因而仅在1919年—1922年，同型船就造了10艘。

1918年夏，第一次世界大战进行期间，美国急需大批远洋运输船，遂与江南造船所签订了承造4艘万吨级运输船的合同，这些船是全遮蔽甲板型蒸汽机货船，航速11kn。4艘远洋运输船的按期建成，被认为开创了中国工业史和造船史上的新纪元。

自清朝洋务运动起到民国政府的80多年中，我国虽然也建造了一批钢质的轮船，但由于处在外国帝国主义和本国官僚买办势力的双重压迫下的半殖民地半封建社会，造船业的发展极为缓慢，造船科学技术也由于缺乏工业基础而无法达到先进水平。

（三）日韩造船工业的发展

1955年之前欧洲国家是世界造船业的中心，造船份额占世界的80%。当时的欧洲是工业化发达地区，在技术开发能力、工业化基础方面日本无法与其竞争。但在1955年之后，日本凭借其在第二次世界大战中形成的雄厚的工业基础，在战后得以迅速的恢复，特别是劳动力成本低的优势，使欧洲无法与其竞争，造船业的优势迅速从欧洲向日本转移。

20世纪60年代是日本造船工业迅猛发展的阶段，针对当时对大型油船、货船、集装箱船等市场的需求，日本加快了设备投资，不断扩大造船能力，研究造船技术，提高造船管理的水平，10年间造船能力扩大了3倍～4倍，船舶产量增加了4.5倍；70年代中期，日本建造了当时世界上最大的载重量为50万吨级的巨型油轮，性能优良的直升机驱逐舰和水滴形潜艇，在当时受到各国注目。到了1985年，日本造船份额已占世界造船量的50%，而欧洲一路下滑到21%。

1969年韩国就将造船列入国家重点发展的产业，并将造船业发展的目标定为：在国内实现"造船立国"，在国际赶超日本，问鼎世界之首。此时的韩国只有大韩、大鲜、大东三家船厂，仅能建造中小型船舶。到1975年还只占世界造船份额只有1%。但1973年现代重工的蔚山船厂一期工程投产，经过8年的时间，到1981年韩国从不知名的造船国迅速发展成为世界第二造船大国。到2002年已占到世界33%，而日本的市场份额则从1985年占世界54%的高水平下降到2002年的35%，欧洲则进一步落到只占世界份额的15%。2003年，韩国获得世界第一造船大国的桂冠，才完成了其跃居世界第一造船大国的心愿。2006年韩国造船业接获的订单总量达1959万修正总吨，占全球市场份额达39.4%。截止2006年年底，韩国造船业手持订单总量为4526万修正总吨，相当于今后4年的造船量。在世界5大造船企业中，韩国占据4席，现代重工、三星重工、大宇造船、三湖重工分居前四位。目前，韩国建造的油船、集装箱船、液化天然气船（LNG）、浮式生产储油船（FPSO）、高速船和超大型船以及豪华客船均居世界领先地位。

（四）中国现代造船工业的发展

新中国成立之初，恢复和建设了一大批修造船厂和专业配套设备厂，在全国逐渐形成比较完整的配套协作网。新中国民用造船的发展大致可以分为三个时期。

1.艰苦创业时期（1949年—1966年）

建国初期，百废待兴，工业基础薄弱，造船工业从修旧利废、改建旧船开始。20世

50 年代初,将本世纪初建造的长江下游客货船加以改建后作为营运的交通工具直至 70 年代。当时我国水运以发展内河航运为主,建造了一大批内河拖船、驳船和机帆船。为配合航道疏浚和水利建设,各地也建造一些挖泥、抛石等工程船舶。

20 世纪 50 年代,京沪铁路运输繁忙,设计和建造了一批火车渡船,船长约 110m,可装运 20 余节车厢,载客 936 人,首次采用我国自行设计制造的电动液压舵机,船体首部线形首次采用了 U 形横剖线并配以弧形折角线,造型美观,航速也有明显提高。1955 年,建成建国后第一艘沿海客货船,航速 11.5kn,载客 500 人,载货 700t。1960 年建成采用柴油机推进装置的沿海客货船,可载客 800 余人,航速约 16kn,舱室设备和布置都达到了一个新水平。这一时期还设计建造了 5000t 沿海货船,主机采用当时较为先进的单流式蒸汽机,除雷达、测向仪进口外,舾装、电气设备均是自行研制制造的。

20 世纪 50 年代末研制,60 年代中期建成的万吨级远洋货船,采用我国自行研制的直流扫气低速重型船用柴油机,除柴油发电机组为进口,船体材料和所有机电设备、各种配套机件都是我国自行研制的,航速达 17.3kn,该船在航速、装载量、钢材消耗量等方面均达到了当时较先进的水平。表明我国在国船建造技术和配套设备的生产上有重大进步,为以后建造大型船舶打下了基础。

2. 曲折前进时期(1966 年—1978 年)

开始于 1966 年的十年“文化大革命”,严重干扰了船舶工业的正常发展,使我国的造船生产在建造技术、企业管理、产品质量等诸方面拉大了与世界水平的差距。但是广大造船职工坚持生产、坚持科研仍然取得了可喜的成绩。

1971 年建成中型客货船,载客 970 人,具有较好的适用性和经济性,作为定型船舶批量建造了多艘。1974 年设计建成的大型内河客货船,是当时我国长江上尺度最大、载客最多的大型客货船。此船首次开辟了甲板中线内走廊,提高了适用性与舒适性,航速也有显著提高。定型后先后建造了 20 艘,成为当时长江中下游客运的主力。

这一时期海洋船舶建造也得到快速发展,建成当时我国最大的 7500t 沿海客货船,船长 138m,载客 960 人,载货 2000t,航速 18kn。到 1976 年先后建成了 15000t,24000t 和 50000t 的油船;首次采用球鼻首、载重量为 25000t 散货船,载重量 16000t 的矿煤船等。

在此期间,为配合研制洲际运载火箭和发展航天技术的需要,建造了中国第一支远洋测量船队,其以主测量船为核心,由 12 艘船舶组成。包括大连造船厂建造的“远洋油水补给船”,江南船厂建造了主测量船“远望 1 号”和“远望 2 号”,“向阳红 10 号”,中华船厂建造的远洋运输拖船等均于 1979 年前建成,参加了 1980 年 5 月举行的远程运载火箭试验。

3. 改革开放时期(1978 年以后)

1978 年我国开始实行改革开放政策以来,极大地促进了船舶及海洋建筑物的创新与开发。新船型的技术性能、经济指标、生产工艺、建造质量已接近同期的国际水平;能按国际上任何一种建造规范、国际公约、标准建造出各种类型现代化船舶。

1986 年建造两艘 64000t 巴拿马型散货船因质量上乘受到了船东的称赞;1987 年建成双底双壳的 69000t 成品/化学品油船,适合于无限航区。该船设有球鼻首,尾柱带有尾球体。满足无人机舱要求,14 个油舱及 2 个污油舱均采用特种涂装工艺处理,货油舱设有惰性气体保护系统。

1988 年建成 7000t 级滚装船,实测航速为 16kn,采用双机双桨,减速器和可调螺旋桨推进装置。在正常航行情况下,可在驾驶室遥控操纵。同年建造的 24000t 级汽车滚装船,载车 4000 辆,其性能达到世界上同类型汽车滚装船的先进技术水平。同年,为联邦德国建造的 2700TEU 全格栅大型冷风集装箱船,采用不对称尾型;其综合导航系统可实行从启运港到目的港全程自动导航,全船只需 16 名船员,设有一人操纵的驾驶室和一人管理的装卸计算机系统、自流式中央冷却系统等;可载 2700 个标准集装箱,其中 544 个冷藏箱可自动调温,当时被国际航运界誉为"未来型"的大型集装箱船。

30 年中,我国造船生产获得较大发展。1982 年船舶总公司刚成立时造船产量为 42 万吨,到 2006 年,造船产量提高到 1452 万载重吨,占世界造船产量的份额由 1982 年的 0.8%,世界第 17 位,提高到 2006 年的 19%,连续 12 年成为仅次于日本、韩国之后的世界第 3 造船大国。至 2007 年 6 月底,新接船舶订单 4262 万载重吨,同比增 165%,占世界市场份额 42%,手持船舶订单 1.054 亿载重吨,占世界市场份额 28%。目前,已有三家造船企业手持船舶订单入围世界造船企业前 10 强。产品结构得到进一步优化,不仅主流船型大型化、批量化、系列化特点更加突出,而且船舶技术含量和附加值大幅提高;承接油船比例大幅上升;集装箱船已形成系列化建造;高新技术船舶比重明显增加,首次承接万箱级集装箱船和 30 万吨级矿砂船,成功进入海洋工程国际高端市场;美国康菲石油公司 30 万吨超大型海上浮式生产储油船(FPSO)项目已顺利交船;被誉为船舶建造明珠之一的 LNG 液化气船首制船也已于 2008 年 4 月交付船东;还首次承接了第六代深水半潜式钻井平台改装工程。中国船舶工业综合竞争力有了很大提高,中国船舶工业整体发展形势正由"快"转变为"又好又快",增长方式则由"做大"转变为"大强并举"。上海江南长兴造船基地、广州龙穴造船基地、青岛海西湾造修船基地和一大批地方造船企业正在建设,将快速推动中国造船行业的做大做强,使中国成为世界第一造船大国指日可待。

二、现代造船模式

(一) 造船模式的演变

船舶制造是一个极为复杂的制造工程,它由船体、舾装和涂装工程组成,具有作业面广、工作量大、工种多、安装复杂、设计和制造周期长等特点。如何高效率、高质量、安全地建造船舶是造船工作者长期以来孜孜以求的目标。

造船模式的演变实际上是人们在不断提高造船的生产效率,确保建造质量和缩短造船周期的过程,也就是如何用科学的、先进的造船模式来解决"怎样造船"和"怎样合理组织造船生产"的问题。

造船模式是不断发展变化的,但相对地在一定的时期内又是稳定的、不变的。追溯世界造船史可以看到大体经历了四个阶段,形成了四种模式。

第一个阶段(20 世纪 40 年代以前的铆接船时代):按功能系统组织生产的造船模式。

第二个阶段(20 世纪 40 年代中后期全焊接船初期):按区域(船体)、系统(舾装)组织生产的造船模式。

第三个阶段(20 世纪 50 年代末,60 年代初形成):船体和舾装均按区域、阶段、类型组织生产的造船模式。

第四个阶段(20 世纪 70 年代初期形成):按区域、阶段、类型一体化组织生产的造船模式。此种模式一直沿用至今,已被国内外造船界公认为当今最先进的造船模式。

以上四种模式从本质上看又可分为两大类:前两种可归为一类,称为系统导向型的传统造船模式,后两种可另为一类,称为产品导向型的造船模式。

（二）现代造船模式的一般概念

现代造船模式的主要特征就是把船舶设计、生产、管理由传统的按功能、系统和专业的方式转换为按区域、阶段和类型的方式,同时把传统造船的全能厂改变为总装厂。可形象化地认为,现代造船模式的主要特征是一种以"块"(区域)代"条"(系统)的造船模式,就是把"块"作为船舶建造过程中的一个中间产品,围绕中间产品进行生产资源(含人、财、物)的合理配置,以实现船体建造、舾装、涂装作业在空间上分道、时间上有序的总装化作业,达到建造船舶的高质量、高效率、短周期和低成本。为此,这种模式业已成为现代造船行之有效的一种造船模式。

目前国内船舶同行业比较一致地认为,所谓现代造船模式是为以统筹优化理论为指导,应用成组技术原理,以中间产品为导向,按区域组织生产,壳、舾、涂作业在空间上分道,时间上有序,实现设计、生产、管理一体化,均衡、连续地总装造船。

（三）现代造船模式的内涵

现代造船模式是通过科学管理,特别是通过工程计划对各类中间产品在船舶建造过程中的人员、资材、任务和信息的强化管理,以实现作业的空间分道、时间有序、逐级制造、均衡连续地总装造船。现代造船模式的基础是区域造船(按区域、阶段、类型组织生产),目标则是以中间产品为导向,实现两个"一体化"区域造船,其主要基础则是生产设计和科学管理,它犹如两个车轮推动着传统造船模式向现代造船模式的转变。其内涵主要有以下几个方面。

(1)成组技术的制造原理和相似性原理以及系统工程技术的统筹优化理论,是形成现代造船模式的理论基础。

(2)应用成组技术的制造原理,建立以中间产品为导向的生产作业体系,是现代造船模式的主要标志。

(3)中间产品导向型的生产作业体系的基本特征是以中间产品的生产任务包形式体现的。

(4)应用成组技术的制造原理进行产品作业任务分解,以及应用相似性原理按作业性质(壳、舾、涂)、区域、阶段、类型分类成组,必须通过生产设计加以规划。其中按区域分类成组,建立区域造船的生产组织形式,是形成现代造船模式的基础和必要条件。

(5)用系统工程的统筹优化理论,是协调用成组技术原理建立起来的现代造船生产作业体系相互关系的准则。该准则可形象化地概括为两个"一体化"。

其中,壳、舾、涂一体化,指以"船体为基础,舾装为中心,涂装为重点"的管理思想,把壳、舾、涂不同性质的三大作业类型,建立在空间上分道、时间上有序的立体优化排序。而设计、生产、管理一体化,指设计、生产、管理三者的有机结合,在设计思想、建造策略和管理思想的有机结合中,以正确的管理思想作为三者结合的主导。两个"一体化"是组织整个系统工程极为重要的一种管理思想。

（四）现代化造船模式的特点

(1)深化生产设计,生产设计的过程应是在图面上完成"模拟造船"的过程。

(2)以中间产品为导向,实现分段区域化制造。

(3)在分段制造过程中,最大限度地实现壳、舾、涂一体化作业。

(4)作业者的专业分工逐渐消失,向一专多能方向发展。

(5)材料、设备的采购、供应实现纳期管理、托盘化管理。

(6)造船生产计划实行节点管理,造船生产的计划性得到了有效的加强。

(7)船舶制造过程逐步实行有条件的集成化、模块化、标准化。

(8)船舶制造厂向总装厂发展。

现代化造船模式的推行和有效实施,必将把造船企业的制造技术和生产、管理的水平推向一个新的高度。

三、船舶分类

目前对于从事水上活动的工具分为两大类:一是船舶,二是海洋工程。而船舶又分为民用船舶和军用船舶两类,民用船舶简称为船舶,军用船舶简称为舰船。

军用船舶按用途的分类如图 1-1-1 所示,民用船舶按用途的分类如图 1-1-2 所示,海洋工程的分类如图 1-1-3 所示。

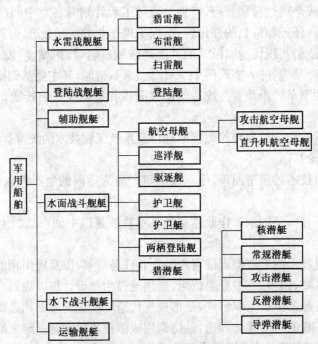

图 1-1-1　军用船舶按用途的分类

军用船舶是指执行战斗任务和军事辅助任务的各类船舶的总称。通常分为战斗舰艇和辅助舰船两大类。

人们一般称排水量 500t 以上的船为舰,500t 以下的为艇。军用舰船一般有驱逐舰、护卫舰、登陆舰艇、航空母舰以及潜艇等。

在所有建造的民用船舶中,运输船占很大的比例,运输船又以散货船、集装箱船、油船、滚装船为主。而目前世界上公认设计和建造技术难度最高的船舶为液化天然气船和

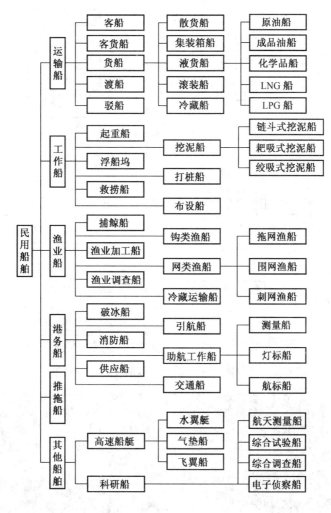

图 1-1-2　民用船舶按用途的分类

豪华游轮。下面就散货船、集装箱船、油船的概况作简单介绍。

1. 散货船

散货船是专门用来运输煤、矿砂、盐、谷物、钢材、木材、纸等散装货物的船舶。运输不同货物的船舶其结构会有些不同。但总的布置和特点基本相同。

散货船(见图 1-1-4)的船体结构可分为五大部分,即机舱、货舱、首部、尾部和上层建筑五部分。其上层建筑和机舱都设在船舶的尾部;货舱区内底板与舷侧用斜旁板连接组成底边水舱,外板与甲板用斜旁板连接组成顶边水舱;使用中和在建中的散货船的舷侧均为单壳,但随着对生态环境和船舶安全性要求的提高,散货船设计成双壳结构的要求将会提出。目前,国际公约已提出燃油舱双壳保护要求,并将于 2010 年 7 月 1 日生效,因而正在进行设计和建造的散货船已着手作相应的修改。

2. 集装箱船

集装箱运输是将货物预先装在标准的由金属制成的货箱内,这种货箱称为集装箱,装货时将其直接装在船上,然后运到目的地,这种船舶称为集装箱船。从装货的种类来分主

7

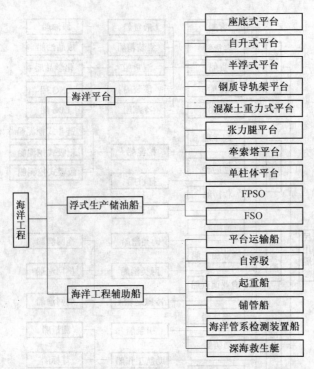

座底式平台
自升式平台
半浮式平台
钢质导轨架平台
混凝土重力式平台
张力腿平台
牵索塔平台
单柱体平台

海洋平台

FPSO
FSO

浮式生产储油船

海洋工程

平台运输船
自浮驳
起重船
铺管船
海洋管系检测装置船
深海救生艇

海洋工程辅助船

图 1-1-3　海洋工程的分类

图 1-1-4　74500t 散货船

要有常温集装箱和冷藏集装箱两种,常温集装箱简称为集装箱。根据长度来分主要有符合 ISO 标准的 20 英尺[①]、24 英尺、30 英尺、49 英尺集装箱,但还有欧共体标准的 40 英尺及非标的 35 英尺、43 英尺、45 英尺、48 英尺、49 英尺、53 英尺的集装箱,其中最常用的是 20 英尺和 40 英尺集装箱。集装箱船的载箱量一般以 20 英尺的标准集装箱来衡量,其符号为 TEU。

----

① 1 英尺=0.3048m。

8

集装箱船(见图 1-1-5)的特点是货舱区域为双壳结构,内部均成阶梯形,每一货舱中间都设有空心舱壁,所有舱壁上都设有导轨架,用于集装箱的导入和固定;货舱舱口特别大,故船体结构必须有足够的强度,所以两舷外板大都采用高强度钢板;货舱的舱口盖上方也装载集装箱,8530TEU 船甲板上最高的舱可堆八层,舱口盖均为吊离式,故舱盖的重量受到港口起重量的限制;甲板上方还设有绑扎桥,也是集装箱船特有的舾装设施,作用是固定甲板上的集装箱;货舱区域的横舱壁都是双层结构,长度一般为二挡肋距,与散货船、油轮不同;集装箱船是运输船舶中航速最高的船,一般都在 24kn～26kn,而散货轮一般在 16kn 左右,所以集装箱船的主机功率特别大,对于相同载重量的船舶,集装箱船的主机功率是散货船的四倍多。

图 1-1-5　5688TEU 集装箱船

集装箱船也由五大部分组成,但其机舱一般设在船舶的中后部,机舱的后面还设有两只货舱。其原因是为了达到设计的航速,船舶首尾的线形很狭窄,平行舯体很短,而主机的体积又特别大,所以只能将机舱向前移,使机舱底层有足够的面积。故集装箱船的轴系特别长,一般达 50m 左右,而散货船、油船只有 20m 左右。集装箱船的上层建筑有两个特点:一是位于机舱的前部;二是上层建筑的层次特别高,前后特别短,如 5688TEU 船有十层,一般散货船只有五六层。这是由于甲板上堆了集装箱后,只有加高才能满足船舶驾驶的视线要求。

与一般货船相比,集装箱船有许多优点,如装卸效率高、周转速度快,运输成本低,简化了货物的包装,装卸和理货等手续,便于实现搬运机械化;能减少或杜绝货物的损坏、遗失和混装等现象。在集装箱运输发展的初期所存在的一些问题,如建造专用码头、专用的运输工具、配置集装箱及集装箱固定附件、空箱回收、集装箱空间不能充分利用等,随着集装箱运输的发展都得到了解决。

3. 油轮

油轮(见图 1-1-6)可以分为原油轮、成品油轮,有的油轮可能还有部分舱装载液态的化学品。与散货船、集装箱船的最大区别在于它装载的是液货,而前者装载的都是干货;其次是油轮的不安全因素较大,容易发生火灾;三是油料的卸载依靠船上的设备来进行,因而设有专门的油泵舱;四是油轮甲板上的管路较多,输油管系贯穿整个上甲板。由于油轮的海损会造成极大的不安全因素和污染海洋,因而除了新建的油轮都为双底双壳结构外,世界船级社协会还制定了共同规范,并已生效,新建船舶必须执行新的规范要求。

基于上面的特点,油轮的结构分为六大部分,即比散货船多了油泵舱区,它位于机舱

图 1-1-6 63000t 油轮

与货油舱之间,下层结构还伸至机舱内,形成 L 形结构,目的是使货油泵的原动机,一般为蒸汽涡轮安装在机舱内,而货油泵安装在泵舱内;上层建筑与机舱也必须位于尾部,当船舶航行时,从烟囱内飞出带火星的飘浮物不会飘到货油舱区。这种布置都考虑到油船的安全性,当然还有很多其他措施确保船舶的安全。

除了按船舶的用途分类外,船舶还可按航行区域分为远洋船、近海船、沿海船、内河船和港湾船,前三种船舶统称为海船;按造船的主要材料分有钢质船、木船、钢筋水泥船、铝合金船、玻璃钢(塑料)船和钢木混合船等;按推进方式分为机动船和非机动船。机动船按推进装置的种类分为柴油机船、汽轮机船、电力推进船、燃气轮机船和核动力装置船;按航行状态分为浮行船、滑行船(滑行艇、水翼船)和腾空飞行船(气垫船)。

四、船舶各部位的主要名称

为使大家对船舶结构有基本的概念,现以散货船为例,先概括叙述船舶各部位的主要名称及作用。

(一) 位置名称

(1) 船舶中心线:与水平面平行的连接船舶首尾中点的直线。该线位于船底平面时称为基线。

(2) 左右舷:从尾向首看,在船中线右面的区域称为右舷,在船中线左面的区域称为左舷。管子在船上安装时,其定位尺寸中必须注明在船的左舷还是在船的右舷,到船中心线的距离为多少。

(3) 水线:船两侧与水面的交线叫水线。由于船在水中有许多状态,所以有很多水线,其中最重要的是载重水线,例如轻载水线、重载水线等,主要是用于测量船舶的装载吨位。同时海水在不同季节、不同海区的比重也不同,所以重载水线有热带载重线、夏季载重线、冬季载重线、北大西洋冬季载重线等。对管路来说,船上的各种冷却水、污水等从船侧排出时一般均有位置要求,如甲板落水的排出口一般应设置在重载水线与轻载水线之间。

(4) 干舷:水线以上的船舷叫干舷。干舷的大小(高度)决定了船舶储备浮力的大小。它是衡量船舶安全性的一个标志,各船级社对其都有明确的要求。

(5) 舭部:船底与船侧之间的弯曲部分叫舭部。船舶位置名称如图 1-1-7 所示。

(二) 甲板和舱室名称

船体结构可以被甲板分隔成若干层,也可以被纵横舱壁分成不同的舱室。大型的船

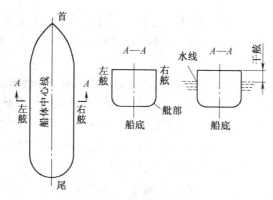

图 1-1-7　船舶位置名称

舶从船底到最高处可以分成十几层,从首至尾、从左至右可以分成几十个不同用途的舱室。为了设计、制造、使用和管理上的需要,对这些甲板或舱室给与相应的命名。船舶甲板及主要舱室名称如图 1-1-8 所示。

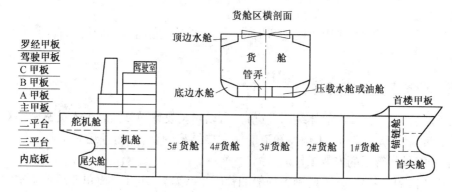

图 1-1-8　船舶甲板及主要舱室名称

1. 甲板名称

(1)主甲板:对于货船,一般最上面一层从首至尾的甲板称为主甲板,主甲板下面的船体结构称为主船体。主甲板也称为上甲板。

(2)平台甲板:主甲板以下,机舱内的分层甲板称为平台甲板,从上至下加上相应的序号,称为二平台甲板、三平台甲板……可以简称为二平台、三平台等,最下面的底板称为内底板或双层底。其他区域与其在同一高度位置的甲板的名称相同。如果不在同一高度位置,则按其用途命名,例如舵机舱内安装舵机的甲板称为舵机甲板等。

(3)主甲板以上的甲板:对于货船,主甲板以上的甲板一般都不是从首至尾统长甲板,所以可统称为短甲板。由于在首尾部主甲板以上可以不设甲板,或仅设一层甲板,此时可称为首楼甲板和尾楼甲板。用于供船上人员居住、生活的结构称为居住区或上层建筑,它可以位于船上前后的任意位置,一般是随机舱的位置而定。上层建筑甲板的命名,目前常用的方法是从下至上使用英文字母进行排序,即 A 甲板、B 甲板、C 甲板……但最上面的二层甲板一般仍称为驾驶甲板和罗径甲板,这是由于船舶的驾驶室都设在上层建筑的最高位置,而用于导航的罗径都安装在驾驶室的顶上。

2. 舱室名称

不同的船舶其舱室的设置相差很大,特别是客船、科学调查(研究)船、工程船等,其舱室更是按需进行设置的。本文以散货船为例对主要的、通用的舱室名称进行介绍。

(1)首尖舱和尾尖舱:位于船舶最前端和最后端底部的水舱,一般作为压载水舱用。尾尖舱有时也称为固定压载水舱。

(2)锚链舱:储藏锚链的舱室。一般位于首尖舱的上部,1♯货舱的前面。

(3)货舱:装载货物的舱室。对于尾机型的船舶,在机舱前与首部防撞舱壁后,主甲板与双层底之间的空间,货舱通常自首至尾编为1♯货舱、2♯货舱、3♯货舱等。

(4)压载水舱:对于单壳体散货船来说,首尖舱、尾尖舱、双层底压载水舱、顶边水舱、底边水舱都是压载水舱,用于船舶调整吃水、纵倾和横倾等的状态。

(5)机舱:是安装船舶动力装置的主要舱室,包括主机、柴油发电机、锅炉、泵、净油机、电气设备、管路等。

(6)舵机舱:是安装舵机及系统的舱室。

(7)上层建筑舱室:上层建筑内设有各种用途的舱室,包括船员的居住和活动的房间、驾驶室、厨房、配餐室、餐厅、冷藏室、空调冷藏机组室、货物控制室、应急发电机室、二氧化碳瓶室、洗衣室、烘衣室等,一般按其用途命名。

(8)管弄:大型船舶,采用双层底结构时,一般在双层底船中部分设置管弄,主要供管路敷设用。

五、船体主要结构的名称

任何舾装工作,都要在船体结构上进行,所以舾装设计、管理、施工人员都必须对其有适当的了解,特别是管系工,不但要知道船体主要结构的名称,而且还必须看懂船体分段结构图,才能进行管系的安装工作。

船体结构的名称繁多,不同种类的船舶称呼也有差异,本文只简单介绍最基本的一些内容。图1-1-9所示为散货船货舱结构图。

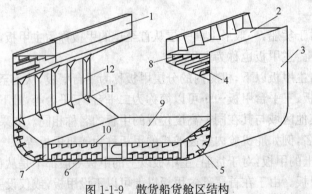

图 1-1-9 散货船货舱区结构

1—舱口围;2—主甲板;3—舷侧外板;4—舷侧纵骨;5—肋板;6—外底板;
7—旁桁材;8—甲板纵骨;9—内底板;10—内底纵骨;11—肘板;12—肋骨

(1)舱口围:散货船、集装箱船等都设有舱口围结构,其好处是可以增加货舱的容积,同时阻止甲板上的污水、雨水进入货舱;对于集装箱船,在舱口盖上也要装载集装箱,因而舱口围与立柱之间还必须留有操作人员的通道,也可使集装箱布满整个船宽,增加船舶的装箱数。

（2）外板：位于船体两侧和底部最外面的板统称为外板。外板是由一块块钢板焊接而成，一般钢板的长边沿船长方向布置，板与板在其短边连接而形成列板，相邻两列板之间的接缝称为边接缝，同列板上，钢板与钢板的接缝称为端接缝。

外板的第一列板都有专门的名称。位于船底的各列板总称为外底板。其中位于船体中心线的一列板称为平板龙骨；由船底过渡到舷侧的弯曲部分的列板（舭部）称为舭部列板，简称舭板。分布在船侧的各列板总称为舷侧外板，其中位于船侧最上列并与主甲板相连接的一列板称为舷顶列板，其他称为舷侧列板。

（3）肋骨与肋板：不管船体船侧结构采用横骨架式还是纵骨架式，在外板上都设有肋骨，就像人身上的肋骨一样，起到加强和稳定船侧外板的作用。采用横骨架式时，一般每隔几挡肋骨还设置尺寸比一般肋骨大的肋骨，通常采用 T 形结构，称为强肋骨。而采用纵向结构时，纵向的肋骨称为舷侧纵骨、甲板纵骨和内底纵骨等。位于肋骨位置的板材结构称为肋板。

（4）内底板：当船采用双层底结构时，即船舶底部除了外板外，在其内部还设一层底板，这层底板称为内底板。也有小型船舶采用单层结构的，则就没有内底板。内底板与外板之间形成的空间，一般作为压载舱、燃油舱、管弄使用。

（5）桁材：所谓桁材，就是纵向的板材结构。位于船体底部中心线上的纵向板材构件称为中桁材；位于底部中心线两侧的纵向板材构件称为旁（侧）桁材；位于甲板下的纵向板材构件称为甲板桁材等。

（6）扶强材：位于舱隔上的垂直或水平的加强构件，称为扶强材。

（7）肘板：肘板就是各种结构构件相互连接的加强板。例如肋骨与肋板、肋骨与斜旁板（内底板的延伸部分，由于有倾斜度，称为斜旁板）、肋骨与横梁（甲板下方横向的构件）。柱子与甲板或横梁等相连接时，在结合处一般都设有肘板。

第二节　船舶建造流程

众所周知，船舶的建造可以采用不同的建造方法，即使建造的船舶相同，在不同的船厂鉴于技术水平、生产条件、生产组织、配套能力、管理水平等的不一，其建造方式和方法会有很大差别。尽管方式或方法有各种各样，但按现代造船模式的要求所建立起来的船舶建造流程基本相同。在这种造船模式指导下，简单表示的船舶的建造流程如图 1-2-1 所示。

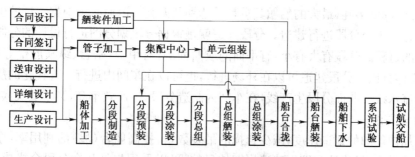

图 1-2-1　船舶建造流程简图

一、船舶设计

按目前的实际情况,船舶设计可分为四个阶段,即合同设计、送审设计、详细设计和生产设计。

1. 合同设计

合同设计主要是根据船东使用要求,以船厂签订建造合同为目标,从船舶总体设计的全局出发,提出船舶的关键技术指标,对船舶主尺度、主要性能、总布置等主要方面通过计算、设绘及方案比较,得出合理的设计方案。

2. 送审设计

送审设计主要是以满足全船的各项技术指标为设计目的,并按有关规范、规则及船东、船检要求完成各类送审图样及技术文件,同时为下一步进行详细设计提供设计依据。

3. 详细设计

详细设计主要是以船厂的施工及生产设计为服务对象,对送审设计图纸进行细化。详细设计的图纸一部分直接供施工部门施工,另一部分供生产设计用,并提供满足生产设计所需的信息。

4. 生产设计

生产设计是在确定船舶总的建造方针和施工要领前提下,以详细设计为基础,根据船厂施工的具体条件,按工艺阶段、施工区域和单元绘制记入各种工艺技术指示和各种管理数据的工作图表,以及提供生产信息文件的设计。

二、船体建造

船体建造可划分为内场加工、分段制造、分段总组、船台合拢几个大阶段。

1. 内场加工

船体内场加工包括钢板的预处理、切割下料、成形加工、部件装配等。目前钢板的预处理均实现了机械化,一般大中型船厂都设有钢板预处理流水线,完成钢板的除锈和防锈涂装;切割下料是按设计部门提供的下料光盘或手工草图在 NC 切割机上切割或手工切割钢板、型材等,输出船体结构零件。成形加工是将平直的板材、型材加工成曲面或曲形,并对焊接处按图加工成形;部件装配是将零件装焊成部件。

2. 分段制造

一艘 74500t 的巴拿马型散货船其长度为 225m,宽度为 32.26m,型深为 19.6m,结构的重量就达 8500 多吨,最大的船舶其重量要达到几万吨。因而必须根据工厂的生产设施将其划分成若干个分段进行建造。分段建造就是根据分段划分图进行设计的分段施工图进行建造的过程。分段有大有小,有平面的或曲面的,有甲板(平台、纵横舱壁等)分段或立体、半立体分段。分段建造可以在外场进行,也可以在车间内进行。现代化的船厂设有平面分段流水线或曲面分段生产线,在车间内制造分段,生产效率高,又不受气候的影响。

3. 分段总组

为了加快船舶的建造速度,减少合拢的吊装数量,提高船台(坞)的利用率,充分利用起重设施的潜力,最终达到缩短建造周期的目的,可以采用先将几个分段合拢成大分段,即总组(段),然后再上船台(坞)合拢的建造方法。目前世界上第一造船大国——韩国造船厂已广泛采用巨型总段建造法,其总段的重量可达到 5000t。分段总组也为提高预舾装率创造了条件。

4. 船台(坞)合拢

将分段或总组在船台上或船坞内合拢成整艘船舶。船舶合拢完成,舾装件的安装也基本完成后,船舶将下水进入系泊试验阶段。

三、管子和舾装件的加工制造

在船体结构加工的同时,管子及舾装件也同时进行加工制造。其中管子的加工制造是船舶建造的重要内容,除船体结构外,它是工作量最大的工种。关于管子的加工在后文将陆续进行介绍。

四、管子和舾装件的安装

船舶工程由三大部分组成,即船体结构、舾装和涂装。按以中间产品为导向,壳舾涂一体化建造的原则,管子和舾装件的安装穿插在船舶结构的建造之中,所以舾装阶段相应可分为单元组装、分段(正、反转)预装、盆舾装、总组(正、反转)舾装、船台(坞)舾装等。后文也将作详细介绍。

五、涂装

作为船舶建造三大部分之一的涂装,随着建造技术的进步,越来越显示出它的重要性,特别是分段建造完工的标准从仅结构完整,进展到壳、舾完整,到目前的壳、舾、涂装工作的完整,使造船技术、造船管理都上了一个台阶。对于现代化的造船厂,涂装作业也应分为分段涂装、总组涂装、船台涂装和交船前涂装等几个阶段。

六、系泊试验及试航交船

所谓系泊试验,就是船舶下水后,在码头边对船舶上安装的各系统及机械、电气设备进行的调试提交工作。而试航就是船舶在海上进行的航行试验,主要是对船舶的总体性能进行验证,是否达到了设计的要求。船舶试航结束后,一般应进行少量缺陷修补工作、移交工作及最后的涂装后交船。根据船舶下水的完整性程度的高低,系泊试验开始的时机会有不同。完整性程度高,即安装工作在船台上或船坞内已基本完成,船舶下水后就进入系泊试验阶段,这也是体现一个船厂技术水平高低的标志之一;反之,则在船舶下水后还要进行码头舾装工作,然后再进行系泊试验。

第三节　管系工在船舶建造中的作用和任务

一、船舶管系在船舶中的地位与作用

船舶管系是船舶管路系统的简称。船舶管路系统是指在船舶上用来输送流体(液体、气体或水泥、泥浆等)的成套设备,以保证船舶动力装置可靠正常地工作及船舶安全航行,因此船舶管系在船舶中的作用与地位十分重要。管路系统由管路、阀件和附件、机械设备

组成,是辅助机械和设备、检测仪表、附件以及管路的总称。

管路:由许多管件连接而成,用来流通某种工质或完成某种任务。

阀件和附件:控制管路中流体的流通、截止、流量、压力、方向、温度等参数的设施。

机械设备:提供管路中流体流动的能量,如泵、通风机、压缩机等。

船舶管路系统按用途可分为动力管系和船舶管系两大类。动力管系与船舶的动力装置有很大的关系,不同的动力装置会设置不同的管路系统;而船舶管系又与船舶的种类有关系,例如散货船与油船之间就有较大的差别。

动力管系是为推进装置服务的管系,其作用是保证推进装置的正常工作。对于采用柴油机动力装置的船舶,按其任务的不同,主要有以下五个系统。

(1)燃油管系:为动力装置和其他用油设备提供充足、合格燃料的管系。

(2)滑油管系:向各主辅机运动部件提供润滑和承担部分冷却任务所需滑油的管系。

(3)冷却水管系:为保证主辅机发热部件的正常工作,提供所需冷却水的管系。

(4)排气管系:将主辅机排出的废气排至船外的管系。

(5)压缩空气管系:为主辅机提供启动、控制用空气,为船舶气动设备、阀件、信号装置、冲洗、遥控系统等提供压缩空气的管系。

如果采用其他形式的动力装置,如汽轮机动力装置,则还有锅炉给水管系、主蒸汽管系等,同时以上五个系统的内容就会发生较大的变化。

船舶管系是为全船服务的管系,其作用是保证船舶的生命力、安全航行、执行任务以及船员与旅客正常生活和工作的管系。干货船和客船的船舶管系按其任务的不同,主要有以下几个系统。

(1)舱底水管系:将机舱、货舱及其他舱室内的舱底污水排出舷外的管系。

(2)压载水管系:完成压载水的注入、排出和调驳任务的管系。

(3)消防管系:承担船舶发生火灾时,扑灭火灾任务的管系,按介质的不同可分为水消防管系、二氧化碳灭火管系、泡沫灭火管系、卤化物灭火管系、干粉灭火管系等。

(4)日用蒸汽凝水管系:为主辅机正常运转及日常生活提供热源和回收凝水的管系。

(5)日用供水管系:主要是为船上船员及旅客提供生活用水的管系。

(6)疏排水管系:将上层建筑舱室内生活污水、甲板上冲洗水和雨水等排出舷外的管系。

(7)空气测量和注入管系:船上所在密闭舱室的进排气、液位测量、流体注入的管系。

此外,根据船舶的种类,还会设置其他的管系,如液货船(油轮、化学品船、液化气船等)均设置有液货装卸管系、惰性气体管系、扫舱管系、液货舱透气管系等。如船舶上有采用液压驱动的设备,则还设有液压管系等。

二、船舶管系工在船舶建造中的作用和任务

船舶管系工的主要任务是要完成各种船舶管路系统的制作、安装、修理和试验提交工作。在船舶建造过程中,装配工、电焊工、钳工、管系工和电工是五大主体工种。其中管系工的工作量占全船工作量的 $15\% \sim 20\%$,所以船舶管系工在船舶建造中的地位十分重要。

船舶管系工的作用就是要保证全船所有管系都能正常工作,为主辅机、日常生活、货

物装卸、船舶正常航行等提供优质的服务,为此船舶管系工必须具备以下的知识和技能。

(1)全面了解船舶管路系统的工作原理,熟悉管系中各种装置、设备、常用阀件及附件;

(2)了解船体的基本结构,能看懂船体分段结构图;

(3)熟悉管路系统的作用及制作、安装技术要求;

(4)看懂管子施工图及管理图表;

(5)掌握管系工的基本操作技能,严格按操作规程施工;

(6)了解管系工安全操作知识;

(7)熟悉管子加工设备的工作原理、结构及性能;

(8)掌握相关工种,如气割、电焊、起重的知识和操作技能。

三、船舶管子的生产过程

一根管子从原材料到制作成形、安装、试验要经过多道工序,特别是内场制作要经过近十道工序才能完成。图 1-3-1 所示为典型管子的生产流程。

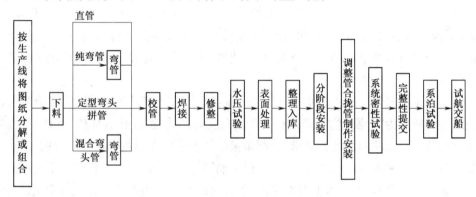

图 1-3-1 典型的管子生产流程图

(1)下料:管子按管子切割计划表进行备料、画线和切割,根据管子制造工艺可以在理论长度上加放余量,称有余量下料;也可以按理论长度下料,称为无余量下料。

(2)弯管:根据管子零件图对纯弯管或混合弯头管进行弯曲,直管或定型弯头拼管直接流入校管工序。

(3)校管:即在管子上装配连接件、支管、复板、仪表接头、止动器、管子附件等。

(4)焊接:进行管子的焊接工作。

(5)修整:去除管子制作、焊接过程中留在管子表面的毛刺、焊渣、流挂等,同时对不合格的焊缝进行机械修整。

(6)水压试验:装焊完成的管子进行水压强度试验,并按要求进行验收提交。

(7)表面处理:按图纸要求对管子表面进行镀锌、酸洗、磷化、涂塑、衬橡胶或除锈涂油漆。

(8)整理入库:根据托盘管理表进行整理,每只托盘管子数量完整后移交给集配中心。

(9)分阶段安装:在船舶建造流程中已经叙述过。

(10)调整管、合拢管制作安装:在管子内场制作过程中,管子两端连接件不装焊的管子称为调整管,必须在船上现场校管、焊接后安装。分段间、总段间、管路与设备间等相互连接的最后一段管子,生产设计不设绘零件图,必须在现场取样后进行制作安装的管子称合拢管。

(11)系统密性试验:整个管路系统基本安装完成后,检查管路连接质量的试验,即主要检查管子连接处的泄漏情况;根据管路输送的介质可采用水、油或空气进行密性试验,试验的压力按图纸要求。

(12)完整性提交:按管系原理图,对整个管路进行是否安装完整、正确的检查,包括管子、阀件及附件、仪表、支架、名牌等。

(13)系泊试验和试航交船:在船舶建造流程中已经叙述过。

第四节 管系生产设计简介

一、生产设计的由来及其发展

1. 生产设计的由来

船舶工程极为复杂,它由船体、舾装和涂装三大部分组成。具有作业面广,工作量大、工种多、结构复杂、安装困难、自动化要求高、受外界因素影响大、设计和建造周期长等特点。所以如何实现高效率、高质量、短周期、低成本、确保安全地建造船舶是造船工作者一贯追求的目标。

人们首先是在船体建造方面取得了进展,随着焊接技术的不断发展,从铆接时代的"整体建造法"转变为"分段建造法"。船舶设计也从只提供"造成什么样船"的图纸,发展到了要求在图纸上标注焊接坡口要求、装配余量设置要求以及提供分段的划分图、船台大合拢顺序图等。这些内容已经涉及到了"怎样造船"的问题。这是船舶设计与工艺走向相互结合的萌芽。在此基础上,人们开始考虑"怎样合理组织造船生产"的问题,希望设计图纸与生产的细节项目完全相一致,即生产体系中各个阶段,如材料流程、加工、预装配、装配和总装等阶段所必须的资料和数据,都清楚地表达在一张张详图或清册中。这样船舶设计不但解决了"造什么样的船"的问题,而且又解决了:"怎样造船"和"怎样合理组织造船生产"的问题,这就是在造船行业中形成的设计、建造、管理一体化的新概念。对设计来说也从基本设计阶段发展到了详细设计、生产设计阶段。

这种新概念很快就延伸到了舾装体系,形成新的舾装法,即"区域舾装法",把整条船划分为几个区域,并为每个区域绘制综合布置图,一个区域的综合布置图可包括有机械设备、电气设备、基座、箱柜、电缆支架、格栅、管路、阀件及附件等,几乎包括了该区域内所有的舾装件。随后按工种设绘各种图纸和清册,现场生产按生产的流程、作业的区域、安装的时间将所需的材料放置在不同的托盘内,这些托盘按生产计划要求送往指定地点,进行安装。对舾装设计来说也完成了从基本设计、详细设计到生产设计发展的过程。

2. 设计阶段的划分及基本任务

在我国,生产设计已确认为船舶设计的组成部分,目前最新的船舶设计阶段划分,明确为合同设计、详细设计和生产设计三个阶段。

合同设计是从收到船东技术任务书或询价开始,进行船舶总体方案的设计。这是一个设计计算和洽谈的工作过程。主要应提供详细的设计规格说明书、总布置图、中横剖面图、机舱布置图、主要设备厂商表等。它们既是报价的主要资料，又是后阶段设计的依据。

详细设计是根据造船合同确认的技术文件以及修改意见进行的各个具体技术项目的设计计算和关键图的绘制过程。详细设计的基本内容是：

（1）提供验船机构规定送审的图纸和技术文件；

（2）提供合同中规定送船东认可的图纸和技术文件；

（3）提出工厂所需的材料、设备订货清册；

（4）提供生产设计所必须具备的图纸文件和数据；

（5）提供可供现场直接用于制造、安装、检验、试验的各种图纸资料和技术文件。

详细设计中的前两项工作内容也可以称为送审设计阶段。详细设计应解决设计中的基本和关键技术问题，最终确定和保证船舶的全部技术性能。初步设计和详细设计是解决"造什么样船"的问题。

生产设计则是解决"怎样造船"和"怎样合理组织造船生产"的问题。它的含义是，在船舶设计过程中，在确定船舶总的建造方针前提下，以详细设计为基础，根据船厂施工的具体条件，按工艺阶段、施工区域和单元绘制记入各种工艺要求的施工图，以及为现场生产提供各种管理信息文件的设计过程。

二、管系生产设计

目前大、中型船厂的船舶生产设计都已经采用计算机辅助设计，使用得比较多的软件系统是挪威 KCS 公司的 TRIBON 系统。但不管是否利用计算机辅助设计，管子生产设计的流程基本上没有变化。图 1-4-1 是典型的管子生产设计流程图。

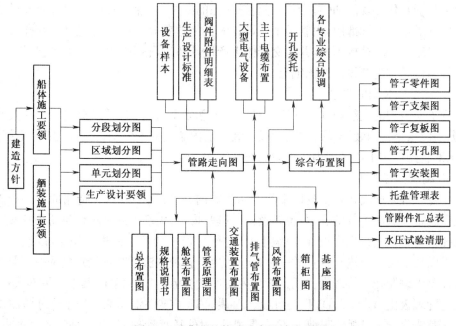

图 1-4-1 典型的管子生产设计流程图

管系生产设计的主要内容如下。

1. 管路走向图的设绘

管系生产设计，首先要设绘好管系走向图，这是设绘综合布置图的基础。设绘的前提是：初步设计已经结束，详细设计的机舱布置图、舱室布置图、管系原理图、管系阀件及附件清册等基本确定；管路的基本参数（平时所说的 B 表）已输入计算机，相关的生产设计标准已确定并输入计算机；船体结构的背景图（大段或分段图）已可以从网上收到；大型电气设备布置、主干电缆、大型风管、排气管的走向也已初步确定的情况下，由该船的主要设计人员分区域设绘管路的走向图。

2. 综合布置图的设绘

在管路走向图的基础上，在所需各种资料和图纸充分准备的情况下，即可开始综合布置图的设绘工作。按现代造船模式的要求，按区域进行设计工作，所以全船所有区域几乎可以同时进行综合布置的工作，每一个设计人员先在自己负责的区域内进行初步的布置和协调，然后与相邻区域的接口进行协调和与外专业进行协调。本专业的协调工作，一般是这样规定的，上方区域将向下延伸的接口位置、规格等提交给下方的区域，前面区域将接口提交给后面区域，左面区域将接口提交给右面的区域进行校核，如有问题，双方进行协调，直到统一意见为止。

3. 管子开孔委托及开孔图的设绘

按壳舾涂一体化造船的要求，管子在结构上的开孔应与船体结构下料同时进行，因此管子（包括其他专业）的开孔要求必须在船体分段结构图上反映出来，即船体生产设计时管子就应将开孔要求委托给船体的生产设计人员。按目前的船体建造工艺，管子生产设计人员应及时向船体生产设计部门提供除各层甲板外所有纵、横舱壁和构件、肋板等的管子开孔委托单。便于船体生产设计及时将有关管子开孔信息表达在船体生产设计图中，并对某些开孔作必要的加强。另一种委托开孔的办法是，船体总体部门将分段详细设计图纸发管子生产设计部门，由管子生产设计人员将这些开孔的位置、坐标、开孔形状和尺寸标注在船体分段结构图上，并转交船体生产设计部门，再由船体设计生产设计部门人员表达到船体结构生产设计的图纸上。

4. 管子安装图的设绘

管子安装图的设绘同样是在综合布置图的基础上进行的，可以根据制作和安装的阶段，分别设绘单元组装、分段预装、总段预装和船内舾装的安装图；也可以按区域设绘安装图；该安装图可用于该区域内各阶段的安装工作。

5. 编制托盘管理表

托盘管理是舾装作业实现以中间产品为导向，壳、舾、涂一体化造船的重要措施。所谓托盘就是安放舾装件的容器，也是设计、管理、采购、生产的最小单位。所谓托盘管理就是以托盘为单位进行生产设计、组织生产、进行物资采购及工程进度安排，以致生产成本也可以以托盘为单位进行核算的一种科学的生产管理方法。其中最重要的一环是生产设计应按要求编制托盘管理表。托盘管理表的形式各船厂并不相同，其中一种形式是，管子的托盘管理表由 A、B、C、D、T 表组成。A 表是管子零件汇总表（兼管子内场加工明细表），B 表是管子支架制造明细表，C 表是阀件、附件托盘管理表，D 表是设备明细表（包括设备、箱柜、基座等），T 表是托盘管理表的汇总表。

6. 其他图表的设绘和编制

管子生产设计除了以上一些内容外,还要完成以下一些图纸或文件。

(1)管子零件图的设绘。如果采用计算机辅助生产设计,则管子零件图可以由计算机自动生成。如果是手工设绘,一般一艘 70000t 级的散货船的管子在 11000 根,70000t 级的油轮的管子在 12000 根,而 6000TEU 级集装箱船的管子在 16500 根左右,设绘工作量很大,而且容易出错。计算机辅助管系生产设计的软件很多,其中有挪威的 TRIBON 系统、我国自行研制的 SPD 系统、日本的 SF-1(代号)数值零件图系统等。

(2)支架图。在设计过程中大量采用的是标准支架。对于标准支架,在托盘管理表中只要标注有所采用的标准号、规格、数量就可以进行制造。对于非标支架,组合支架等就必须手工设绘支架图或利用计算机建模后自动生成。

(3)复板图。船舶上管子穿越船体甲板、舱壁、平台时,主要采用三法兰式的贯通件。处于管子中间并与结构焊接的法兰,通常称为复板,复板的形式有单联复板、双联复板和多联复板;直复板和斜复板等。

(4)管子附件汇总表。管子附件汇总表主要是管子内场加工用的附件汇总表,按区域进行编制,车间有要求时也可以按托盘编制。

(5)管子表面处理和水压试验清册。不同系统的管子其表面处理的要求是不一样的,所以必须编制表面处理清册,使管子内场加工结束后,能分门别类进行整理·送往不同的部门或外厂进行镀锌、酸洗、特涂、涂塑、磷化处理等。同时根据管子的等级,要列出管子水压试验由船级社验收的管子清册,以便集中由船级社进行验收。

(6)管子内场下料清册。当利用计算机辅助管子生产设计时,计算机还能输出管子内场下料清册,对管子进行套料,提高管子的利用率和实施先焊后弯的加工工艺。

由于各船厂生产设计深度的不同,船舶建造工艺的不同,所以生产设计设绘的图纸资料会有差异,但基本内容如上所述。

复 习 题

1. 简述现代造船模式的特点。

2. 什么是船舶中心线、水线和干舷?

3. 熟悉船体主要结构的名称及所在的位置。

4. 画出船舶建造流程简图。

5. 柴油机动力装置的船舶,其动力管系和船舶管系主要由哪些管系组成?

6. 熟悉管子生产的流程。

7. 管系工应具备哪些基本知识和技能?

*8. 管系生产设计主要包括哪些内容?

第二章　管子材料及管路附件

第一节　船用管子的材料、规格、性能和表示方法

管子是用来输送各种介质的。为使所选用的管子能满足所输送介质的压力、温度和腐蚀性的要求,必须对船舶常用管子的材料、规格、性能及表示方法有一个全面的了解。

船用管子按材料来分主要有钢管、有色金属管和非金属管三大类。

一、钢管

船用钢管主要有无缝钢管、焊接钢管、镀锌焊接钢管和不锈钢管四种。

1. 无缝钢管

无缝钢管的内外表面不得有裂缝、折叠、分层、结疤、轧折、发纹、麻点等缺陷存在。如有上述缺陷则应消除,且被消除部位的壁厚减薄率不得超过管子的最小计算壁厚。对于存储时间长的管子,要采取防锈措施,使用前要仔细检查锈蚀的情况,并进行必要的处理。

无缝钢管具有足够的强度,能承受较高的压力,且有良好的延伸率,加工工艺性能好,所以应用极为广泛。

无缝钢管根据其制造材料的不同可分为三种。

(1)普通碳素钢管:其常用的牌号有 Q215-A、Q235-A、Q255-A 等。

(2)优质碳素钢管:其常用的牌号有 10 号、20 号等。

(3)耐热合金钢管:其常用的牌号有 15Cr、10Mo、16Mo 和 20Mo 等。

船上常用钢管的标准号为 GB 8162—87(结构用无缝钢管)、GB 8163—87(输送流体用无缝钢管),船舶管系一般使用 GB 8163—87。如果对管子内外径的尺寸要求比较高,可以选用 GB 8639—83(冷拔或冷轧精密无缝钢管)。低中压锅炉用管可以选用 GB 3087—82(低中压结构锅炉用无缝钢管)。无缝钢管的规格尺寸齐全,同一外径具有多种不同的壁厚。

管子规格的表示方法为外径×壁厚,前面加符号 ϕ。例如 $\phi76×4$。但为了设计和施工上的方便,还设置了管子"公称通径"这一标记。公称通径也叫公称直径,用字母 DN 标记,其后加上公称通径的尺寸,如 DN40、DN125 等。公称通径只是管子规格的一种称呼,它一般不等于管子的外径减去两倍的壁厚。对于某一船厂来说,相同公称通径的管子应该有相同的外径,但可以有不同的内径。但由于各种原因,实际上还存在相同通径不同外径的情况。表 2-1-1 为常用的无缝钢管管子规格表。

2. 焊接钢管

焊接钢管可以向钢管厂订购,也可以由船厂自己制造,例如大口径的排气管。由厂商提供的焊接钢管是用热轧或冷拔带钢制成管坯,然后再用电阻焊或高频电流焊焊接而成,

焊接钢管的内、外表面不允许存在裂缝、结疤、错位、毛刺、烧伤、压痕和深的划道等缺陷。对于低压管,允许存在深度不超过壁厚允许偏差范围内的表面缺陷。

焊接钢管的焊缝连接方法有两种:一种是纵向焊缝;另一种是环焊缝。船舶管系一般采用纵向焊缝的管子。

焊接钢管的材料一般用 Q215-A、Q235-A、Q255-A 或 10 号、15 号、20 号钢制成。由于焊接钢管焊缝处的强度比其他部分有所减弱,一般约为无缝钢管的 80%,因此,焊接钢管一般只用于工作压力和温度都比较低的管路,如吸入管路、空气测量注入管路、泄水管及栏杆扶手等。但优质电阻焊碳素钢管也可用于压力和温度较高的管路。

表 2-1-1　无缝钢管管子规格表

DN	外径/mm	管子壁厚/mm							
		A		B		C		D	
		SGP		Sch. 40		Sch. 80		Sch. 160	
15	22	3.0		3.0		4.0		5.0	
20	27	3.0		3.0		4.0		5.5	
25	34	3.0		3.5		4.5		6.0	
32	42	3.5		3.5		5.0		6.5	
40	48	3.5		3.5		5.0		7.0	
50	60	4.0		4.0		5.5		8.5	
65	76	4.0		5.0		7.0		10.0	
80	89	4.0		5.5		8.0		11.0	
100	114	4.5		6.0		9.0		13.5	
125	140	4.5		7.0		10.0		16.0	
150	168	5.0		8.0		11.0		16.0	
200	219	6.0		9.0		13.0		16.0	
250	273	6.5		10.0		13.0		16.0	
300	325	7.0		10.0		13.0		16.0	
350	356/377	7.5		10.0		13.0		16.0	
400	406/426	8.0		10.0		13.0		16.0	
450	457/480		8.0		10.0		13.0		16.0
500	508/530		8.0		10.0		13.0		16.0
550	558		8.0		10.0		13.0		16.0
600	610/630		8.0		10.0		13.0		16.0
650	660		8.0		10.0		13.0		16.0
700	711		8.0		10.0		13.0		16.0
750	762		8.0		10.0		13.0		16.0
800	813		8.0		10.0		13.0		16.0
850	864		8.0		10.0		13.0		16.0
900	914		8.0		10.0		13.0		16.0
材料	SGP	O							
	STPG38		O			O			
	ERWS38			O			O		O
	STPT38							O	
	STPY41		O		O		O		O

注:SGP—普通碳素钢管;STPG38—最小抗拉强度为 38kg/cm² 的优质碳素钢管;ERWS38—优质电阻焊碳素钢管; STPT38—耐高温碳素钢管;STPY41—最小抗拉强度为 41kg/cm² 纵缝电弧焊碳素钢管

焊接钢管的规格尺寸也很多,但为实现设计和制造的标准化,其相同公称通径的管子外径基本上与无缝钢管相同。壁厚可以根据技术要求进行选择。

焊接钢管的规格表示方法也与无缝钢管相同。

由船厂自己制造的卷焊钢管也是一种焊接钢管，一般仅用于主辅机排气管。其外径、壁厚、长度等都根据实际需要而定。

3. 镀锌焊接钢管

低压液体输送用的镀锌焊接钢管（GB 3091—82）简称为镀锌焊接钢管，也称为水煤气管或白铁管，其内外表面质量要求与焊接钢管相同。

镀锌焊接钢管其管端有带螺纹（圆柱形和锥形两种）和不带螺纹两种，根据壁厚又可分为普通管和加厚管两种。

镀锌焊接钢管的外表面镀了一层锌，提高了钢管的防蚀性能，因此适用于低温、低压和腐蚀性较强的水管路。如各种日用水管、卫生水管、舱底水管、低压消防水管，凝水管及水舱的空气测量注入管等。但是，由于其镀锌层的厚度受到限制，目前已不能满足船东对耐腐蚀的要求，所以船上的镀锌管一般均由无缝钢管热镀锌而成，镀锌焊接钢管使用极少。

普通的镀锌焊接钢管的规格尺寸，每挡公称通径的管子外径和壁厚是唯一的。但公称通径的表示方法仍沿用英制的叫法，即用英寸来表示，目前船厂中还比较盛行使用英寸来表达管子的规格尺寸。表 2-1-2 是常用的镀锌焊接钢管规格尺寸。

表 2-1-2　镀锌焊接钢管规格尺寸表

公称	/mm	15	20	25	32	40	50	65	80	100	125	150
通径	/英寸	1/2	3/4	1	1 1/4	1 1/2	2	2 1/2	3	4	5	6
外径/mm		21.25	26.75	33.5	42.25	48	60	75.5	88.5	114	140	165
壁厚/mm		2.75	2.75	3.25	3.25	3.5	3.5	3.75	4	4	4.5	4.5

4. 不锈钢管

不锈钢管主要用于液压系统、成品油轮的油舱加热盘管、化学品船和液化气船的液货管等。

不锈钢管材料种类很多，其性能差别也很大。目前船舶上使用的不锈钢管的材料主要有普通不锈钢管和耐酸不锈钢管。常用的规格有 1Cr13、2Cr13、1Cr18Ni9Ti 和 00Cr17Ni14Mo2。

1Cr13 和 2Cr13 一般用来制作抗弱腐蚀介质，较高韧性及受冲击负荷的零件，如汽轮机叶片、螺栓、螺母等。由 1Cr13 和 2Cr13 制成的管子可用于油舱加热盘管。

1Cr18Ni9Ti 与 AISI 美国材料标准中的 304 接近，用于制作耐酸容器及设备衬里、输送管道等设备和零件。还可用于制作海水门的格栅。

00Cr17Ni14Mo2 相当于 AISI 标准的 316L，它的机械强度比 1Cr18Ni9Ti 差一点，但其耐腐蚀的性能要高得多，能承受强酸的腐蚀。可用于化学品船及液化气船的液货管路。

不锈钢多芯管是近年来在船舶上使用较多的一种特殊的管子，它主要用于液压遥控管系。管子的外径一般为 8mm、10mm、12mm、14mm 或 15mm，壁厚为 1mm 左右。它的结构形式类似于多芯电缆，如图 2-1-1 所示。在两根或两根以上的不锈钢管外部包有橡胶保护层，可以像电缆一样圈起来，长度可以根据需要而定，因而敷设十分方便，中间接头也少，特别是用于油轮货舱内货油管液控阀件的遥控管时，其优点最为明显。

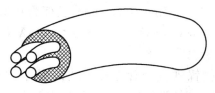

图 2-1-1　多芯管结构示意图

二、有色金属管

船用有色金属管主要有铜管、铝管和双金属管等。

1. 铜管

目前船舶上使用的铜管主要有紫铜管、黄铜管和铜镍铁合金管三类。它们都是拉制或挤制的无缝铜管。但随着对管子质量要求的提高,钛合金管在军用船舶上也有少量的使用。

铜管的内、外表面应光滑、清洁,不应有分层、针孔、裂缝、气泡、夹杂等缺陷。

(1)紫铜管。紫铜管的质地柔软,便于加工,具有很高的塑性和耐腐蚀性,适用于工作温度不超过 200℃和工作压力为 0.5MPa～1.0MPa 的管路。一般用于日用水管(淡水、热水等),小口径蒸汽、凝水、燃油蒸汽伴行管,冷冻机管,压力表及温度计连接管,自动检测仪表管和 DN10 以下的各系统的管子。

紫铜管的标准有 GB 1527—87 拉制铜管和 GB 1528—87 挤制铜管,常用的材料有 T2、T3、TP1 和 TP2 等。其中 TP1 和 TP2 叫磷脱氧铜,它的含氧量不大于 0.01%,焊接性能、冷弯性能和耐腐蚀性都比较好。特别是加热弯曲时,一般无"氢病"倾向。

紫铜管的规格标记同样用外径×壁厚表示,前面加符号 ϕ。如外径为 12mm,壁厚为 1.5mm 的紫铜管可记作紫铜管 $\phi12\times1.5$。如果要注明制作牌号,则可记为 $\phi12\times1.5$ TP1。船厂内常用的铜管规格如表 2-1-3 所列。

表 2-1-3　常用铜管规格表　　　　　　　　　　　　　单位:mm

公称通径	6	10	15	20	25	32	40	50	65
外径	10	15	20	25	30	38	45	55	70
壁厚	1.0	1.5	1.5	2.0	2.0	2.0	2.0	2.5	2.5

(2)黄铜管。黄铜是一种铜锌合金。黄铜管的特点是对空气及海水有很高的抗蚀能力、较好传声性能和高热导率,船舶上常用做传话管及热交换器的管束。

黄铜管 H62 的传声性能好,色泽美丽,主要用做传话管。H62 为黄铜管的牌号,其中 H 表示黄铜,62 表示含铜量平均为 62%,其余为锌。

黄铜管 H68 的强度较高,易焊接,耐腐蚀,一般用做淡水热交换器的管束。

铝黄铜管 HAl77-2 和锡黄铜管 HSn70-2、HSn62-1 的耐蚀性更好,所以可以用做海水热交换器的管束。其中铝黄铜管还常常用做油舱内的加热盘管。牌号中的 Al 和 Sn 分别代表铝和锡,77 与 70 表示含铜量平均为 77%和 70%,2 与 1 表示含铝或锡量平均为 1%和 2%。

拉制黄铜管的标准号为 GB 1529—87,规格为:外径 $\phi3\sim\phi200$,壁厚 0.5mm～ 10.0mm,长度最长为 7m,牌号主要有 H62、H68;挤制黄铜管的标准号为 GB 1530—87,

规格为:外径 $\phi21\sim\phi280$,壁厚 1.5mm～42.5mm,长度为 0.5m～6m,牌号主要为 H62。热交换器用黄铜管的标准号为 GB 8890—88,牌号为 H68A、HAl 77-2 和 HSn70-2。

黄铜管的规格标记与紫铜管一样。

(3)铜镍铁合金管。铜镍铁合金管也称为铁白铜管。它的牌号为 BFe10-1-1 和 BFe30-1-1。其中 B 表示为白铜(即铜镍合金),Fe 代表铁,10 表示平均含镍 10%,后面的两个 1 分别代表含铁和锰各约为 1%,余量为铜。这种铜镍铁合金管也就是平时所说的 B10(含镍 10%)和 B30(含镍 30%)管子。

铜镍铁合金管管壁薄、重量轻,它的主要特点是具有很高的耐蚀性,使用寿命长,但价格比较贵。目前在民船使用较少,但在军用船舶上使用得比较广泛,主要用于海水冷却管系。

铜镍铁合金管的规格如表 2-1-4 所列。

表 2-1-4　铜镍铁合金管常用规格表　　　　　　　　　　单位:mm

公称通径	32	40	50	65	80	100	125	150	200	250	300
外径	38	44.5	57	76	89	108	133	159	219	276	324
壁厚	1.5	1.5	2	2	2	2.5	2.5	2.5	3	3	4

铜镍铁合金的内场制造、外场安装等均有特殊的要求,将在后面的章节进行介绍。

2. 铝管

铝管质量轻,耐腐蚀,塑性好,但机械强度低,只适用于低温、低压管路,常用于舰艇的空气管、燃油管、滑油管、淡水冷却水等管路,民用船舶基本不使用。

船用铝管的外径为 6mm～100mm,甚至更大。壁厚为 0.5mm～5mm,最大长度为 6m。常用的牌号为铝管 L4、L6,防锈铝管为 LF2、LF21,硬铝为 LY11、LY12,锻铝为 LD2 等。其标准号有 GB 4436—84、GB 4437—84 和 GB 6893—86 等。

3. 双金属管

常用的双金属管有 10-TP1 和 10-T1,即在 10 号优质碳素无缝钢管的内表面镀有一层厚度为 0.6mm～0.8mm 的紫铜(TP1 和 T1)。因此,它既有紫铜管良好的抗蚀性能,又有碳钢的高强度,适用于燃油管、滑油管、高压空气管和高压液压管等。

双金属管的制造工艺复杂,因而价格较贵,且加工制造困难,所以民用船舶很少使用。双金属管的外径为 $\phi6\sim\phi70$,壁厚 1.5mm～6mm,长度为 3m～7m。

三、非金属管

船舶上使用的非金属管主要有塑料管和玻璃钢管。

1. 塑料管

塑料管与金属管相比较,虽然具有质量轻、耐腐蚀、摩擦阻力小、易于弯曲、绝缘性能好和热导率低等特点,但也存在强度低、不耐冲击、热变形温度低、膨胀系数大、防火性能差、易老化和冷脆性大等致命的缺陷。因而目前在船舶上使用极少。

2. 玻璃钢管

玻璃钢管也称为玻璃纤维管或玻璃纤维增强塑料管,因而玻璃钢管实际上是一种经改良的新型的塑料管,所以它也具有塑料管的优点,同时又具有强度高、不易老化的优点,故其总体性能比塑料管要强得多。

它目前在船舶上已得到了应用,但不多,使用范围受到限制,主要用于管弄内或货舱双层底下压载水舱内的压载管系。

第二节 连 接 附 件

连接附件的用途是将管系中的机械设备、管子、阀件、附件和仪表等相互连接起来。船舶常用的连接形式有法兰连接、螺纹连接、焊接连接及夹布胶管连接等。

一、法兰连接

法兰连接是目前船舶管路使用最广泛的一种连接形式。它的优点是连接强度高、拆装方便、适用范围广,适用于公称通径大于等于 DN10 的管路的连接。按连接方式分,目前最常用的法兰连接采用搭焊法兰、对焊法兰和松套法兰三种形式;按法兰的材料分有钢法兰、铜法兰和不锈钢法兰等;按法兰的螺孔进位数分,有四进位法兰和二进位法兰;按世界上法兰的体系分有 ISO(国际)标准法兰、JIS(日本)标准法兰、ANSI(美国)标准法兰。中国标准法兰有国家标准(GB)(采用 ISO 标准)、行业标准(CB)(采用前苏联标准,即二进位法兰)和外贸标准(CBM)(采用 JIS 标准)。下文先按连接的方式介绍常用的法兰类型。

1. 船用搭焊钢法兰(以 GB 2506—2005 为例)

图 2-2-1 为四进位船用搭焊钢法兰。这种法兰的特点是制造简单,结合可靠。适用于公称压力 PN≤1.6MPa(16kgf/cm²)和工作温度 t≤300℃的管路。它的公称通径 DN 的范围为 10mm～2000mm。

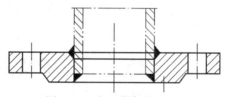

图 2-2-1 船用搭焊钢法兰

法兰的选用主要是依据其公称压力和公称通径,但要注意的是相同公称通径,但公称压力不同时,法兰的规格尺寸可能相同,也可能不同。法兰规格尺寸的不同,主要表现在法兰的外径 D、螺孔中心节圆直径 D_1、法兰厚度 b、螺孔直径(配螺栓直径)d 和螺孔的个数等方面。

(1)公称通径 DN=10mm～500mm 时,公称压力 PN 为 0.25MPa、0.6MPa 的法兰都是同一种规格尺寸。

(2)公称通径 DN=10mm～175mm 时,公称压力 PN 为 1.0MPa、1.6MPa 的法兰都是同一种规格尺寸。

(3)公称通径 DN=600mm～2000mm 时,公称压力 PN 为 0.25MPa;DN=600mm～1800mm 时 PN 为 0.6MPa;DN=200mm～600mm 时 PN 为 1.0MPa 或 1.6MPa 的法兰规格尺寸均不相同,即有四种规格尺寸。

此外,选用法兰时还要特别注意法兰内径与管子外径的配合,由于法兰标准上所标的管子外径有两个系列（第一系列和第二系列），所以在选择某一通径的标准法兰时，必须注明管子的外径，选择相应系列的管子外径的法兰。例如 DN400 的两个系列的管子外径分别为 406.4mm 和 426mm，如果选择错误系列，则要么管子放不进管子内孔，要么间隙太大而无法装配。如果船舶上使用特殊外径的管子，法兰的内径必须作相应的修改，成为专用法兰。

管子与法兰搭焊时，要求管子中心线与法兰端面保持垂直，偏差不得大于 30′。搭焊钢法兰均采用管子内外双面焊接，管子端面插入法兰的位置应距法兰面 4mm ～13mm，按标准进行选择。

本标准法兰由于仅适用于中、低压管路系统，同时根据国内外法兰的标准和实践经验，已经取消了密封面上的环形密封槽（法兰线），既保证了法兰的密封性，也使加工简化。连接螺栓旋紧时，要按"十字交叉法"顺序进行，以使垫片各处受力均匀，保证其密封性。紧固后的螺栓露出螺母的长度应为 0～0.5 倍螺栓直径，最好小于 3 牙[①]。

2. 船用对焊钢法兰（以 CB/T 47—1999 为例）

船用对焊钢法兰所用的材料为 Q235-A（PN 为 2.5MPa）或 Q255-A（PN 为 4.0 MPa 和 6.4MPa）制造。亦允许用铸钢毛坯，并经锻造和热处理后制成。

船用对焊钢法兰有两种结构形式，图 2-2-2(a) 为公称压力是 2.5MPa 的对焊钢法兰，其密封面采用三角形密封槽（法兰线）形式，公称通径为 DN20～DN400；而图 2-2-2(b) 为公称压力是 4.0MPa 和 6.4MPa 带凸肩的对焊钢法兰，其密封面采用具有定中心和密封作用的凹凸密封形式，所以能承受更高的压力。公称压力为 PN4.0 MPa 的法兰，公称通径为 20mm～350mm，PN6.4MPa 的法兰，其公称通径为 20mm ～300mm。本标准法兰的最大工作温度为 400℃。对焊钢法兰主要用于蒸汽、压缩空气和液压等的高压、高温管路上。

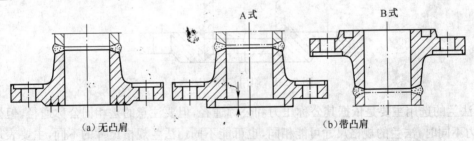

图 2-2-2 船用对焊法兰

由于法兰与管子采用对接的形式，所以管子的内、外径应与法兰的内径及焊缝处的外径要一致。内径的允许偏差：当管子外径 $D_W \leqslant 219$mm 时为 0～−0.5mm，当管子外径 $D_W \geqslant 219$mm 时为 0～−1mm。同时管子与法兰对接处要求平整，确保间隙均匀，管端一般均应开有焊接坡口，确保焊透。如有条件，应先用氩弧焊或 CO_2 焊作为打底焊。内场加工时，要注意法兰的形式，特别是凹凸法兰不能用错。

3. 船用松套法兰（以 CB/T 49—1999～CB/T 52—1999 为例）

松套法兰的形式也有好几种，主要有船用搭焊钢环松套钢法兰、船用对焊钢环松套钢

---

① 1 牙＝1 个螺距。

法兰、船用焊接铜环松套钢法兰、船用铜管折边松套钢法兰等。图 2-2-3 所示的松套法兰就是常用的三种形式。

图 2-2-3（a）所示的为 CB/T 49—1999 船用搭焊钢环松套钢法兰，适用于公称压力不大于 1.6 MPa，工作温度不高于 300℃的船舶管路；而图 2-2-3（b）所示的为 CB/T 50—1999 船用对焊钢环松套钢法兰中压力等级为 2.5MPa 的形式，压力为 4.0MPa 或 6.4MPa 的对焊松套法兰的密封面形式同图 2-2-2。最大工作温度可达 400℃；CB/T 51—1999 为船用焊接铜环松套钢法兰，适用于工作压力 0.6MPa～2.5 MPa、工作温度 300℃铜管。结构形式与 CB/T 49—1999 相同，但铜环材料为 ZCuZn16Si4（硅黄铜）或 H90；而图 2-2-3（c）所示的为 CB/T 52—1999 船用铜管折边松套钢法兰，其松套为由紫铜管、铝黄铜管或白铜管挤压成型或机加工成型。与管子的连接方式也有区别，可以套接和对接，适用于相应的有色金属管。

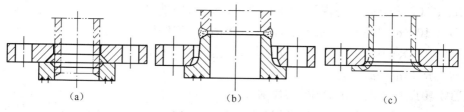

(a)　　　　　　　　(b)　　　　　　　　(c)

图 2-2-3　船用松套法兰

松套法兰的特点是，管子内场制造时不必考虑法兰的螺孔位置；管子为有色金属时，仅松套为铜质，法兰为钢质，节约了有色金属，但又具有有色金属的耐腐蚀性，降低了成本。但产生了新的问题，即由于材料的不同，使电位差腐蚀的情况严重。目前在民用船舶上使用不多，在军用船舶上使用较广泛，同时要采取消除电位差腐蚀的措施。

4. 法兰标准

（1）二进位法兰。前面介绍的 CB 标准为船舶行业标准。它的特点是法兰的螺孔为二进制，即法兰的螺孔最少为四只，然后随法兰通径的增大其螺孔每两只两只增加，所以法兰的螺孔有四只、六只、八只、十只……等。主要的 CB 法兰标准有：

CB/T 46—1999　船用搭焊钢法兰
CB/T 47—1999　船用对焊钢法兰
CB/T 48—1999　船用焊接铜法兰
CB/T 49—1999　船用搭焊钢环松套钢法兰
CB/T 50—1999　船用对焊钢环松套钢法兰
CB/T 51—1999　船用焊接铜环松套钢法兰
CB/T 52—1999　船用铜管折边松套钢法兰

以上法兰的适用范围及规格除了 CB/T 48—1999 船用焊接铜法兰外，在前面已经进行了介绍。CB/T 48—1999 标准适用于必须用铜法兰的地方，以上标准目前仅在军船上使用。

（2）四进位法兰。ISO、JIS、ANSI 和我国的 GB、CBM 法兰标准均为四进位的法兰标准。其中 CBM 标准是船舶行业的外贸标准，是 20 世纪 80 年代初我国刚开始建造出口船舶时引进的 JIS 和 ISO 两套不同的标准体系，并进行了中国化工作。为了有所区别，

CBM999 以下的与 ISO 标准等同，CBM1000 以上的与 JIS 标准等同。ISO 标准基本上与 DIN 标准相同。经过二十多年实践，为了进一步理顺法兰的标准体系，国家标准化委员会于 20 世纪 80 年代末重新对法兰标准进行整理。主要是取消了 CBM 标准中与 ISO 标准等同的标准，将其升级为 GB 标准系列。因而目前我国的四进位法兰标准体系是国家标准 GB 和船舶外贸标准 CBM（JIS 标准）。

以下是一些主要的四进位法兰标准：

符合 ISO 标准的法兰有：

GB/T 2501—1989　船用法兰连接尺寸和密封面（四进位）

GB/T 2506—2005　船用搭焊钢法兰（四进位）

GB/T 2508—1989　船用搭焊钢环松套钢法兰（四进位）

GB/T 10746—1989　船用对焊钢法兰（四进位）

GB/T 10747—1989　船用对焊钢环松套钢法兰（四进位）

GB/T 10748—1989　船用焊接铜环松套钢法兰（四进位）

GB/T 10749—1989　船用铜管折边松套钢法兰（四进位）

符合 JIS 标准的法兰有：

CBM 1012—81　PN0.5MPa 搭焊钢法兰

CBM 1013—81　PN1.0MPa 搭焊钢法兰

CBM 1014—81　PN1.6MPa 搭焊钢法兰

CBM 1015—81　PN2.0MPa 搭焊钢法兰

CBM 1016—81　PN3.0MPa 搭焊钢法兰

CBM 1017—81　PN3.0MPa 对焊钢法兰

CBM 1018—81　PN4.0MPa 对焊钢法兰

CBM 1019—81　PN6.3MPa 对焊钢法兰

由于 20 世纪 80 年代我国开始建造出口船时大量引进的是日本标准体系，所以目前符合 JIS 标准的 CBM 标准使用得很广泛，而且现在世界上正在运行的由日本建造的船舶也占大多数，故 JIS 标准仍是世界上通用的标准。但从国家整个标准体系来说 CBM 标准是过渡性的标准，目前正在进行修订，用 CB 标准替代这些标准。

另外，根据 2004 年国家标准化委员会的要求，船用法兰标准将有较大的变化，主要是在二三年内把目前的 15 个关于法兰的国家标准整合为六七个标准，因而在实际工作中要注意这些变化。

JIS 标准与 ISO 标准体系的区别主要体现在如下方面。

压力分级不一样：ISO 标准为 0.2MPa、0.6MPa、1.0MPa、1.6MPa、2.5MPa、4.0MPa、6.4MPa；

　　　　　　　　JIS 标准为 0.25MPa、0.5MPa、1.0MPa、1.6MPa、2.0MPa、3.0MPa、4.0MPa、6.3 MPa。

标准系列不一样：ISO 标准为每种材料每种结构不同的压力级组合成一个标准；

　　　　　　　　JIS 标准为每一个压力级每种材料每种结构为一个标准。

常温下法兰的最大工作压力也有些不同。例如钢法兰的使用温度大于 200℃时，两种标准的最大工作压力均随温度升高而降低；但 JIS 标准规定工作温度小于 200℃时，允许最大工作压力随温度降低而升高。

法兰的结构尺寸不一样:法兰的外径、厚度、螺孔的大小和数量、螺孔中心节圆的直径、密封面形式等可能都会有不同。

四进位法兰与二进位法兰相比其最大的优点是有利于管子的生产设计和内场校管工作。

另外,在 JIS 标准中,同一压力级的钢法兰可能有不同的结构形式;不同压力级的钢法兰的结构形式可能是相同的也可能是不同的。CBM 标准搭焊钢法兰的结构形式及适用范围见表 2-2-1。

表 2-2-1　CBM 标准搭焊钢法兰的结构形式及适用范围

型　式	适 用 范 围	
	标准号	适用通径
	CBM 1012—81	DN10-400
	CBM 1013—81	DN10-225
	CBM 1012—81	DN450-500
	CBM 1013—81	DN250-500
	CBM 1014—81	DN10-500
	CBM 1015—81	DN10-65
	CBM 1015—81	DN80-500
	CBM 1016—81	DN80-400
	CBM 1016—81	DN10-65

5. 法兰标准的标记

船用法兰一般均为标准产品。按照目前最新的规定,法兰的标记组成如下:

名称＋标准号＋压力等级＋通径

其中压力等级和通径用数字表示,通径用三位数字表示,不足三位的加 0,超过 1000mm 的通径用四位数表示;压力用放大 10 倍的兆帕(MPa)数值表示。

例如,压力等级 PN＝0.5MPa、公称通径 DN＝100mm、CBM1012 标准法兰,其标记为:

搭焊钢法兰 CBM 1012—81 5100

压力等级 PN＝1.6 MPa、公称通径 DN＝50mm、GB2506 标准法兰,其标记为:

船用搭焊钢法兰 GB 2506—1989 16050

6. 法兰连接螺栓的选用

船用法兰的连接螺栓一般都使用Ⅰ级精度普通粗牙螺纹。螺栓和螺母的材料为优质碳素钢,为了避免由于旋紧后螺栓受到损伤,钢制螺栓的机械性能等级一般都大于螺母的等级。例如用 4.8 级螺栓时,可用 4 级螺母。螺母的强度等级一般有 4、5、6、8、9、10、12,螺栓的机械性能等级一般有 3.6、4.6、4.8、5.6、5.8、6.8、8.8、9.8、10.9、12.9。螺母的等级和螺栓等级的整数均表示材料抗拉强度的 1/100。

除了螺栓材料的选用外,还要考虑选用合适的螺栓直径 M 和长度 L。螺栓直径 M 一般比法兰螺孔直径 d 小 1mm~3mm。螺栓的长度应为法兰旋紧后露出螺母 0~0.5 倍螺栓直径。

各种螺栓、螺母的适用范围见第八章第一节相关内容。

二、螺纹连接

当管子与管子及管子与机械、设备、附件之间是利用螺纹进行连接时,这种连接方式称为螺纹连接。螺纹连接主要有中、低压管子螺纹接头,高压管子螺纹接头,锥面螺纹接头,卡套接头和由任接头等,其中由任接头主要用于带螺纹的水煤气管,船舶上很少使用。螺纹连接方式的优点是拆装方便,占用空间位置小、布置紧凑。

1. 中、低压管子螺纹接头

中、低压管子螺纹接头的标准主要有 CB* 56—83 管子平肩螺纹接头和 CB* 821—84 低压管子螺纹接头。CB* 56—83 管子平肩螺纹接头适用于 PN 为 1.6 MPa ~10.0MPa,DN 为 3mm~32mm 的油类、水和空气管路;CB* 821—84 低压管子螺纹接头适用于 PN<1.57MPa,DN 为 3mm~32mm 的船舶管路。除了适用范围不同外,两种接头与管子的连接方法也不同,CB* 56—83 均采用搭焊,而 CB* 821—84 采用对接焊。其他结构形式基本相似。下面以 CB * 56—83 标准为例进行介绍。

管子平肩螺纹接头的分类:A 型为搭焊中间平肩螺纹接头,B 型为搭焊旋入平肩螺纹接头,C 型为搭焊支管平肩螺纹接头,D 型为搭焊外套平肩螺纹接头,E 型为搭焊异径外套平肩螺纹接头。其中最常用的为 A 型和 B 型。

搭焊中间平肩螺纹接头如图 2-2-4(a)所示。它由中间螺纹接头、垫片、平肩接头和外套螺母组成,用于管路中两段管子的连接。

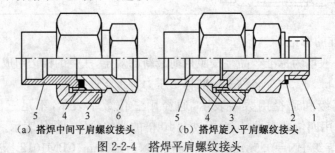

（a）搭焊中间平肩螺纹接头　　（b）搭焊旋入平肩螺纹接头

图 2-2-4　搭焊平肩螺纹接头

1—旋入接头;2—外垫圈;3—外套螺母;4—内垫圈;5—平肩接头;6—中间螺纹接头。

搭焊旋入平肩螺纹接头如图 2-2-4(b)所示。它由旋入螺纹接头、内外垫圈、平肩接头和外套螺母组成。用于管子与机械设备、附件间的连接。由图 2-2-4 可以知道这两种接头的区别仅在于旋入接头的一端为外螺纹,可以直接旋入到设备或附件的内螺纹中。本标准的旋入接头两端的螺纹相同,均为公制细牙螺纹 M18×1.5~M56×2。但 CB* 821—84 标准中旋入接头的两端螺纹不相同,与外套螺母相接的螺纹为 M16×1.5~M48×2,而旋入端为 M10×1~M42×2;另外还有市场品的旋入接头,它与外套螺母连接的螺纹不变,另一端为圆柱或圆锥管螺纹 G½″、G¾″……或 R½″、R¾″……。选用时应特别注意,不要搞错。

搭焊平肩螺纹接头的材料主要为优质碳素钢,其平肩接头和螺纹接头还可按要求采用镍铬钛钢(1Cr18Ni9Ti)、锰黄铜(HMn 58-2)或铝青铜(QAl9-2),外套螺母还可用铅黄铜(HPb59-1)制成。内外垫圈应按介质要求选用,但必须是无石棉的垫圈。旋入螺纹采用圆锥管螺纹时,没有垫圈,但螺纹上应缠有聚氯乙烯密封带(生料带)。

2. 高压管子螺纹接头

主要的标准有 CB* 822—84,它适用于公称压力 PN 大于 9.8MPa,至 24.5MPa 的船舶管路。它有 8 种不同的形式,分两大类四种。两大类为 A、B、C 和 D 型为搭焊接头,E、F、G 和 H 为对焊接头,相应接头的其他结构均相同。四种为中间螺纹接头、旋入螺纹接头、外套螺纹接头和异径螺纹接头。图 2-2-5 所示为搭焊(对焊)中间螺纹接头。基本结构与低压接头相同,主要的区别在平肩接头与中间接头相配合面处的结构不同。低压螺纹接头的垫圈是套在中间接头上的,而高压螺纹接头的垫圈是置于平肩接头的凹坑内。这一改动使接口处垫圈不容易产生泄漏,提高了密封性,使它能承受高压。

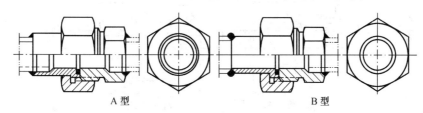

A 型   B 型

图 2-2-5　高压中间螺纹接头

3. 锥面螺纹接头

锥面螺纹接头的密封形式与平肩螺纹接头的形式完全不一样,平肩螺纹接头的密封是一个平面,通过软垫圈压缩后形成密封。而锥面螺纹接头的密封靠外套螺母将一个锥面与一个球面紧密接触而保证其密封性能,两个零件之间没有垫圈,理论上它们接触的是一条线,实际上是一条很窄的环形球面。因而是硬密封。

图 2-2-6 所示为钢管用锥面螺纹接头,它由乳形接头、锥面中间接头和外套螺母组成。常用的锥面螺纹接头标准有 CBM 1117—82 铜管用乳形接头和 CBM 1118—82 钢管用乳形接头。前者的适用范围为最大工作压力 2.0MPa 的空气、油和水;或最大工作压力 1.6MPa、工作温度小于 205℃ 的蒸汽。后者的适用范围为最大工作压力 4.0MPa 的空气、油和水;或最大工作压力 3.2MPa、工作温度小于 205℃ 的蒸汽。公称通径范围为 DN6mm～DN25mm。

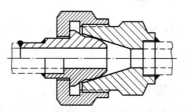

图 2-2-6　锥面螺纹接头(乳形接头)

铜管用的乳形接头和锥面中间接头的材料为锰黄铜(HMn58-2),外套螺母材料为铅黄铜(HPb59-1)。而钢管用的乳形接头和锥面中间接头的材料为25号钢,外套螺母材料为15号钢。全部采用公制细牙螺纹(M22×1.5～M48×2)连接,主要用于柴油机高压燃油管路上。

螺纹接头用气焊与管子焊接时,必须先将接头拆开后单独焊接,否则会发生接头"咬死"而拆不开的现象。但对接接头管子与平肩焊接时,外套螺母必须位于平肩上。

4. 卡套接头

卡套接头是一种先进的管路连接件,属于非焊接式管件。卡套接头的优点为连接牢靠,密封性能好,外形美观,管路安装时不需焊接,可用于防火、防爆的施工场所。

图2-2-7为卡套接头结构示意图,由接头1、卡套2和螺母3组成。旋紧螺母时,接头相当于挤压模具,在螺母的推动下,卡套外侧遇到接头内锥面的作用而使卡套前部径向收缩变形,外侧与接头内锥面形成锥面密封;而卡套内侧相当于刀具,在卡套变形过程中,迫使刃口咬入钢管起到了密封作用,这样就实现了接头与连接钢管之间的密封和紧固连接作用。

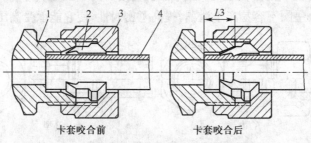

卡套咬合前　　　　　　　　卡套咬合后

图2-2-7　卡套接头结构示意图

1—接头;2—卡套;3—螺母;4—连接钢管。

卡套接头按其用途可分为两大类。

(1)气动、信号用卡套接头。此类卡套接头主要用于气源、信号管路。接头、卡套和螺母的材料均采用黄铜(H62)制造,有时外表经镀铬处理,管子材料一般为 $\phi6\times1\sim\phi12\times1.5$ 的紫铜管,适用于公称压力 PN≤1MPa 的管路。

(2)测量、液压传动用卡套接头。此类卡套接头主要用于仪表测量、液压传动管路。其材料及适用范围见表2-2-2。管子常用规格为 $\phi8\times1\sim\phi22\times3$ 的无缝钢管。

表2-2-2　钢质卡套接头适用范围

接头	卡套	螺母	管子	公称压力/MPa
Q235-A(20)	45	Q235-A(20)	10,15	6.4
35	45(调质)	35	15,20	16

卡套接头常用形式有旋入接头、中间接头、三通接头及压力表接头等。

卡套接头能否保证良好的密封性能,与安装方法是否正确有直接关系。在施工安装时必须达到下列要求:

① 管子表面不得有拉痕、裂纹、锈蚀等缺陷存在;

② 连接钢管的外径偏差不超过±0.3mm,圆度达到要求时,方可得到满意的连接效果;

③ 管子切割面应保证与轴线垂直,并不能有毛刺、脏物,用于高压连接的钢管事先最

34

好用细砂纸打磨管子插入部分的外表面;对于紫铜管,插入部分不得进行退火处理;

④ 外套螺母、卡套在管子上的位置方向要正确,管子应顶紧在接头的止推面上;

⑤ 卡套套上管子前,在卡套外周涂上滑油或其他润滑剂,以防紧固螺母时产生拉毛等问题;

⑥拧紧螺母时,用力要均匀,拧紧后可松下螺母,观察卡套是否咬进管子表面,正式安装时,仍需用力拧紧。

5. 由任接头

当管路中介质的工作压力小于 0.6MPa、工作温度低于 100℃的情况下,可采用由任接头连接。由任接头的结构如图 2-2-8 所示。

由任接头采用马口铁锻制而成,镀锌的称为白铁由任,不镀锌的称为黑铁由任,一般常用白铁由任。由任接头与管子都采用圆柱形管螺纹连接,其常用规格为 G1″~G2″。由任接头在建筑业使用得较为广泛,船舶上使用相对较少。

三、夹布胶管接头

夹布胶管连接一般用于通径小于 80mm 和公称压力小于 0.6MPa 的油、水管路上。

图 2-2-9 为夹布胶管连接装置简图。该装置由夹布胶管 2、管箍 3 和连接钢管或铜管 1 组成。

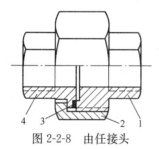

图 2-2-8 由任接头

1—接头;2—螺母;3—密封垫片;4—平肩接头。

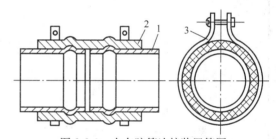

图 2-2-9 夹布胶管连接装置简图

1—连接的钢管或铜管;2—夹布胶管;3—管箍。

夹布胶管由橡胶和织物材料制成,胶管的内层为橡胶胎,外层为橡胶套,中间敷设 2 层~5 层由棉织物制成的衬布,衬布的层数根据管内介质的工作压力而定。

船用胶管接头一般直接套在连接钢管或铜管上,为了加强连接的密封性和防止管子从接头中脱出,连接钢管的端部可焊一圈直径为 1.2mm~2mm 的金属丝或车制一道环形凸圈,对于铜管可以用滚线机滚出环形凸圈。连接钢管和胶管是用特制的管箍夹紧的。

夹布胶管连接用于水温低于 100℃的水管路上,如用于油管路时,油温必须低于 80℃,同时采用耐油橡胶。

夹布胶管连接具有下列优点:结构简单,安装方便,连接后有一定的弹性,可隔离机械振动对管系的影响;管子膨胀或船体变形而引起管子弯曲时,接头有一定补偿作用;由于接头质量轻,可以减轻管路的质量。但是,也有下列的缺点:使用寿命较短,容易发生泄漏现象;耐热、耐压性能较差,只能用于低温、低压的管路上。

夹布胶管连接主要用于小型发电机冷却水的进、出口管路和离心式分油机的进、出水以及废气蜗轮增压器的润滑、冷却管路上。

四、焊接连接

对一些不需要拆卸的管子(如空气管和测量管)、密性要求高的管子(如冷冻剂和液化气管)或所在处所不允许有可拆接头的地方可以采用焊接的方式连接。常用的焊接连接有对接焊和套接焊。

1. 对接焊

对接焊可用于任何压力、通径的钢管和铜合金管,不适合于紫铜管。管子与管子、管子与附件对接时,其边缘要进行准备处理。钢管边缘准备和间隙的具体要求如表 2-2-3 所列。

表 2-2-3　钢管的边缘准备和间隙要求

应用场合	要　求		备　注
$t \leqslant 4.2\text{mm}$			
$4.2\text{mm} < t \leqslant 6\text{mm}$			
$t > 6\text{mm}$			
对接处厚度不一致时		$t_1 - t > 2.3$	$L \geqslant (t_1 - t) \times 3$
		$t_1 - t \leqslant 2.3$	$G = 1 \sim 3$ $S = 0 \sim 1$ $B = 60° \pm 5$
对中偏差要求		$t_1 = t$ $t_0 \leqslant 2.3$	一般要求不大于 1mm

对接焊可采用 CO_2 焊或惰性气体保护焊。当管子壁厚较大时,也可先用 CO_2 焊或惰性气体保护焊打底,再用电弧焊进行盖面焊接。

2. 套接焊

套接焊根据套管形式可分为普通套管、座式套管和带银焊丝的套管。

表 2-2-4 所列的为这三种套管连接形式。采用普通套管连接时,套管的材料应与连接的管子同质,套管的位置应居中,一般来说,套入长度 $\geqslant 5t$(t 为管子壁厚),套管厚度 $\geqslant 1.25t$。表 2-2-4 中的要求为最低要求,实际操作时可选用标准套管。

座式套管和带银焊丝套管均为成品，根据管子的外径进行选用。表2-2-5为套管连接时的焊接要求。

表2-2-4　套管连接形式及适用范围

形式	图示	适用范围或要求	材料
普通套管	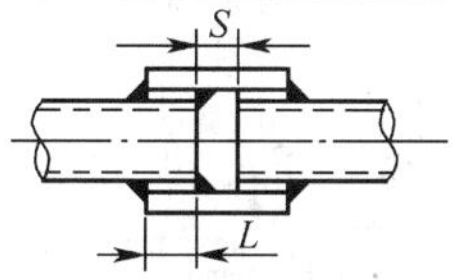	DN≤65mm L≥10mm DN>65mm L≥25mm S＝10mm	与管子相同
座式套管	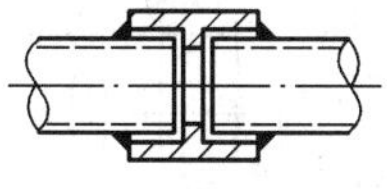	DN≤50mm (1)PN≥3.0MPa (2)液压管系	锻件 尽量不采用易积垃圾
带银焊丝套管	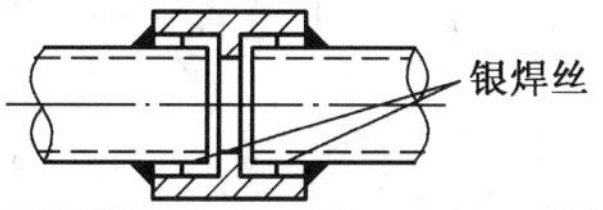 银焊丝	DN≤40 铜镍铁合金管或铝黄铜管	

套管适用于污水和灰水管系统、燃油泄放和溢流管系、滑油泄放管系、舱底及油渣泄放管系、甲板疏排水管系、透气管系、测量管系、CO_2 管系、加热盘管、蒸汽泄放管、氧乙炔管、蒸汽和空气安全阀排放管等。但下列场合必须使用法兰连接：排水（油）口连接管；箱柜连接短管；与阀件连接处（除对接焊的阀）；测量管末端等。在集控室的上方、隔离空舱内、结构舱柜内、主机上方甲板下的油管，发电机上方和电气设备的上方等区域须使用套管连接。

套管连接在施焊前应清除焊接部位的氧化皮、铁锈、潮气、油污、油漆、熔渣及其他可能影响焊接质量的污物，并检查焊缝间隙和坡口等是否符合要求。为了保证焊接质量，各种焊缝应尽可能采用俯焊位置，施焊结束后应立即清除焊渣与飞溅物，检查焊缝的外表质量，焊缝表面应光滑清洁，不得有裂纹、焊瘤、气孔以及未填满的弧坑或凹陷存在。管子内壁产生的溶滴与塌陷应予以修补。

表2-2-5　套管连接时的焊接要求

套管形式	焊接要求	备注
座式套管	 C：最大1.5mm　S：约2.0mm	
普通套管	DN<40 C：最大2.0mm　S：最小2.0mm DN≥40 C：最大2.0mm　S：最小5.0mm	套管连接的应用必须根据船级社的要求。 DN<150mm　F：最小4.5mm DN≥150mm　F：最小6.4mm

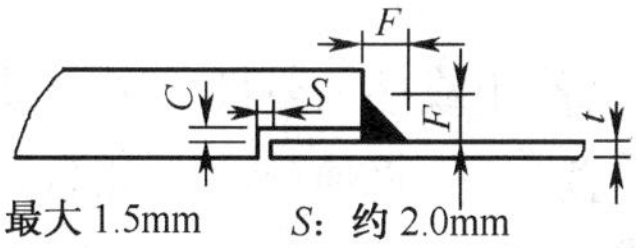

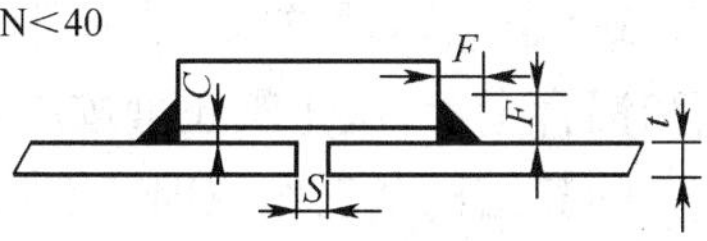

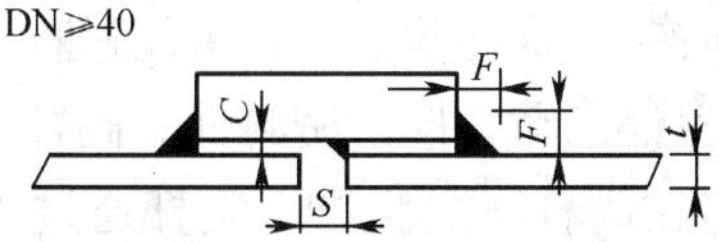

五、低压套接式管接头

套接式管接头分为无锁紧环接头和带锁紧环接头两种形式。按结构分有直通接头（等径、异径和外螺纹）、弯接头（45°和90°）、三通接头（等径和异径）共三类七种。船舶上一般应使用带锁紧环接头的形式。

图 2-2-10 所示为直通异径带锁紧接头的套接式管接头结构图，标准号为 GB/T 14414—93。它由本体 1、压紧螺母 2、密封环 3、垫圈 4、锁紧环 5 等组成。其中本体和压紧螺母的材料为可锻铸铁（KTH350-10）、铸钢（ZG230-450）或铸铜（ZCuZn16Si4），垫圈的材料为 Q235-A，密封环材料为丁腈橡胶或氟橡胶，锁紧环材料为 65Mn。

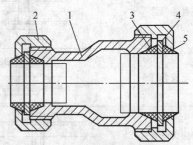

图 2-2-10 直通异径带锁紧
接头的套接式管接头
1—本体；2—压紧螺母；3—密封环；
4—垫圈；5—锁紧环。

该接头适用于公称通径为 10mm～80mm，公称压力不大于 1.6MPa，液体介质为淡水、海水、污水、燃油、滑油、空气、煤气，和温度不高于 120℃ 的管路的连接。

安装该接头时应按标准要求进行，管子端部应垂直于管子中心线，一般应采用机械切割，去除毛刺和杂物；管子伸进接头的长度（L）要符合规定尺寸，即通径为 15mm～25mm 接头从管口至密封环里口的距离为 15 mm，通径为 32mm～50mm 接头的距离为 20mm，通径为 65mm、80mm 接头的距离为 25mm。

第三节 常 用 阀 件

为了控制管路中工作介质的压力、流量和流动方向，在管路中装置各种控制阀件。常用的普通阀件有截止阀、止回阀、截止止回阀、闸阀、蝶阀、阀箱、旋塞、球阀等。

一、截止阀

截止阀是最常用的一种阀件，它的用途是截止或接通管路中的介质。

截止阀根据它的进出口中心线的相对位置，分为直通（A 型）和直角（B 型）两种形式，直通截止阀的进出口中心线一般在一条直线上或互相平行，直角截止阀的进出口中心线互相垂直；根据连接的方式可分为法兰式、外螺纹式、内螺纹式、对焊式和胶管连接式；根据材料分有铸铁、铸钢、锻钢、青铜、不锈钢和铝合金等；截止阀还可按压力等级分类，分类方法与法兰的压力等级相同。但所有的截止阀其结构及工作原理基本相同。

图 2-3-1 为法兰铸铁截止阀的结构示意图。阀座 2 可直接压在阀体 1 内，也可采用堆焊的形式，阀杆 4 的下部与阀盘 3 采用浮动连接，这样阀盘 3 在关闭过程中可以有少量摆动，使阀盘 3 与阀座 2 的密封面紧密配合，保证了截止阀的密封性。阀杆 4 上部的梯形螺纹与阀盖 7 互相啮合，手轮 8 用螺母 9 固定在阀杆 4 的上方。阀杆通过阀盖 7 处装有填料 5，并由填料压盖 6 将填料压紧，保证工作介质不会从阀杆四周溢出。

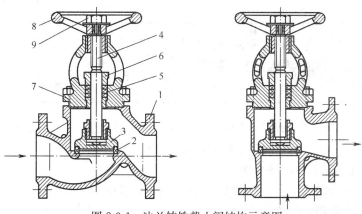

图 2-3-1 法兰铸铁截止阀结构示意图

1—阀体;2—阀座;3—阀盘;4—阀杆;5—填料;6—填料压盖;7—阀盖;8—手轮;9—螺母。

逆时针转动手轮,阀杆带动阀盘上升,离开阀座,此时截止阀就打开,介质从图示方向进入和流出截止阀,管路呈流通状况。反之,则截止阀就关闭。

截止阀的标准与法兰一样,常用的有国标 GB 和外贸标准 CBM 两大类。其中国标包括法兰螺孔二进位和符合 ISO 的四进位两类。CBM 标准与 JIS 的相应标准一致,CBM 标准(符合 JIS 标准的阀)属于过渡标准,CBM 标准的阀件大部分已经被 CB 标准所代替。但由于目前在一些船厂还在使用,所以仍需要了解。常用的截止阀标准及适用范围如表2-3-1 和表 2-3-2 所列。(CB/T 标准与原 CBM 标准号的对照表附于书后。)

表 2-3-1　常用 GB 标准截止阀的标准和适用范围

名称及标准号	公称压力/MPa	公称通径/mm		适 用 介 质
		A、B 型	AS、BS 型	
船用法兰铸钢截止阀 GB/T 584—1999	1.0	65～150	200～300	淡水、滑油、燃油、$t \leqslant 300℃$蒸汽
	1.6	125～150	100～250	
	2.5	20～150		
	4.0	65～100		淡水、滑油、燃油、$t \leqslant 400℃$蒸汽
	6.4	20～50		
船用法兰青铜截止阀 GB/T 587—93	0.6		15～150	海水、淡水、滑油、燃油、$t \leqslant 250℃$蒸汽
	1.0	65～150		
	1.6	125～150	65～150	
	2.5	20～125	15～125	
船用法兰铸铁截止阀 GB/T 590—93	0.6		50～300	海水、淡水、滑油、燃油、$t \leqslant 220℃$蒸汽
	1.0	65～150	65～250	
	1.6	20～50		
船用外螺纹锻钢截止阀 GB/T 594—83	4.0	15～32		燃油、滑油、淡水、空气、$t \leqslant 400℃$蒸汽
	10.0	6～32		

表 2-3-2　常用符合 JIS 标准的截止阀的标准和适用范围

标 准 号	名　　称	公称通径	适 用 介 质	
CB/T 4002—2005	J 类法兰铸钢 1.0MPa 截止阀	50～300	空气、气体、油和水	$t \leqslant 300℃$蒸汽
CB/T 4004—2005	J 类法兰铸钢 2.0MPa 截止阀	32～250		$t \leqslant 400℃$蒸汽
CB/T 4006—2005	J 类法兰铸钢 4.0MPa 截止阀	32～150		$t \leqslant 400℃$蒸汽
CB/T 4012—2005	J 类法兰青铜 0.5MPa 截止阀	15～65	空气、气体、水、油、$t \leqslant 205℃$蒸汽	
CB/T 4015—2005	J 类法兰青铜 1.6MPa 截止阀	15～40		

标准号	名 称	公称通径	适 用 介 质
CB/T 4010—2005	J类法兰铸铁 1.0MPa 截止阀	50～400	最高工作压力的不同,适用范围也不同
CB/T 4007—2005	J类法兰铸铁 0.5MPa 截止阀		
CB/T 4020—2005	J类锻钢 3.0MPa 截止阀	6、10(螺纹) 15～25(法兰)	燃油、滑油、空气、淡水

标记示例:压力为 10.0MPa,通径为 6mm 的船用外螺纹锻钢直通截止阀标记为:

直通截止阀 GB 594—83　A100006

截止阀的使用和安装时注意如下几点。

(1)根据工作介质的工况(压力、温度)和性质选合适的截止阀。

(2)截止阀手轮顺时针旋转为关,逆时针旋转为开,可安装于任何位置上。

(3)工作介质的流通方向必须与阀体上的箭头方向一致。若箭头标志不清,则一律以"低进高出"为原则确定阀的流通方向(安装于油舱上的快关阀则相反)。

(4)选用正确的连接形式和垫片。与阀连接的法兰或螺纹的结构形式都应与截止阀相同。

二、止回阀

止回阀在液压系统中又称为单向阀,它只允许工作介质从一个方向通过而能阻止其逆向回流。止回阀根据其结构分类主要有升降式止回阀、摆式止回阀和竖形止回阀等。

1. 升降式止回阀

升降式止回阀是最常用的一种止回阀,它也有直通(A型)和直角(B型)两种形式,如图 2-3-2 所示。其按材料、连接方法或压力级分类均与截止阀相似。

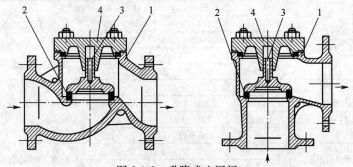

图 2-3-2　升降式止回阀
1—阀体;2—阀座;3—阀盘;4—阀盖。

升降式止回阀由阀体1、阀座2、阀盘3和阀盖4组成。阀座2直接压在阀体1内,为了使阀盘3能正确地开关,阀盘3上部有导向杆伸入阀盖4的导筒内,可以引导阀盘作上下升降运动。当工作介质按图 2-3-2 所示方向进入阀盘的下部时,如果工作介质作用于阀盘下部的力大于阀盘重量和上部的作用力的合力,阀盘就被抬起而离开阀座,此时,止回阀的通道就打开了,工作介质从止回阀的出口流出。当工作介质逆向流动时,工质的作用力就作用在阀盘的上方,再加上阀盘本身的重量作用,阀盘就紧紧地压在阀座上,阻止了工质的逆流。

止回阀的标准及适用范围见表 2-3-3 和表 2-3-4。除了表中所列的止回阀外,还有与

40

其工作原理相同的竖形止回阀(CB/T 11696—1996)和法兰吸入止回阀(CB/T 3478—92),如图 2-3-3 所示。竖形止回阀可以安装在垂直管路中,吸入止回阀一般安装在吸入管路的末端,它的密封方式有软密封和硬密封两种,图示的为硬密封。它们均适用海水、淡水和油类管路,但介质流向只能从下向上流动。但竖形止回阀使用场合很少,结构又较落后,所以管附件标准化技术委员会准备废止该标准。

表 2-3-3 常用 GB 标准止回阀的标准和适用范围

名称及标准号	公称压力/MPa	公称通径/mm		适 用 介 质
		A、B 型	AS、BS 型	
船用法兰铸钢止回阀 GB/T 586—1999	1.0	65~125		淡水、滑油、燃油、$t \leqslant 300℃$ 蒸汽
	1.6		100~125	
	2.5	20~100		
船用法兰青铜止回阀 GB/T 589—93	0.6		15~125	海水、淡水、滑油、燃油、$t \leqslant 250℃$ 蒸汽
	1.0	65~125		
	1.6	125	65~125	
	2.5	20~100	15~100	
船用法兰铸铁止回阀 GB/T 592—93	0.6		50~150	海水、淡水、滑油、燃油、$t \leqslant 220℃$ 蒸汽
	1.0	65~150		
	1.6	20~50		

表 2-3-4 常用符合 JIS 标准的止回阀的标准和适用范围

标准号	名 称	公称通径	适 用 介 质
CBM 1050—81	10kgf①/cm² 法兰铸钢止回阀	50~250	淡水、滑油、燃油、$t \leqslant 300℃$ 蒸汽
CBM 1053—81	20kgf/cm² 法兰铸钢止回阀	32~150	
CB/T 4014—2005	J 类法兰青铜 0.5 MPa 止回阀	15~40	海水、淡水、油、空气及其他气体
CB/T 4017—2005	J 类法兰青铜 1.6MPa 止回阀		
CB/T 4009—2005	J 类法兰铸铁 0.5 MPa 止回阀	50~200	淡水、油

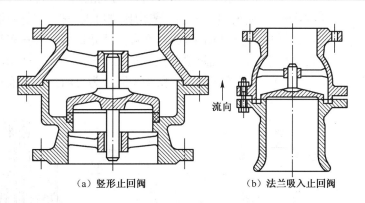

（a）竖形止回阀   （b）法兰吸入止回阀

图 2-3-3 竖形止回阀和法兰吸入止回阀

升降式止回阀的使用和安装应注意以下几点。

(1)根据工作介质的工况(压力、温度)和性质选用合适的止回阀。

(2)升降式止回阀只能安装在水平管路上,不能安装在垂直管路上。安装在水平管路上时,阀盘的导向杆一般应垂直向上,以保证阀盘的导向杆能在阀盖的导筒内自由地升降。

———————————

① 1kgf＝9.8N。

（3）工作介质的流通方向必须与阀体上的箭头方向一致。若箭头标志不清,则一律以"低进高出"为原则安装。

（4）选用正确的连接形式和垫片。

2. 摆式止回阀门

摆式止回阀根据用途可分为旋启式止回阀、防浪阀和板式止回阀。

（1）旋启式止回阀和防浪阀。图 2-3-4(a)和图 2-3-4(b)分别为旋启式止回阀和直角防浪阀的示意图。它们主要由阀体 1,阀盘 2、转动轴 3、阀盖 4 和螺塞 5(仅防浪阀有)组成。

旋启式止回阀的工作原理是当介质从图 2-3-4 所示方向进入阀盘的左边时,在流体压力的作用下,阀盘 2 就会绕着转动轴 3 向右摆动,阀就开启。反之阀盘就紧压在阀座上,阻止了介质的逆向回流。

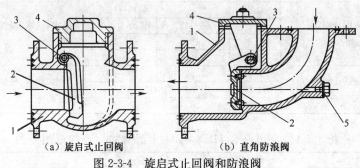

（a）旋启式止回阀　　　　（b）直角防浪阀

图 2-3-4　旋启式止回阀和防浪阀

1—阀体;2—阀盘;3—转动轴;4—阀盖;5—螺塞。

防浪阀的工作原理与其相同,但阀体上的螺塞 5 可作冲洗和疏通之用。它与旋启式止回阀的区别在于:一是使用范围不同,旋启式止回阀一般适用于燃油和滑油的泄放管路,装于管路中间,而防浪阀主要适用于疏排水管路,装于舷侧排出口处;二是旋启式止回阀进出口通径是一样的,而防浪阀的出口通径一般均比进口大一档;三是防浪阀有直通型和直角型,还有立式防浪阀和可闭立式防浪阀等,而旋启式止回阀一般只有直通形式。图 2-3-5(a)为立式防浪阀的示意图。立式防浪阀阀盘的另一端还设有一平衡重块,可使阀内没有介质流通或反向流动时处于关闭状态。图 2-3-5(b)为可闭立式防浪阀。

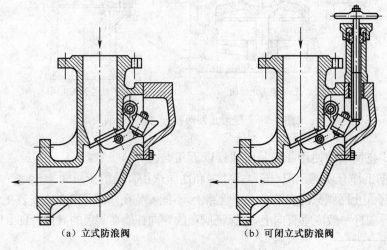

（a）立式防浪阀　　　　（b）可闭立式防浪阀

图 2-3-5　立式防浪阀示意图

它们的阀体一般都是整体浇铸而成,其进出口均为法兰连接形式,常用的标准和适用范围见表2-3-5。

表2-3-5　常用的旋启式止回阀和防浪阀的标准和适用范围

名 称 及 标 准 号	公称压力/MPa	公称通径/mm	适 用 介 质
J 类青铜 0.5MPa 旋启式止回阀 CB/T 4019—2005	0.5	25～40	海水、淡水、油类
防浪阀 CB/T 3475—92	0.1	A 型:50～100 B 型:50～150	海水、淡水、污水
立式防浪阀 CB/T 3476—92			
可闭立式防浪阀 CB/T 3477—92		50～150	

(2)板式止回阀。板式止回阀的结构非常简单,主要由阀体、阀盘和密封圈组成。它的工作原理与旋启式止回阀相同,但其转动轴与阀盘是一个整体,松挂在阀体的凹槽内,没有专门的转动轴,采用对夹式安装。图2-3-6所示的为CB/T 3819—1999板式止回阀结构图。它的公称压力为1.0MPa,公称通径为50mm～500mm,适用于海水和淡水管路。阀体的材料为铝青铜(QAl9-2),阀盘的材料为铸铝青铜(ZQAl9-2)。

板式止回阀的优点是占用空间小,特别是长度(厚度)短,适合于机舱狭小区域使用;结构十分简单,加工方便。但也有明显的缺点,就是流通面积减小太大,对于小通径的管子更是如此,流动阻力增大;在使用中时有阀盘脱落的现象,可靠性差。因而使用范围不多。

三、截止止回阀

截止止回阀是具有截止和止回双重作用的阀件。它的结构除阀盘2和阀杆1与截止阀不同外,其余都相同。它的阀盘与阀杆并不连接在一起,即带有止动凸肩的阀杆是松插在阀盘的导孔中央,如图2-3-7所示。

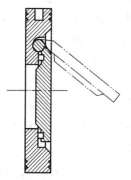

图2-3-6　板式止回阀结构图

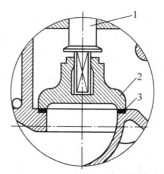

图2-3-7　截止止回阀(局部)
1—阀杆;2—阀盘;3—阀座。

由于截止止回阀的阀杆1只是松插在阀盘2的导孔中央,因此当手轮顺时针旋转阀杆下降时,阀杆顶住阀盘并强迫阀盘下降而紧紧地压在阀座3上,此时起截止作用;而当手轮逆时针旋转阀杆上升时,阀盘并不随之提起,只有在介质作用于阀盘下面的力大于阀盘上面的力和阀盘的重量时,阀盘才能抬起(抬起的高度视阀杆上升的高度而定)。介质回流时,在介质力和阀盘重量的作用下,阀盘下降而自动关闭阀门,此时起止回阀作用。

截止止回阀的形式、材质、连接方式和适用范围等基本上与截止阀相似,具体见表2-3-6 和表 2-3-7。

表 2-3-6　常用 GB 标准截止止回阀的标准和适用范围

名称及标准号	公称压力/MPa	公称通径/mm		适 用 介 质
		A、B 型	AS、BS 型	
船用法兰铸钢截止止回阀 GB/T 585—1999	1.0	65～150	200～300	淡水、滑油、燃油、t≤300℃蒸汽
	1.6	125～150	100～250	
	2.5	20～150		淡水、滑油、燃油、t≤400℃蒸汽
	4.0	65～100		
	6.4	20～50		
船用法兰青铜截止止回阀 GB/T 588—93	0.6		15～150	海水、淡水、滑油、燃油、t≤250℃蒸汽
	1.0	65～150		
	1.6	125～150	65～150	
	2.5	20～125	15～125	
船用法兰青铜截止止回阀 GB/T 591—93	0.6		50～300	海水、淡水、滑油、燃油、t≤220℃蒸汽
	1.0	65～150	65～250	
	1.6	20～50		

表 2-3-7　常用符合 JIS 标准的截止止回阀的标准和适用范围

标 准 号	名　　　称	公称通径/mm	适 用 介 质	
CB/T 4003—2005	J 类法兰铸钢 1.0 MPa 截止止回阀	50～200	淡水、油、气体	t≤300℃蒸汽
CB/T 4005—2005	J 类法兰铸钢 2.0 MPa 截止止回阀	32～250		t≤350℃蒸汽
CB/T 4013—2005	J 类法兰青铜 0.5 MPa 截止止回阀	15～40	海水、淡水、油、气体、t≤205℃蒸汽	
CB/T 4016—2005	J 类法兰青铜 1.6 MPa 截止止回阀			
CB/T 4008—2005	J 类法兰铸铁 0.5 MPa 截止止回阀	50～400	淡水、燃滑油、气体、t≤205℃蒸汽	
CB/T 4011—2005	J 类法兰铸铁 1.0 MPa 截止止回阀	50～200		

由于规格相同的截止止回阀和截止阀的外形是一样的,因而特别要注意不要搞错。区别它们的方法是将阀的阀杆升到最高处,然后提起来摇一摇,如果有响声的就是截止止回阀,没有响声的就是截止阀。这是由于截止止回阀的阀杆是松插在阀盘导孔的中央,阀杆上升不能带动阀盘一起上升,摇动时阀盘就会发出撞击阀座的响声;而截止阀的阀杆与阀盘是固接在一起的,阀杆上升也带动阀盘一起上升,所以摇动时就不会发出响声。也可以将手伸到阀盘的下部去托阀盘,如果阀盘能够托起就是截止止回阀,不能托起就是截止阀。也可以在阀件的出口处观察阀盘的状态,如果阀盘仍坐在阀座上,则为截止止回阀,如果阀盘已离开阀座与阀杆连在一起,则为截止阀。这些方法都只能应用在阀件安装之前,安装好后无法区别。因此,为了便于安装后能区别不同的阀件,可以在截止止回阀的阀杆顶部加工出一字槽或十字槽,也可以在阀杆顶部涂上红色或黄色的油漆,而截止阀阀杆顶端应为平滑的端面,以便于操作者手感目测。

截止止回阀的使用和安装应注意如下几点。

(1)根据工作介质的工况(压力、温度)和性质选用合适的截止止回阀。

(2)手轮顺时针旋转为关,逆时针旋转为开(相当于截止阀)。

(3)直通式截止止回阀只能安装在水平管路上,不能安装在垂直管路上。直角式截止止回阀进口向下,安装于垂直管路上,出口安装于水平管路上。安装时阀杆一般应保持垂直向上。同时要按阀体上的箭头方向或"低进高出"为原则确定进出口方向。

（4）选用正确的连接形式和垫片。

四、闸阀

闸阀又称闸门阀，是一种使用较为广泛的截止阀件。根据闸阀工作时阀杆位置的不同，分为阀杆固定式（是指阀开启和关闭时的阀杆高度位置不变）和阀杆上升式（是指阀杆随阀的开启和关闭而上升或下降）两种形式。

1. 阀杆固定式闸阀

图2-3-8为法兰铸钢闸阀，属于阀杆固定式的闸阀。它主要由阀盖、阀杆、阀体、阀芯和方螺母组成。阀杆上、下两端都加工有左旋螺纹，上端为普通螺纹，下端大都为双头梯形螺纹，中间有一道止动凸肩。中空的楔形阀芯上部开有凹槽，槽内装有梯形螺纹的方螺母。指示装置由固定在阀体上的标杆7和能随阀杆转动而上下移动的指示螺母组成。阀杆上部螺纹与指示螺母啮合，止动凸肩松套在阀盖内，下部螺纹与阀芯内的方螺母啮合。手轮转动时，由于受阀杆中部止动凸肩的限制，阀杆转动时不能上下运动，而方螺母由于受到阀芯的限制，能随着阀杆的转动而上下运动，从而带动阀芯上下运动形成闸阀的开关，同样指示螺母也随阀杆的转动而上下运动，从而反映出阀的开启位置。

2. 阀杆上升式闸阀

阀杆上升式闸阀与固定式的区别在于阀杆上部螺纹与阀盖上的螺纹啮合，下部没有螺纹直接与楔形阀芯连接，中间也没有止动凸肩。转动手轮时，阀杆一边转动一边带动阀芯上下运动而形成闸阀的开关，阀的开启高度直接从阀杆上反映出来。

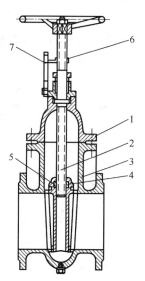

图2-3-8　法兰铸钢闸阀
1—阀盖；2—阀杆；3—阀体；
4—阀芯；5—方螺母；
6—指示螺母；7—标杆。

闸阀与截止阀比较有以下的优点：流通截面大、不分进出口、结构长度短和开关比较省力。但是闸阀也有以下缺点：阀芯和阀座间的密封面加工复杂，由于经常摩擦容易磨损，从而会影响或丧失密封性能，因此不能承受较高的压力；高度方向较大，占用的空间多，使用受到限制，因而船舶上一般都使用阀杆固定式；闸阀阀芯的下部凹槽内常有积水，容易引起腐蚀，尽管可设泄放螺塞，但操作不方便。

闸阀常用的材料有铸铁、铸钢和青铜等，连接方式主要为法兰连接，小型闸阀也有内螺纹连接的。具体见表2-3-8。

表2-3-8　常用的闸阀汇总表

标准号及名称	公称压力/MPa	公称通径/mm	适 用 介 质
法兰铸铁闸阀 CB/T 465—1995	0.6	50～150	海水、淡水和滑油
	0.4	175～300	
	0.25	350～500	

标准号及名称	公称压力/MPa	公称通径/mm	适 用 介 质
法兰铸钢闸阀 CB/T 466—1995	1.0	50~100	淡水、燃油和滑油
	0.6	125~150	
	0.4	175~300	
	0.25	350~500	
法兰青铜闸阀 CB/T 467—1995	0.6	40~150	淡水、海水和油管
	0.4	175~300	
	0.25	350~500	
法兰不锈钢闸阀 CB/T 3955—2004	0.6	50~150	≥−165℃液化气及腐蚀性介质
	0.4	175~300	
	0.25	350~500	
法兰油轮闸阀 CB/T 3591—2005	1.0	80~400	原油、成品油、海水、淡水、货油和扫舱系统
J类法兰青铜 0.5MPa 闸阀 CB/T 4028—2005	0.5	15~40	油及水
	0.2		饱和蒸汽
	0.7		水
J类法兰铸铁 0.5 MPa 闸阀 CB/T 4026—2005	0.3	50~200	$t \leqslant 220℃$蒸汽
	0.2	250~600	
	0.5	50~600	淡水、油、
	0.7	50~400	淡水
	0.5	450~600	
J类法兰铸钢 1.0MPa 闸阀 CB/T 4027—2005	0.7	50~200	$t \leqslant 300℃$蒸汽
	0.5	250~400	
	1.0	50~400	淡水、油、
	1.4		淡水

注:J类法兰的压力级一栏表示最高工作压力

闸阀的使用和安装应注意如下几点。

(1)根据工作介质的工况(压力和温度)和性质选用合适的闸阀。

(2)安装阀杆上升式闸阀时,要考虑留出阀杆上升的空间。

(3)可用于双向流动的管路,安装时不考虑阀的进出口,同时可安装于任何位置。但采用单斜面阀盘的闸阀,阀盘平直面一侧应为进口侧。

(4)选用正确的连接形式和垫片。

五、蝶阀

蝶阀是一种比较新型的阀件,近年来在船舶上得到广泛的应用,而且种类繁多。特别是随着船舶自动化程度的提高和机舱的小型化,应用的范围更大了。

蝶阀按连接的方式分有对夹式和法兰式两种;按结构形式分有中心型和双偏心型两种;按驱动的方式分有手动(手轮、手柄和蜗轮)、气动、液动和电动(均有单缸、双缸两种);按阀的密封圈材料分有丁腈橡胶(NBR)氟橡胶(FPM)两种;按阀体的材料分有铸钢、灰铸铁和球墨铸铁等。船厂可以按要求任意组合,以满足设计的要求。

图 2-3-9 为蝶阀示意图。阀杆 3 与驱动机构连在一起,当驱动机构转动时,阀杆就带动阀盘一起转动,当阀盘与介质的流动方向垂直时,阀就呈关闭状态;当阀盘与介质流向成某一角度或平行时,阀就呈开启状态。通过改变阀盘与介质流向的相对角度就可以调

节阀的流量。根据上述的结构特点,可见从理论上蝶阀是不分进出口的,可用于双向流动的管路。实际上中心型蝶阀可任意方向安装,偏心型蝶阀的进口侧应在阀瓣的背面为好。图 2-3-10 为船用双偏心型法兰式螺杆手动蝶阀的简图。

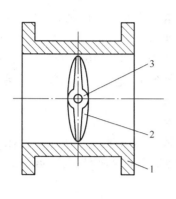

图 2-3-9　蝶阀示意图
1—阀体;2—阀盘;3—阀杆。

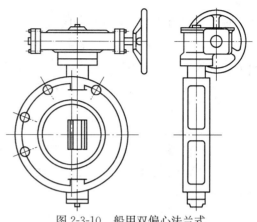

图 2-3-10　船用双偏心法兰式
螺杆手动蝶阀简图

　　所谓双偏心蝶阀,即阀杆的中心线与阀体的轴向中心线及径向中心线均有一定的偏心。其优点是当阀杆转动时,其密封圈很快就与阀座脱离或接近关闭时才接触,使密封圈不易磨损,延长了阀件的使用寿命。从图 2-3-10 上还可以知道该阀的操纵方式是手轮通过蜗轮蜗杆带动阀盘转动的,因而它具有操纵轻便、理论上手轮可以安装在平面上任意位置,实际上有四个互相垂直的角度供选择,大大地方便了管路的布置。

　　蝶阀的国家标准主要有 GB/T 3036 船用中心型蝶阀和 GB/T 3037 船用双偏心蝶阀,压力等级为 1.0 MPa 和 1.6MPa,公称通径为 80mm ~800mm。标准中共有 22 种不同形式的蝶阀供选择。但各阀件制造厂也有各自的标准可供选择。并且可以按船厂的要求制造更大的蝶阀。

　　蝶阀之所以能很快推广应用,是由于它具有较多的优点:结构长度短,开关省力;且开关可以仅转 90°,容易做到自动控制,适合于阀门遥控系统;流动阻力小。缺点是小口径阀的流通面积减小较多;橡胶密封圈易磨损和老化,寿命相对较短,但通过改进橡胶的成分及采用双偏心形式等此缺点已有了很大的改变。

　　蝶阀的连接方式主要有两种方式,即法兰连接、对夹式连接或混合式连接。采用法兰连接时,两侧一般为螺栓螺母连接,而上下为螺柱螺母连接;对夹式连接是将蝶阀安装于一对管子法兰的中间,用对穿管子法兰的长螺栓紧固。所谓混合式连接就是蝶阀平面上下一般有四个螺孔,可用对穿螺栓或螺柱螺母连接,两侧采用对夹的方式连接。

六、阀箱

　　为了便于集中控制、管理方便和节省阀件,可以将两个或两个以上的阀件(截止阀或截止止回阀)组合为一体的联箱。这种联箱称为阀箱。

　　阀箱有单排和双排之分,根据需要可制成双联式或多联式。阀箱一般用铸铁整体铸成,也可以用“组合阀”连接而成。按用途可分成吸入阀箱、排出阀箱和调驳阀箱三种。

1. 吸入阀箱

吸入阀箱都是下部分开而上部连通的单排阀箱,其联数则根据需要而定,吸入阀箱能将液体分别从一个阀门的下部吸入箱内,然后由上部的公共排出室排出,如图 2-3-11 所示。

吸入阀箱的特点是下部分别吸入,上部公共排出。根据这个特点,吸入阀箱被广泛地用于燃油、滑油、舱底水、供水等系统中的多路吸入管路。如某些船舶的舱底水系统中,阀箱下部各吸入口分别用吸入管与污水井或污水沟连通,开动舱底水泵就可以任意将任何一个污水井或污水沟内舱底水排出舷外。为了防止舱底水倒流,舱底水吸入阀箱应采用截止止回阀箱。

2. 排出阀箱

排出阀箱都是上部分开而下部连通的单排阀箱,其联数也是根据需要而定。液体从排出阀箱下部公共吸入室进入阀箱,然后由上部控制的阀将它们分别排出,如图 2-3-12 所示。

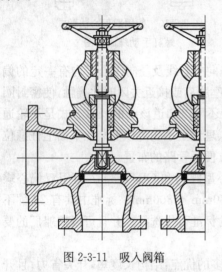

图 2-3-11　吸入阀箱

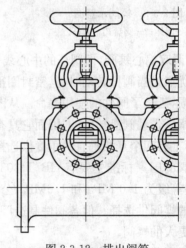

图 2-3-12　排出阀箱

排出阀箱的特点是下部公共吸入,上部分别排出。根据这个特点,凡需要集中管理、操纵的系统如机舱供水、燃油输送等管路均可使用。如将排出阀箱下部公共吸入口与供水系统的排出总管连通以后,就可以通过阀箱上部的阀将水分别送到各用水场所。

3. 调驳阀箱

将吸入阀箱与排出阀箱结合在一起,就成为一种具有公共吸入室和公共排出室的调驳阀箱。图 2-3-13 为双排四联调驳阀箱的结构示意图。它分为上下两层,上层按前后横向分隔,下层按纵向将阀两个一组隔成四组。上层两个空间分别与压载泵的吸入口和排出口连接,下层的四个空间则分别与各压载舱相通。

图 2-3-14 为双排四联压载水调驳阀箱的工作原理图。调驳阀箱后排上层的 1、2、3、4 是相通的,接至压载泵的吸入口,称为调驳阀箱的排出口;前排上层的 5、6、7、8 也是相通的,接至压载泵的排出口,称为调驳阀箱的吸入口。下层的 1~5、2~6、3~7、4~8 互通,且分别与压载舱的第一、二、三、四舱连接。

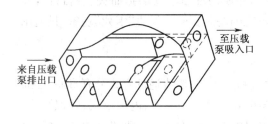
图 2-3-13 调驳阀箱结构示意图

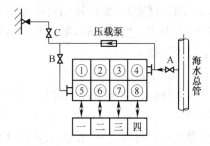
图 2-3-14 调驳阀箱工作原理图

压载水的驳入、调驳和驳出的工作步骤如下。

(1)驳入:将压载水驳入第四舱,打开海水总管上的截止阀 A,启动压载泵,压载水(海水)就进入压载泵,打开截止阀 B,压载水就进入调驳阀箱的 5、6、7、8 上层空间,此时只要打开与第四压载舱相通的阀 8,压载水就从调驳阀箱的上层流入阀 8 的下层,从而进入第四压载舱。

此项工作也可简写为:海水总管→开阀 A→启动压载泵→开阀 B→开阀 8→第四舱。

驳入工作也可以不启动压载泵,依靠舷外高位海水自流灌入压载舱,即打开海水总管上的截止阀 A,海水(压载水)进入调驳阀箱上层 1、2、3、4 空间,此时只要打开与某压载舱相通的阀,压载水就从调驳阀箱的上层流入该阀的下层,从而进入相应的压载舱,但依靠自流驳入的时间较长,且与船舶的吃水深度有较大关系。

(2)调驳:将第三舱压载水驳至第二舱,打开与第三舱压载舱连通的阀 3,启动压载泵,第三压载舱内的压载水就从阀 3 的下层进入调驳阀箱的上层驳出侧,经过压载泵后,再打开阀 B。压载水就进入调驳阀箱上层 5、6、7、8 空间,此时只要打开阀 6,压载水就从第三舱驳入第二舱了。

此项工作可简写为:第三舱压载水→开阀 3→启动压载泵→开阀 B→开阀 6→第二舱。

(3)驳出:将第一舱压载水驳至舷外,打开与第一压载舱连通的阀 1,启动压载泵,第一舱压载水就通过阀 1 进入调驳阀箱上层的驳出侧,经过压载泵后再打开阀 C,第二舱压载水就通过舷旁排出阀排出舷外。

此项工作可简写为:第一舱压载水→开阀 1→启动压载泵→开阀 C→舷旁排出阀→舷外。

以上各项调驳工作之前,除舷旁排阀之外,假设各阀件都是关闭的。

阀箱适用于公称压力低于 1MPa 的海、淡水和燃油管路上,主要用于中、小型船舶。

七、球阀和旋塞

球阀与旋塞的工作原理基本相同,都是利用中空的阀芯在阀体中转动,依靠阀芯与阀体之间的通孔位置,来接通或截止(部分或全部)管路,不同的是球阀的阀芯是球体,而旋塞的阀芯是锥体。它们都可以做截止和方向转换之用。

它们共同的优点是通道面积几乎不变、介质流通阻力小、开关转换迅速方便、可以实现遥控。球阀由于阀座采用软密封,所以还具有转动灵活、密封性好、不会产生卡死现象,长度又较短、压力范围广,除了成本较高外,几乎没有缺点。而旋塞由于依靠锥形塞芯与塞体间的硬密封,所以转动时摩擦力较大,旋塞内介质污浊后较易磨损而失去密封性,介质的压力或温度较高时,塞芯和塞体的密封面可能因塞芯膨胀而发生"卡死"现象,只适用于低压管路。

1. 球阀

球阀的种类很多,按结构分为一片式、二片式和三片式;按流通的方式分有直通、三通两种,三通又可分为 L 型三通和 T 型三通;按连接方式分有法兰式、内螺纹式、外螺纹式、搭焊连接和对焊连接;按传动方式分有手柄传动、蜗轮传动、气动、液动和电动;按材料分有铸钢和不锈钢。

所谓一片、二片、三片式球阀,指的是阀本体由一只零件、二只零件或三只零件组成。图 2-3-15 所示的为螺纹连接的二片式直通球阀(CB/T 3191—92),它由阀体、接头、球体、阀杆、阀座(密封环)、手柄等组成。螺纹的标准可以按 CB* 56—83、CB* 822—84 或由买方指定,也可采用法兰连接。图 2-3-16 即为法兰连接的二片式直通球阀。

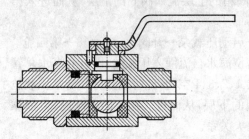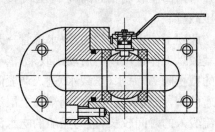

图 2-3-15 螺纹连接的二片式直通球阀　　图 2-3-16 法兰连接的二片式直通球阀

球阀按采用的材料不同,可适用于淡水、海水、滑油、燃油、气体和蒸汽等管路。螺纹连接的球阀其公称压力为 6.4 MPa～32.0MPa,公称通径为 10mm～32mm,螺纹尺寸为 M27×1.5～M56×2。法兰连接的球阀其公称压力为 20.0 MPa,公称通径为 40mm、50mm 和 80mm。

2. 旋塞

旋塞的种类也很多,根据使塞芯与塞体保持密封的紧固方式分有压盖式和紧定式两种;按连接方式分也有法兰连接、内螺纹连接、外螺纹连接和胶管连接等;按材料分有青铜、黄铜、铸铁和铝合金等;按流通方式分也有直通、L 型三通和 T 型三通三种。

(1)压盖式旋塞。图 2-3-17 为压盖式旋塞的示意图(GB/593—93 船用法兰青铜、铸铁填料旋塞)。它由塞体、塞芯、填料、压盖和手柄组成。压盖式旋塞是依靠压盖压紧填料来防止介质泄漏的。塞芯是一个中空的锥形体,其顶部的槽道用以表示塞芯的位置。塞芯材料采用铸造锡青铜,塞体的材料有铸铁和铸造锡青铜两种。

法兰旋塞的公称压力为 0.6MPa,公称通径为 20mm～80mm;采用外螺纹连接的青铜旋塞标准为 GB 598—80,它的公称压力为 1.0MPa(直通旋塞),公称通径为 32mm;1.6MPa(L 型三通旋塞),公称通径为 20mm、25mm;2.5MPa(T 型三通旋塞),公称通径为 6mm～15mm。它们都适用于淡水、海水、滑油、燃油系统的管路。

(2)紧定式旋塞。紧定式旋塞不同于压盖式旋塞,它直接依靠旋紧下部的螺母而使塞芯紧贴在塞体上。紧定式旋塞的通径一般较小,常用的有放水旋塞(有直通和直角两种)、茶桶旋塞和内螺纹黄铜压力表旋塞等。图 2-3-18 所示的即为这三种旋塞。目前船舶上紧定式旋塞使用得极少,这是由于其在使用中常常会发生泄漏、咬死、转不动等的缺陷所造成的。

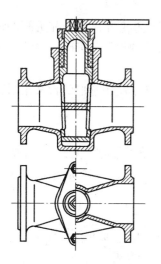

图 2-3-17 压盖式旋塞示意图

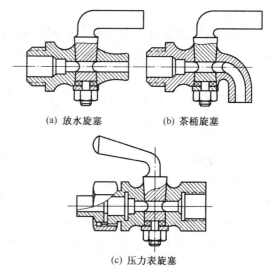

(a) 放水旋塞   (b) 茶桶旋塞

(c) 压力表旋塞

图 2-3-18 紧定式旋塞

3. 球阀与旋塞通道位置的转换

球阀与旋塞都有直通、L 型三通和 T 型三通三种,直通只能起截止作用;而 L 型三通能起到截止和转换方向的作用;T 型三通主要起到转换方向的作用,但当处于特殊位置时也可起到截止作用。它们的位置转换如图 2-3-19 所示。

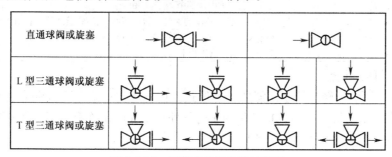

图 2-3-19 旋塞或球阀位置转换图

4. 球阀和旋塞使用及安装的注意事项

(1)根据介质的工况、性质选用合适的球阀或旋塞,但旋塞不可用于蒸汽管路。

(2)球阀和压盖式旋塞内部介质的流通方向与阀杆或塞芯顶部槽道方向一致,因此,它们的工作状态是看槽道的方向而不是看手柄的方向。紧定式旋塞的手柄则直接表示介质的流向。

(3)球阀和旋塞应垂直安装,与管子连接平面应在自然状态下无明显的歪斜或偏心,不可因强行拉装而引起本体变形,从而会影响它们的密封性。

(4)由于球阀适用于高温、超低温和高压的管路,因而阀座(密封环)的材料一定要选择得正确。一般聚四氟乙烯(PTFE)适用温度为 −40℃~200℃,聚四氟乙烯(ETFE)为 −196℃~200℃,复合石墨(GM)为 −29℃~300℃,尼龙(NYLON)≤80℃。

(5)对焊式球阀焊接时,应采取措施防止密封材料的受损。

第四节 管 子 支 架

管子支架的作用:一是使管子得到正确的定位;二是负担管子本身及相关阀件附件的重量;三是防止因机械振动、船体变形或温度变化造成管子的损坏。管路布置的同时就应考虑支架的设置位置、方法、形式和大小等。

由于引用相关的标准名称,管子支架有时也称吊架,在本文中它们的含义相同。

一、支架的种类

支架的种类较多,但船舶上经常使用的支架有轻型支架、普通型支架、特种型支架和金属弹簧吊架。前三种支架的标准号为 CB/T 3780—1997,金属弹簧吊架的标准号为 CB* 3262—86。

(一)管子吊架(CB/T 3780—1997)

本标准将管子吊架分为三大类九种。它们的分类及使用范围见表 2-4-1。

表 2-4-1　管子吊架的类型及使用范围

类　型		管子外径/mm	使 用 范 围
轻型	Q_a	6～60	薄壁钢管或各类铜管、塑料管、低压焊接钢管的单管支架
	Q_b		
	Q_c	6～18	薄壁钢管或各类铜管、塑料管、低压焊接钢管的多管并排支架
普通型	P_a	10～630	抗振动和防止管子轴向移动的管卡
	P_b	76～630	由于介质温差大,管子允许轴向伸缩的管卡
特种型	T_a	22～630	化学品船或船舶危险区域管路用管卡
	T_b	24～1048	允许管子轴向移动的铜管、铜合金以及镀锌管或特涂管用管卡
	T_c	8～38	小型多管并排或单排铜管、铜合金管、镀锌管或特涂管用管卡
	T_d	6～12	液压、气动管路用管卡

1. 轻型管子吊架

图 2-4-1 所示为轻型管子吊架的三种形式。目前这类吊架在民用船舶上主要用于小口径管和有色金属管。Q_a 和 Q_b 型仅用于管子外径≤60mm 的管子,Q_c 型用于管子外径≤18mm 的管子。但在军船上仍使用广泛。

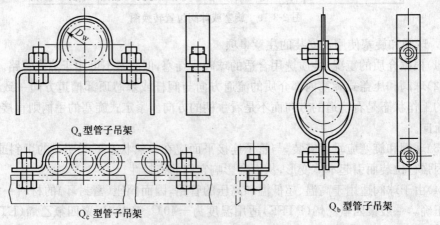

Q_a 型管子吊架

Q_c 型管子吊架

Q_b 型管子吊架

图 2-4-1　轻型吊架的三种形式

这种支架主要由支架、夹环、螺栓和螺母组成。夹环的内径略小于管子的外径,当螺栓旋紧后,管子就被紧紧地夹在支架上,然后,再将支架焊接在船体结构上,这样,管子就固定在船体结构上了。

在实际使用时,允许用角钢、管子和扁钢焊在夹环背部的中央,与另一只夹环组成"独脚支架"。由角钢或管子组成的独脚支架可用于任何方向的安装,而用扁钢组成的独脚支架只适用管路的垂直吊装。

轻型管子支架的安装应注意如下几点。

(1)管子支架必须严格按规定的装焊部位进行装焊,不能随心所欲地到处装焊。

(2)管子支架的间距(数量)和布置形式以管路在安装和工作状态下,不出现明显变形和振动为原则。支架间距可参照表2-4-2。

表 2-4-2　Q_a 和 Q_b 型管子支架间距表　　　　单位:mm

公称通径	15	20	25	32	40	50
钢管	800	1000	1400	1700	2000	2200
铜管	800	1000	1200	1500	1700	1900

(3)管子支架应采用包角双面焊,以防止因振动而脱焊。

(4)管子与支架间视情况不同,可加装衬垫,目的是防振、减少热传导、改善硬摩擦和防止接触腐蚀等。一般管路不用衬垫,需要安装衬垫时,衬垫的材料一般为青铅、橡皮或硬木(用于空调冷藏)等,且夹环的内径要适当放大。

2. 普通型管子吊架

这类管子吊架在船舶上使用最广泛,由 U 形螺栓、螺母和角钢组成。本标准把它分为两类,但实际使用中可以分为三类,称为I型、II型、III型(或 A 型、B 型、C 型)。图 2-4-2 所示的为普通型管子吊架的三种不同形式,其中II型即为 P_a 型,III型即为 P_b 型。I型适用于一般管子;II型适用于振动较大或安装在封闭舱室内的管路;III适用于温度变化较大的管路。普通型支架的最大通径为 600mm(管子外径为 630mm)。

I 型管子吊架　　　　II(P_a) 型管子吊架　　　　III(P_b) 型管子吊架

图 2-4-2　普通型管子吊架的三种类型

3. 特种型管子吊架

T_a 型管子吊架如图 2-4-3(a)所示。这由包有聚四氟乙烯条的 U 形螺栓、上下螺母、带聚四氟乙烯垫块的角钢组成。由于管子被紧固后,管子仅与聚四氟乙烯条或块相接触,当管子伸缩移动时,不会产生电火花,保证了安全。图 2-4-3(b)为 T_a 型管子吊架的非标类型,两者的不同点在于聚四氟乙烯条嵌在 U 形螺栓的槽内,聚四氟乙烯垫块不是垫在角钢上,而是嵌在一块扁钢中,再用螺母将 U 型螺栓、扁钢和角钢拧在一起。它的特点是聚四氟乙烯条安装方便,带聚四氟乙烯块的扁钢可以作为标准件成批进行生产。

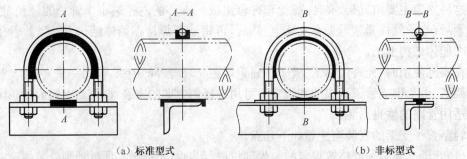

（a）标准型式 （b）非标型式

图 2-4-3 Tₐ 型特种管子吊架

Tᵦ 型管子吊架如图 2-4-4 所示，它与 Tₐ 型的区别仅在于 U 形螺栓上不带聚四氟乙烯条。但 U 形螺柱表面应用环氧树脂或尼龙 11 粉末进行涂塑处理，涂塑层厚度不小于 $300\mu m$。这种类型的支架使用的范围较广，管子外径最大可达 1048mm。应用于铜管或铜合金管时，一般管子下部应垫有聚四氟乙烯，对于镀锌管、特涂管，是否设聚四氟乙烯垫块，根据具体情况而定。

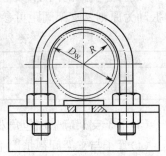

图 2-4-4 Tᵦ 型管子吊架

Tᵪ 型和 T𝒹 型管子吊架如图 2-4-5 和图 2-4-6 所示。它由上下两块成型模块、上下压板、螺栓和螺母组成，成型模块的材料为聚四氟乙烯。其特点是减震作用明显，主要用于液压或气动系统的管路。T𝒹 型用于小口径管子和有回路的场合。

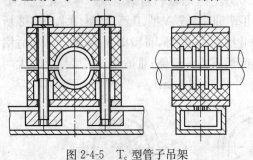

图 2-4-5 Tᵪ 型管子吊架

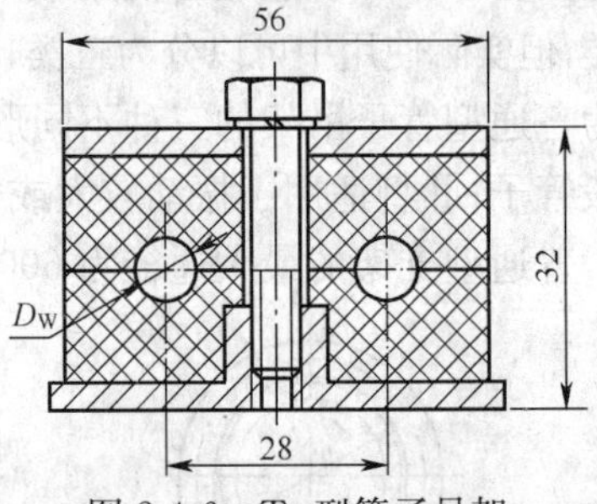

图 2-4-6 T𝒹 型管子吊架

除了上述标准支架外，还有不少非标的支架形式，例如用于玻璃钢管的支架、用于仪表管的支架、用于铜合金管的支架等。对于液化气船低温管的支架更有特殊的要求，图 2-4-7 是液化天然气船有绝缘的低温管用支架的示意图。

（二）金属弹簧吊架（CB* 3262—86）

金属弹簧吊架适用于船舶柴油机排气管路或各类在运行中产生位移和要求有效隔振的管路。本标准主要有两种形式。

稳定竖直管道的吊架如图 2-4-8 所示。它由套筒、拉压杆及压板、弹簧、钢丝网垫、球形螺母、螺栓和锁紧螺母等组成。其工作原理是压板位于套筒的中间，压板的上下方都有一根弹簧，当受到拉伸力时，上部的弹簧压缩，反之下部的弹簧受到压缩，起到减振的作用。钢丝网垫的作用是可以吸收一部分振动并限制吊架的伸缩范围，以免损坏。该吊架安装在管子的上方，安装时必须保证其垂直受力。

54

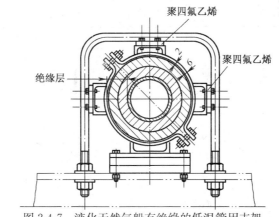

图 2-4-7 液化天然气船有绝缘的低温管用支架

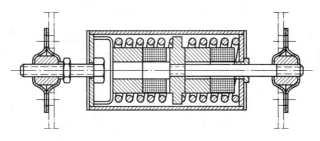

图 2-4-8 稳定竖直管道的金属弹簧吊架

吊装横向管道的金属弹簧吊架如图 2-4-9 所示。它与竖直管道吊架的区别在于在管道上设置吊架时,往往成 V 形成对设置,因此取消了上方的弹簧。安装时两只吊架的夹角一般不应大于 120°。

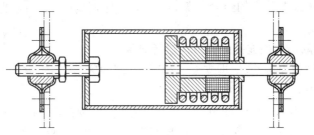

图 2-4-9 吊装横向管道的金属弹簧吊架

吊架应在不受外力作用下进行安装,安装长度可以通过转动套筒或螺栓来进行调节,但调节的长度一般控制在 ±20mm,调节好以后用螺母锁紧。吊架在加载和卸载过程中,动作应灵活,不得有卡阻现象。

除了本标准的金属弹簧吊架外,大口径排气管还常常使用座式的弹簧支架和非标支架,这些非标的支架可以参考制造厂的样本。

二、支架设置的方法

(一) 管子支架设置的方法
单根管子的支架设置方法见表 2-4-3。

表 2-4-3 单根管子支架设置方法　　　　　　　　　　　　单位:mm

型　式	应用范围	型　式	应用范围
倒角 H	DN≤250 H≤500	H	DN:全部
倒角 H	DN:全部 H>500	H	DN:全部 H>500
H 倒角	DN≤250 H≤500	H 倒角	DN≤150 H≤500
H	DN:全部 H<1000	H	DN:全部 H≥1000
H	DN:全部 H≤500		钢管 DN≤80 有色金属管 DN<65
	DN<350		DN≥350

对于两根管子以上共用的组合支架,由于情况比较复杂,必须根据实际情况进行设置。

(二) 支架与船体结构连接处垫板的设置范围

支架与船体结构焊接处,根据支架的情况、不同的区域、结构钢板的厚度和支架所在的位置等决定是否需要设置垫板。

图 2-4-10 所示为当船体结构板厚小于 16mm 时,应设置垫板的要求。从图 2-4-10 中可找到一个规律,凡是支架所在位置结构反面没有加强时,一般均应设置垫板。由于各厂的情况不一致或当船东有特殊要求时,垫板设置的范围会有所变化。

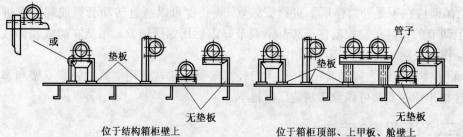

图 2-4-10　船体结构板厚小于 16mm 时,应设置垫板的要求

以下各种条件下,可以不设垫板:

(1)船体结构板厚≥16mm 时,可以不设,但支架尽可能设在反面有加强的位置;

(2)当支架设置在船体的加强筋、柱子、肋骨、纵梁、腹板等构件上时;

(3)当管子的通径≤80mm 时;

(4)当管子支架用角钢的规格小于等于 63×63×6mm 时;

(5)图 2-4-10 中没有涉及到地方。

以上只是一般的要求,由于垫板的设置要求往往与船东有极大的关系,例如有些船东就要求设在油柜上的支架都要设垫板,所以必须将设置的标准或要求在船舶建造前送船东认可,以免引起返工。

(三) 钢管支架用角钢的规格

单根管子或并排多根管子支架用角钢规格按表 2-4-4 选择。对于大口径管子、特别重管子或跨距大支架也可以选用槽钢。

表 2-4-4　单根管子或并排多根管子的支架用角钢规格

管子规格		单根管子 角钢规格/mm	单根管子计算值 $A=OD^{[1]2}/1000$	多联管子 A 的总和	多联管子用 角钢规格/mm
通径	外径/mm				
10	18	40×40×5	0.3	0.3~3	50×50×6
15	22		0.5		
20	27		0.8		
25	34		1		
32	42		2.5		
40	48		3.0		
50	60	50×50×6	4	4~7	63×63×6
65	76		6		
80	89		8	8~26	75×75×8
100	114	63×63×6	13		
125	140		20		
150	168		27	27~71	10×80×8
200	219	75×75×8	47		
250	273		72	72~126	100×100×10
300	325	100×80×8	100		
350	351		127		
400	402/426		165	127~309	125×125×12
450	457	100×100×10	210		
500	508/530		260		
550	560		310		
600	630	125×125×12	360	310~620 ≥621	160×160×12 角钢、工字钢 或槽钢
650	660		436		
700	710		506		
750	760		581		
800	810		661		

多联管子选用角钢规格的方法是,从表 2-4-4 中查得每根管子的 A 值,随后相加,根据得到的总和按表 2-4-4 选择即可。图 2-4-11 所示为四根管子并排安装在一根角钢上,该角钢的选择如下:

---

① OD=管子外径。

57

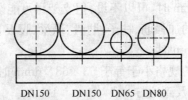

DN150　DN150　DN65　DN80

图 2-4-11　多联支架角钢规格选择举例

查表 2-4-4,可以知道 DN150、DN65 和 DN80 的 A 值分别为 27、6 和 8,因而四根管子的 A 值总和为

$$27+27+6+8=68$$

再查表 2-4-4,可知 68 属于 27～71 范围之内,所以所选择的角钢规格为 $100\times80\times8$。

(四)管子支架的间隔距离

管子支架的标准间距如图 2-4-12 所示和表 2-4-5 所列。但在实际应用中,必须考虑到加强材的间距,例如纵横肋骨的间距,还要考虑到管路中是否有阀件,是否与设备相连接等,可在其附近增加支架,防止阀件或设备的损坏。

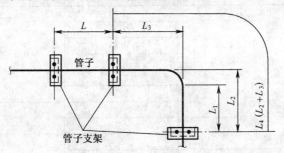

图 2-4-12　支架设置位置图

表 2-4-5　管子支架间距表　　单位:mm

管子规格		直管支架间距 L				弯管支架间距			
		钢管		不锈钢	非金属	钢管			
通径	外径	标准	最大	标准	最大	L_1	L_2	L_3	L_4
10	18	1100	1400			150	200	500	700
15	22	1300	1600	1000			230	700	930
20	27	1400	1800				230	800	1030
25	34	1700	2100	1200			260	1000	1260
32	42	1900	2400	1400			280	1100	1380
40	48	2100	2600	1800			350	1250	1600
50	60	2300	2800	2000			380	1300	1680
65	76	2500	3200				430	1450	1880
80	89	2700	3400	2400		200	470	1500	1970
100	114	3100	3800	2800			550	1750	2300
125	140	3300	4100	3000			620	1900	2520
150	168	3600	4500				700	2000	2700
200	219	4100	5000	3500			960	2150	3110
250	273	4500	5500	4000		300	1120	2300	3420
300	325	4900					1280	2450	3730
350	351	5000					1350	2500	3850

管 子 规 格		直 管 支 架 间 距 L				弯 管 支 架 间 距			
		钢管		不锈钢	非金属	钢 管			
通径	外径	标准	最大	标准	最大	L_1	L_2	L_3	L_4
400	402/426						1550	3300	4850
450	457						985	3350	4335
500	508/530						1060	3500	4560
550	560	5000	5500	5000		300	1140	3550	4690
600	630						1215	3700	4915
650	660						1290	3750	5040
700	710						1365	3800	5165

表中 L_2 等于 L_1 加上管子的弯管半径,因而实际计算时可以根据所采用的弯管半径来确定。其次表中 L_2 值从通径 450mm 开始变小,这是假设通径≥450mm 管子采用 1.5R 标准弯头制造,而≤400mm 管子采用弯管机弯制。如果有变化,可以相应变化。

当大小管子并列敷设,支架间距按大管子设置时,小管子的支架间距会不满足表中的要求,则可以采用中间增加连接角钢的方法,将小管子与大管子连在一起,以减少小管子的振动,但不必与船体结构焊接。在安装支架时还应考虑现场的实际情况,如有阀件,或与设备相接时,可在其附近适当增加支架,防止因振动对阀件或设备的损坏。

（五）管子支架与船体结构焊接时的要求

管子支架在任何情况下都不能直接焊接在船体外板上。即使焊接到船体的加强材上也要避开应力集中的区域,不破坏构件的强度。表 2-4-6 对支架的设置和焊接作出了一般性的规定,是管子安装施工中必须遵循原则。

表 2-4-6 船体构件上装焊管子支架的要求

位 置	工 艺 要 求	位 置	工 艺 要 求
位于角钢上表面		位于焊接角钢上表面	
位于焊接角钢背面		位于角钢背面	
位于T型材面板上		位于舱壁非构架面 注:支架应位于舱壁背面有加强材的位置	

59

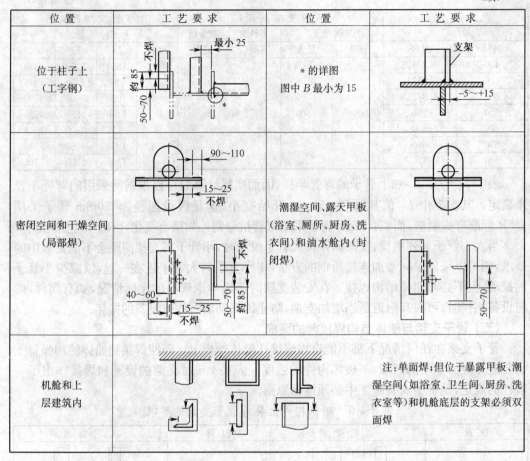

位 置	工 艺 要 求	位 置	工 艺 要 求
位于柱子上（工字钢）		＊的详图 图中 B 最小为 15	
密闭空间和干燥空间（局部焊）		潮湿空间、露天甲板（浴室、厕所、厨房、洗衣间）和油水舱内（封闭焊）	
机舱和上层建筑内		注：单面焊；但位于暴露甲板、潮湿空间（如浴室、卫生间、厨房、洗衣室等）和机舱底层的支架必须双面焊	

（六）安装膨胀接头的管路支架设置要求

当管路中间设置有膨胀接头时,为了防止膨胀接头受到过度的侧向力和超过它的伸缩量,必须在适当的地方设置各种形式的支架及止动块。而且不同的膨胀接头对支架设置的要求是不同的,下面分别叙述。

1. 对于整体式膨胀接头

为了防止管子从膨胀接头中脱出,必须在膨胀接头的两侧附近设置支架,支架与管端的距离一般为 0.8m～2.4m。由于机舱内的压载水、消防和燃油等管系中配置的弯头比较多,当管子伸缩时,这些弯头将对膨胀接头产生较大的侧向力,致使填料函密封过早地损坏,故在管子的弯头或与膨胀接头有适当距离的地方设置止动块来限制伸缩量;对于位于甲板上的管路往往是直管较多,需设置多只膨胀接头,也必须设置止动块,以使每只膨胀接头均匀受力;对于直管,止动块一般设置在两个膨胀接头的中间部位;对于弯管止动块最好设置在弯头部位。止动块形式和适用范围见表 2-4-7。

表 2-4-7 所列的各种止动块不仅适用于安装整体式膨胀接头的管路,也适用于安装填料函式和金属波纹管式膨胀接头的管路。D、E、F 三种止动器也可作为固定支架用。

一般 A 型止动块的厚度在 10mm～20mm,长度为 50mm 左右,宽度为 25mm。其他各类止动块的外形尺寸根据管子的大小来决定。

表 2-4-7　止动块的形式与适用范围

代号	形　式	适用范围
A	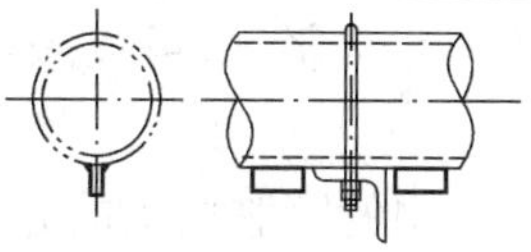	横向的直管段上 *仅适用于油船
B	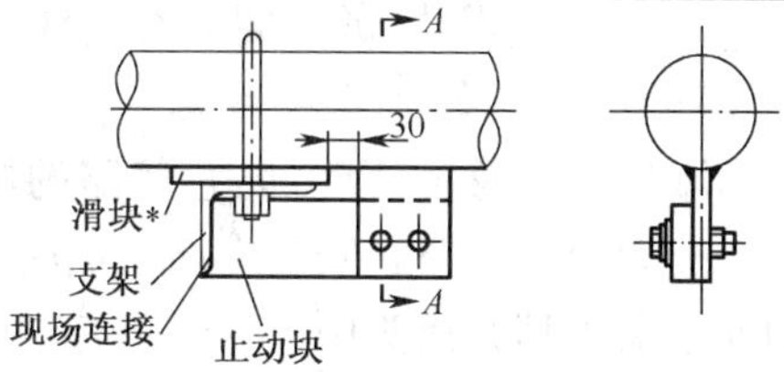 滑块*　支架　现场连接　止动块　30　A—A	
C	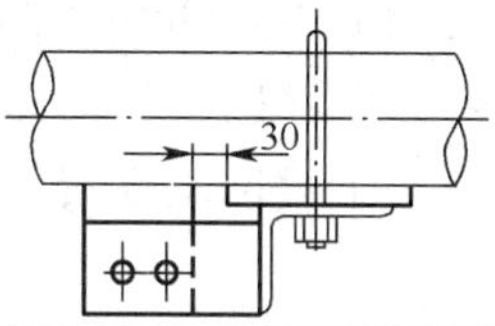 30	
D	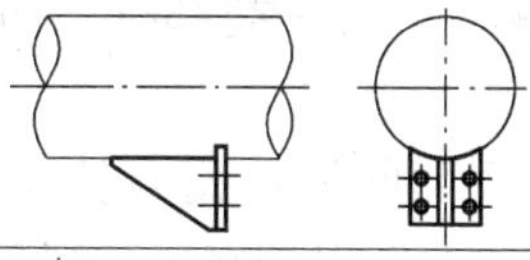	垂直方向货油管或排气管
E	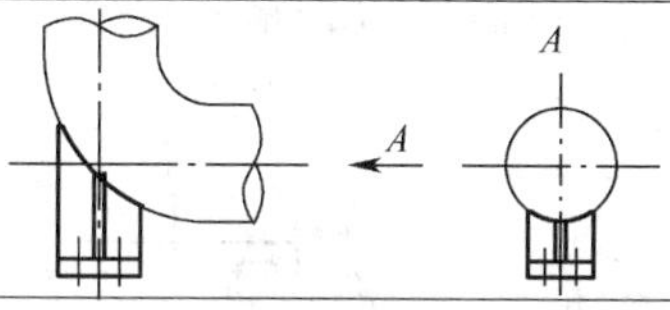 A　A	弯管段上
F	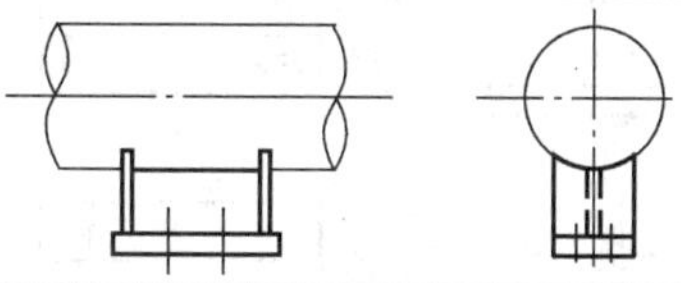	货油加油站处货油管及排气管

2. 对于波纹膨胀接头

（1）固定式支架的设置。使用波纹膨胀接头的管路，一般应设置固定支架和导向支架。根据 CBM 1033—81 标准，通径<200mm 的接头，其补偿量为 20mm；200mm≤通径≤900mm 时，其补偿量有 24mm 和 40mm 两种；通径>900mm 的接头，其补偿量为 36mm。对于大型船舶长达数十米的管路而言，这个补偿量是不够的，往往需要设置两个或更多的膨胀接头来解决热膨胀问题。

固定支架的作用就是把管路分割成几个单独的膨胀管段，限制和控制位于这些固定支架之间的膨胀接头所必须吸收的位移量。必须注意如下几点。

①在独立膨胀段内，不宜设置两个以上金属波纹膨胀接头及其他补偿元件，以免因变形不均降低膨胀接头的使用寿命。当安装两个以上膨胀接头时，必须设置中间固定支架。

②当介质通过膨胀接头并改变流动方向时，如管道的弯曲部位或支管分流进入主管，在转折处必须设置固定支架。

③在管道的终端应考虑设置固定支架。另外，泵、压缩机、热交换器等与管道相连接的主要设备或固定的通舱管件均可作为固定支架使用。原则是不会造成设备的损坏或运

转不正常。

④用于温差较大的管路,如排气管、蒸汽管上的固定支架,为了克服受热后热膨胀在固定支架上引起的推力,固定支架的结构必须非常坚固,可以采用 D、E、F 三种止动器的形式或其他形式。

⑤两个固定支架之间的最大距离,按所使用的膨胀接头的允许补偿量来确定,即两固定支架间的管子受热膨胀后的伸长量,应在所使用的膨胀接头所允许的补偿量范围内。可以按每升高 100℃,每米钢管伸长 1.1mm 来估算。

(2)导向支架的设置。为了保证膨胀接头位移的正确,防止管路的弯曲和扭转,阻止管路的失稳,必须设置导向支架。导向支架允许管路在安装中产生挠曲,以补偿管路受热膨胀后长度的改变,并将受热伸长的变量引入膨胀接头中。对于只有轴向位移的管路,导向支架的安装定位一般可按以下要求:当管道直径≤300mm 时,膨胀接头的第一个导向支架与膨胀接头的距离为 4 倍的管子通径;第二个导向支架与第一个导向支架的间距为 14 倍管子的通径;当管道直径>300mm 时,第二个导向支架与第一个导向支架的间距可适当缩短。

导向式支架的形式有导向式和滑块式两类。每一类都有不同的结构形式,下面仅举例说明它们的工作原理。

①导向式,如图 2-4-13 所示。由于 A—A 面的螺栓孔为长孔,支架的滑动部分随管系的热胀冷缩而移动。由于移动部分存在间隙,所以管系安装误差在这里得到改善,使膨胀接头免受侧向推力。

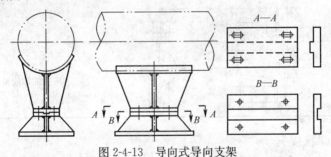

图 2-4-13　导向式导向支架

②滑块式,如图 2-4-14 所示。由于滑块与支架间存在间隙,安装后可保证滑块在导向支架中能自由滑动。

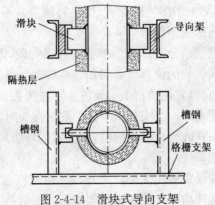

图 2-4-14　滑块式导向支架

第五节　压力表和温度计

为了检查和测量机械设备、箱柜和管路系统中工作介质的压力、温度、液位等，必须设置各种检查和测量附件，以便随时了解和判别系统的工作情况，进行必要的调整或采取相应的措施。其中常用的有压力表、温度计、液位指示器和液流观察器等。

一、压力表

压力表用来测量系统中的容器、设备或管路内的流体压力。常用的压力表有弹簧式压力表、气压表、U形管气压计等。由管系工安装的主要是弹簧式压力表。

图 2-5-1 为弹簧式压力表的结构示意图。被测流体经传压管从螺纹接头进入压力表的扁形弹簧管内，由于弹簧管内侧受压面积小于外侧受压面积，所以弹簧管内壁的外侧所受到的作用力大于内侧，使弹簧管有伸直的趋势。弹簧管伸直，通过传动杆带动扇形齿轮旋转，扇形齿轮又带动与其啮合的固定在指针上的小齿轮转动，使指针顺时针偏转。显然，指针偏转的角度与流体的压力成正比，这样可以直接从表盘上读出压力的读数。游丝的用途是排除因机械间隙而引起的误差和帮助指针复位。

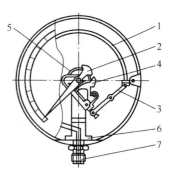

图 2-5-1　弹簧式压力表
的结构示意图
1—弹簧管；2—指针；3—传动杆；
4—扇形齿轮；5—游丝；
6—支座；7—螺纹接头。

常用压力表的规格为 0.1MPa、0.16MPa、0.25MPa、0.4MPa、0.6MPa、1.0MPa、1.6MPa、2.5MPa、4.0MPa、6.0MPa、10.0MPa、25.0MPa、40.0MPa、60.0MPa。但由于目前很多船东还要求采用米制(kgf/cm^2)单位的压力表和单位 bar 的压力表，因而在船舶上还有采用这两种单位制的压力表，在对压力表进行读数时要特别注意压力表的单位和它们的换算关系。

船用弹簧式压力表的外壳一般应采用密封式，以防止各种液体的溅入，特别是海水的溅入，会引起腐蚀。刻度盘标度和指针宜涂以永久性发光剂，便于夜间工作。压力表的接头、表边、表壳直径等见表 2-5-1。

表 2-5-1　常用压力表规格

类型	接头位置	表边	表头直径	螺纹接头规格
I	径向	无边	$\phi60$、$\phi100$、$\phi150$、$\phi200$	M10×1、M14×1.5、M20×1.5
II		后沿带边		
III	轴向	前沿带边	$\phi60$	M10×1、M14×1.5
IV		无边		

当流体的压力小于大气压时，压力表中测得的压力值即为真空值，表示低于大气压的数值，此时的压力表一般称为真空表。它的结构同压力表一样，不同的是弹簧管因收缩而

带动指针逆时针偏转。船用真空表的规格为$-760\mathrm{mmHg}^{①}\sim0\mathrm{mmHg}$，主要用于测量负压。

压力真空表既可以测量流体的压力，也可以测量其真空值。指针顺时针偏转指示压力值，指针逆时针偏转则指示真空值。压力真空表的规格是：最大真空值均为$-760\mathrm{mmHg}$，压力值可以在$0.06\mathrm{MPa}\sim2.5\mathrm{MPa}$之间选择。

压力表同一般仪表一样，都存在测量误差，如果压力表的指示值是A，而被测参数的实际值为B，则指示误差为$A-B$，它与压力表量程的比值表示相对误差，也就是仪表的精度。压力表的精度一般分为0.5%、1.0%、1.5%、2.0%、2.5%，去掉%后就叫仪表的精度等级。例如压力表上印有1.5，即表示它是1.5级精度的压力表，它的相对误差不会超出1.5%。

压力表的安装应注意如下几点。

(1)压力表选用时，其工作范围一般在压力表最大测量值的$1/2\sim2/3$之间。如某管路的工作压力为$0.32\mathrm{MPa}$，则应选用$0.6\mathrm{MPa}$的压力表。

(2)根据安装位置、用途等选择不同外形、接口的压力表。

(3)压力表应预先装在压力表板上，然后垂直安装在设备、容器或管路附近振动较小和便于观察的位置，且离测量点尽可能近，以保证测量值的准确性。

(4)进压力表前的传压管(紫铜管)应绕成环形圈，使安装和使用时有伸缩和挠曲的余地；同时，利用其中的凝水造成水封，防止高温高压流体直接冲入压力表而影响读数的准确性，甚至损坏压力表。

(5)压力表与传压管或传压管与测量点之间均应安装旋塞或截止阀，以使管路损坏时不影响设备的正常运行。

(6)重要用途的压力表，应在表盘上用红线标明工作压力或正常工作范围。

二、温度计

温度计用来测量介质的温度。常用温度计有玻璃水银温度计和压力式指示温度计两种。

1. 玻璃水银温度计

图 2-5-2 为两种常用的玻璃管水银温度计。温度计的下部是感温包，里面储有水银，感温包与上部封闭的毛细管连接，毛细管后面插有温度标尺。外壳为金属防护罩，感温部分由螺纹与测量点连接。温度计的工作原理就是当感温包插入被测介质中，受到介质温度作用时，感温包中的水银开始膨胀(或收缩)并沿着毛细管上升(或下降)，在温度计的标尺上直接显示出温度的数值。

玻璃水银温度计常用的有直通式和直角式两种。它的测量范围为$-30\sim500℃$，船舶上常用的规格有$-30\sim50℃$、$0\sim100℃$、$0\sim500℃$三种。连接螺纹为公制 M27×2 和英制 $3/4''$、$1/2''$三种，应优先选用 M27×2。

玻璃水银温度计结构简单、价格便宜、安装方便和读数正确，但由于要直接安装在管路或容器上，读取时较困难，也不能将温度传到远处。

---

① 1mmHg=133.3224Pa。

玻璃水银温度计安装于设备、容器上时,要保证其感温部分浸入被测介质之中;安装于管路上时,应尽量避免水平安装,以防止其因受振动使水银柱成间断状态,温度计的感温部分应处于被测介质的管子中心线上,如果斜插在管子上,则必须对着介质流动方向,倾斜角大于 30°。当管子口径太小时,应在局部增大管子的口径,以利于安装温度计。

2. 压力式指示温度计

图 2-5-3 为压力式指示温度计,由表头、毛细管和温包等组成。表头的结构和工作原理与弹簧式压力表一样,温包与表头用毛细管接通,构成一个密封的系统。温包、毛细管和表头中的弹簧管内充满了工作物质。工作物质采用氟甲烷、乙醚、丙酮等有机液体或氮气。温包插入被测介质后,当被测介质的温度变化时,温包内工作物质就产生相应的饱和蒸汽或氮气压力,此压力经毛细管传给表头内的弹簧管,促使温度计的指针偏转,这样就可以直接从刻度盘上显示出温度数值。活动螺母可以调节温包的插入长度。

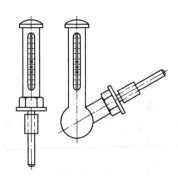

图 2-5-2 玻璃管水银温度计

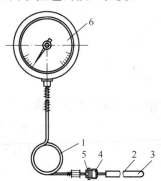

图 2-5-3 压力式指示温度计
1—毛细管;2—温包;3—工作物质;4—连接螺母;
5—活动螺母;6—表头。

压力式指示温度计的温包和毛细管用紫铜制作,毛细管外部包以紫铜丝织成的保护层。温包长度有 150mm、200mm、300mm 三种,其最大插入深度分别为 250mm、300mm 和 400mm。毛细管长度为 5m~20m。连接螺纹有 M33×2 和 M27×2 两种。温度测量范围随工作介质种类不同而异,国产温度计的测量范围见表 2-5-2。

表 2-5-2 温度计测量范围表

WTZ-280			WTQ-280		
测量范围/℃	工作介质	公称压力/MPa	测量范围/℃	工作介质	公称压力/MPa
0~50			−60~40		1.6
−20~60	氟乙烷	1.6	0~200		
0~100				氮气	
20~120			0~250		0.4
60~160	乙醚	6.4	0~300		
100~200	丙酮		0~400		

压力式指示温度计最大的优点是可以将温度计读数传到远处,传送的距离由毛细管长度决定。

压力式温度计安装时应注意以下几点。

(1)温度计的毛细管应引直,每隔 500mm 应用轧头固定,毛细管最小弯曲半径不小于 50mm。

65

（2）温包应全部插入被测介质中，以减少因导热不充分引起的误差；若温包斜插于管子上时，温包头部应对着介质的流动方向并接近底部，倾斜角大于 30°，使液流有较大的扰动，提高其传热系数。温包插入管子的深度应超过管子直径的 70%。

（3）温包外设置有保护套管时，一般应在温包与保护套之间填充乙二醇，以提高传热的速度和测量的准确程度。

（4）普通的遥测温度计不能用于管内液体流动速度很高的场合，以防破裂。

（5）对于充满液体的压力式指示温度计，安装时温包与指示部分（表头）应在同一水平面上，以减少由于液体静压力引起的误差。

第六节 其他附件

除了已经介绍的管路附件外，船舶上还有很多常用的管路附件。下面对一些主要的附件作简单的介绍。

一、滤器

滤器的作用是过滤掉工作介质中的杂质，以保证系统中机械设备的正常工作。

滤器根据工作介质来分有海水滤器、油滤器和气（汽）体滤器；按滤清的方式来分有过滤式和离心式；按滤器的能力分有粗滤器和细（精）滤器；按操作方式分有手动滤器和自清滤器；按内部的结构分有网板式、滤筒式、括片式、金属网式、纸质滤芯、锯末滤芯等。

1. 海水滤器

海水滤器主要安装于海底门入口和泵的吸入管上，以防止海水中的杂物进入泵内。海水滤器的标准主要有 CB/T 497—2004 和 CBM 1061—81，它们的结构基本相似。图2-6-1 为 CBM 1061—81 标准滤器的典型结构图，它由本体、盖、滤筒等组成。本体和盖材料为 Q235-A 或 10 号钢，滤筒一般为不锈钢。

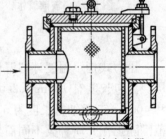

图 2-6-1　吸入海水滤器

滤筒可以由多孔板制成，也可由钢板钻孔弯制而成，滤筒上开有一只与滤器进口位置、大小都一样的支管。当海水从左方进入滤器时，海水经过滤筒上的支管进入滤筒的内部，经过滤筒四周的滤网从出口流出，而杂物就留在了滤筒内。清洁的海水经过滤网从右方流出。

滤器的形式有直通和直角两种，直角还可以分为左式和右式。一般情况下，海水滤器应按箭头方向直立安装，如果安装方向发生错误，也可不拆装滤器，只要打开盖，将滤网转动 180°或 90°就可以了，但必须考虑对基座的影响。

滤器中滤网的通道面积应不小于公称通径的 2.5 倍。按标准制作时，其滤网与公称通径之比在 2.5 倍～6 倍之间。滤器应热浸锌，最小浸锌层面积质量为 $610 \mathrm{g/m^2}$。根据船厂要求也可以对滤器内部与海水接触的地方进行特殊涂装（包括涂塑和涂橡胶等），一般涂焦油环氧漆，厚度在 $300 \mu\mathrm{m}$ 左右。

滤器的公称压力有 0.2MPa 和 0.25MPa，公称通径 40mm ～900mm。

2. 油滤器

燃油滤器主要用来过滤燃油中的机械杂质,以保证燃油的供油质量;滑油滤器主要用来过滤滑油中的金属磨屑、碎粒、灰尘、焦炭以及在高温下受到氧化而产生的胶状沉积物,保证柴油机摩擦件间的良好润滑和延长滑油的使用寿命。油滤器的种类比较多,下面介绍最常用的低压粗油滤器

船舶上常用的低压粗油滤器均为表面式滤器。它一般制成圆筒形网式、圆板网式或织物式。低压粗油滤器经常做成双联式,以便当柴油机运转时,可拆洗两组中任一组滤芯,进行清洗,而不影响柴油机的正常工作。

图 2-6-2 为 CB/T 425—1994 标准的低压粗油滤器。它主要由塞芯 1、填料压盖 2、滤盖 3、磁性板 4、滤网 5 和本体 6 组成。图 2-6-2 中磁性板没有画出。油由上方流入圆筒里,再经过滤网向外部流动,将颗粒大于网眼的杂质过滤在金属网的里面。清洁的油由圆筒形金属网的外部流出滤器。在圆筒形金属网的上方可装一块永久磁铁,用来吸附滑油中的磁性杂质,该滤器用于燃油系统时,永久磁铁可以不装。滤器的顶部装有放气旋塞,可排除油系统中的空气,用以解决系统中混有空气而造成的压力不稳定现象。这种滤器安装时应高进低出。

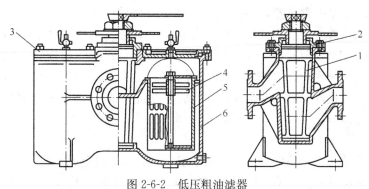

图 2-6-2　低压粗油滤器
1—塞芯;2—填料压盖;3—滤盖;4—磁性板;5—滤网;6—本体。

滤筒外的滤网可用金属丝网组成,金属丝网的标准为 GB 5330。滤筒上的方孔间距和铜丝直径分别为 0.75/0.26、0.40/0.22、0.25/0.16、0.18/0.13、0.16mm/0.09mm。滤网筒过滤有效面积与公称通径截面积之比应不小于 5。本标准滤器的公称通径为 20mm～100mm,公称压力为 0.4MPa,适用于燃油和滑油系统。

3. 气(汽)体滤器

气(汽)体滤器的作用是过滤掉压缩空气或蒸汽管路中的泥渣、铁锈或其他杂质,防止堵塞减压阀、温度自动调节阀、凝水阻汽器等自动阀件,保证它们的正常工作。

图 2-6-3 所示是标准号为 CB* 421—1997 的空气滤器,它由本体 1、滤筒 2 和螺塞 3 三部分组成。压缩空气由图 2-6-3 所示方向进入,经过滤筒过滤,压缩空气中的杂质被滤网挡住,过滤后的压缩空气从右端流出。滤筒的滤网采用 80 目[①] 的铜丝网卷焊而成,也可以用黄铜皮钻孔(孔的直径为 0.5mm～1mm)后卷焊。螺塞 3 可供检查和清理滤网之用,压缩空气滤器不仅能过滤杂质,而且有分离水分的作用。

———————————

① 80 目:即每 25.4mm 长度内有 80 只孔。

图 2-6-4 所示为蒸汽滤器结构示意图。这种滤器平时也称为 Y 形滤器。其工作原理和压缩空气滤器相同。当蒸汽滤器的公称通径大于 50mm 时，为了清洗方便，常在滤器盖板 3 上加装放泄旋塞，使滤器在不拆卸的情况下能清理滤网中的杂质。

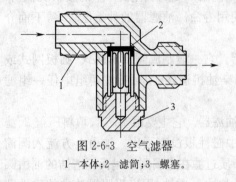

图 2-6-3　空气滤器
1—本体；2—滤筒；3—旋塞。

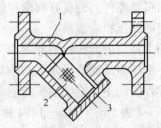

图 2-6-4　蒸汽滤器结构示意图
1—本体；2—滤筒；3—盖板。

气（汽）体滤器应按箭头方向垂直安装于水平管路上。

二、泥箱

泥箱实际上也是一种滤器，但它只安装于舱底水管路的吸入管路上，并尽可能靠近污水井。以防止污水井中的杂物进入管路和水泵内，引起管路堵塞，损坏阀件或水泵。

泥箱有直通和直角两种，图 2-6-5 所示为直角泥箱的结构示意图，它由本体、盖和 V 形滤板组成。污水从泥箱底部进入，经过 V 形滤板后，不含较大杂物的污水从出口流出。杂物留在泥箱内或仍回至污水井。泥箱滤网的通道面积应不小于公称通径的 3 倍。

三、吸入口

吸入口一般装于油水舱内的吸入管路末端，对油、水流动起到导向作用，并减少吸入阻力。吸入口的标准主要有 CB/T 495—1995 和 CBM 1036—81。CB/T 495—1995 标准有三种不同的形式：法兰焊接吸入口（圆形）、法兰铸铁吸入口（梅花形）和焊接连接吸入口（套接）。CBM 1036—81 有两种形式，即法兰焊接吸入口（圆形、椭圆形）和法兰铸铁吸入口（圆形、椭圆形）。

图 2-6-6 所示为法兰焊接吸入口结构示意图，它由法兰、短管和喇叭口三部分焊接而成。喇叭口可以是圆台，也可以是上部为圆形，下部为腰形的筒体。

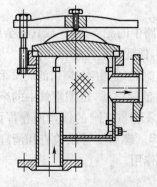

图 2-6-5　直角泥箱的结构示意图

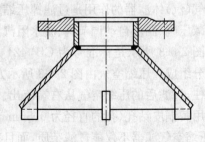

图 2-6-6　法兰焊接吸入口结构示意图

喇叭口内焊有四块伸出喇叭口的三角板,它的作用是保证吸入口下部与舱底板之间的距离,也就是保证了足够的吸入面积,防止吸空现象的发生。

梅花形吸入口的特点是体积小,截面积大,可离船舱底较近,这样使积存在舱底的余油减少到最小数量,主要适用于油船货油舱内的吸油。

四、液流观测器

图 2-6-7 所示为液流观测器结构示意图。它主要安装于燃油箱柜的溢流管路上,控制箱柜的注入过程,以防止过多的燃油从箱柜中溢出。

液流观测器由本体、透明板和盖板等组成。透明板一般为普通玻璃或硼硅玻璃,但船级社对玻璃的耐高温性质有特殊的要求。液流观测器应安装在有良好照明的地方。

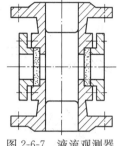

图 2-6-7 液流观测器
结构示意图

五、膨胀接头

船舶管路通常在常温下进行安装,但有些管路,如主机、柴油发电机、焚烧炉的排气管路、蒸汽管路、燃油管路是在一定温度甚至是在高温下进行工作的,而 LNG 船上的液货管系却在超低温下工作的。金属管路受热或受冷后将伸长或缩短。例如钢管受热后,每升高 100℃,将使 1m 的钢管伸长 1.13mm。同时由于机械的运转和船体的变形也会产生机械应力。但根据经验,一般认为热应力对管路的影响较大,机械应力较小。因而必须对这些受热应力较大的管路进行应力补偿,补偿的方法之一就是在管路中间安装膨胀接头。

膨胀接头的作用是吸收因船体变形或管路热胀冷缩时产生的内应力,避免管路泄漏、弯曲或破裂。膨胀接头的种类主要有弯管式膨胀接头、波纹管式膨胀接头、填料函式膨胀接头、整体式膨胀接头四种。

1. 弯管式膨胀接头

弯管式膨胀接头是一种最简单的补偿形式,利用管子本身的弯曲,使管子的挠性增加,以补偿管路的应力。它可以由管子弯制而成。根据它的制造方法可分为光滑式(见图 2-6-8 (a)、图 2-6-8(b)、图 2-6-8(c))、折皱式(见图 2-6-8(d))、波纹式(见图 2-6-8(e))。

图 2-6-8 中前四种主要用于线膨胀的补偿,第五种可用于角补偿。图 2-6-8(a)、图 2-6-8(b)多用于高温、高压蒸汽管路中(一般温度 $t > 400℃$,压力 $p > 3MPa$);图 2-6-8(c)用于变形较小的管路中;图 2-6-8(d)用于介于上述两者间的蒸汽管路中(温度 $t < 400℃$,压力 $p < 3MPa$);图 2-6-8(e)可以作为角补偿的形式使用。实际上,除了图 2-6-8(c)用于变形较小的管路中外,其他在船舶上很少使用,原因是制造困难,占空间较大。

2. 波纹管式膨胀接头

波纹管式膨胀接头按材料分有不锈钢、紫铜和橡胶三种。但船舶上基本上仅使用不锈钢波纹管膨胀接头。

图 2-6-9 所示为不锈钢波纹管式膨胀接头。一般由波纹管,法兰、导管和定位螺杆等组成。它在管路中可起到位移补偿和吸收振动的作用。

这种膨胀接头的波纹管管坯通常采用由薄壁不锈钢板用氩弧焊或等离子焊焊接而

成。卷焊而成的波纹管只允许有全焊透的对接纵向焊缝，不允许有环焊缝隙。波纹管管坯焊缝表面应光滑平整，焊缝不得有夹渣、气孔等缺陷，焊缝强度不低于母材强度的80%。波纹管表面不得有凹凸不平和深度大于不锈钢板厚度负偏差的明显划痕。波纹管、导管和法兰采用氩弧焊，其余可采用普通电焊。管坯的纵焊缝以最少为原则，且不多于2条。管坯厚度≤0.5mm时，相邻焊缝的间距应大于150mm；管坯厚度≥0.8mm时，相邻焊缝的间距应大于250mm。

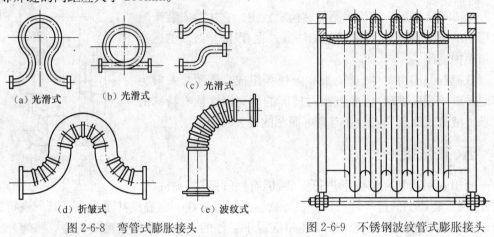

图 2-6-8　弯管式膨胀接头　　　　图 2-6-9　不锈钢波纹管式膨胀接头

波纹管一般由多层管坯套合而成，各层管坯套合间隙应≤0.8mm。各层波纹管的纵焊缝一般应沿圆周方向均匀错开，各层管坯间不应有水、油、污物等。波纹管的成型一般采用滚压或液压的方法。

膨胀接头的定位螺杆为保证其在运输和安装过程中不产生变形之用。用定位螺杆固定的波纹管为自由状态或已根据用户要求进行预变形。管路安装完毕后才能用拧松螺母的方法拆除定位螺杆（绝对不能使用气割方法），恢复其伸缩性能。膨胀接头的安装要求是两端法兰外圆的同心度公差值≤1mm，两平面偏斜≤1mm。

不锈钢膨胀接头内部导管的作用是减少液体的阻力。因而安装时必须注意液体的流动方向，导管与波纹管焊接的一端为流体进口。如果内部无导管，则不必考虑安装方向，但这种无导管的膨胀接头，因流动阻力大，使用得较少。

不锈钢膨胀接头具有壁薄、刚度小、结构紧凑、质量轻、不需检修的特点。补偿量与波数成正比，一般在10mm～40mm。但在安装中若因设置位置与安装不当，或支架设置不当，都将影响其正常工作，甚至很快地被破坏。关于支架的设置要求见本章第四节。

不锈钢膨胀接头一般适用于公称压力≤1.6MPa的排气管、蒸汽管、惰性气体管等。

3. 填料函式膨胀接头

填料函式膨胀接头主要由本体1、填料座2、填料3、双头螺柱4、压盖5、螺母6和伸缩筒7组成，如图2-6-10所示。伸缩筒7可以在本体内沿轴向移动，起到补偿作用。为了使伸缩筒7移动时保持密性，在伸缩筒7与本体1之间设有填料函，由填料座和填料组成，填料依靠压盖、螺栓和螺母来压紧。

填料函式膨胀接头的本体可以是焊接件，也可以是铸件。这种形式接头的特点是构造紧凑，具有相当大的补偿能力，伸缩筒的伸缩量为＋10mm，－100mm；通径可达到

70

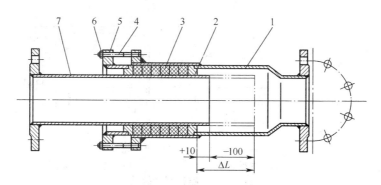

图 2-6-10　填料函式膨胀接头

1—本体；2—填料座；3—填料；4—双头螺栓；5—压盖；6—螺母；7—伸缩筒。

450mm 或更大。适用于工作压力低于 1.6MPa，温度 $t \leqslant 205℃$ 的蒸汽管路，也可以用于海水、淡水和油类管路，广泛用于油船货油管系。

该接头安装时应保证两端法兰中心线径向位移控制在 2mm 之内，偏移角度 $\leqslant 2°$。安装长度应满足图纸要求，不得任意缩短或放长，以免影响其工作特性。

4. 整体式膨胀接头

图 2-6-11 所示的整体式膨胀接头其标准号为 CBM 1129—82，适用于温度不高于 80 ℃ 的船舶舱底、压载、海水、消防、甲板冲洗和油类驳运等管路。它由本体（套管）、法兰、螺栓、制动螺钉、橡胶圈等组成。本体和法兰的材料为 20 号钢；螺栓材料为 35 号钢；制动螺钉的材料为 2Cr13；橡胶圈的材料：介质为油类用丁腈橡胶Ⅰ-2，介质为水用氯丁橡胶Ⅲ-2。

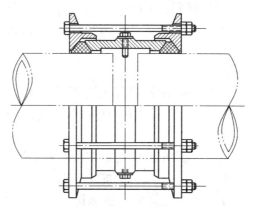

图 2-6-11　整体式膨胀接头

标准号为 GB/T 12465—1996 的管路松套伸缩接头（标准名称为伸缩接头，实际上也是用于热应力补偿的膨胀接头），也属于整体式膨胀接头。它有三种不同的形式，螺母式、压盖式和法兰式。其中压盖式与 CBM1129 标准相似，其他两种形式如图 2-6-12 所示。但本标准的适用范围较广，适用于输送海水、淡水、饮用水、污水、原油、燃油、滑油、空气、煤气、温度低于 230℃ 的蒸汽和颗粒状介质等管路的连接。其公称通径最大可达4000mm，详细资料见表 2-6-1。

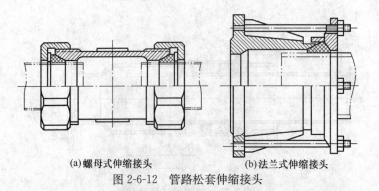

(a)螺母式伸缩接头　　　　　　(b)法兰式伸缩接头

图 2-6-12　管路松套伸缩接头

表 2-6-1　伸缩接头(GB/T 12465—1996)适用范围汇总表

型　式	公称压力/MPa	公称通径/mm
螺母式伸缩接头	0.25~6.4	10~50
压盖式伸缩接头	0.25~0.6	65~3200
	0.25~1.0	65~3000
	0.25~1.6	65~1200
法兰式伸缩接头	0.25	65~4000
	0.6	65~3600
	1.0	65~3000
	1.6	65~1200

　　螺母式伸缩接头的伸缩量一般为 60mm;短型的压盖式伸缩接头的伸缩量:当 DN≤250mm 时为 30mm,当 300mm≤DN≤700mm 时为 50mm,当 800mm≤DN≤2400mm 时为 90mm;长型压盖式伸缩接头的伸缩量为上述伸缩量加 60mm,但最大通径可达3200mm;法兰式伸缩接头的伸缩量:当 DN≤250mm 时为 50mm,当 300mm≤DN≤700mm 时为 65mm,当 800mm≤DN≤2400mm 时为 130mm,DN≥2600mm 时,为140mm。

　　整体式膨胀接头的安装方法如下。

　　(1)装配时先将两个法兰及橡胶圈分别套在两根管子的端部,然后分别将两根管子的端部插入膨胀节的本体内,并把橡胶圈安放在预定位置,最后用螺栓、螺母将两个法兰拧紧。

　　(2)管路安装后,两根管子的端部间应留有一定的距离 L,具体尺寸可根据使用时管子的伸缩量来决定,无特殊要求时,一般取伸缩量的 1/2。

　　(3)为防止管子从接头中脱离的现象发生,膨胀接头的两端附近应设置固定支架。产生管子从接头中脱离现象的原因主要有两个:一是管子的自重,在接头部位产生下垂;二是因管路内腔压力造成管路向两侧推出。

六、管路常用密封材料

　　管路的密封材料很重要,它直接关系到管系的安全使用。因此,应根据管路内介质的性质、压力和温度正确地选用各种不同的密封材料。

　　1. 石棉橡胶板

　　石棉橡胶板是一种性质十分优良的密封材料,以往在管路中应用很广泛,但由于它含有致癌物质,因而目前在船舶上已禁止使用。

石棉橡胶板根据其材料成分比例不同,可分为高压、中压、低压和耐油四种。它们的公称压力和工作温度分别为 6.4MPa/400℃、4.0MPa/375℃、1.6MPa/200℃、6.4MPa/100℃。为了便于区别,高、中、低压石棉橡胶板分别用紫色、红色和灰色表示。耐油板上印有耐油标志。

2. 橡胶垫片

船舶管路中常用的橡胶垫片主要有中等硬度及中等弹性的纯橡胶和一些特殊的复合橡胶,例如丁腈橡胶、氯丁橡胶、无毒硅橡胶和氟橡胶等。

(1)纯橡胶。纯橡胶的颜色为黑色,大都采用耐油橡胶制作。适用于公称压力为 0.6MPa和工作温度为−30℃~60℃的海水、淡水(饮用水除外)、空气、燃油和滑油管路。由于易老化,目前在船舶中应用不多。

(2)特殊的复合橡胶。

①丁腈橡胶(N. B. R)。该橡胶的全称为腈基丁二烯橡胶,适用于压载水、海水、冷却水、舱底水、污水、甲板排水、低压空气(PN≤1MPa)、日用淡水、电缆管和制作液压系统的"O"形圈。

②无毒硅橡胶。此橡胶专用于饮水和日用热水管系。

③氟橡胶。该密封垫片价格较贵,管路中使用不多,主要用于油管路阀件的密封材料。

橡胶垫片绝不能用于蒸汽、高温水管路、热油管路等,以防止橡胶垫片受热后发生熔化或黏结现象。

3. 紫铜

紫铜制作的垫片能承受很高的压力并可以直接与高温物体接触,常用于高压压缩空气、液压管路和柴油机高温、高压部件之间的连接垫片。紫铜垫片常用的形式有环形和齿形两种。环形垫片的厚度为 1mm~3mm。齿形垫片的厚度一般为 2mm,普通接头的单面齿数为 3,高压接头的单面齿数为 3~6。每次安装前必须进行"退火"处理。

4. 聚四氟乙烯(PTFE)

聚四氟乙烯适用于 3.0MPa 的压缩空气管路。

5. 无石棉纤维板

无石棉纤维板的种类也不少,例如玻璃纤维增强垫片、芳纶纤维垫片等。它适用于除了以上已经涉及到的系统之外的所有系统,也可用于空气、燃油和滑油管路。

6. 不锈钢石墨缠绕垫片

不锈钢石墨缠绕垫片由薄不锈钢带和石墨条间隔缠绕而成。不锈钢带的作用是增加垫片的强度,石墨能耐高温。因而它适用于主副机排气和蒸汽等高温管路。

7. 聚四氟乙烯密封带

聚四氟乙烯密封带也叫聚四氟乙烯生料带,简称生料带。它是一种锥管螺纹接头的密封材料,基本上已经取代以往常用的麻丝白漆。生料带用于公称压力为 0.6MPa 和温度小于 260℃的各种海水、淡水、空气、燃油和滑油管路上。但在船舶上管螺纹接头使用的范围很有限,陆上建筑行业使用得十分广泛。

聚四氟乙烯密封带必须按顺时针方向缠绕在管接头的外螺纹上。

各种垫片所适用的系统将在第八章中详细介绍。

复 习 题

1. 船舶管路常用的管子按材料分为哪几大类?
2. 无缝钢管常用的是哪两种? 写出对它们的表面质量要求和常用牌号。
3. 铜管分为哪几类? 各适用于什么范围?
* 4. 简述玻璃钢管的特点和用途。
5. 船舶管路常用的连接形式有哪些?
6. 法兰连接主要有哪几种形式? 写出符合 ISO 标准的国标法兰标准号及名称。
* 7. 简述 ISO 标准和 JIS 标准法兰的主要区别。
8. 简述卡套接头安装时的注意事项。
9. 简述升降式止回阀的安装注意事项。
10. 简述截止阀和截止止回阀的区分方法。
* 11. 简述阀杆固定式闸阀的结构及工作原理。
12. 简述蝶阀的优缺点。
13. 简述普通型 U 形螺栓吊架的分类及各自的适用范围。
* 14. 简述支架下部允许不设垫板的条件。
15. 简述使用波纹式膨胀接头管路设置固定式支架的注意事项。
* 16. 简述弹簧式压力表的工作原理。
17. 简述玻璃水银温度计的安装要求。
18. 简述压力式温度计的安装要求。
19. 船舶常用的膨胀接头有哪几类?
20. 简述填料函式膨胀接头的特点、适用范围和安装要求。
* 21. 简述整体式膨胀接头的安装方法。

第三章　管 系 识 图

第一节　管子识图基础知识

一、管路布置的基本原理

空间任意一点的位置必须由三个坐标值确定,也就是由这一点离开三个坐标平面的距离来确定。如图 3-1-1 所示,A 点的空间位置可用坐标 x、y、z 来描述。而空间一条直线段的位置可以用其两端点的坐标值就能确定。

对于空间任何线段的形状,可以应用投影法画出三面视图。机械制图中的正投影法是管路布置中采用的基本投影方法。图 3-1-2 所示为直线段 AB 在互成直角的三个坐标平面中的投影。

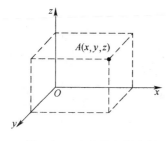

图 3-1-1　A 点的空间坐标

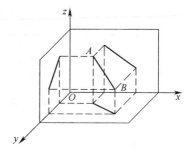

图 3-1-2　空间直线段的投影

把坐标值与投影图结合起来就可以用一个或两个视图清楚地表达出空间某一管段的几何形状、具体尺寸和安装位置。这就是管路布置图的基本原理。

根据这一原理,在船舶上选择适当的基准面作为空间坐标的三个平面,就可将任意一根管子的典型参数用坐标值表示出来。

二、管路布置的手段

在手工进行管路布置中,为简化绘图起见,除个别大口径管子(如海水总管、排气管、风管等)需按比例双线画出外,一般都以管子中心实线代表一根管子,而用折线代表管子弯头。即使应用计算机绘图,对管子进行建模时,也是以管子的中心线为基准进行的。同时在管路中还布置有众多的阀件和附件,为了更简捷地用最少的视图表达出管子的形状、连接的形式、阀件附件的种类等,必须制定一些管路布置用的专用制图的标准。

(一) 符号

在平面布置图或零件图上仅采用一个投影面表示一根管子时,就必须要有一定形式的符号才能反映出管子的几何形状。对于阀件附件则必须规定一些简化了的符号来代替实际的物体,以便加快设计的进度,也使图面更清楚。

1. 管子曲形符号

管子的基本曲形只有两种,即弯曲成 90°的直角弯(角折弯)和成形角大于或小于 90°的别弯。由于这两种曲形在平面上有各种不同的位置,因而其曲形符号也有相应的变化,但归纳起来不外乎有六种基本情况,它们的曲形符号如表 3-3-1 所列。

从表 3-1-1 中可看出,管子曲形符号表达的方法及注意点如下。

(1)在进行综合布置时,符号中的圆、半圆的直径应等于所表示管子的外径,它应按比例画在布置图上,但手工零件图可以不按比例画出,只要示意即可。

(2)对于垂直于图面的管子,通常离投影面远的管子画至圆心,离投影面近的管子画至圆周。

(3)俯视图和侧视图中符号为圆时均表示为 90°弯头,半圆表示为别弯,且开口端连接的管子比闭口端连接的管子离投影面远。

(4)在可能的情况下,尽量使用正视图中的表示方法,使人一目了然。

(5)别弯弯头仅画俯视图,或仅画侧视图可能还不能完全表达清楚管子的状态,必须结合尺寸的标注才能确定。

表 3-1-1　管子基本曲形符号

图形及名称		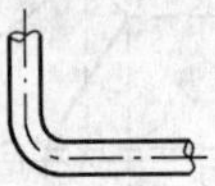 上直角弯	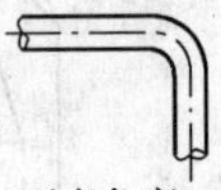 下直角弯	 上别弯	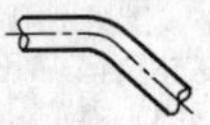 下别弯	 上直下别弯	 下直上别弯
符号	正视图	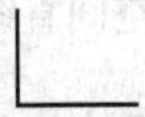		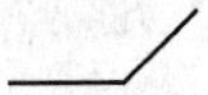	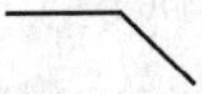		
	俯视图	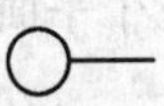	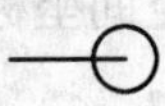	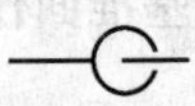	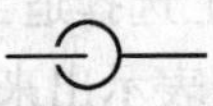	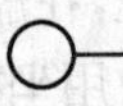	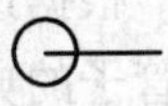
	侧视图						

2. 连接件符号

原则上可根据标准 CB 510—75 的规定设绘。但各厂的情况有差异,所建造的船舶也不同,使用的连接件也有一些差别,再加上标准制定的时间比较早,所以超出标准的新的连接件各厂都根据实际情况增编了某些符号,同样可以使用。表 3-1-2 为最常见的一些连接件的符号。

表 3-1-2　管子连接件符号

图形及名称	符号		图形及名称	符号	
	安装图	零件图		安装图	零件图
法兰	┼	┼∣	焊接套管	▭	⊐⊏
异径法兰	Dg100 Dg80	Dg100 Dg80	异径管连接 Dg80 Dg65	Dg80 Dg65	Dg80 Dg65
螺纹连接	⊐∣	⊐⊐∣	通舱管件		┼∣

由于管子在制作中,经常发生要求管子旋转 90° 后进行校管的情况,所以对于二进制的法兰必须标注有"单"或"双"的字样。

3. 支管曲形符号

管路上的支管也需要符号加以规定,支管上的连接件标注方法同主管的标注方法。支管与主管的连接方式大致可分为三类,即直支管(包括垂直支管和斜支管)、圆弧形支管(也可称为小脚支管)和镍铜管用的双向圆弧支管,如图 3-1-3 所示。

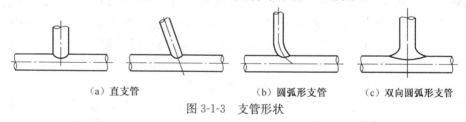

（a）直支管　　　　　（b）圆弧形支管　　　　（c）双向圆弧形支管

图 3-1-3　支管形状

图 3-1-3 所示支管的符号与主管的符号没有什么区别。除上正或下正支管外,一般支管最好以主视图表示,否则应在旁边加注有关文字说明。如果是带有弯头的支管更应该用局部视图表示清楚。

4. 附件符号

除了上述连接件外的各种阀件、旋塞、阀箱、器具等,它们的符号基本仍按 CB 510—75 的规定表示,本文不作详细介绍。

需要说明的是,尽管绘图符号是在投影原理基础上加以简化,具有形象直观的特点,但也只能抽象说明所代表的管子曲形、连接件、支管或附件属于哪一种形式,尚不能全面反映它的真实几何形状及具体尺寸和安装位置,因而绘图符号必须与尺寸数字及其他符号相配合才能确切地反映其空间曲形和安装位置。这是管路施工图的一个基本特点。

（二）管路基准面的选择

管路施工图中的符号,解决了用平面图形示意表达一根管子曲形、阀件、附件、连接件等几何形状的画法,但是要确定管子在空间的位置还必须知道它的坐标值。要确定坐标

77

值就需要基准的三维坐标系,选择适当的平面作为坐标系的基准平面。管路的布置是在船体的结构图上进行的,因而将船体结构面作为基准平面是最常用的一种方法。

1. 高度基准面

通常以船体的基线、内底、平台、甲板等作为管路布置的高度基准面。标注的方法是:

$$基准面符号 + 位置号 + 距基准面垂直距离$$

基准面符号各船厂可根据不同的船舶自行确定,表 3-1-3 为各层基准面符号的一般规定。所谓位置号即当管路布置在基准面上方时可以用"+"表示(也可以省略),在基准面下方时用"−"表示。例如,内+500,即表示管段中心的某一端点在内底板上 500mm。由于船体的板厚是不一样的,为了方便现场的施工,一般要求标注的距基准面的垂直距离是能直接量取的尺寸。即管子位于甲板上方时,标注到上平面,位于甲板下方时,标注到甲板下平面,而不必再进行减去板厚的计算。必要时,可以采用船体结构的标注方法,标出板厚方向,如图 3-1-4 所示。同时要适应预舾装的要求,基准面一定要在作业区域内,如分段预装时的基准面必须在分段内。

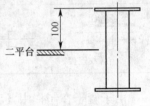

图 3-1-4 距甲板尺寸标注示例

2. 横向基准面

横向基准面确定管路在左舷或右舷的坐标。一般取船体的纵中剖面、横舱壁、油水舱壁、纵骨等作为基准面。距横向基准面的尺寸标注方法同高度基准面。纵中剖面可用符号"B"表示,"−"表示在左舷,"+"表示在右舷。例如 B+2000 表示距船体中心线向右舷 2000mm。以其他面作为基准面时,必须写清舱壁的名称或纵骨号,在舱壁或纵骨向舷一边用"+"表示,向船中的一边的用"−"表示。例如 14# 纵骨+300,表示管子中心在 14# 纵骨向舷 300mm 的地方。位于船侧的空气管或测量管等,也可以标注距舷边的尺寸。

表 3-1-3 各层基准面符号

序号	船体结构名称	符号	序号	船体结构名称	符号
1	船体基线	基	10	遮阳甲板	遮
2	内底板	内	11	游步甲板	游
3	花铁板	花	12	露天甲板	露
4	四平台甲板	四平	13	救生艇甲板	救
5	三平台甲板	三平	14	驾驶甲板	驾
6	二平台甲板	二平	15	罗径甲板	罗
7	主甲板	主	16	首楼甲板	首
8	桥楼甲板	桥	17	尾楼甲板	尾
9	起居甲板	起	18	A甲板	A

3. 纵向基准面

纵向基准面用来确定管路在首、尾方向的位置。一般均以船舶某一肋骨线或横舱壁作为纵向基准面。通常规定大号码肋骨向小号码肋骨的尺寸,应用符号"−"表示,反之则用符号"+"表示。例如 36#+450,表示 36# 肋骨向 37# 肋骨方向 450mm 处。也可以写作 F36+450 或 FR36+450,其中 F 或 FR 均表示纵向肋骨的代号。

第二节　管子零件图

管子零件图的形式各异,但主要有三大类:一是手工零件图,它的最大优点是比较直观,容易理解;二是数值管子零件图,即图上没有图形,只有各种各样的数值,包括管子节点坐标、连接件信息、内场加工信息、材料定额、工时信息等,目前只有极少数的船厂在使用;三是三维设计的管子零件图,目前各船厂引进 KCS 公司的 TRIBON 系统输出的管子零件图就是典型的例子,它具有上述两种零件图的优点,除了直观外,它也能输出各种信息。当然也包括其他一些引进的或自行开发的计算机软件输出的图纸。

一、手工管子零件图

手工零件图目前使用仍很广泛,即使应用了计算机辅助生产设计系统,但还有不少零件图必须采用手工零件图。

图 3-2-1 为典型的手工管子零件图,下面对其内容作介绍。

(一) 图号

所有的图纸均标有图号,图号的编制方法各船厂都不相同,表示的内容也有些差异,这里不作详细介绍。现仅对图 3-2-1 中的图号 5804130G 表示的含义作简单的说明。第

		管子零件图					图号		5804130G
							共25页		第6页
管子编号	3L8-4	外径	壁厚	材料	长度	弯管半径	法兰	标准弯头	异径接头等
船号	H1221A	60.0	5	ST20	1273	180	CBM1012		
区域	04	48.0	4	ST20	400		CBM1012		
代号		34.0	3	ST20	550		CBM1012		

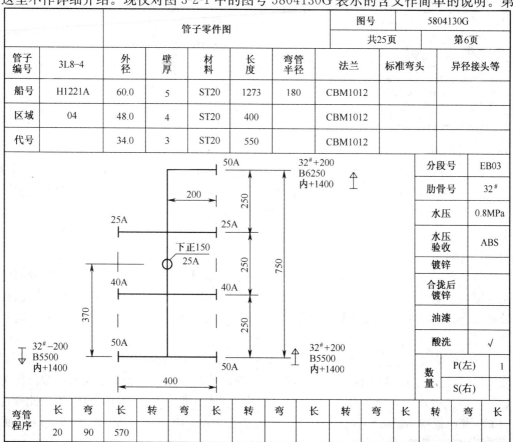

弯管程序	长	弯	长	转	弯	长	转	弯	长	转	弯	长	转	弯	长
	20	90	570												

图 3-2-1　典型的手工管子零件图

一、二位数字表示专业，58 表示机装管系生产设计的图纸;第三、四位表示管子安装的区域，即 04 区域;第五位表示安装阶段，1 为单元组装;第六位表示舾装图纸类别，管系设计图纸中 3 表示管子零件图;第七位为序号;第八位表示图纸的类别(计算书、工艺文件、制造图、安装图、布置图等)，G 表示制造图类。

(二) 管子编号

管子编号由系统代号、管路号及顺序号组成。

1. 系统代号

各船厂均有自己的管路系统的编号方法，可以用数字或用数字加字母或全部为字母来表示。表 3-2-1 所列为数字加字母的方法。而表 3-2-2 所列为全部为字母的方法。凡是全部用字母编号时，一般均取表示该系统特征的英文单词的第一个字母为先，有重复时可取其他字母表示。

表 3-2-1　机舱区域管系系统代号表

代号	系 统 名	代号	系 统 名	代号	系 统 名
1H	主机燃油系统	5F	日用淡水管系	1W	海水冷却系统
2H	柴油发电机燃油系统	6F	日用饮水管系	2W	机舱压载消防管系
3H	锅炉燃油系统	7F	化学清洗管系	3W	机舱舱底水管系
4H	燃油输送和净化管系	1L	主、辅滑油系统	4W	日用海水管系
9H	燃油泄放管系	2L	尾管滑油管系	1S	油舱蒸汽加热管系
1F	主机淡水冷却管系	4L	滑油输送和净化管系	2S	日用蒸汽管系
2F	辅机淡水冷却管系	9L	滑油泄放管系	3S	蒸汽伴行管系
3F	锅炉给水管系	1A	压缩空气系统	1D	机舱凝水管系
4F	制淡装置管系	2A	控制空气系统	1E	机舱排气管系

2. 管路号

应用计算机辅助生产设计，必须对每一路通径、压力级、管子壁厚和外径、表面处理要求、绝缘要求均相同，且无间断的管路进行定义，即给予一个管路号。当管子建模时，只要给出管路号，计算机就会根据储存的信息自动定义该管子的各种参数。这样可以节约大量的人力和物力，减少设计人员之间的重复工作，同时也适应内场加工流水线的需要，方便了外场的安装。

图 3-2-2 是机舱压缩空气管系系统图，写在管路上方的即为管路号。管路号的编制原则是该管路的所有参数(包括通径、材质、压力级、壁厚及外径、连接件标准、表面处理要求、绝缘、油漆、水压试验要求、验收要求等)都相同的同一连续管路可编成同一管路号。

管路号的编制方法是:如果某一系统上的每只阀件或附件都有自己独立的编号，则管路号为系统代号加上与阀件或附件的顺序号，例如图 3-2-2 中，某管路上设有一只阀件为1AV12，其中 1A 为系统代号，12 为阀件的顺序号，且是唯一的，V 表示阀件，则与此阀件连接的两端管路的管路号可取为 1A12。图 3-2-2 中 1A 两个字母都省略了，管路号后面是管路的通径及管子壁厚等级。

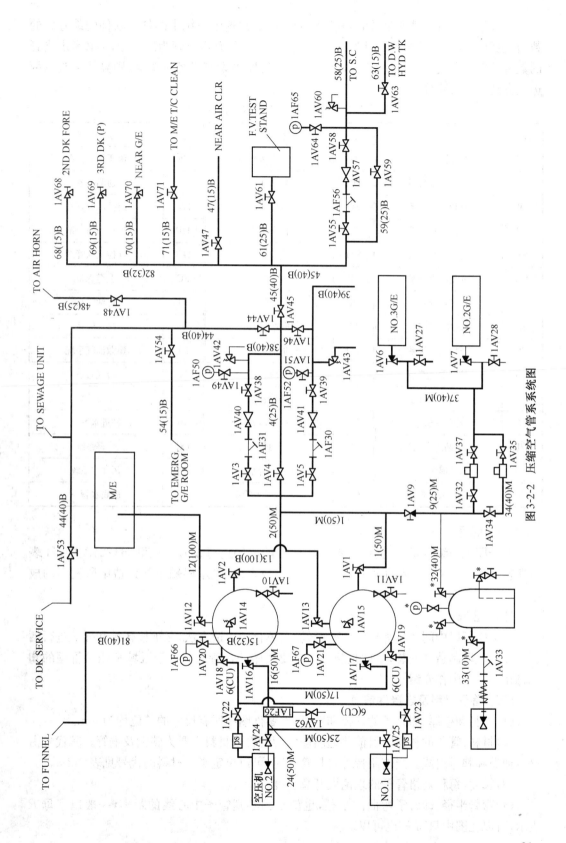

图 3-2-2 压缩空气管系系统图

当管路上没有阀件或附件时,其管路号可以取比这个系统中阀件和附件的编号大的数值,也可以规定从某个整数开始编号。开有支管的管路以总管为准取号,不必考虑支管的数量或通径。支管应另外设置管路号。同一管路中设有异径接头时,则异径接头的两边应分别设置管路号。

表 3-2-2　船装区域管系系统代号表

代号	系 统 名	代号	系 统 名	代号	系 统 名
FW	日用淡水管系	AF	甲板泡沫管系	OR	液压回油管系
SW	日用海水管系	HL	1301 灭火管系	LG	遥测管系
PW	日用饮水管系	SD	测深管系	HT	遥控压力管系
HW	日用热水管系	FL	注入管系	HP	遥控回油管系
SE	凝水排水管系	SM	蒸汽管系	HV	遥控操纵管系
SO	粪便污水管系	ED	凝水管系	EC	电缆管系
SL	污水管系	HC	加热管系	VT	传话管系
SC	疏排水管系	WB	压载水管系	EG	排气管系
PP	压缩空气管系	CO	货油管系	DI	驱散油气系统
CA	控制空气管系	ST	扫舱管系	AP	透气管系
SA	日用蒸汽管系	TC	洗舱管系	CN	水泥管系
CS	冷却水管系	IG	惰性气体管系	DW	钻进水系统
WD	消防水管系	FO	燃油管系	DC	水幕系统
HF	高倍泡沫管系	LO	滑油管系	BO	污油水系统
GF	CO_2 灭火管系	OP	液压油压力管系	BG	舱底水管系

(三) 船号

船号即工程编号,每个船厂对本厂所建造的船舶进行编号。这里 H1221A 中,H 表示造船,1221 为本厂建造的第 1221 条船,A 为成本码,表示船舶正常建造中所发生的成本。

(四) 区域

为了推行以中间产品为导向,壳、舾、涂一体化的建造方法,必须按区域和托盘进行舾装设计、管理、制造和安装,也就是舾装工作要实施托盘管理。关于区域和托盘管理的知识将在第五节中作介绍。

(五) 管子材料及连接件信息

(1)外径和壁厚:即管子的外径和壁厚,本零件图中所有尺寸的单位均为 mm。

(2)材料:管子的材料。目前普通船舶使用的管子材料主要为碳钢及铜管。其代号由材料种类和牌号组成。当使用特种材料管子时,可以再定义。材料的代号见表 3-2-3。

(3)长度:每种规格管子的理论展开总长度。

(4)弯管半径:即管子弯曲的半径,也就是圆心到管子中心线的距离,一般以字母 R 表示,所以在图中只写 R 也可以。

表 3-2-3 材料代号表

符 号	种 类	牌 号
ST	钢管	10、20、15 或 410
CP	铜管	T2、T3、TU1、TU2、TP1 或 TP2
CH	铜合金管	HPb 或 H62
SL	不锈钢管	1Cr18、304、304L、316L 等

（5）法兰：写出管子连接件的标准号。

（6）标准弯头和异径接头：当管子中有标准弯头和异径接头时，在图中填入它们的标准号或规格型号。

（六）手工管子零件图的尺寸标注方法

管子零件图的尺寸标注必须满足管子的加工和安装的要求。为了便于管子的制造加工，其尺寸标注方法与机械制图的尺寸标注方法有所不同，即采用封闭尺寸标注方法。常规的手工零件图包括主管的几何尺寸标注、支管的几何尺寸标注、安装尺寸的标注、管子余量的标注等。

1. 主管的几何尺寸标注法

对于空间的一管段，最复杂的就是必须标注其 x、y、z 三个方向上的尺寸。如图 3-2-3 所示，此图为管段在平面上的投影图，所以 x、y 向的尺寸能直接标注，而 z 向的尺寸要依靠符号与尺寸的组合，其中 $H150$ 表示以投影平面为基准，管段的 B 点比 A 点高出 150mm。当管段的任何一个方向与坐标轴（或平面）平行时，就可以少标注一个尺寸，但至少有一个尺寸。掌握了这个方法，就可准确地标注出任何复杂的管子的尺寸。如图 3-2-4 所示，尽管此管子比较复杂，但在标注尺寸时只要按 x、y、z 三个方向对每一管段顺序标注，就不会发生错误遗漏。

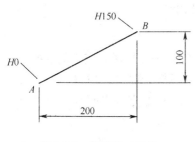

图 3-2-3 管段尺寸标注

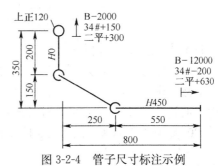

图 3-2-4 管子尺寸标注示例

但有几点要注意的：

（1）一般还要求标注好每个方向上的总长度尺寸（长、宽、高），如图 3-2-4 中的尺寸 800mm 和 350mm；

（2）高度尺寸一般以最低点为 $H0$，随后逐步升高，某管段两端的实际高度差为相邻两段管子 H 尺寸的差；

（3）图面上的管段尺寸均为投影长度；

（4）直角弯向上或向下时，可以标注为上正或下正，其长度即为上正或下正的数值；

(5)尺寸线应从端点或管段的交叉点引出。

2. 支管尺寸标注法

支管尺寸的标注方法与主管相似,不同点仅在于,必须标注支管在总管上的位置尺寸。其次对于复杂的支管,可以设置必要的局部视图,在视图上将尺寸标注清楚。

(1)垂直支管:支管与主管垂直,这是一种最简单的支管,所以只要一个视图就可以标注清楚了。当支管垂直于图面时,与主管标注上正或下正的方法相同。与图面平行时,标注一个方向的尺寸就可以了。同时均需标注它在某管段上的位置尺寸,如图 3-2-5 左面三只支管所示

(2)斜直支管:应在平行于支管与总管所在平面的投影面中标注。同样作为一根管段,按需可以标注一个、二个或三个方向的几何尺寸及位置尺寸,如图 3-2-5 所示。

(3)圆弧支管:与直支管的标注方法相同,仅视图上需画出支管的圆弧,另外在弯管程序或附件一栏中也会有所表示。

(4)带弯头的复杂支管:这种支管的形状可以各种各样,但最常见的为直角支管,别弯支管和定伸支管。标注的方法如图 3-2-5 所示。要注意的是尽可能在支管平行于投影平面的视图上标注支管尺寸。

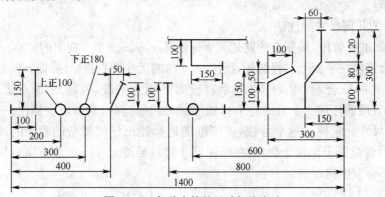

图 3-2-5　各种支管的尺寸标注方法

3. 管子余量的尺寸标注

对于一些与设备连接的管子、分段之间的连接管等必须在现场确定它的准确尺寸,这种管子称为调整管,即生产设计出图,内场加工时法兰不焊,到现场进行校管。为此其长度适当加放余量,余量的尺寸应注在理论尺寸的右方(或右上方),中间有一"+"符号,如 500+30,其中 500 为理论尺寸,30 是余量尺寸。

4. 管子安装尺寸的标注

以上管子零件的尺寸标注只是本身几何尺寸的标注方法,还没有提供现场安装的尺寸。安装尺寸一般由四个方面组成:

(1)船上的首、尾位置;

(2)距船的中线位置;

(3)距甲板层高度位置;

(4)管端方向。

安装符号的前三部分内容在基准面一节中已讲述过。现仅对管端方向符号作一介绍。管端安装符号如表 3-2-4 所列。

一般管子零件图上所有的接口端都应标注有安装尺寸及符号(包括支管)。图 3-2-4 所示均为一根管子尺寸标注及安装符号的标注实例。管子左端符号表示该端点在船舶的左舷,法兰面向上,距舯 2000mm,前后位置在 34# 肋骨向首 150mm 处,高度位置在机舱二平台上方 300mm;右端为法兰面向船舯,距舯 1200mm,34# 肋骨向尾 200mm,二平台上方 630mm。

表 3-2-4　管端安装符号

安装方向	符　号	安装方向	符　号	安装方向	符　号
在船体的左舷,方向向上	⭡	在船体的左舷,方向向舯	⊢▸	在船体的左舷,方向向首	⇡
在船体的左舷,方向向下	⭣	在船体的左舷,方向向舷	◂⊣	在船体的左舷,方向向尾	⇣
在船体的右舷,方向向上	⭡	在船体的右舷,方向向舯	◂⌣	在船体的右舷,方向向首	⇡
在船体的右舷,方向向下	⭣	在船体的右舷,方向向舷	⌣▸	在船体的右舷,方向向尾	⇣

(七) 弯管程序

由弯管机进行弯曲的管子,必须有相应的弯管程序,也就是指弯管参数的计算。它涉及到管段的实长、弯曲角、旋转角、切线长、弧长及下料长等。其中下料长的计算要根据管子的加工工艺来决定,如果采用先焊后弯的加工工艺,则要考虑到两端连接件的形式、弯曲部分的伸长量、管子弯曲后回弹所引起的弯曲半径的变化等,相对比较复杂,这儿不作介绍。当采用先弯后焊的加工工艺时,一般可以不考虑以上因素,计算就简单得多。

管子零件图的计算可以采用三角函数法、矢量代数法和作图法,三角函数法一般适用于曲形比较简单的管子,矢量代数法和作图法适用于所有管子,但作图法目前已基本不采用。本文仅介绍三角函数法。

1. 弯角

管子的弯角是指一根直管子弯成一定形状时,管子的一端所弯过的角度,也就是弯管机弯模旋转的角度,一般用 α 表示。而两管段组成的角度称为成形角,用 β 表示,它与弯角的关系是 $\alpha + \beta = 180°$。

如图 3-2-6(b)所示的高差平行弯管的弯角计算公式如下:

设 $H_1 - H_0 = z$ 则

$$\tan\alpha = \sqrt{y^2 + z^2}/x \tag{3-2-1}$$

当 $H_1 = H_0$ 时,也就是弯角平行于投影面,如图 3-2-6(a)所示,$z = 0$ 时,有

$$\tan\alpha = y/x \text{ 或 } \alpha = \arctan(y/x)$$

2. 管段实际长度(管段实长)

如图 3-2-6(b)所示的高差平行弯管的中间管段的实长计算公式为

$$L = \sqrt{x^2 + y^2 + z^2} \tag{3-2-2}$$

当弯角所在平面平行于投影面,或管段平行于 x 轴或 y 轴或 z 轴时,实长的计算公式分别为

$$L=\sqrt{x^2+y^2} \quad L=\sqrt{x^2+z^2} \quad L=\sqrt{y^2+z^2} \quad L=x \quad L=y \quad L=z$$

实际上就是公式(3-2-2)中有一个参数或两个参数为零的特殊情况。

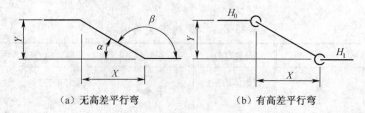

(a) 无高差平行弯　　　　　　　(b) 有高差平行弯

图 3-2-6　平行弯管子

3. 弯头圆弧长和切线长

管子弯角部分实际上是一段圆弧,并不是一段直线。圆弧的长度与管子的弯曲半径及弯角有关,设弯管半径为 R,弯曲角为 α 时弯头的弧长计算公式为

$$L_弧 = 2\pi R\alpha/360 \approx 0.01745 R\alpha \tag{3-2-3}$$

由此可以知道,公式(3-2-2)计算出的管段实长包括圆弧的切线长,在进行弯管参数计算时,它的直管段长必须减去与弯角 α 相对应的切线长。它的计算公式为

$$L_切 = R\tan(\alpha/2) \tag{3-2-4}$$

4. 下料长度

采用"先弯后焊"的管子加工工艺时,下料长度就是弯制成形的管子的总长。理论上,它是直管段长度和弯头圆弧长度的总和。在弯制管子时,弯头部分的圆弧因材料的塑性变形等原因而略有伸长,伸长的量称为延伸量。其次不同的管端连接件形式也会要求管子比计算长要短。所以实际下料长度比理论长度要短一些。但由于采用"先弯后焊"工艺,管子弯曲完成后,还要进行第二次画线和切割,所以可不考虑这些因素。

如果采用"先焊后弯"的管子加工工艺,下料长度的计算必须考虑管子弯曲时的延伸量。因管子弯曲后有一定的回弹角,所以弯管半径的值要比弯模要略大一些。同时根据管端连接件形式确定减少量,例如对于搭焊法兰须减去端距,对于对焊法兰须减去整个法兰的高度等。

管子弯曲时的延伸量和回弹角都是经验数据,它随管子的材料、直径、壁厚、弯曲半径、弯角大小以及弯管工艺而定。通常,对于一定规格及材料的管子,延伸量与弯角成正比。

5. 转角

一根弯管中,任何两个相邻弯头所在平面间的夹角称为转角(包括夹角等于 0°),也可以称为弯头间直管段的转角。

为了简明起见,把管子相邻的三段作为一个单元,并依次称三段管子为首段、中段和尾段。规定尾段向首段的旋转方向为转角的旋转方向。从首段向尾段看,旋转方向为顺时针时为正转,逆时针时为负转。因此,转角也可以表述为,以中段管子为旋转轴,尾段管子和中段管子所组成的平面转到与首段管子和中段管子所组成的平面重合时,所转过的角度即为转角。

三角函数法适合于计算一些较简单的管子零件的转角,主要有以下几种:

(1)特殊类型的转角:

①转角为 0° 时,三段管子在同一平面内,且首、尾段在中段的同侧。

②转角为 180° 时,三段管子在同一平面内,且首、尾段在中段的两侧。

③转角为 ±90° 时,相邻两弯角所在平面相互垂直。最常见的相邻两弯角所在平面相互垂直的管子有直角别弯和两直角弯。或一弯角平面处于水平位置时,另一弯角平面在其上的投影为一直线。

(2)中间管段平行于坐标轴的管子:当中间管段平行于 X 轴或 Y 轴时,只要做出它们的左视图或俯视图,就可以用三角函数法方便地计算出两弯角间的转角。平行于 Z 轴时,可直接进行计算。

如图 3-2-7 所示的管子,其中间管段平行于 X 轴。所以它的侧视图中的 α 即为两弯头间的转角。计算公式为

$$\alpha = \arctan(Y_1/Z_1) + \arctan(Z_2/Y_2) + 90°$$

其中:

$$Z_1 = H_1 - H_0 \qquad Z_2 = H_2 - H_1$$

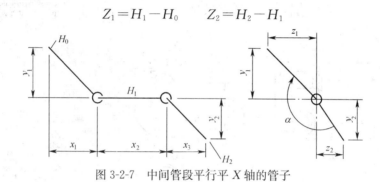

图 3-2-7 中间管段平行平 X 轴的管子

在侧视图中,即在垂直于中间管段的平面投影图中,一般取小于 180° 的夹角作为它们的转角,其尾管段向首管段旋转的方向为旋转角的旋转方向。

6. 弯管程序

管子的实长、切线长、弧长、弯角、转角计算好后,就能很方便地写出该管子的弯管程序。

例:直角别弯管子如图 3-2-8 所示,弯管半径为 100mm,计算其弯管参数。

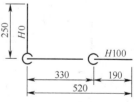

图 3-2-8 直角别弯管

实长:$L_1 = 250$ $L_2 = \sqrt{330^2 + 100^2} = 345$ $L_3 = 190$

弯角:$\alpha_1 = 90°$ $\alpha_2 = \arctan(100/330) = 16.86°$

切线长:$L_{切1} = 100$ $L_{切2} = R\tan(\alpha_2/2) = 15$

弧长:$L_{弧1} = 157$ $L_{弧2} = 0.01745R\alpha_2 = 29$

转角:$+90°$(十号可以省略)

弯管程序:

长	弯	长	转	弯	长
150	90°	230	90°	16.86°	175

(八) 其他

(1)分段号和肋骨号:该管子安装的分段及大致的肋骨号,安装准备时用。

（2）水压及水压验收：水压试验的压力值，水压试验是否需船级社验收。

（3）镀锌及合拢后镀锌：是否要镀锌；如果是调整管，是否在现校后镀锌。

（4）油漆及酸洗：管子制造完成后是否要酸洗或/和油漆。

二、TRIBON 系统输出的管子零件图

KCS 公司的 TRIBON 系统 M2 版本的管子零件图采用双线的三视图和轴测立体图相结合的方法来表示管子的形状，使施工人员对于管子的形状能一目了然，并且包含有足够的加工、安装、管理的信息。并能由该系统直接输出零件图，图 3-2-9 为典型的 TRIBON 系统输出的管子零件图。

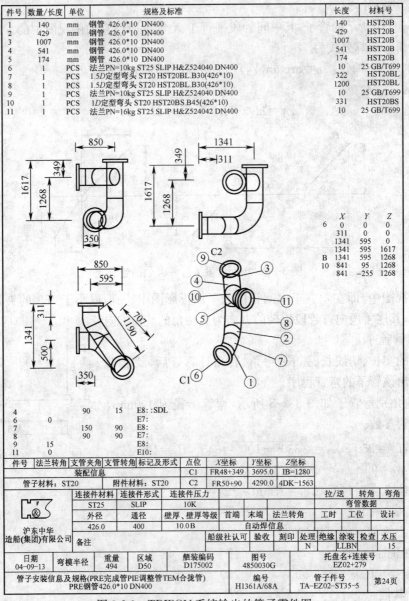

图 3-2-9　TRIBON 系统输出的管子零件图

由于零件图的标题栏均为中文,所以容易理解,下面简单作一些介绍。

(一) 表头

表头由件号、数量/长度、单位、规格及数量、长度和材料号组成。

(1)件号:表示组成此管子的部件的件号。当管子采用弯管机进行弯曲时,整根管子用一个件号,中间凡是装有管附件时,件号分开。图 3-2-9 由 11 个部件组成,其中主管由两只弯头、三段直管和两只法兰组成;支管由一只弯头、二段直管和一只法兰组成,故共有11 个部件装配而成。

(2)数量/长度:当部件是管子时,表示管子的长度;当部件是附件时,表示附件的数量。

(3)单位:当部件是管子时,表示管子长度的单位(mm);当部件是附件时,表示附件的数量单位,图中的 PCS 表示"件"。

(4)规格及标准:当部件是管子时,表示管子的材料、外径、壁厚和通径;当部件是附件时,表示附件的标准号(图号)、标准(附件)的名称、附件的形式、附件的压力级和通径等,图 3-2-9 中附件 6 的法兰标准号为 H&Z524040—2004,法兰材料为 25 号钢,法兰形式(SLIP)为搭焊钢法兰,压力级(PN)为 1.0MPa(10kg),通径为 DN400;件号 7 为 1.5D 的定型弯头,材料为 20 号钢(ST20),标准号为 HST20BL(其中 HST 表示船装部分的管子标准,机装用 JST 表示;20 表示材料;B 表示管子壁厚等级;L 表示长弯头,即 R 等于 1.5D,用字母 S 代替 L 时,表示短弯头,即 R 等于 1D),此为制造厂的标准号。B30 表示 30°的弯头,规格为 426mm×10mm。

(5)长度:当部件是管子、三通和异径接头时,表示它们的长度;当部件是法兰时,表示法兰与管子间的端距;当部件是弯头时,表示弯头切线的总长。

(6)材料号:当部件是管子时,前三个字母 HST 表示船装部分的管子标准,JST 表示机装部分的管子标准;后面的数字表示牌号,例如 20 即 20 号钢,最后一个字母表示管子的壁厚等级,如 B 表示为 B 级管。当部件为其他附件时,为附件材料的牌号和标准号,如25 GB/T 699,表示材料的标准号为 GB/T 699(普通碳素钢),25 号钢。

(二) 图面

1. 视图

TRIBON 系统的零件图图面由双线管子的三视图及立体轴测图组成。其尺寸标注方法同手工零件图。轴测图上标注有每个部件的件号(数字)、弯头代号(仅采用弯管机弯曲时有,由字母 P 和数字组成)及"点位"号(主管两端的代号)C1 和 C2,供表示主管两端的坐标尺寸用。

2. 管子节点坐标

图面的右侧为管子的节点坐标。正视图中左右为 Y 轴,向右为正方向;高低为 Z 轴,向上为正方向;图纸的前后为 X 轴,向前为正方向。第一行前面的数字表示以此管段的端点或连接件为坐标的原点;后面在坐标行前出现字母 B 表示支管的坐标,B 下面的数字表示相应支管的件号。

例如图 3-2-9 中第一行前的 6 表示以法兰 6 的密封平面为坐标的原点(也是支管所在坐标的原点),以下为主管各节点的坐标值,以字母 B 开始的坐标为支管的坐标值,以支管(件号 10)与主管的交点为起始点。

（三）零件图下表的信息

1. 装配信息

装配包括件号、法兰转角、支管夹角、支管转角、标记及形式、点位、附件坐标。

（1）件号：同表头中的件号，也就是相应部件号。

（2）法兰转角：根据"标记及形式"栏指定的参考面来决定该法兰的转角。从该法兰端看，以参考面为基准面，逆时针转为正，顺时针转为负，如图 3-2-10 所示。

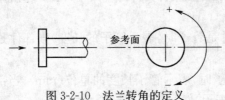

图 3-2-10　法兰转角的定义

如果该栏中填有"CUT"字样，表示弯管后需二次切割，后面的数字表示切割后剩余的长度。

如果该栏中填有"MITRE"字样，则表示为拼接弯头（虾壳弯）。

（3）支管夹角：部件为支管时，表示支管与主管的夹角。部件为弯头时，表示弯头的成形角。

（4）支管转角：部件为支管时，表示支管与主管所在平面与参考平面间的夹角。部件为弯头时，表示弯头所在平面与参考面之间的夹角。正负判断同法兰转角。

（5）标记和形式：

①当表示参考平面时，有以下几种情况。

BPx 表示由部件号为 x 的弯管所构成的参考面。

Ex 表示由部件号为 x 的定型弯头所构成的参考面。

BSx 表示由部件号为 x 的支管所构成的参考面。

x 表示由部件号为 x 的法兰所构成的参考面。

MPx 表示由部件号为 x 的拼接管所构成的参考面。

②该栏第二个冒号后的代号。

SDL 表示支管与主管间为一般的鞍状连接。

DRL 表示支管与主管间为钻孔连接。

举例见图 3-2-11。

零件号	法兰转角/(°)	支管夹角/(°)	支管转角/(°)	标记及形式
4		90	15	E8∶∶SDL
6	0			E7∶
7		150	90	E8∶
8		90	90	E7∶
9	15			E8∶
11	0			E10∶

图 3-2-11　装配信息

件号 4 为支管，与总管的夹角为 90°，支管转角以部件号为 8 的定型弯头所在平面为参考面，转角为 15°（逆时针转动），第二个冒号后面的 SDL 表示为一般的马鞍支管；件号

90

6 为法兰,以部件号为 7 的定型弯头所在平面为参考面时,法兰转角为 0°;件号 7 和 8 均为定型弯头,它们的成形角分别为 150° 和 90°,互为参考平面时,两平面的夹角均为 90°;件号 9 也为法兰,以部件号为 8 的定型弯头所在平面为参考面时,法兰转角为 15°;部件 11 也是法兰,含义与部件 6 相同。

2. 安装信息

安装信息包括点位及三维坐标。其中点位即主管两端的代号 C1 和 C2。X、Y、Z 轴的方向与主管坐标一致,且 X 轴表示船舶的前后方向;Y 轴表示船舶的左右方向;Z 表示高低方向,即距基准水平面的距离。图 3-2-9 中,X 坐标以肋骨为基准表示,向前为"+",向后为"−";Y 坐标以船体中心线为基准,表示距中心线的距离,左舷为"+"(可省略),右舷为"−";Z 坐标以甲板、内底板、平台等为基准平面,图中 IB 表示内底板,4DK 表示四平台(甲板)。

3. 管子材料和附件材料

用代号表示它们的材料。例如 ST20-1 表示船级社认可的 I 级钢管、ST20-2 表示船级社认可的 II 级钢管、ST20-3 表示需船级社水压验收的 III 级钢管、ST20-4 用于制造主机滑油管的 III 级钢管,图 3-2-9 中的 ST20 表示其余用途的 III 级钢管,其中数字 20 代表 20 号钢。

4. 连接件材料、形式和压力

此三格表示连接件的相关参数,图 3-2-9 中的 SLIP 表示搭焊钢法兰;10K 表示压力等级为 10kg/cm^2。

5. 外径、通径、壁厚和壁厚等级

此三格表示主管的规格参数,与手工零件图相同。

6. 自动焊机信息

自动焊信息由首端、末端和法兰转角组成。当管子加工采用先焊后弯工艺时,管子两端的法兰在直管状态下焊接,此时就产生了两端法兰的相对转角。所谓首端,即法兰定位机先装法兰的管端,填入 C1 或 C2。末端,即法兰后定位的管端,同样填入 C2 或 C1。法兰转角即法兰相对转角,也就是首端法兰经点焊后,法兰定位机转动(正转或负转)的度数。

7. 工时、工位和设计

此三格表示加工所用的工时数、加工的工位代号和设计人员名单。目前没有使用。

8. 船级社认可、验收、刻印、处理、绝缘、涂装、检查和水压

举例说明如下:

(1)船级社认可:管子材料需船级社认可时,即管子材料为 ST20-1、ST20-2 和 ST20-3 时,填入相应船级社的代号,空格表示不需认可。表 3-2-5 中的 AB 表示管子材料需 ABS 船级社认可。

表 3-2-5　管子认可、处理等例表

船级社认可	验收	刻印	处理	绝缘	涂装	检查	水压
AB	S		N	—	E	XY	12

(2)验收:S 表示管子的水压试验需船级社验收。

(3)刻印:表示管子必须使用刻有船级社印章的连接件。

(4)处理、绝缘、涂装、检查和水压:表示方法与手工零件图基本相同。

9. 弯管数据

相当于手工零件图的弯管程序。其中"拉/送"即直管的长度;"转角"即第一弯角完成后需转动的角度;"弯曲"即管子弯曲的角度。本零件为拼接管、无弯管数据。有弯管数据时,弯管数据的上方一般还有两行外文字母,SPOOL 表示管子起弯的管段,CLUTCH 表示弯管机后夹头夹住的部件,如图 3-2-12 所示。

SPOOL:1	CLUTCH:2	
473.0	0.0	90.0
161.3	−90.0	90.0
620.0	−180.0	90.0
拉/送/mm	转角/(°)	弯角/(°)

图 3-2-12　TRIBON 管子零件图弯管数据举例

第三节　管子复板图和支架图

一、管子复板图

管子穿过平台、甲板、舱壁时,一般应在管子上设置中间复板,有时也称为中间法兰。它的作用主要有两个:一是对船体结构的补强;二是穿过有水密要求的结构时,保证舱室间的密性。

1. 单根管子复板图

复板可以分为单根管子用的复板和多根管子用的复板。单根管子用复板图如图3-3-1所示。其中:

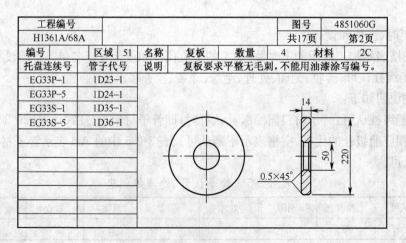

工程编号						图号	4851060G
H1361A/68A						共17页	第2页
编号	区域 51	名称	复板	数量	4	材料	2C
托盘连续号	管子代号	说明	复板要求平整无毛刺,不能用油漆涂写编号。				
EG33P-1	1D23-1						
EG33P-5	1D24-1						
EG33S-1	1D35-1						
EG33S-5	1D36-1						

图 3-3-1　单根管子用复板图

（1）数量：表示总数，即本图中总计为 4 块复板。一般来说，有一个管子代号，就制造一块复板。

（2）托盘连续号：每只托盘中有多根管子，按顺序给每根管子编的序号，再在前面加上分段、或单元、或区域号，就成为该管子的托盘连续号，为现场施工查找图纸提供方便。

（3）说明：对复板的制造做出必要的说明。本图中"不能用油漆涂写编号"的意思是，复板的编号可采用拷钢印或挂牌的方法。

（4）图面：单根管子用复板实际上就是一块圆板，中间割一只圆孔，外圆和内圆均应倒角。所以图中的 50 和 220 表示内外圆的直径为 50mm 和 220mm，也可在数字前加符号 ϕ；14 表示复板的厚度；$0.5 \times 45°$ 表示倒角的角度为 45°，直角边长为 0.5mm。

2. 多根管子用复板图

最常见的是两根管子用的复板，通常称做双联复板。图 3-3-2 所示即为典型的双联复板图，图 3-3-2 中的含义十分容易理解。

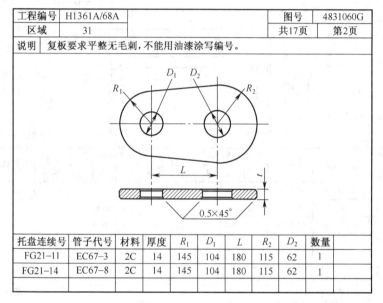

工程编号	H1361A/68A				图号		4831060G		
区域	31				共17页		第2页		
说明	复板要求平整无毛刺，不能用油漆涂写编号。								

托盘连续号	管子代号	材料	厚度	R_1	D_1	L	R_2	D_2	数量
FG21–11	EC67–3	2C	14	145	104	180	115	62	1
FG21–14	EC67–8	2C	14	145	104	180	115	62	1

图 3-3-2　双联管子复板图

当管子的数量多于两根时，图纸的设绘方法与双联复板基本相同，但图面相对要复杂一些，如图 3-3-3 所示。该图右边的形式为最小尺寸，但制造复杂一些，左边的形式尺寸相对大一些，但加工简单，可根据实际情况选用。

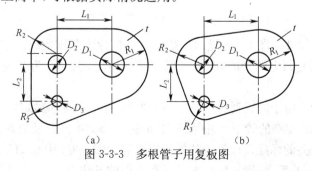

（a）　　　　　（b）

图 3-3-3　多根管子用复板图

二、管子支架图

管子支架的标准及形式在第二章中已经进行了介绍,本节主要对非标支架及TRIBON系统自动输出的图纸进行介绍。由于非标支架的形式各种各样,所以支架的草图也是五花八门,本文只能举例说明。

1. 非标的龙门支架图

非标龙门支架图如图 3-3-4 所示。该图将一只托盘内相似的龙门支架汇总在一起,它的特点是管子均安装在支架的上方,并排敷设的管子可以是一根,也可以两根以上,同时所有管子的最低点在一条水平线上。

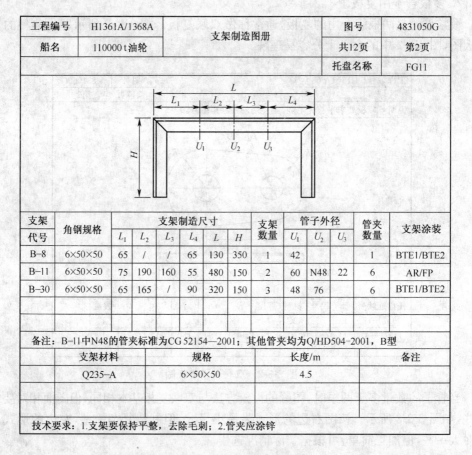

工程编号	H1361A/1368A	支架制造图册		图号	4831050G
船名	110000 t 油轮			共12页	第2页
				托盘名称	FG11

支架代号	角钢规格	支架制造尺寸						支架数量	管子外径			管夹数量	支架涂装
		L_1	L_2	L_3	L_4	L	H		U_1	U_2	U_3		
B-8	6×50×50	65	/	/	65	130	350	1	42			1	BTE1/BTE2
B-11	6×50×50	75	190	160	55	480	150	2	60	N48	22	6	AR/FP
B-30	6×50×50	65	165	/	90	320	150	3	48	76		6	BTE1/BTE2

备注:B-11中N48的管夹标准为CG 52154—2001;其他管夹均为Q/HD504-2001,B型

支架材料	规格	长度/m	备注
Q235-A	6×50×50	4.5	

技术要求:1.支架要保持平整,去除毛刺;2.管夹应涂锌

图 3-3-4 非标龙门支架图

(1)支架制造尺寸。图 3-3-4 显示的是最多三根管子并排敷设的情况,表格中支架制造尺寸 $L_1 \sim L_4$ 尺寸只有两个的,即为一根管子的情况,三个的为二根管子,四个的为三根管子。

(2)管子外径。由于同一通径的管子其外径可能会不同,例如 DN350 的管子其外径有 $\phi 356$ 或 $\phi 377$,DN400 的管子其外径有 $\phi 406$ 或 $\phi 426$。不同外径的管子其管夹的尺寸也是不同的,因而管夹的标准是按管子的外径定义的。图 3-3-4 中 U_1、U_2、U_3 表示选用与此管子的外径相适应的管夹,管夹的标准号写在下面的备注内。

(3)其他。支架制造完成后,应进行表面处理和涂装,涂装要求按表中的代号进行,代号的具体含义这儿就不作介绍了。图3-3-4下面是支架用角钢的汇总表,按规格分别填写。

2. 油船主甲板上的大型支架

图3-3-5所示为某油船主甲板上方的一只大型支架图。支架图包含的基本内容如下。

(1)支架的结构图及尺寸。该支架由五种零件组成,由零件表可知,件号1为工字钢,规格为200/12×200/8,即工字钢的高度和宽度均为200mm,面板厚12mm,筋的厚度为8mm,总长为9700mm;支架的脚和斜撑均为钢管,件号2的规格为$\phi168×8mm$,件号3的规格为$\phi114×6mm$;整个支架上方安装有18路管子;支架脚下面设有补板,作用是保护和加强船体结构,补板的厚度为10mm,大小为$\phi260mm$;由于右方工字钢的悬臂较长,所以在工字钢与支架脚间设有肘板,厚度也是10mm,大小为1000mm×500mm,详细要求如图3-3-5所示。

(2)管路的位置及参数。

①俯视图中从左到右的尺寸线及中心线,都表示每路管子的中心线位置,例如左面第一根中心线距左端250mm,即表示这路管子的中心线位置。一共有18条中心线,所以该支架上共安装有18路管子。

②每根中心线下方的文字表示这路管子的通径和系统代号,例如100A(DO)表示管子的通径为100mm,DO代表柴油管系;又如450A(CO)表示管子的通径为450mm,CO代表货油管系。系统代号可以查本章的表3-2-1机装区域管系系统代号表和表3-2-2船装区域管系系统代号表。

③图的左上角是工程编号和图号。工程编号是某船厂对所建造的船舶编制的代号,各厂的编制方法也不一样。图中的工程编号由三部分组成,H表示公司的代号,即沪东中华造船(集团)有限公司的代号;1361/1368表示该公司建造的第1361/1368条船舶,即该图适用于这两条船舶的建造;A表示造船产品。

④图左下角的表格中的内容除托盘代号将在第五节中介绍外,其余前文均已介绍过,不再重复。

3. TRIBON系统自动输出的支架图

TRIBON系统可以根据管子生产设计建模的数据自动输出支架图,与上面介绍的非标支架图相比,其优点是节约了大量的人力,缩短了设计的周期。但也有缺点,就是每只支架都要出一张图纸,对于相同的支架也是如此,给管理和制造带来了麻烦,图纸的数量也增加不少。如图3-3-4就能将相似的支架汇总在一张图纸上,管理、制造都很方便。

图3-3-6是典型的TRIBON系统输出的支架图,其内容根据上文的介绍,基本上能看懂。部件说明的下方是末端切割信息,目前只有最后一列才有意义,表示角钢端切的角度,一般为45°;形式(TYPE)中FIX为尺寸准足支架,ADJ为现场需切割的支架,NOP为非管子类用支架;安装坐标中Fr表示肋位号,STBD表示在右舷,下面是距中的距离,左舷用PORT,AB表示距船舶基线的距离,除了平直的底部分段外,无法量取,故该数据对实际没有什么指导作用。

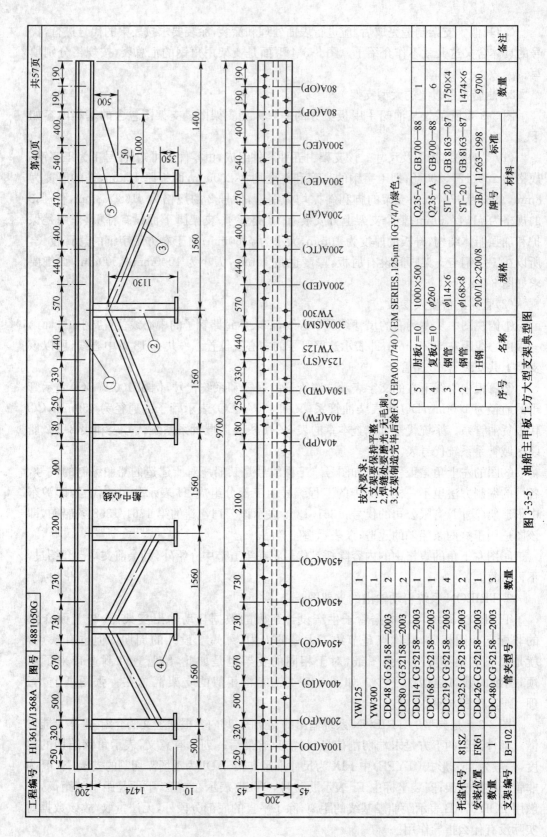

图 3-3-5 油船主甲板上方大型支架典型图

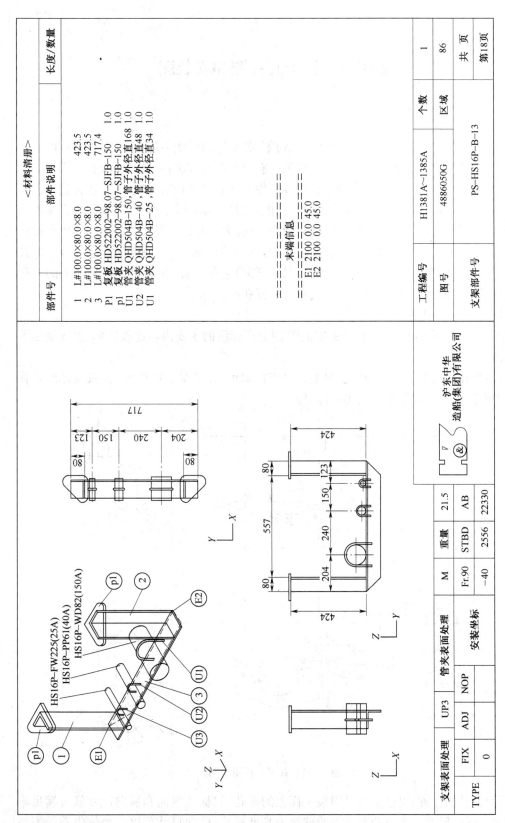

<材料清册>

部件号	部件说明	长度/数量
1	L#100.0×80.0×8.0	423.5
2	L#100.0×80.0×8.0	423.5
3	L#100.0×80.0×8.0	717.4
P1	复板 HD522002-98.07-SJFB-150	1.0
p1	复板 HD522002-98.07-SJFB-150	1.0
U1	管夹 QHD504B-150,管子外径直168	1.0
U2	管夹 QHD504B-40,管子外径直48	1.0
U1	管夹 QHD504B-25,管子外径直34	1.0

末端信息
E1 2100 0.0 45.0
E2 2100 0.0 45.0

工程编号	H1381A~1385A	个数	1
图号	4886050G	区域	86
支架部件号	PS-HS16P-B-13	共 页	第18页

沪东中华
造船(集团)有限公司

支架表面处理		管夹表面处理	21.5
TYPE	UP3	重量	
FIX	ADJ	NOP	安装坐标
0		Fr.90	STBD	AB
		M	重量	
		-40	2556	22330

HS16P-FW225(25A)
HS16P-PP61(40A)
HS16P-WD82(150A)

图3-3-6 TRIBON 系统输出的支架图

97

第四节　管子开孔图和安装图

一、管子开孔图

管子通过船体结构的开孔在什么阶段切割,各船厂的做法不尽相同,这与各厂的船体建造工艺、精度管理的水平有关。目前常见的有以下两种方法:一是管子开孔全部在船体结构图中表示出来,所有的孔在船体钢板或构件下料时同时切割完成,这是现代造船模式的体现,在这种状态下,就不必设绘管子开孔图;二是一部分管子开孔,主要是垂直结构上的管孔,由管系生产设计人员将开孔坐标数据、开孔大小和形状尺寸提供给船体生产设计人员,并将管子开孔反映到船体分段施工图中,在船体内场下料时同时完成切割,这部分也体现了壳、舾、涂一体化设计的思想。而另一部分管子开孔,主要是甲板平面上的开孔则由现场施工人员来切割,这就需设绘相应的开孔图。

(一) 管子开孔图

图 3-4-1 所示的为管子开孔图典型图,图上所标注的主要内容比较简单,主要是如下几方面。

(1)开孔的大小:如果是圆孔,只要标出直径即可;如果是多联的孔,也只需标出各管子的中心距及转角部分圆弧的半径即可。

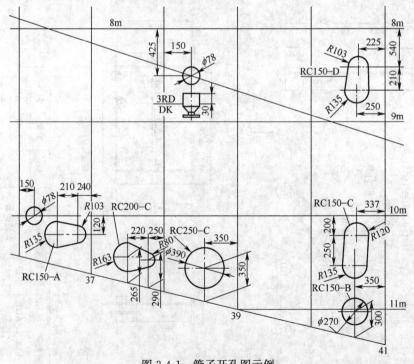

图 3-4-1　管子开孔图示例

(2)开孔的位置:由于主要是甲板平面上的开孔,仅标注纵向和横向尺寸就可满足施工要求。纵向尺寸一般以肋骨或横舱壁等为基准标注;横向尺寸可以以船体中心线为基准标注,也可以以船体的纵舱壁、纵肋骨和肋板等纵向构件为基准,原则是此基准面(线)可以在开孔区域内就近找到的重要构件,以方便现场施工人员的操作。

(3)管子贯通件件号:标注此开孔位置要安装的管子贯通件的件号。如图 3-4-1 中RC150-A、RC150-B、RC150-C 等,编号的方法可按各厂的标准。当所开孔是安装其他附件时,如图中的落水口,则可以在图中以详图表示。

(二)开孔禁区和开孔补偿

管子在船体结构上开孔必须遵守一定的规定,不能任意开孔。总的要求是在船体结构上开孔,应以不损害船体结构强度为原则,至少也应使开孔后的船体结构强度的削弱减至最低限度。在现代船舶建造中,对于船体结构的开孔,通常着眼于划定开孔禁区和开孔补偿两个重要问题。

1.开孔禁区

(1)船体要害部位严禁开孔,即船体中部区域不准开孔。如图 3-4-2 所示从两舷至干舷(强力)甲板的肋距范围内不准开孔。

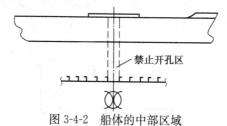

图 3-4-2　船体的中部区域

(2)下列区域中构件上用斜线标出的范围内不允许开孔:

①横向强构件。如图 3-4-3 所示,这类构件大多系强横梁。

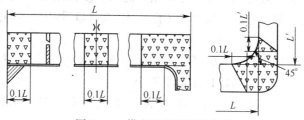

图 3-4-3　横向强构件开孔禁例

②纵向强构件。一般系指纵骨、纵通制荡舱壁和纵通桁材,如图 3-4-4 所示。

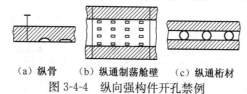

(a)纵骨　　(b)纵通制荡舱壁　　(c)纵通桁材

图 3-4-4　纵向强构件开孔禁例

③支撑端部。如图 3-4-5 为支柱端部构架图。其支撑力点周围一定范围内都不能开孔。

(3)其他部位:

①船体补强板厚薄过渡部位不允许开孔。

②船体外板焊缝上不允许开孔。

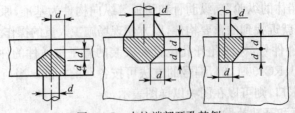

图 3-4-5 支柱端部开孔禁例

③船体应力集中区域,如舱口转角处等不允许开孔。

除外板外,其他船体板缝正中允许开孔,不允许单边开孔。如开孔不在板缝线上,开孔后,贯通件腹板焊缝与船体任何焊缝一般应保持不小于 25mm 间距。

2. 开孔补强

图 3-4-3 上,除斜线标定禁止开孔范围外,尚有空白(A)和三角形(B)标记区域。对于这类允许开孔区,经可靠的强度计算后,也规定了允许开孔值。图 3-4-6 和表 3-4-1 为可开孔允许值的示例。其中开孔宽度与区域宽度以及开孔高度与构件高度,分别成比例关系。根据船体各个不同区域的构件设置状况,各有不同要求,可以参照决定。

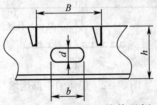

图 3-4-6 可开孔允许值示例

开孔补强的方法一般可用与开孔截面相等的钢质复板或扁钢框或套管加强,其厚度应不小于被开孔构件的厚度。如果开的孔比较大,也可以委托船体局部加厚结构钢板来补强。

所有的孔的形状以正圆、蛋圆、腰圆等孔形为佳,如必须开方孔,其四角应有圆角,圆角的半径尺寸可按 $d/10$ 来计算,但不得小于 25mm。

以上所述船体及其构件开孔的原则,仅属一般情况,在实际工作中,必须按产品技术要求或工厂工艺规程执行。

表 3-4-1 各种开孔构件允许值

构件名称及部位		d/h				b/B
		A区域		B区域		
		不补强	要补强	不补强	要补强	
桁材补板	货油舱			≤0.1	>0.1,≤0.25	≤0.5
	货舱、机舱及除货油舱以外的其他舱室内	≤0.25	>0.25,≤0.5	≤0.125	>0.125,≤0.25	
	居住区及露天甲板			≤0.165	>0.165,≤0.25	
实肋板		≤0.4	>0.4,≤0.5	≤0.2	>0.2,≤0.25	
双层底内的旁桁材及各种隔板		≤0.5	>0.5,≤0.66			

二、管系安装图

管系安装图是外场管系工安装管子时使用的主要图纸,它由综合布置图进一步深化而成。按目前的施工方法,可以分为两类:一是以安装图为主进行管子的安装;二是以管子零件图为主进行管子的安装。不同的施工方法,对管系安装图的绘制深度要求是不一样的。从有利于现场施工的角度来说,以安装图为主的方法比较好,可以节约施工人员的读图时间,大大减少所要携带的图纸数量。因而这种方法使用得较多,下面介绍的安装图均是按此要求设绘的。

(一) 手工设绘的安装图

图 3-4-7 是典型的手工绘制的管系安装图,主要包括以下内容。

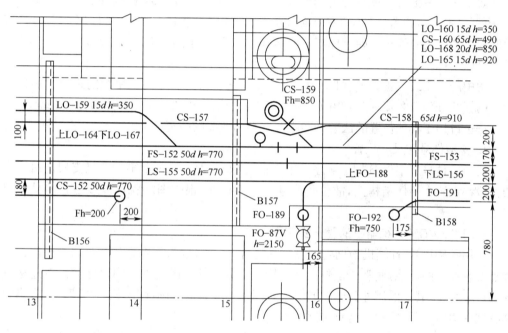

图 3-4-7 机舱下平台左舷柴油发电机管系安装图(局部)

1. 管路的走向及布置

管系安装图一般均采用以甲板、舱壁为平面进行设绘,但在机舱内管路密集区域,仅有平面图还不能清楚地表达出每一管路的走向,因而必须附加一些必要的纵横向剖面图。

2. 管子的件号

每一根管子必须将其件号标注在它的上方、左侧或用尺寸线拉到适当的地方标注。图 3-4-7 中的管子件号由系统代号与顺序号组成。但目前通用的管子件号由系统代号、管路号与顺序号组成,这已经在前文介绍过。

3. 管路定位尺寸

作为安装图,一般不必标出每一根管子的坐标尺寸。只要以某一路管子为基准,其他与它平行的管子只要标注出相互间的间距就能满足现场安装的需要。但是管子的走向发生变化时,必须用尺寸表示清楚。例如图 3-4-7 的右方第一根管子距船体中心线为

780mm，与它平行的四路管子都只标出相互间的间距为 200mm、200mm、170mm 和 200mm。例如 LO-160 向左延伸时与 LO-159 相接，距中的尺寸发生了变化，就必须重新标注距中尺寸或与其平行的管路间的间距，如图 3-4-7 中左侧 100 的尺寸；图 3-4-7 下方的中心线为船体中心线，线上的标号 13、14 等为肋骨号。

如果在平面图上几根管子互相重叠，高低尺寸（包括管子件号、管子通径）的标注可以采用拉出标注的方法。标注的顺序是，不管管子是位于甲板的上方还是下方，一般要求按顺序从高到低或从低到高标注，例如图 3-4-7 的右侧中间，将四根重叠敷设的管子用细直线拉出标注。例如"LO-165 15d　h=920"中，LO-165 表示管子的件号；15d 中的 d 表示管子的通径，即管子的通径为 DN15；h=920 中的 h 表示管子在甲板的上方，且管子中心线距甲板为 920mm，而 H 表示管子在甲板的下方。其他三根管子的标注内容以此类推。

如果只有两根管子重叠行走，也可以在管子的上下方分别标注，前面加上"上"或"下"字，也可以不加。如图 3-4-7 的左方的管路上下就标有"上 LO-164"和"下 LO-167"，就表示两根重叠行走的管子。如果标有 h 值，就可以知道管子的上下关系，所以"上"和"下"字样也可以不标。

图中的下正或上正管子，可采用代号 Fh 来表示它的法兰端距甲板的距离。例如右下方的标注"FO-192 Fh=750"中的 Fh=750 就表示上正法兰平面距甲板为 750mm。这种方法也可用于其他位置的法兰平面距某基准面或线的距离。

4. 支架件号和尺寸位置

支架的件号用字母 B 加上顺序号来表示，例如 B-158 就表示第 158 只支架。由于支架一般都设置在船体结构上，故位置尺寸往往不标注，根据图示就可以知道它的具体位置。

（二）TRIBON 系统输出的管子安装图

应用 TRIBON 计算机辅助生产设计系统时，由于计算机有根据指令自动生成法兰连接点安装尺寸的功能，使管子定位尺寸的标注十分方便。因而安装图以标注法兰连接点安装尺寸为主，其他的尺寸为辅。同时安装图采用的是双线图，图面相当清楚。只有当管路特别密集时，图面看起来有点难度。

计算机绘制的安装图也有缺点，就是其基准面（线）只能有几个固定的面（线），因而有时会给现场安装工作带来麻烦。例如管子的距中尺寸标注时的基准线一般是船体中心线，但很多分段进行预装时，该分段上找不到船体中心线，只能以某一纵骨或纵舱壁为基准线（面）标注距中尺寸。为了方便现场的施工，必须采用手工标注的方法。

图 3-4-8 所示为某舱壁平面的管子安装图（局部）。需要定位的法兰端都标注了三维坐标，图 3-4-8 中 X、Y、Z 所表示的含义与零件图相同，即 X 表示管子端点的纵向位置，Y 表示管子端点的横向位置，Z 表示垂直位置。例如某管端的三维坐标为 X=FR100−182，Y=2950，Z=UDK+300，其中 FR100−182 表示 100# 肋骨向后 182mm；Y=2950 表示距船中 2950mm，且在船的右舷；UDK+300 表示在上甲板的上方，距甲板为 300mm。

图 3-4-8 上方的"FR99-100 向尾看"，一是表示该图是一个船舶的横剖面，也就是表示横舱壁上的管子安装图；二是人站在 99# 肋骨向后 100mm 的前面向船尾看，因此图面的左侧为船舶的右舷，而右侧反而是左舷，这点一定要注意。特别是分段反转预装时，图

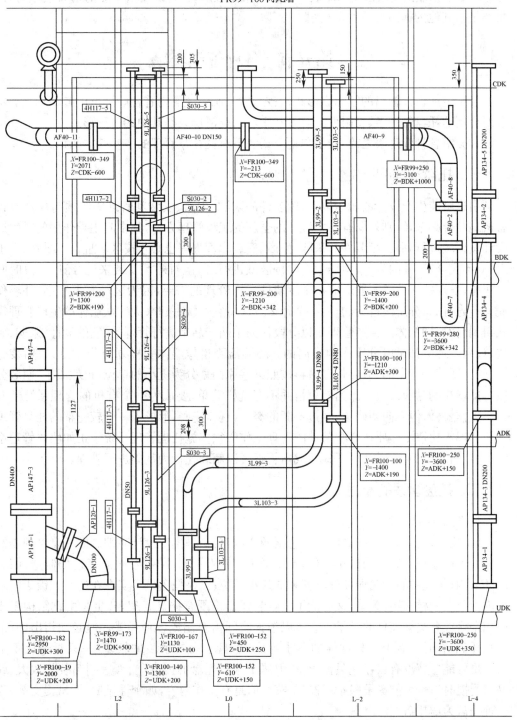

图 3-4-8　TRIBON 系统输出的管子安装图

纸表示的都是正态情况的平面安装图,所以安装时,左右舷要对调或前后方向要对调。

图 3-4-8 下方的直线及 L2、L0、L-2、L-4 中,L 表示船体的纵骨,后面的数字表示纵骨

号,L0 位于船舶的中心线上,L2 表示右舷的第 2 根纵骨,L-2 表示左舷的第 2 根纵骨,以次类推。其他的标注同手工安装图。

第五节　各种管理表

管子生产设计输出的管理表形式、表示方法、所包含的内容各船厂可以各不相同。本节所介绍的托盘管理表、管附件汇总表和水压试验清册只是其中的一种形式。

在介绍各种管理表之前,先简单地介绍一下有关托盘管理的一些基本知识。

一、托盘管理的产生

引进舾装生产设计的概念以后,舾装件的采购、生产、安装和管理等必须与生产设计有机地结合起来,特别是要有一个统一的全新的工程管理方法,其中起主导作用的是生产设计按区域进行,那么舾装件的采购、生产、安装和管理等也必须按区域进行。早在 20 世纪 70 年代,舾装件的设计、内场生产已按区域进行了,但对外场安装来说,经过一段时间的实施,发现按区域还不能适应整个舾装件生产管理的需要,因为区域有大有小,外场作业又有先有后,分阶段进行的,用一个什么方法将它们统一起来呢? 从船体的生产管理模式得到启发,即船体的生产管理是以分段作为中间产品来进行管理的,它的设计、采购、制造、计划管理等都是以分段作为导向的。舾装能否也像船体一样划分为一只只"舾装分段"呢? 回答是肯定的,只要将区域再按照某些原则划分为更小的单位,也就成了"舾装分段",即现在的"舾装托盘"。当然事情并不是这样简单,要成为一个有机的管理系统还有很多工作要做,但方向明确了,经过不断的努力,逐步完善,形成了一个较完整的托盘管理系统。现代化造船厂要抓好舾装件的管理工作必须实施托盘管理系统。正如船体管理系统一样,舾装件的生产、计划、采购、成本管理要以舾装托盘为基础进行管理。

二、托盘管理的流程

1. 托盘管理的含义

(1)托盘。船舶舾装托盘的含义包括两个内容:一是生产设计时编制的托盘管理表及相应的生产管理用表册的最小单位,是现场生产作业的最小单位,也就是内场制造、舾装品的采购、集配中心的集配和外场安装的最小单位;二是托盘是实实在在的有如饭店配膳室内配菜盘一样,既有菜单,又有盘子。舾装托盘也既有托盘管理表,也是由钢结构组成的用来盛放各类舾装件的盘子。它可以根据实际需要制成各种形式。但必须指出,所谓一只托盘,有时可能由几只这样的盘子组成(当盘子内的舾装件较多,一只盘子放不下时);也可能"菜"没有放在这只盘子里,但属于这只托盘的内容(当考虑到舾装件太大,或易于受损时);也可能盘子根本就没有"菜",但是有工作内容,如密性试验、调试提交等,称这种托盘为虚托盘。

(2)托盘管理。托盘管理就是以托盘为单位进行生产设计、组织生产、物资采购及工程进度安排,以致生产成本也可以以托盘为单位进行核算的一种科学的生产管理方法。现场生产必须做到一只托盘内的舾装件的安装工作由一个小组、在同一地点、使用同一份图纸、在同一个安装阶段内进行。

2. 托盘管理的流程

托盘管理的流程如图 3-5-1 所示。托盘管理作为一个系统工程必然要涉及到船厂内各个部门及众多的舾装件配套厂的工作。对船厂内部来说,主要涉及到的单位是生产管理部、设计部门和集配中心。首先,厂生产管理部门在编制建造方针(方案)和施工要领时要确定每艘新建船舶的区域划分、托盘划分、单元划分及船体分段划分和总组的范围、方法等。设计部门根据由厂领导批准的建造方针和施工要领进行生产设计,主要编制采购、生产、管理所需要的托盘管理表和各种施工用图册。流程图中的托盘管理表仅是举了一部分例子。再次,集配中心要负责整个舾装品的计划管理、内外场安装工作的协调、舾装件的集配及托盘的收发工作等。本节主要介绍与管子生产设计有关的托盘管理内容。

三、托盘的设计方法

(一) 区域划分

托盘管理是先进的"区域造船"方法的具体体现。托盘就是舾装工作的"中间产品",一切工作都是以托盘为导向组织实施。但在进行托盘划分之前必须进行区域的划分。正如一个国家一样,先划分为东北地区、华北地区等的大区域,再划分为一个个省,最后再划分为地区、市、县等。船舶舾装也一样,先划分成大区域,再划分为小区域,最后再划分为托盘。实际上每一个船厂都可以根据本厂的具体情况制定出有指导意义的区域划分标准,这样可以大大简化后续船的区域划分和托盘划分工作。

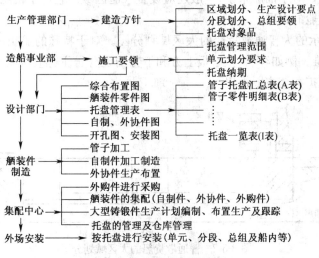

图 3-5-1　托盘管理流程图

1. 区域的划分方法

船舶区域的划分是根据船体的基本结构形式、分段划分和总组装的范围及综合考虑舾装件的密集程度、设计工作量、劳动力分配、设计出图计划、程序等要素后制定出来的。要符合实际生产的需要,使工厂能获得科学组织生产的准确依据。

(1)根据船体的基本结构形式进行大区域的划分。区域的划分可以有很多方法,不同种类的船舶其划分方法也有区别。但是根据船体的基本结构形式进行大区域的划分是最常见的一种方法。这是由于它们各自的作用不同,结构形式也有较大的区别,所包含的舾装内容也不一样,同时又与船体分段大区域的划分相吻合,容易为各部门所接受。按目前主要的造船种类,可以划分为以下几个大区域:

①机舱区域。机舱区域包括机舱前壁与后壁之间的空间、轴弄、机舱棚、烟囱所围成部分,总称为机舱区域。几乎所有的船舶都有此区域,即使是非自航船舶一般也有,只不过没有主机罢了。

②货舱区域。所有货船的机舱前壁至首防撞舱壁和机舱后壁至后防撞舱壁之间的空间属于货舱区域。集装箱船就是这样的情况。当船舶为尾机型船时,机舱后部就没有货舱区域了,例如一般的散货船、油船等。同样机舱位于前部时,机舱前部就没有货舱区域了,例如浮式生产储油船等。

③首部区域。首部防撞舱壁至船首部分为首部区域。所有的船舶均有此区域。此区域的结构相对比较复杂,不同船舶所包含的舾装作业内容也不同,特别是特殊的船舶就更不同了。例如滚装船和登陆艇,首部一般设有液压操纵的跳板。浮式生产储油船首部甲板上有巨大的 SUPPORT、火炬塔和单点系泊装置等。

④尾部区域。后防撞舱壁或机舱后壁至尾部分为尾部区域。它的情况与首部区域相似,结构更复杂一些。

⑤上层建筑区域(居住区)。对于非客船来说,一般主甲板以上的居住空间均属于上层建筑区域。实际上该区域一般还包括一些工作舱室,例如驾驶室、二氧化碳站室、氧乙炔室、消防控制室、货物控制室等。

⑥泵舱区域。对于油船来说,一般还应设置泵舱区域。它位于机舱与货舱之间,包括上甲板上进入泵舱的围屋。

图 3-5-2 所示的为普通散货船的大区域划分图。对于特殊的船舶可以根据以上的划分方法,进行类推。例如客船、主甲板上方和下方均设有居住舱室,货舱区较小,则可以将居住区域的范围扩大至主甲板以下。

图 3-5-2　普通散货船的大区域划分图

(2)小区域的划分方法。大区域由于范围太大,还不能适应现代造船模式的要求,不能适应总装作业流程的要求,还必须将其划分成更小区域,每个区域均给一个以数字表示的区域号。划分小区域的原则如下。

①机舱区域。机舱区域的舾装件最密集,生产设计的工作量也最大,为了适应现代造船的节奏,必须分成较小的区域。同时机舱结构形式的特点是以甲板层次组成的。所以,首先以每层甲板作为小区域的划分线,每层甲板一般都有机舱开口因而可再以船体中心线和肋骨线前后、左右进行详细划分。图 3-5-3 为机舱区小区域划分示例。

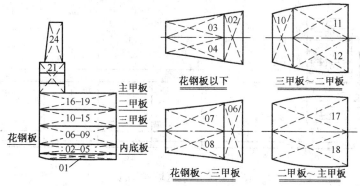

图 3-5-3　机舱区小区域划分图

②首、尾部区域。这两个区域也是以层次划分为特点的,但是舾装件的数量相对要少得多,所以一般一个层次就可以划分为一个区域(见图3-5-4)。

③上层建筑区域。上层建筑区域设有各种各样的房间,铁舾装件也不少,但大量的是木作舾装件,所以区域划分既按层次划分,同时也可按房间进行划分,特别是木作舾装件应以房间划分;而管舾装件可按层次划分。当船舶较大时,每层次可按左右划分为两个区域(见图3-5-4)。

④货舱区域。货舱区域的特点是双层以下和主甲板以上的舾装件较多,而货舱内就只有少量的舾装件。而且管路相对比较简单,直管子多。所以区域可以划得更大一些。一般主甲板以上作为一个层次、双层底以下作为一个层次,货舱内作为一个层次,十万吨级以下的散货船前后再一分为二,就可适应设计工作量的分配了。机舱区域以外的区域可以总称为船装区域。图3-5-4所示的就是船装区域划分图,包括以上的三大区域。

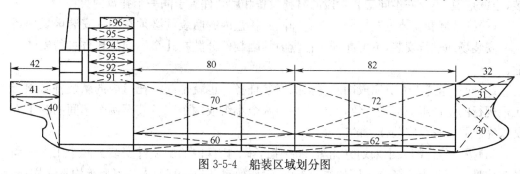

图 3-5-4　船装区域划分图

(3)电装区域划分方法。电气舾装有其自身的特点:一是电缆一般中间不能加接口,因而往往要跨好几层甲板,给区域的划分带来困难;二是电气的焊接件在生产设计的深度还不够时,往往有较大部分没有参加综合布置,所以在安装时要等到其他舾装件安装结束后才能进行;三是电气设备也比较娇,很多设备不能进行预舾装,特别在生产管理不完善的情况下更是如此。因而相对来说,预舾装的工作量就少得多。区域的划分根据这些特点和工作量的大小可以划分得大一些。例如机舱内每一层次就只设一个区域。货舱区域就更是如此了,往往也只设一二个区域(见图3-5-5)。

2. 小区域的编号方法

图3-5-2~图3-5-5所示的区域号均用数字表示,并且有下列规律:

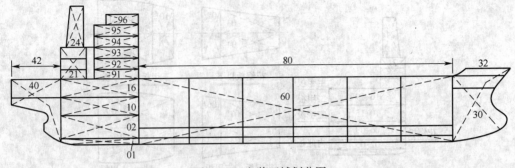

图 3-5-5　电装区域划分图

(1)机舱区区域号总计设有 29 个,从 01～29,每层甲板的区域号也相对固定,并设有备用号。

(2)货舱区区域号应取在 60～89 范围,一般双层底以下为 60～69,货舱部分为 70～79,主甲板上方为 80～89。

(3)首尾部区域:首部的区域号取 30～39,尾部的区域号为 40～49。

(4)上层建筑区区域号为 90～99。

(二) 托盘的划分

1. 划分原则

根据托盘管理的含义,托盘划分要遵循三不跨(不跨阶段、不跨区域、不跨部门)原则和按工作量大小来划分托盘。

(1)按舾装阶段划分托盘。同一托盘内材料设备、舾装件必须在同一安装阶段进行安装,也就是说,不允许不同安装阶段的材料设备和舾装件置于同一个托盘内。

(2)按区域和安装位置划分托盘。即同一托盘内的舾装件必须在同一安装区域内或同一安装场地进行安装,不可能同一托盘内的舾装件分散在几个不同的地方进行安装作业。

(3)同一组施工人员完成同一托盘的安装任务。也就是同一托盘内的舾装件必须与工厂现行的生产组织形式一致,不能出现由两个小组或两个工段甚至两个车间的施工人员来完成同一托盘安装任务的现象。

(4)按工作量的大小来划分托盘。原则上每个托盘内的舾装件安装为两个工人一周的工作量。但是由于各个工厂的作业条件、工作效率、安装工艺、人员素质等均不一样;同一工厂同样也存在很多差异,所以实际上可操作性较差。

2. 划分要点

(1)每只分段都要有与之对应的托盘,除了无舾装品外;

(2)采用总段建造法时,总段托盘应独立编制;

(3)同一只分段跨两个以上区域时,应按区域编制相应的托盘。即同一分段上可能有两只以上托盘,但应尽量避免这种情况的出现。特别是属于同一大区域时,各小区域的划分尽可能与分段的划分一致;

(4)采用单元组装时,每一只单元应划分为独立的托盘。托盘内应包括单元内所有的舾装品(管子及附件、设备及基座、格栅及铁舾装件等)。

3. 舾装阶段的划分和代号

舾装件的安装工作贯穿于船舶建造的全过程,为了实施托盘管理,必须将舾装件的安装工作按前后顺序划分为几个阶段,这就是舾装阶段。托盘的划分原则之一就是按舾装阶段进行划分,因而必须制定相应的划分标准和代码。表 3-5-1 所列为适应现代造船模式的舾装阶段划分及代码表。

表 3-5-1　舾装阶段划分及代码表

代码	舾装阶段名	代码	舾装阶段名	代码	舾装阶段名
1	单元组装	4	分段正转舾装	7	总组正转舾装
2	分段部装(小组装)	5	盆舾装	8	露天舾装
3	分段反转舾装	6	总组反转舾装	9	船内舾装

表 3-5-1 所列的舾装阶段,原则上是以安装时间的先后顺序来划分的,所以数字大小就代表了某个区域内舾装阶段的前后顺序。托盘划分时,不同阶段的舾装品必须分属于不同的托盘。

4. 托盘代码

每一个现代化的造船厂都有一套编码系统,它的作用是使用计算机进行工厂的生产管理、成本管理、物资管理、设计管理等。所以托盘管理的编码应成为工厂整个编码系统的一部分,使计算机能根据舾装编码进行舾装件的生产管理和成本管理等。因此托盘管理的舾装编码应符合工厂编码系统的标准,为整个计算机系统接受,这样的编码系统才有效。对托盘来说,其舾装编码即托盘代码。每只托盘都有一个托盘代码与之相对应。下面是一种较为实用的托盘代码的编码方法。

(1)托盘代码的组成。托盘代码的组成如图 3-5-6 所示。它由八位数组成,第一位与第二位之间有一连字号,有时第一位及连字号可以省略。

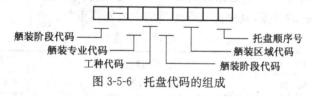

图 3-5-6　托盘代码的组成

(2)专业代号。专业代号是总区分代码,应根据工厂的组织体制和设计体制来划分专业。为贯彻按区域组织生产的造船模式,专业的设置也是按区域划分的,表 3-5-2 所列即为按这种原则划分的专业及其代号。

表 3-5-2　专业及其代号表

专业	机装	甲装	居装	电装	船体	涂装
代号	E	D	A	F	H	P

(3)工种代号。工种代号为大区分代码。每一个专业由各种工种组成,它们可能各不相同,也会出现不同专业同工种的情况。例如机装包括管子、机械、薄板、铁舾装等专业。居装包括管子、铁舾装、冷藏、空调、木作舾装等专业。而电装这个专业所含的工种就只有电工。故工种代码的确定也应考虑到这样的情况,特别是通用性。常用的编码方法如表

3-5-3 所列。

表 3-5-3　工种代号

工种	管系工	钳工	电工	薄板工	铁舾工	木舾工	涂装工
代号	1	2	3	4	5	6	7

(三) 托盘管理表

对于设计部门来说,要实施托盘管理,主要的工作是要编制托盘管理表,它是现场按托盘组织生产的主要依据。

1. 托盘管理表的作用

(1)按托盘管理表安排生产计划,包括内场加工与外场安装的进度计划;

(2)按托盘管理表分类进行设计;

(3)按托盘管理表进行物资的采购;

(4)按托盘管理表的内容进行舾装件的集配;

(5)现场生产工人按托盘管理表进行施工;

(6)按托盘进行成本核算。

2. 管子托盘管理表的分类

托盘管理表的分类各船厂的区别很大,即使同一船厂中各专业由于各自的施工特点、设计方法、顺序、设备来源的不同,其分类的方法也有很大的差异。这里仅介绍一种管子托盘管理表的分类。

管子的托盘管理表由五种表格组成,分别为 A、B、C、D、T 表。

(1)A 表——管子零件明细表。管子零件明细表的功能主要是供内场管子加工使用,故也称内场加工明细表,简称为 A 表。它可以用手工的方法来进行编制,也可以由计算机直接输出。但其内容基本上是相同的,以手工编制的管子零件明细表为例进行介绍。表 3-5-4 所列为 A 表的样张,其中前文介绍过的内容不再重复。

表 3-5-4　托盘管理表(A)

工程编号	H1304A		托盘管理表(A)					图号	5803180L	
托盘名称	UM—02		(管子零件明细表)					共 6 页	第 2 页	
分段/区域号			03							
序号	管子编号	材质	通径	规格	长度	质量	表面处理	水压试验	位置	形式
1	3L6-1	ST20	40	4834	645	2.8	N	5(AB)	34#	P
2	3L214-1	ST20	40	4834	1052	4.6	N	5(AB)	34#	P
3	3L9-1	ST20	32	4233	2320	8.7	N	5(AB)	34#	P

①托盘名称。托盘名称的位数不定,它根据工艺阶段分为单元组装托盘、分段预装托盘、盆舾装托盘、总段舾装托盘、船内安装托盘等,但托盘名称可以分为三大类。

单元组装托盘:托盘名称即单元名称,例如 UM01、UM02 等。当单元内的舾装件较

110

多时,可以将同一单元分成几个托盘,此时的托盘名称只要在单元名后面加上序号即可。例如 UM01-1、UM01-2 等。

分段预装托盘:包括分段预装、盆舾装、总段舾装等阶段的预舾装托盘。由三部分组成:

分段号＋工种代号＋阶段代号

例如 EB03015 表示机舱底部分段 EB03 的管子(1)盆舾装(5)托盘;PD11P33 表示上层建筑分段 PD11P 的电气(3)分段预装(3)托盘。当同一分段(总段)托盘的工作量较大时,可以同单元托盘同样处理。

船内安装托盘:所谓船内安装即散装托盘。其名称的编制方法为:

区域代码＋阶段代码＋工种代码＋序号

例如托盘名称为 219101 中 21 为机舱棚区域代码;9 表示为船内安装代码,这个代码是不变的,这是由于船内安装只有一个阶段;1 为工种代码,表示为管子托盘;01 为序号。又如托盘 289402 中 28 表示机舱通风管,9 为散装,4 为薄板工,02 为序号,即机舱区通风管船内安装的第二只托盘。

②材质。目前普通船舶使用的管子材料主要为碳钢及铜管。其材质由材料种类和牌号组成。当使用特种材料管子时,可以再定义。材料的符号见表 3-5-5。

表 3-5-5　材料符号表

符号	种　类	牌　　号
ST	钢管	10、20、15 或 410
CP	铜管	T2、T3、TU1、TU2、TP1 或 TP2
CH	铜合金管	HPb 或 H62
SL	不锈钢管	1Cr18、304、304L、316L 等

③表面处理。根据管子内部输送的介质和外部环境的不同,管子内外表面要进行各种形式处理,按要求填入相应的代号,代号的含义见表 3-5-6。

表 3-5-6　管子表面处理代号表

代号	内　容	处理方法	代号	内　　容	处理方法
M	内场完工后镀锌	镀锌	R	磷化处理	磷化
A	外场制造后镀锌	镀锌	K	镀铬	镀铬
N	内场完工后酸洗	酸洗	SB	喷砂、喷丸	喷砂喷丸
I	外场制造后酸洗	酸洗	L	内外壁涂塑	涂塑
LN	内壁涂塑	涂塑			

④水压试验。水压试验是指单根管子内场加工结束后的强度试验,填入强度试验的压力值,对于船级社要求验收的管子,应填入相应的符号。例如水压试验压力为 1.2MPa 时就填入 12K 或 1.2M,需要 ABS 船级社验收时,填入 12K(ABS),其他船级社可依此类推。

⑤位置。所谓位置就是此管子在船上位于哪一挡肋骨的大致位置。一般来说,一根管子总要跨越几挡肋距或在两挡肋距之间,所以此列填入的肋骨号仅是此管的大致位置,

作用是使外场安装时便于分散成堆的管子,以减少整理的工作量。

⑥形式。生产设计的管子可以分成两种类型,即完成管和调整管。现场取样的管子称为合拢管或嵌补管。

完成管表示此管子内场加工制造完工,外场根据有关图纸即可安装的管子。在表格中填入字母 P。

调整管表示此管子在内场根据管子零件图弯制或拼接完成,两端或一端放有一定的余量后落料,管端的连接件临时固定在管子上,外场现场校管,点焊连接件后再回到内场进行焊接工作等工序的加工制造,最后上船安装的管子。在表格内填入字母 G。

(2)支架托盘管理表(B)。支架托盘管理表也称为管子支架制造明细表。它由两种表格组成,表 3-5-7 所表示的为管子支架(包括管夹)的制造明细表;表 3-5-8 所表示的为管夹的汇总表。

①管子支架制造明细表(B 表之一)。与 A 表相同的内容不再重复介绍。

符号:即支架的件号,它由三部分组成:支架代号、区域号和顺序号。例如 B-0301 中,B 为支架的代号,03 表示区域号,01 为顺序号。

支架形式:填入支架的标准号或草图字样。当草图时,即非标支架时应另出支架图。

管夹型号:填入采用的管夹标准号。

②管夹汇总表(B 表之二)。

表 3-5-7　管子支架制造明细表

工程编号	托盘管理表(B)				编号 5803180L	
H1221A	(管子支架制造明细表)				共 6 页　第 3 页	
托盘名称:UM-02						
符号	支架形式	长度	数量	管夹型号		数量
B-0301	草图	40L 970	1	A25Q/HD504-81		3
		50L 733		A20Q/HD504-81		1
				A40Q/HD504-81		2
				B80Q/HD505-81		1
B-0302	32Q/HD515-81	40L 400	5	A32Q/HD504-81		5
支架总数:23						
支架用角钢						
规格	长度/m	材料(A₃)		备注		
L40×40×5	19.0			其中 5m 用于现场加强		
L50×50×6	8.0					

表 3-5-8　管夹的汇总表

工程编号	托盘管理表(B)		编号 5803180L	
H1221A	(管夹汇总表)		共 6 页	第 4 页
托盘名称:UM-02				
图号	数量	备　注		
A20Q/HD504-81	1			
A25Q/HD504-81	20			

本表比较简单,仅是将本托盘内所有的支架用管夹按类汇总而已,供外协生产用。

(3)阀件、附件托盘管理表(C 表)。C 表是外场安装本托盘时所需的阀件、附件汇总表,供施工工人及生产管理人员使用,见表 3-5-9。

表 3-5-9　阀件、附件托盘管理表

工程编号	托盘管理表(C)				编号 5803180L	
H1221A	阀件、附件托盘管理表				共 6 页	第 5 页
托盘名称:UM-02						
符号	名称	图号	数量	来源	备注	
3LV4	直角截止阀	B5032 CBM1069-81	1	外购		
3LF53	双联滤器	SFQ-4040	1	外协		

①符号。指阀件或附件的代号,与管系原理图上的符号一致。有时生产需要增加管附件,但原理图上没有相应的代号,则此栏空白。后面各栏仍应填入。

②来源。阀件及附件的来源可分为外购、外协和自制三大类,外购为进口时写进口。所以此栏可根据阀件或附件的来源分别填入进口、外购、外协和自制字样。

(4)设备明细表(D 表)。表 3-5-10 所列为设备明细表。其作用与 C 表相同,只是填入的为设备,包括泵、基座、箱柜等。所填内容也相似,有时还填入设备的重量。

表 3-5-10　设备明细表

工程编号	托盘管理表(D)				编号 5803180L	
H1221A	设备明细表				共 6 页	第 5 页
托盘名称:UM-02						
序号	名称	图号或型号	数量	来源	备注	
1	滑油分油机	SJ16T	2	进口		
2	滑油油渣柜	5060213G	1	自制		

(5)托盘管理表汇总表(T 表)。

T 表是一只托盘的汇总表,托盘管理表的封面。它的作用是将此托盘的所有舾装件按类进行汇总,使托盘的集配人员和外场施工人员能掌握本托盘的工作内容和大致的工作量,以便能对工作、生产计划做出准确的安排。T 表的内容比较丰富,主要由表头、汇总表、施工明细表和标题栏组成,如表 3-5-11 所列。

表 3-5-11　托盘管理表汇总表(T 表)

工程编号 H1221A		托盘管理表(T)				
						交货期:96/08/14
单元	√	托盘代码	托盘名称	安装日期	合计重量	舾装区域
分段 船内		E110301	UM-02	96/08/18	3141.56	03

名称			数量			完成日期	工时	重量(kg)	备注
A	管子	一般管	完	调	合计				
			30	4	34				
		加热管	完	调	合计				
B	支架		23					92.26	
	管夹		38					3.6	
C	阀件		20					62.4	
	滤器		2					63.2	
D	滑油分油机		2					1096.0	
	滑油油渣柜		1					1455.0	
	基座		2					225.1	
单元									

施工图	名称	图号	名称	图号
	03 区域管系安装图	5803010H		
	03 区单元管子零件图	5803130G		

注:

①表头。表头由工程编号、交货期、舾装大阶段、托盘代码、托盘名称、安装日期、合计重量、舾装区域几栏组成。下面对其中的几项作如下说明。

交货期:指本托盘集配完成的日期。一般规定在本托盘安装开始日以前 3 天～5 天应集配完成。提前期取决于生产计划的科学性和严肃性。计划越正确,提前期可以越短,这样可以减少集配所需的场地,降低资金的积压,减少舾装件的遗失和损耗。

舾装大阶段——前文已将舾装作业分为 9 个阶段,但为了方便,托盘管理表仅设三个大阶段:单元组装,分段预装(包括分段部装、分段正反转、总段正反转、盆舾装)和船内舾装(包括露天舾装和船内舾装)。

②汇总表。按 A、B、C、D 单元分别汇总,汇总表的表头栏由名称、数量、完成日期、工

114

时、重量、备注构成。

③施工图。此栏表格的作用是为外场施工人员提供安装本托盘所需准备图纸名称和图号信息。

四、管附件汇总表

管附件汇总表按区域进行编制汇总,由管子加工计划表、管子涂装面积统计表、管子BOM 表组成。

1. 管子加工计划表

管子加工计划表根据管子内场制造的生产组织、作业流程、生产线的划分等要求进行编制,所以各公司的要求会不尽相同,下面举例说明。表 3-5-12 是某公司的管子加工计划表。下面对表中的某些部分作简要说明。

(1)管子加工流水线。

表 3-5-12　管子加工计划表

沪东中华造船集团		管子加工计划表			图号		打印日:05.02.25				
110000t 原油轮					4851002Q		第 2 页		共　页		
H1361A/1368A		区域:51		托盘名:EG33P/EG33S/EZ04/EG23P/EG23S/EZ06/EG13P/EG13S/EZ08/51SZ							
序号	托盘名	管子加工流水线					检查			表面处理	
		P1	P2	P3	P4	总计	NS	XR	水压	N	M
1	EG33P	31	15	14		60		16	54	43	17
2											
3											
4											
5											

目前各大船厂中管子加工制造的车间或分厂的组织体制大都划分为三条生产线,即小口径管生产线、中口径管生产线和大口径管生产线。表 3-5-12 中的 P1、P2、P3 就代表了这三条生产线,下面的数字即本托盘中在该生产线上加工制造的管子数量;P4 代表了需外协弯制的管子数量。

(2)检查。管子加工制造完成后,需进行焊缝质量检查,表 3-5-12 中的 NS 表示磁粉探伤,XR 表示 X 射线检查,如果还需要用其他的方法检查,可以在空格列填入相应的符号。

(3)表面处理。N 表示酸洗,M 表示镀锌。同样还以填入 R 表示磷化,K 表示镀铬,L 表示镀塑 SB 表示喷砂等。

2. 管子涂装面积统计表

管子涂装面积统计表也为现场生产管理使用的表格,对不同涂装要求的管子的根数和面积进行统计,见表 3-5-13。该表表头与加工计划表完全一样,序号一行中的字母表示涂装的种类和涂装的层数,各厂可以自行进行编码。每一个序号后有二行,第一行为管子的根数,第二行为相应的涂装面积,单位为 m^2。表格的下方是对该区域按涂装要求对管子

表 3-5-13　管子涂装面积统计表

沪东中华造船集团	管子涂装面积统计表		图号	打印日:05.02.25	
110000t 原油轮			4851002Q	第 3 页	共　页
H1361A/1368A	区域:51	托盘名:EG33P/EG33S/EZ04/EG23P/EG23S/EZ06/EG13P/EG13S/EZ08/51SZ			

序号	托盘名	II	E	LL	LLBN	QS	AO	E/K	L	LL/K	LN	
1	EG33P	16	4	7	12	9	6	1	2	1	2	
		2.8	1.4	1.7	34.2	2.1	1.6	0.3	0.3	0.8	0.9	
2	EG33S											
3												

注:汇总(根数):××。

　　汇总(面积):××

根数和面积的汇总。

3. 管子 BOM 表

所谓管子 BOM 表,就是管子内场加工所需的管子材料,管子附件的汇总表,包括管子材料汇总表、法兰、复板、套管、弯头、三通、异径接头、管座等的汇总表,见表 3-5-14。

BOM 表的表头也与加工计划表相同,正表分为序号、符号、形式、材料、规格描述、标准号、长度/数量、重量和备注。其中符号栏表示管子或管子附件的代号;备注栏中表示的是建模时输入的该管子或附件的代号;其他均容易理解。

表 3-5-14　管子 BOM 表

沪东中华造船集团	管子 BOM 表		图号	打印日期:05.02.25	
110000t 原油轮			4851002Q	第 4 页	共　页
H1361A/1368A	区域:51	托盘名:EG33P/EG33S/EZ04/EG23P/EG23S/EZ06/EG13P/EG13S/EZ08/51SZ			

管子材料汇总表(D)

序号	符号	型式	材料	规格描述	标准号	长度/m	质量/kg	备注
1	PT	钢管	ST20	22 * 3	HD50002—90	27.1	37.3	HST20B-15
2	PT	钢管	ST20-3	22 * 3	HD50002—90	0.3	0.3	HST20B-15-3
3	PT	钢管	ST20	27 * 3	HD50002—90	40.7	70.1	HST20B-20
4	PT	钢管	ST20	27 * 4	HD50002—90	31.4	71.1	HST20C-20

沪东中华造船集团	管子BOM表		图号	打印日期：05.02.25	
110000t 原油轮			4851002Q	第 4 页	共 页

H1361A/1368A	区域：51	托盘名：EG33P/EG33S/EZ04/EG23P/EG23S/EZ06/EG13P/EG13S/ EZ08/51SZ

法兰汇总表(F1)

序号	符号	型式	材料	规格描述	标准号	数量	质量/kg	备注
40	FO	SLIP 法兰	25GB/T699	15-5kgf	H&Z542024—2004 5015	29	8.7	HZ524024-15
41	FO	SLIP 法兰	25GB/T699	15-10kgf	H&Z524040—2004 10015	6	3.6	HZ524040-15
42	FO	SLIP 法兰	25GB/T699	20-10kgf	H&Z524040—2004 10020	47	32.9	HZ524040-20
43	FO	SLIP 法兰	25GB/T699	25-10kgf	H&Z524040—2004 10025	28	30.8	HZ524040-25

套管汇总表(F2)

序号	符号	型式	材料	规格描述	标准号	数量	质量/kg	备注
99	SH	通舱管件	ST20	42.2＊6-120	H&Z522027—2004	8	8.0	HZ522027A-32
100	SO	短套管	ST20	42.2＊6-60	H&Z522026—2004	6	1.9	HZ522026A-32
101	SO	短套管	ST20	60.0＊7-60	H&Z522026—2004	6	3.3	HZ522026A-50
102	SO	异径短套管	Q235-A-2	72.0＊5/ 72.0＊11-45	H&Z522022—2004	8	9.8	HZ522022.50- 40-2

标准弯头汇总表(F3)

序号	符号	型式	材料	规格描述	标准号	长度/m	质量/kg	备注
76	L9	90°长弯头	ST20-2	89＊5.5-90°		2	4.1	HST20BL-B90- 80-2
77	S9	90°短弯头	ST20	114＊5-90°		1	3.2	JST20BS-B90- 100
78	L6	60°长弯头	ST20	140＊10-60°		1	5.7	HST20CL-B60- 125

异径接头汇总表(F4)

序号	符号	型式	材料	规格描述	标准号	长度/m	质量/kg	备注
117	CR	同心异径 接头	ST20	42/3.5/ 22＊3-51	GB 12459—90	1	0.1	HGB12459 A.32-15
118	CR	同心异径 接头	ST20	89＊8/ 76＊7-89	GB 12459—90	1	1.2	HGB12459 C.80-65
119	CR	同心异径 接头	ST20	140＊10/ 89＊8-127	GB 12459—90	1	3.0	HGB12459 C.125-80

沪东中华造船集团		管子BOM表			图号		打印日期：05.02.25	
110000t 原油轮					4851002Q		第4页	共 页
H1361A/1368A		区域：51	托 盘 名：EG33P/EG33S/EZ04/EG23P/EG23S/EZ06/EG13P/EG13S/EZ08/51SZ					

三通汇总表(F5)

序号	符号	型式	材料	规格描述	标准号	数量	质量/kg	备注
123	TP	T型接头	ST20	32/32/G1″		9	9.0	GBT32.32-G25
124	TP	T型接头	ST20	48/42/42		3	3.0	GBT32.40-32
125	TP	T型接头	ST20	48/60/42		3	3.0	GBT50.40-32

管座汇总表(F6)

序号	符号	型式	材料	规格描述	标准号	数量	质量/kg	备注
127	SG	管座	A3	G3/8″	HD52023—86.10S	1	0.1	HD52023S-10
128	SG	管座	A3	G3/4″	HD52023—86.20S	9	2.2	HD52023S-20

复板汇总表(F7)

序号	符号	型式	材料	规格描述	标准号	数量	质量/kg	备注
129	CO	复板	A	235*14/34	H&Z524041—2004	2	9.2	HZ524041A-25
130	CO	复板	ZCA	245*14/42	H&Z524041—2004	1	5.0	HZ524041A-32
131	CX	斜复板	ZCA	360*14/140		6	6.0	GSTS14.10K-125

复 习 题

＊1. 简述管路布置的基本原理。

＊2. 简述管路布置时，基准面选择的原则及表示方法。

3. 管子编号由哪几部分组成，各有什么含义，并举例说明。

4. 简述在管子零件图上对主管的几何尺寸标注时的注意事项。

5. 画出管端安装符号及写出每个符号的含义。

6. 会用三角函数法计算简单管子(直角弯、定伸弯和直角别弯等)的弯管参数和弯管程序。

7. 能看懂管子零件图、开孔图、安装图、复板图和支架图。

*8. 在船体上开孔要注意哪两上重要问题? 具体有什么要求?

*9. 管子安装图至少应包括哪些内容? 具体有哪些要求?

10. 散货船分为哪几大区域? 区域号如何划分?

11. 舾装作业划分为哪几个阶段?

12. 托盘管理表有什么作用? 由哪几种表式组成?

第四章 船舶管系

第一节 舱底水管系

一、舱底水系统的用途

舱底水是船舶在营行过程中,船体里经常积存的液体(主要是水或含有少量油的水)。舱底水的来源主要有:

(1)主机、辅机、设备及管路接头因密封不良渗漏的油或水;

(2)尾管密封渗漏的油和水;

(3)从舵机舱向机舱或轴隧泄放的舱底水;

(4)从空压机、空气瓶中泄放出的凝水,蒸汽分配阀组及管路来的泄放水;

(5)空调管路、风管的凝水以及钢质舱壁及管壁的凝水;

(6)清洗滤器、设备零件等的冲洗水;

(7)在水线附近舱底及甲板的疏排水;

(8)扑灭火灾时的消防水、甲板冲洗水;

(9)对有些特殊的舱室在紧急情况下的灌注水;

(10)通过非水密部位渗入的雨水等。

舱底水系统是重要的保船系统,它不仅要求在船舶正常航行时,对水密舱室内生成的舱底水有效地排除,而且在船体发生破损的紧急情况下,对进水舱室在有限进水情况下也能有效地排水。因此舱底水系统是保证船舶安全航运的系统。

二、舱底水系统原理

图 4-1-1 为某散货船舱底水系统图示意图。图 4-1-1 中机舱部分设置了三只污水井,一只位于机舱的后部,两只位于机舱前部的左右舷;在主机下部一般设有凹坑,根据情况可以设置污水井,也可以不设;机舱尾部双层底内还设有舱底水舱。货舱内每一舱的后部左右舷也均设有两只污水井;首部锚链舱内也设有污水井。舱底水吸入管末端都设有吸入口。

在常规船舶的舱底水吸入处,污水井内或舱底水舱内均设有自动高位报警装置,以便及时开阀和用泵排除舱底水。满足规范无人机舱要求的船舶往往还装有阀门遥控系统和舱底水自动排放设施。

系统中还设有专门的舱底水泵和兼用的舱底总用泵、消防总用泵,为防止含油污水排至海水中,机舱内设有舱底水油水分离器或处理设施。

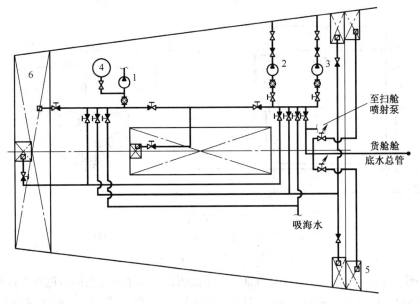

图 4-1-1　舱底水系统示意图

1—舱底水泵；2—消防总用泵；3—舱底总用泵；4—舱底水油水分离器；
5—舱底水吸入口；6—舱底水舱。

1. 系统工作原理

舱底水泵或总用泵均可吸取各污水井内的污水。一般在每一路舱底水管的两端都设有截止止回阀或止回吸入口，以防止舱底水的倒流。

航行时，通过机舱舱底泵吸入的含油污水必须排至舱底水舱；当船舶靠码头时，可以再将舱底水排至岸上专门的舱底水接收装置。如要排到舷外，则通过舱底水油水分离器分离后，其含油量小于 15ppm[①]时才可排出。货舱污水井内的舱底水或机舱内洁净不含油的舱底水可以通过总用泵抽吸并直接排舷外。

船舶除在正常航行的状态下，要及时排除货舱、机舱内，特别是机舱内的舱底水。为了在船舶发生破损的紧急情况下，对水密舱室在有限进水时也能迅速排水，规范要求在机舱最大排量的海水泵吸入管处安装一只舱底水应急吸口。

2. 舱底水泵的布置原则

由于船舶的种类繁多，每种船舶的舱底水系统均有差别。但管路和水泵的布置都有一定的原则可以遵循，对于舱底水泵的布置原则有三条。

(1)独立原则。采用这种布置的系统适用于有几个机舱、锅炉舱和其他船舱的船舶上。且要求各舱必须保持其工作的独立性。如图 4-1-2 所示，每个舱均有自己的舱底水泵及系统。它的优点是保证系统每个区段的独立性；可以避免管子穿过水密隔舱；管路设备安装简化。它主要适用于军用船舶，一是军用船舶均设有机舱、前辅机舱和后辅机舱等；二是它要求各舱的独立性较强；三是管路简单，维修方便，重量也轻。

---

① ppm：百万分之一。

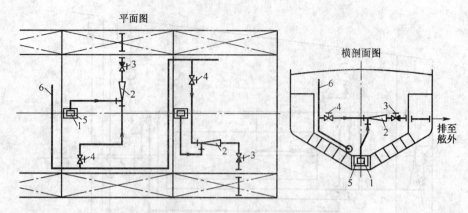

图 4-1-2　按独立原则布置的舱底水系统

1—吸入过滤器；2—喷射器；3—截止止回阀；4—截止阀；

5—集水井；6—喷射泵工作水管路。

(2)分组原则。船舶首部的各舱的舱底水系统的管路和尾部各舱的舱底水系统的管路，分别都接到机舱内各自的舱底水泵，或者机舱内的舱底水管路、货舱内左舷和右舷的管路分别接到机舱内各自的舱底水泵，在机舱内实行操纵。图 4-1-3 所示的为前后分开的情况。为了减少机舱内的设备，方便操作，实际船舶上的舱底水泵均可互相备用，所以如图 4-1-3 所示的布置是不存在的，两台泵的吸入总管是连接在一起的，但有阀门相互隔离。

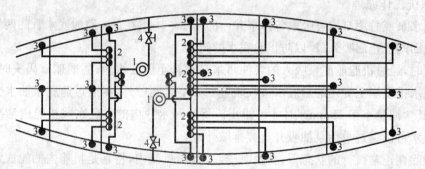

图 4-1-3　按分组原则布置的舱底水系统

1—舱底水泵；2—截止止回阀箱；3—吸入过滤器；4—截止止回阀。

(3)集中原则。只有一个机舱，且船舱数较多的船舶，舱底水系统大多采用集中布置原则，如图 4-1-1 所示，整个系统共用一台或二台舱底水泵。这种布置原则使舱底水系统具有设备少、操纵方便、造价低廉等优点。民用运输船舶都采用这种布置。

3. 舱底水管路布置原则

机舱或货舱区域的舱底水管路的布置也有三种方式。

(1)支管式。对各需要排水的舱室，从每个吸口引出支管，通过截止止回阀或截止止回阀箱，经舱底水总管接到舱底泵。其缺点是管路长，管材消耗量大，但所有操纵阀件均可安装在机舱内，可不必设置阀门遥控系统。图 4-1-3 所示的管路布置即支管式布置。

(2)总管式。适用于设有管隧的大、中型船舶，即从各需要排水的舱室的吸口引出的支管通过截止止回阀接至管隧中的总管。该总管通至机舱内的舱底水总管与舱底泵连接。它的优缺点正好与支管式相反,即管路简单,管材耗量较少,但管隧内的阀件必须遥控。

(3)混合式。介于上述两种方式之间,例如把需要排水的舱室分成两组或三组,由2根或3根分总管与舱底泵相连接。这种方式在民用船舶上采用得最多。图4-1-1所示即为混合式布置。

三、主要设备及附件

1. 舱底水泵

可以用来作为船舶舱底水泵的水力机械设备包括喷射泵、离心式泵、活塞式泵、轴流式泵。其中离心式泵因其排量大、对水质的要求低和价格便宜而常用做舱底总用泵或消防总用泵;活塞式泵因能产生较高的真空度,故抽吸能力强,又不易使浮于水面的油滴粉碎而混入水中,增加分离的难度,故广泛用于专用的舱底水泵;轴流泵很少用做舱底水泵,一般的舱底水所含杂质多,易引起螺杆的磨损。船舶上如要使用轴流泵作为舱底水泵,均为单螺杆(蛇形)泵。

喷射泵的结构部件中没有运转部件,它的动力是高压的液体,也不带有原动机。所以结构简单,外形尺寸小,在船舶舱底水系统中应用较为广泛。图4-1-4为喷射式舱底水泵的示意图。它由喷咀、混合室和扩压管三部分组成。

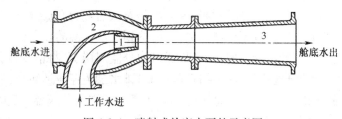

舱底水进

工作水进

舱底水出

图4-1-4　喷射式舱底水泵的示意图

喷射泵的工作原理是利用高压水作为动力来吸排液体的。从消防系统来的工作水通过喷咀1后以高速喷出,并且带走喷嘴周围的空气而产生一定的真空,使舱底水从吸入口压进混合室2。工作水和舱底水在混合室中不断地相互碰撞、混合而进行动量交换。混合以后一起进入截面积逐渐扩大的扩压管3,混合水在扩压管中速度逐渐降低,静压逐渐升高,使泵出的液体建立起压头,达到排出液体的目的。

喷射泵的舱底水进出管路的安装均有技术要求,即与喷射泵舱底水进出口连接前后均应在一定长度的直管段,以减小阻力。为不影响其排量,须使出口的阻力减到最小为好。

2. 舱底水油水分离器

按照有关规范和国际公约的规定,船舶排出的舱底水(包括压载水)的含油量应小于15ppm,即15mg/L,故必须对含油舱底水进行油水分离后方可排出舷外。舱底水油水分离器的作用就是将水中的油分离出来。图4-1-5是舱底水分离器的管路系统图。

该舱底水油水分离器采用将泵安装在分离器出口的方式,它的好处是经过泵的水已经是分离过后的净水,可延长泵的使用寿命。舱底水经过滤器1和截止止回阀2被吸入分离器,经过粗分离(重力分离)和细分离(聚合物体)后清水由排出泵7抽出,通过节流阀8和气动三通阀9和舷旁排出阀排至舷外。

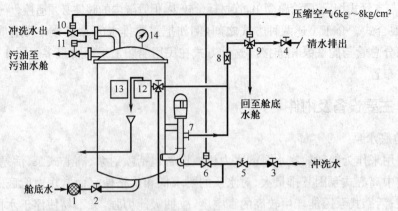

图 4-1-5　舱底水油水分离器系统图

1—滤器；2,3,4—截止止回阀；5—减压阀；6,10,11—气动活塞阀；7—排出泵；
8—节流阀；9—气动三通阀；12—油分监测仪；13—控制箱；14—压力表。

节流阀 8 的作用是限制舱底水排出的流量，迫使含油舱底水在分离器中停留一定的时间，确保分离效果。

舱底水分离器的工作原理是舱底水先经过若干喷嘴供入油水分离器内，由于喷嘴的扩散作用供入油水分离器内的舱底水迅即散开，其中粗大油粒被分离上浮进入上部的集油室，含有细小油粒的污水在分离器内部流动中经过聚合物体组成的滤网也被分离开来或形成较大颗粒的油滴后聚集到分离器的上部，达到油水分离的效果。

当分离器上部的油量达到一定高度时，通过油分监测器 12 将信号传至控制箱 13，接通气动活塞阀 11 上的电磁阀，使阀 11 打开，同时，排水泵 7 停止运转，气动阀 6 也同时打开，冲洗水通过截止止回阀 3、减压阀 5 与气动活塞阀 6 进入分离器，使分离器内的污油排至污油舱。同时对分离器进行反冲，将聚合物体上的污物冲洗下来，通过气动活塞阀 11 排至污油舱；当污油排出一段时间后，水位又升高到某一位置时，气动活塞 11 自动关闭，同时气动活塞阀 10 打开，继续将含有少量油分的污水排到舱底水舱。根据设定的排油及排污水的时间，也即当分离器内充满清水后，气动活塞阀 6、10 同时关闭，舱底水泵启动，重复以上的分离过程。即该分离器装有时间控制及反冲装置，冲洗水的压力应 ≤1kgf/cm²。

油分监测仪 12 通过三通旋塞与清水排出连通，当油分超过 15ppm 时，发出报警且输出电信号，接通压缩空气，使三通阀转换位置，让分离出来的不合格水回流到舱底水舱。

四、舱底水系统布置、安装技术要求

1. 舱底水系统的布置原则

舱底水系统布置的原则是除客船外，能保证船舶在正浮或横倾不大于 5° 时能正常地排除积水。对于客船要求较高，无论船舶正浮还是在事故发生后，在实际可能产生倾斜的情况下，机器处所内的积水均应能排除。所以舱底水系统的各个吸入口必须安装在各舱最低处，在有舭水沟的船舶中，可位于该舱两舷的最低一端；无舭水沟时，则要在两舷或船纵中剖面处设立一只污水井，以便于舱底水集中一处排出。

机舱的舱底水系统，由于它们的重要性和积液的数量大，所以应与其他舱来的管路分开,应设专阀且必须有干管直接与机舱的舱底水总管和舱底水泵相接。

2. 舱底水系统的安装要求

(1)机舱的舱底水系统,由于它们的重要性和积液的数量大,所以应与其他舱来的管路分开,应设专阀且必须有干管直接与机舱的舱底水总管和舱底水泵相接。

(2)舱底水系统只允许将舱底水排出舷外,而不允许舷外水或任何水舱(柜)中的水经过该系统进入舱内。所以在吸入管路上的阀门和接舱底水泵的舱底水总管上的所有阀门都应使用截止止回阀。各个吸入支管的吸口处都要有止回装置(止回阀或止回吸入口)。

(3)由于舱底水是含有油和各种杂质的污液,为了防止舱底污物堵住吸入口,在舱底水吸口处装有过滤网或泥箱。机舱和轴隧内的舱底水吸口均应设置泥箱,泥箱应设置在花钢板附近的地方,并引一直管至污水井或污水沟。直管的下端或应急舱底吸入口不得装设滤网箱。

(4)舱底水管一般均应布置在机舱的最下层,并尽量保持管路的平直,不允许有过大的起伏,以免形成气囊或存积垃圾。

(5)舱底水泵必须具有自吸能力或装有独立的自吸装置。

第二节　压载水管系

一、压载水系统的用途

船舶满载航行时,由于燃料、淡水、食物等不断消耗,使船舶吃水深度逐渐减小,导致船体的受风面积增大,螺旋桨浸水深度减小,这种情况在空载航行时尤为明显。此外,货物在各舱配载不均匀时也要引起船舶的纵倾和横倾。此时会导致螺旋桨效率降低,主机功力消耗增加,船舶稳性和操纵性变差。压载系统的用途就是用来调整船舶的吃水,适应各种装载情况;保持适当的排水量、吃水、纵倾和横倾,保持一定的航行性能,如机动性和螺旋桨效率等;同时保持恰当的稳性高度(GM),获得适当的复原力;压载水系统可以根据船舶的具体情况,将舷外水(压载水)泵入任何一个压载舱或排出任何一个压载舱内压载水,也可以将各压载舱内的压载水进行前后、左右的调驳来达到上述的目的。

压载水舱可设置在双层底舱、深舱、首尾尖舱和边水舱等。双层底舱、深舱主要用以改变船舶的吃水、首尾尖舱主要用以调整船舶纵倾,边水舱主要调整船舶的横倾。

在某些特种用途的工作船上,压载水还有其特殊的作用,火车渡轮的压载水起着装卸车厢时的平衡作用;打桩船上的压载水起着保证打桩方向正确的作用;破冰船上的压载水起着压碎冰的作用;潜水艇上的压载水起着使艇沉浮和保持各种状态的作用;浮船坞上压载水起着使船舶能进出船坞和抬起船舶的作用等。

二、全船压载水管的布置方式

所谓全船压载水管即货舱及首尾部分的压载水管系。根据不同的要求,可以有以下几种布置方式。

1. 支管式

这是一种各压载舱能独立注排水的方法,如图 4-2-1 所示。这种布置方式适用于双层底内压载舱,且压载管径较小,压载舱数不多的小型船舶。

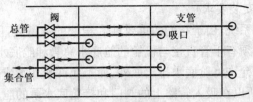

图 4-2-1　支管式压载系统

采用这种方式时,压载泵设在机舱内,集合管设于机舱前壁或后壁,集合管至压载泵用总管连接,集合管至各压载舱用支管连接。所以该方式的特点是总管短、支管长。

2. 总管式

采用这种方式时,沿船长方向敷设总管,由总管向各压载舱引出支管,在支管上安装阀及吸口。阀门一般采用遥控阀门,目前大部分船舶均采用液压或气动遥控阀门,但也可以是小轴传动,总管式布置方式也有几种不同的方式。

如图 4-2-2(a)所示的为一根总管方式,适用于 1000t 以下的小型船舶。图 4-2-2(b)所示的为双总管方式,适用于载重量(DW)一般不超过 5000t 的船舶。

对于更大的船舶因压载水量大,压载管直径也大,不容易将舱内的水抽吸干净,一般需设扫舱吸口。如图 4-2-2(c)所示的为另设两根扫舱总管的方式,而图 4-2-2(d)所示的为不另设扫舱总管、扫舱吸口直接接在压载总管上的方式。

双总管式一般均设有两台压载泵。

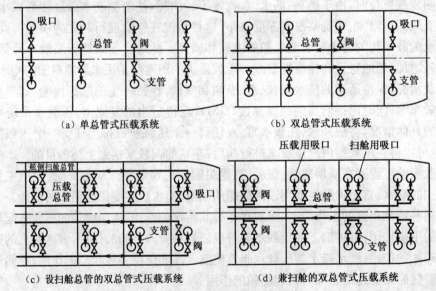

（a）单总管式压载系统　　　　　　　　　　（b）双总管式压载系统

（c）设扫舱总管的双总管式压载系统　　　　（d）兼扫舱的双总管式压载系统

图 4-2-2　总管式全船压载系统

3. 环形总管式

这种方式在大中型船舶上被广泛采用。实质上是双总管式,只是把两根总管首端连接起来而已。这种方式一般配有两台压载泵。

支管的布置可以如图 4-2-3(a)所示的对称布置,也可以如图 4-2-3(b)所示的不对称布置。

与总管式布置一样,也需另设扫舱总管或将扫舱吸口接到环形总管上。

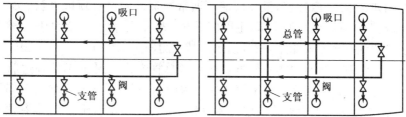

(a) 支管对称布置的环行双总管式压载系统   (b) 支管不对称布置的环行双总管式压载系统

图 4-2-3　环形总管压载系统

4.管隧式和半管隧式

对总管式及环形总管式压载管路,压载管和阀都浸没在双层底压载水舱内,维修保养很不方便。所以很多大中型船舶均采用管隧式或半管隧式布置。这就是在船的双层底内设一管隧,一般设在船纵中部位。压载总管就布置在管隧内,可以是总管式,但大多为环形总管式,如图 4-2-4 所示。如果在船长方向,只有一部分设管隧,则称为半管隧式,如图 4-2-5 所示。

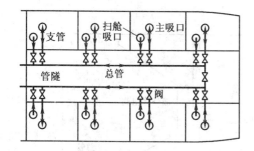

图 4-2-4　管隧式压载系统　　　　　　图 4-2-5　半管隧式压载系统

5.各种全船压载系统的特点

前述 5 种不同的布置方式为全船压载管系的基本形式,它们各自的特点见表 4-2-1。

表 4-2-1　各种全船压载管系的特点

序号	型式	特　点	操　作	维修保养
1	支管方式	总管长度短,支管长度长。支管数仅和舱数有关	在阀安装位置处可进行集中操纵,不必遥控	阀维修保养方便,而舱内管子多,较麻烦
2	总管方式	和1相反,总管长,沿船长方向布置,由总管就近引出支管至各舱	阀必须遥控,采用油压或气压作为阀开闭的动力	阀、管均位于舱内,故较麻烦
3	环形总管方式	实质上和方式2中两根总管相同		
4	管隧方式	以船体一部分做管隧,在管隧内以方式2、3布置管子,因设管隧压载舱容减少		容易
5	半管隧方式	为方式4和1的组合,压载舱舱容减少较4少		基本与4相同

127

6. 顶边水舱的注排水方式

某些船舶如运木船、散货船,液化气船等通常在货舱内设有顶边水舱。所谓顶边水舱,即该水舱设置在货舱两舷的上部,主甲板下方。故其注排水与一般的压载舱不同。

顶边水舱的注排水方式如图4-2-6所示。其中图(a-1)、图(a-2)采用一根管进行注排水的布置方法。管系本身布置为总管方式或环形总管方式。图(a-3)为顶边舱和双层底舱联通为一个舱,顶边舱(实际上已不存在顶边水舱,只不过是该压载舱的上部。这种结构形式,随规范要求散货船也要设双层壳体时会经常采用。)不设压载管,而在顶边舱下部装一只舷侧阀,使该阀以上的压载水能借重力排出。

而图(b-1)、图(b-2)和图(b-3)为注排水分开的方式。图(b-1)为压载水由舱顶部注入,压载水总管设在主甲板上方、舱口围的两侧。压载水可由舷侧阀藉重力排出也可以由压载泵抽出。这种注排水方式和管系布置方式目前在散货舱上使用最为广泛。图(b-2)与图(b-1)的区别仅仅是总管的布置不同,一般只适用于甲板上不宜布置压载水总管的场合。图(b-3)为上下舱用连接管连接,注水时上下舱同时注水,但因连接管伸到舱的上部,故排水可分别进行,从而缩短了排水的时间。

图(a-1)、图(b-2)和图(b-3)三种注排水方式由于部分压载水管敷设在货舱内,万一发生破损时会产生严重的后果,因而很少采用。

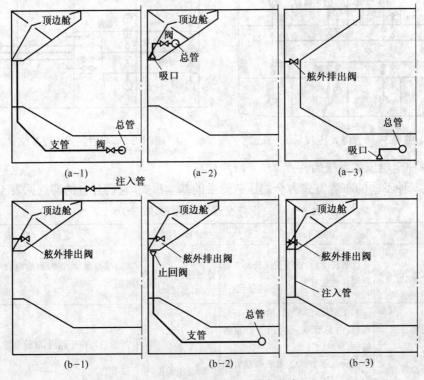

图 4-2-6 顶边水舱的注排水方式

三、机舱压载水系统

除油船和化学品船的专用压载泵外,一般压载泵均安装在机舱内。压载泵的配置根

128

据不同的船型有所不同。对小型船舶,压载水量不多时,一般不设单独的压载泵,而由消防泵、总用泵、主机冷却海水泵或其他适用的泵来兼用。中型船舶也可只设一台压载泵,但大型船舶均设两台压载泵。同时由于这些泵的排量很大,要将舱内的水吸干是困难的,所以往往还配有扫舱泵。扫舱泵可以是活塞泵,也可以是喷射泵。两者比较,后者简单得多,施工方便、节约费用,所以目前被广泛采用。

图 4-2-7 是某船机舱压载水管系统图,采用两台压载泵。其特点是平时使用时左、右压载泵分别实施左、右舷压载舱的注排水,且当一台泵发生故障时,另一台可以备用。这种形式既缩短了注排水时间,又降低了电动机单机功率,还提高了使用可靠性。

该系统采用海水自海水总管和压载舱内吸入,直接排至压载舱或舷外的方式。当压载舱内的水位降至低位,压载泵抽吸困难时,可以用喷射器进行扫舱。至顶边水舱的总管布置在甲板上方,且采用单总管形式。1#压载水泵的吸入总管上还设有应急舱底水吸入口。该系统的大部分阀件均采用液压遥控阀,可以在专门控制室内操纵阀门的开闭。

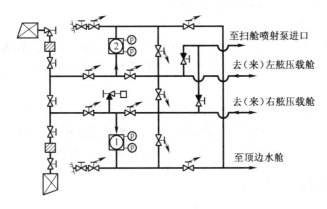

图 4-2-7　机舱压载水管系统图

四、横倾平衡系统

集装箱船、火车渡船和特种船舶在作业时应时保持左右平衡。为此须设置横倾平衡水舱,左右对称。该舱一般设在船舶的中部,但从接管考虑,最好尽可能靠近机舱。当船舶发生左倾时可以将水从左舱驳至右舱,右倾时从右舱驳至左舱。可以设置专用的横倾平衡水泵,也可以用机舱内的主冷却海水泵或其他排量较大的水泵兼用。横倾平衡系统的控制方式有四通阀控制系统、4 个遥控阀的控制系统、双向泵控制系统。

1. 四通阀控制系统

该系统用机舱内的泵,如主海水泵,作为横倾平衡水泵,用一只四通阀控制水的流向。四通阀有几种形式,一种是圆柱形的阀芯上下移动的四通阀;还有一种是四通球阀,旋转90°就可改变水流的流向,转动到 45°位置为停止位置。阀的控制一般为电动或气动。如船上有适用的液压源也可采用液动。图 4-2-8 就是该系统的典型原理图。

图 4-2-8 所示的四通阀位置就是横倾水泵从右舷平衡水舱将水驳至左舷水舱的状态。如果把阀转动 90°,则水流的方向相反。电动四通阀是由安装在平衡水舱上的液位传感器通过横倾平衡控制箱来控制的。

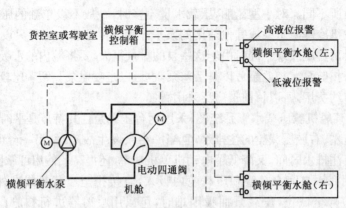

图 4-2-8 四通阀控制系统的典型原理图

2.4 个遥控阀的控制系统

本系统的实质是用 4 个遥控阀代替一只四通阀。四通阀外形比较大,价格贵。所以设计时可用 4 只普通的遥控蝶阀代替四通阀。

3. 双向泵控制系统

本系统的水流方向控制是通过改变泵的转向来实现的。因而需设置一台双向的水泵,一般为轴流泵。所以总的说来比上面所述两种系统费用要贵一些。但很明显,其管路极其简单。

如有可能,该泵还可设置在两个货舱之间的空舱内,管路不必接到机舱。控制也最简单,只要改变泵的转向,即可改变水的流动方向。这种系统适用于中小型集装箱船,泵的排量一般为 $300m^3/h\sim350m^3/h$,压力为 0.2MPa,管径为 200mm。

五、布置和安装技术要求

(1)压载水管系布置和压载舱吸口的数量应使船舶在正常营运条件下的正浮或倾斜位置均能排除和注入各压载舱的压载水。

(2)当压载舱的长度超过 35m 时,一般应在舱的前后端均设置吸口。

(3)压载管系的布置必须避免舷外水或压载舱内的水进入货舱、机器处所或其他舱室。

(4)压载水管不得通过饮水舱、锅炉水舱或滑油舱。如不可避免,则在饮水舱、锅炉水舱或滑油舱内的压载管壁厚应符合各有关船级社的要求,并不应有可拆接头。

(5)压载管系不应与干货舱及机炉舱的舱底水管和油舱管系接通,但泵与阀箱之间的连接和泵的排出舷外管除外。

(6)根据 CCS 规定,干货舱或油舱(包括深舱)可能用做压载舱时,压载管系应装设盲板或其他隔离装置。饮用水舱兼做压载水舱时,为避免两个系统相互沟通,也应符合这个要求。但 4000DWT 及以上的非油船和 150 总吨及以上的油船,不得在任何燃油舱内装压载水。

(7)压载水系统的水源管路必须直接从海水总管引出,在任何一管路的中间不能有止回装置,也不应与任一无关管路连接。

(8)压载舱内的吸入管不允许有气囊存在,以防止吸入困难。

（9）压载水管穿越首、尾防撞舱壁时，CCS 规定：低于干舷甲板的防撞舱壁只允许通过一根管子，以处理首、尾尖舱内的液体，而且该管子通过舱壁处必须设置一只能在干舷甲板(客船为舱壁甲板)以上操纵的截止阀。该阀阀体应直接安装在首尖舱内的舱壁上，但除客船外的船舶也可以装在防撞舱壁后侧，其条件是在一切营运情况下该阀应易于接近，其所在处所不是装货处所，且不必设置在干舷甲板以上进行控制的机构。该阀的材料一般为铸钢或青铜。

（10）根据经验，压载水吸入口与舱底之间的间隙取值范围为：对管子通径在 200mm 以下的吸口，安装间隙取 20mm，对管子通径在 200mm 以上的吸口取 30mm～50mm。

（11）压载水管路一般使用滑动式膨胀接头或弯管式膨胀接头。应注意船级社规范对滑动式膨胀接头的使用场合的限制。

第三节　消　防　管　系

一、消防系统的用途和种类

消防系统的用途是扑灭船上发生的火灾。船上发生火灾是十分危险的，它会给全船人的生命财产带来巨大的损失。为此，一发现火情，就必须能及时扑灭。

船舶消防系统的设置是根据船舶的用途和动力装置的种类决定的。一般均要求采用两种以上的消防方式。A 类机器处所或机器处所内具有高度着火危险的区域应设置水灭火系统和 CO_2 灭火系统、压力水雾灭火系统或高倍泡沫灭火系统中任选一种。散货船的装货处所应设置水灭火系统和 CO_2 灭火系统。油船的货油舱及其甲板区域应设置水灭火系统、甲板泡沫灭火系统和惰性气体系统，泵舱内可设置 CO_2 灭火系统或高倍泡沫灭火系统或压力水雾灭火系统。液化气船的液货舱及其甲板区域应设置水灭火系统、压力水雾灭火系统和干粉灭火系统，液化气压缩机室和液货泵舱应设置水灭火系统和 CO_2 灭火系统。化学品船的液货舱及其甲板区域应设置水灭火系统和甲板泡沫灭火系统，液货泵舱应设置水灭火系统和 CO_2 灭火系统。所有货船的上层建筑区域可仅设置水灭火系统。

1. 水灭火系统

水灭火的原理是降低燃烧的三个要素之一的燃烧温度。水与燃烧物接触时，蒸发成蒸汽，从而吸收大量的热量，使燃烧物温度降低以至熄灭。同时，水蒸气也有隔绝氧气的作用。压力大的水柱不仅能冷却燃烧物的外部，而且能穿透它，使之不会发生再燃烧的现象。

水灭火系统用来扑灭机舱、干货舱、居住舱室和公共舱室内的火灾；扑灭甲板、平台、上层建筑等露天部分的火灾和扑灭其他船和码头建筑物的火灾。但水灭火系统不能扑灭油类的燃烧，因为油比水轻，油会在水的自由液面上蔓延，随着水的流动使火势扩大。正在工作的电器设备舱室的灭火，也不宜用水，因为水能导电，可能导致短路。水灭火系统也可以用于冲洗甲板、舱室和洒水降温。

2. 二氧化碳灭火系统

二氧化碳灭火的原理是在封闭的舱室内，比空气重的二氧化碳气体包围着燃烧物，使其周围形成不能维持燃烧的气层，燃烧物在空气供应不足的情况下，自行熄灭。

二氧化碳灭火系统主要用于干货舱、燃油柜、货油舱、柴油机的扫气箱和消音器等处的灭火。

二氧化碳灭火系统的主要优点是不仅能扑灭一般火灾,而且能扑灭油类和电器设备的火灾;同时对设备无损害,但是二氧化碳对人有致命的危险(若舱室中含有 6%～8%二氧化碳气体的成分,人在内停留 30min 以上者就有中毒的可能),因此在使用时要特别小心。

3. 泡沫灭火系统

泡沫灭火的原理就是在燃烧物上覆盖一层一定厚度的二氧化碳泡沫,使燃烧物与空气中的氧隔离而扑灭火灾。

泡沫灭火系统按取得的方法和它的成分,可分为化学和空气—机械两种。

化学方法得到的泡沫是酸和碱反应的产物: $2HCl + Na_2CO_3 \rightarrow 2NaCl + H_2O + CO_2\uparrow$,在此种泡沫的空泡中藏有二氧化碳气体。

化学的泡沫灭火系统是在泡沫灭火站内,利用高压水经过泡沫发生器或泡沫容器,将酸和碱(均用粉末)反应后的泡沫通过管路送到发生火灾的舱室去灭火。

空气—机械的泡沫灭火系统,不需要专门的泡沫灭火站和泡沫发生器,泡沫就在管路末端的空气—泡沫喷头中产生,管路所输送的是水与泡沫形成的混和物。用空气—机械式形成的泡沫,耐久性比化学的泡沫差,用它做覆盖物的泡沫层要厚一些,通常比化学泡沫厚一倍左右。

泡沫灭火系统主要用于扑灭运油船、驳油船和干货船的油类火灾。

4. 卤化物灭火系统

卤化物灭火剂是一种对可燃气体和电气非常有效的灭火物体。这种灭火剂的分子中,含有一个和多个卤族元素的原子,如氟、氯和溴等。它能与燃烧产生的活性氢基结合,使燃烧的连锁反应停止,所生成的化合物中,由于卤族元素的存在,增加了化合物的惰性、稳定性、不燃性,所以成为有效的灭火剂。例如易燃气体甲烷(CH_4)和乙烷(CH_3)等氢化合物中的氢原子,若被卤族元素原子取代后而生成的化合物它的物理化学性质都发生了显著的变化,如四氟化碳(CF_4)是一种惰性、不燃和低毒的气体,而四氯化碳(CCL_4)是一种不可燃、易挥发的液体,具有很大的毒性。船舶灭火用的卤化物灭火剂可以采用二氟一氯一溴甲烷(1211)或三氟一溴甲烷(1301)。

卤化物灭火剂的特点是高效、腐蚀性小、储存压力低、时间长、绝缘性能良好、使用安全方便和灭火后不留痕迹,它对货物和机械设备无损失。但四氯化碳(CCL_4)具有较大的毒性。故尽管其灭火性能很好,在民船上几乎没有应用,仅用于军船的灭火系统。

5. 干粉灭火系统

干粉灭火剂是一种粉状混合物的灭火剂,它的主要基料是碳酸氢钠、碳酸氢钾、氯化钾、尿素—碳酸氢钾和磷酸—铵,再加入各种添加剂。干粉储存在 $50°$ 以下是稳定的,可允许短时间内达到 $66°$。注意不要把不同的干粉混合,以防止产生危险的化学反应。使用时将粉末喷洒到着火处即可。

干粉的灭火是由于以下几个作用的综合结果。

窒息作用:干粉中的碳酸氢钠被火加热后释放 CO_2 起窒息作用,同时干粉分解的磷酸—铵在燃烧物表面留下黏附的残留物(偏磷酸)亦将燃烧物与氧气隔绝。

冷却作用:干粉受热分解需吸热,从而起到冷却作用。

辐射的遮隔作用:干粉云雾把燃料与火焰辐射的热量遮隔。试验证明这种遮隔作用相当重要。

连续中断反应:燃烧区中游离基团之间的相互反应是维护燃烧的必要因素,而干粉的撒入可中断这些反应。研究揭示这种作用是干粉灭火的主要原因。

干粉主要用于扑灭易燃液体表面火灾。干粉不导电,所以也适于扑灭电气设备火灾,即可用于液化气船的货物区域和带燃料库的直升飞机平台的灭火。

6.水雾灭火系统

水雾灭火系统中的水雾是以专用的喷嘴将水喷成预定形状和颗粒大小、预定速度和密度的水雾。自动喷水系统与水雾系统的原理是相同的,但喷头不同。

水雾的灭火也是由几个作用综合而成的。

冷却作用:水雾的蒸发吸去大量热量,使燃烧物迅速降温。水滴颗粒越小则越能迅速蒸发,灭火效果越好。但水滴也必须克服空气阻力和一切气流,到达燃烧点。所以水滴也不能太小,直径在 0.3mm～1mm 较适宜。太大的水滴会使燃烧液体飞溅,增加燃烧危险,而且易下沉到液面以下使冷却作用不大。

窒息作用:利用水蒸气在燃烧液面上全部覆盖以隔绝空气的补充。

乳化作用:水对某些液体有乳化作用,某些化学品要求用水雾灭火。

稀释作用:对某些燃烧液体可进行稀释而灭火。

水雾除了起到灭火作用外,还能起到燃烧控制和保护的作用。如材料的燃烧不易被水雾扑灭,如闪点低于水雾温度的液体,可用水雾控制燃烧,限制火势蔓延;水雾或喷淋形成的水幕在火灾现场可保护暴露在火焰前的物体,如未燃之部分舱室,可以保护消防船自身和避免救火员受辐射热的灼伤。

固定式压力水雾灭火系统可用于机器处所、特种处所(如滚装船的车辆甲板等)、油船的货泵舱、液化气船货舱区、化学品船装载某些危险化学品(二硫化碳、黄磷、白磷等)时。

二、水灭火系统

1.水灭火系统布置原理

水灭火系统的布置形式是由它的用途、区域以及对船舶生存力的作用来决定的。

水灭火系统的布置形式按总管布置形式分为直线形和环形两种。直线形总管适用于小型船舶或大型船舶的宽敞甲板上和机舱内,而环形总管适用于大型船舶或上层建筑区域。

图 4-3-1 所示的为水灭火系统环形总管布置图。

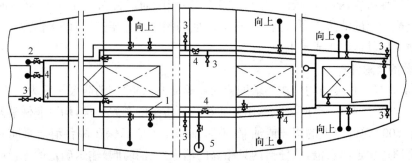

图 4-3-1　水灭火系统环形总管布置图

1—环形总管;2—支管;3—消防阀;4—截止阀;5—消防泵接出的总管。

133

消防总管由机舱内的消防泵引至上甲板的上方(一般在货舱区域)或第一层舱室甲板的下面,随后沿舱口围或上层建筑组成环形总管。在总管上装有若干截止阀,以增加其生命力。而位于首尾两端的舱室,则由环形总管接出支管来照看。

在客船和大型船舶上,为了提高系统的生命力,不仅要采用环形总管,而且还装有横向连通管,接通两舷的总管,并在总管上装若干截止阀,分成几个小的环形管路,甚至在船舶中央纵向引出一直线总管,再分出若干支管。

环形总管的优点是能增强系统的生命力。当某一段环形总管发生故障时,则可以通过关闭附近的截止阀,切断对该段管路的供水,而其他消防管路能继续发挥作用。它要求总管上配有足够的截止阀,因而阀件多、管路比较复杂,安装的工作量也大。

图 4-3-2 所示的为水灭火系统直线形总管布置图。

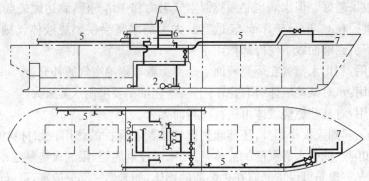

图 4-3-2 水灭火系统直线形总管布置图
1—消防泵;2—海水总管;3—应急消防泵;4—应急消防泵通海阀;
5—消防总管;6—国际通岸接头;7—锚链冲洗。

机舱内设有两台消防泵 1(其中一台可以为总用泵),机舱外设有一台应急消防泵 3,它们可分别从海水总管 2 和独立的海水门及通海阀 4 吸入海水;经消防总管 5 通往机舱、甲板及上层建筑等处。在需要的地方开出支管,设置消防阀,以便在火灾发生时与消防水管和水枪连接。

其实,船舶上水消防系统的布置均采用混合布置的形式,即既有环形布置也有直线形布置。一般货船的机舱或甲板上为直线形布置,而上层建筑为环形布置;客船采用环形布置。

不管哪种布置,船上甲板的两舷各设有一只国际通岸接头 6,在发生火灾时,也可由其他船上或岸上的消防管通过消防水带与本船的接岸装置相连接,供水作为灭火之用,或输出消防水供其他船舶或岸上使用。

2. 设备及附件

(1)消防泵。每艘船均应按要求配置独立驱动的消防泵,消防泵一般为离心泵或往复泵。卫生水泵、压载泵、舱底泵或总用泵如符合消防泵的有关要求,均可兼做消防泵。

对于 6000 总吨以上的货船或油船,消防泵的压力应确保在两台消防泵同时工作,经消防总管通过规定的水枪,从任何两只相邻的消火栓(消防阀)输送确定的水量时,在所有消火栓上都应维持 ≥0.27MPa 的压力。

消防泵的排量按规范要求计算,但货船、油船的消防泵总排量不必超过 180m³/h。任何船舶的每一台消防泵的排量均不得小于 25m³/h。但油船设有甲板泡沫灭火系统时,其由消防泵供的水量应另外加入。

(2)应急消防泵。船舶均需设置一台固定式独立驱动的应急消防泵。应急消防泵应有自吸能力,设有独立的海底阀、海水箱。应急消防泵安装在机舱外的安全处所,并尽可能设在轻载水线以下,若高于轻载水线,则泵应能有效地吸水。大型船舶还设有专门的应急消防泵室,且应与机舱相隔离。

应急消防泵可以由柴油机、电动机或液压驱动,常用的为电动机。当应急状态电流切断时,能由应急电源供电。应急消防泵的排量应≥消防泵总排量的 40% 和 25m³/h。

应急消防泵的吸入海水阀的操纵应根据规范的要求延伸到一定的高度。

(3)消火栓。消火栓的规格有 DN40、DN50、DN65 三种。一般居住舱室为 DN40 和 DN50,外部空间或机舱处所为 DN50 和 DN65。消火栓由截止阀、内扣式接头和保护盖组成。

消火栓的数量和位置,应至少能将两股不是由同一只消火栓射出的水柱(其中有 1 股仅使用一根消防水带)射至人员经常到达的任何部分或装货处所。特种处所每股都只能用一根水带就能达到。

(4)消防水带和水枪。消防水带应由不易腐烂的材料组成,一般为帆布,并具有足够的长度射出一股水柱至可能需要使用的任一处所。但最大长度应取得船级社的同意。例如 CCS 船级社没有规定具体的长度,而 ABS 船级社要求≤23m,LR、DNV 船级社要求≤18m,GL 船级社要求≤20m,但机器处所和锅炉舱应≤15m。

每根水带应配有一支水枪和必要的接头,并一起放于消火栓附近的水龙带箱内。对于客船,每只消火栓应至少备有一根消防水带。

所有的水枪应为认可的设有关闭装置的两用型水枪(水雾和水柱)。标准水枪的口径为 12mm、16mm 和 19mm 或尽可能与之相接近。水枪、水带和消火栓的配合要求见表 4-3-1。水枪的射程达 12m 时,对应的各种口径水枪前端压力见表 4-3-2。

表 4-3-1 水枪、水带和消火栓的配合

消火栓口径/水带直径/mm	40	50		65	
水枪口径/mm	12	12	16	16	19

表 4-3-2 各种口径水枪前端压力

水枪口径 d/mm	19	16	12
水枪前端的压力 P/kPa	108	118	127

(5)国际通岸接头。任何远洋船舶均应备有国际通岸接头,并能用于船舶的任何一舷。国际通岸接头一端为符合图 4-3-3 所示的平面法兰,另一端为配合船上消火栓和消防水带的接口,并能承受 1.0MPa 的工作压力。除了通岸接头外,船上应将能承受 1.0MPa 压力的任何材料(除石棉外)的垫片一只,以及长度为 50mm,直径为 16mm 的螺栓,螺母各 4 只和垫圈 8 只与接头放在一起。

3. 水灭火系统的布置安装要求

(1)水灭火系统的工作压力一般为 0.8MPa,靠近泵的附近必须装有截止阀和安全阀。

（2）水灭火系统管路在通过容易被碰坏的地方,应加以保护。在居住舱室、厕所及潮湿地方的管路,需做绝缘包扎,防止凝水及腐蚀。

（3）消火栓均须涂以红漆,管子垫片必须用耐火的材料(不燃材料)做成的。

（4）对于油船应在尾楼前端有保护的位置和油舱甲板上相隔不大于 40m 的消防总管上设置隔离阀,以便在失火或爆炸时能保持水灭火系统的完整性。

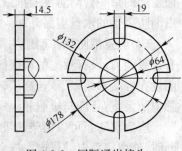

图 4-3-3　国际通岸接头

（5）对机舱处于舯部的船舶,消防总管上应设有截止阀。使首、尾消防总管能分别供水或同时供水。

（6）消防总管如敷设在上甲板上,则应考虑配有膨胀接头,接头的填料应能承受热的影响。在管路适当位置上应设置放泄管路内残水的阀。

（7）消防泵为离心泵时其出口应设截止止回阀后并联。

（8）消防管应采用内外镀锌的钢管,一般为无缝钢管。不能使用铸铁等易损或不抗热的材料。

（9）在机器处所内设有 1 台或数台消防泵时,则应在机器处所之外易于到达的适当位置装设隔离阀,使机器处所内的消防水管能与机器处所外的消防总管隔断。消防总管应布置成当隔离阀关闭时,船上的所有消火栓(上述机器处所内的除外)能由置于该机器处所外的一台消防泵通过不进入该处所的管子供给消防水。但若不能安排管路布置在机器处所之外,允许一短段应急消防泵的吸入管和排出管穿入机器处所,并用坚固的钢质罩壳覆盖管子,以便维持总管的完整性。

三、CO₂ 灭火系统

常温下 CO_2 是无色气体,其密度是空气的 1.5 倍,所以能下沉覆盖在燃烧物的表面,隔绝火焰和空气。由于隔绝空气的时间较短,所以只能扑灭表面的火焰,CO_2 须配以水灭火以彻底扑灭火灾。同时它也有一定的冷却作用,特别适用于可燃性液体引起的火灾。

CO_2 灭火系统广泛使用在各类船舶的机舱、锅炉舱、货舱、货油泵舱等处。在发生火灾的舱室里,若喷进舱室容积 28.5％的 CO_2 气体,舱室中的氧气能立即减少到 15％以下,从而有效地控制火势。

1. CO_2 灭火系统原理

图 4-3-4 所示的为典型的 CO_2 灭火系统原理图。本系统在 CO_2 室和消防控制站内各设置一只主控制箱,用于机舱失火时遥控操作,每只主控制箱均设有驱动气瓶、施放报警装置和两路控制阀,其中一路控制阀用于将 CO_2 从气瓶中施放,另一路控制阀用于打开 CO_2 施放至机舱的管路上的阀门。

系统的工作原理是当机舱失火时,可以在 CO_2 室或消防控制站内打开主控制箱的门,此时施放报警装置立即通过继电器箱使机舱内的声光报警发出报警,通知人员撤离。同时机舱风机关闭,必要时应通过设于消防控制室内的控制阀箱将所有燃油及滑油箱柜的出油阀关闭。在确认失火区域内所有人员均撤出后,关闭所有的透气口、机舱门和舱

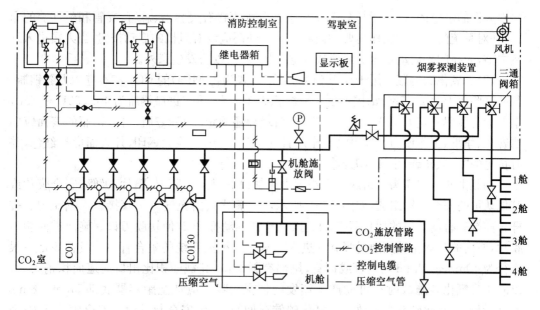

图 4-3-4　二氧化碳灭火系统示意图

盖。然后依次打开主控箱内控制阀和驱动气瓶瓶头阀,确认驱动气体的压力为 2.0MPa,驱动气体通过控制管路去打开至机舱施放管路上的气动阀和 CO_2 气瓶上的瓶头阀,CO_2 瓶内的气体就经过高压软管和竖形止回阀进入总管内,使规定容量的 CO_2 气体喷入指定地点,达到灭火的目的。在至气动阀的控制管路上还设有一只时间延迟继电器,其作用是使机舱内的人员有一定的时间撤离;当货舱内失火时,首先确认失火的是哪个货舱。本系统设有两台风机和烟雾探测装置,当风机通过设于货舱内烟雾探头和管路抽出取样气体时,烟雾探测装置就能测出空气中烟雾的含量。烟雾达到一定含量时,烟雾探测装置会发出报警并显示发生火灾的地点。因此根据烟雾探测装置上的显示就可确定失火舱室。然后在 CO_2 室内先打开相应的施放阀,从手柄上拉出安全插销,手动推动与 CO_2 气瓶相连的汽缸上的拉杆,打开 CO_2 气瓶上的瓶头阀,将 CO_2 气体施放到失火舱室。施放的 CO_2 气瓶的数量根据置于 CO_2 室内指示牌进行。

2. 主要设备和附件

(1)二氧化碳站(室)。二氧化碳站一般应设在上层建筑或开敞甲板上的单独舱室内,并应位于安全和随时可到达的地方,最好应能从开敞甲板进入。室内应保持干燥和良好的通风,出入口的门应为向外开启,所有开口均为气密。站室要有足够的通道面积,以便操作、维护和检验,适当的通道宽度为 500mm～800mm。

室内应备有准确的衡量设备,以便船员能安全地检查容器内的灭火剂数量,如称重装置或超声波检测装置。

站室还应敷设隔热层,使站室内温度不超过船级社所规定的温度。例如 GL 要求不超过 45℃,CCS 指明应考虑站室在营运中可能会遇到的最大温度。

站室还应符合下列要求:站室内只能用于存放 CO_2 容器以及与系统有关的部件及设备;站室应有与驾驶室或控制室直接联系的通信设施;站室或控制站门的开启钥匙应置于有玻璃面罩的盒子内,该盒子应设在门锁附近明显而易于接近的地点;站室内应设有清楚而永久性的示意图,以表明与 CO_2 的施放及分配直接有关容器、总管、支管和附件等的布置,并对系统的操作方法作简要的说明。站室外还应设有风机的启动按钮,当人员进入站室之前,先在门外启动室内的风机或其他排风装置,以防发生意外。

(2)二氧化碳钢瓶。用于高压 CO_2 系统(一般为 15MPa)的 CO_2 容器应为无缝钢瓶,瓶的试验压力为 24.5MPa;国产的钢瓶容积为 40L 和 68L,进口钢瓶为 40L、65L 和 80L,钢瓶的充装率不应大于 0.67kg/L,DNV 船级社还规定≤45kg/瓶;每只钢瓶的表面应标明容积、净重、工作压力、试验压力、出厂日期、工厂号码及检验钢印,外表面应涂红色,并有黄色的"二氧化碳"字样,印处涂白色。

钢瓶由瓶体和瓶头阀组成。瓶头阀由充气口、推杆、切膜刀、膜片、吸管、安全膜片或其他认可的安全装置组成,如图 4-3-5 所示。二氧化碳由充气口 1 直接进入钢瓶内。推杆 2 前端装有斜切口的切膜刀 3,通过操纵拉杆推动推杆 2,使切膜刀口螺旋前进而切破膜片,瓶内的二氧化碳则通过吸管 5 进入二氧化碳灭火系统的集合管中。吸管 5 是一根直径为 10mm~12mm 的钢管或铜管,尾部有斜切口,其截面积比出口通道面积稍大些,以防止二氧化碳施放时有可能产生蒸发的情况。吸管应伸至距容器底部 5mm~8mm 处,以保证二氧化碳充分施放。二氧化碳储存期间,为了安全起见设有安全膜片 6,安全膜片 6 在瓶内压力达到(18.6±1)MPa 时自行破裂。膜片破裂后,释放出的 CO_2 应由管路引至 CO_2 站外开敞甲板的大气中。CO_2 瓶应按需分组,对人力开启者,每组应不超过 12 瓶。

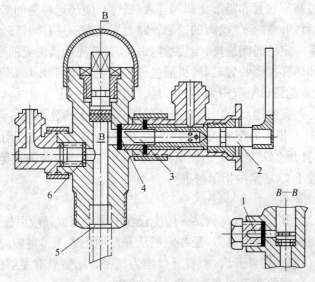

图 4-3-5　瓶头阀

1—充气口;2—推杆;3—切膜刀;4—膜片;5—吸管;6—安全膜片。

(3)启动汽缸。启动汽缸由汽缸,翼形螺母、操纵装置及填料密封装置组成。其中翼形螺母的下部与汽缸的活塞杆连接,上部与操纵拉杆装置连接。填料密封装置由填料、压盖和压盖螺母组成。利用每组两只二氧化碳钢瓶中的二氧化碳压力迫使活塞运动,通过活塞而带动翼形螺母运动,与翼形螺母连接的操纵推杆装置就推动该组所有的瓶头阀的推杆,从而开启该组所有的瓶头阀。

(4)二氧化碳喷头。二氧化碳喷头的结构根据厂商的不同,其形式也不同。图 4-3-6

138

(a)所示的为较为复杂的一种,连接尺寸有 G1/2″和 G3/4″两种,孔径为 $\phi3.0\sim\phi17.9$。图 4-3-6(b)所示的为最简单的一种,它的连接尺寸均为 G3/4″,孔径为 $\phi11.5\sim\phi18.0$,每 0.5mm 一挡。实际使用时,可以按喷射量及喷射时间要求设置喷头,可以增加喷头的数量或增大喷头内径,但不小船级社对喷头的内径的规定,如意大利船级社要求喷头的内孔面积在 $0.50cm^2\sim1.60cm^2$,即孔径(对于图 3-3-6(b)所示的喷头)在 $\phi9.2\sim\phi16.4$ 之间。

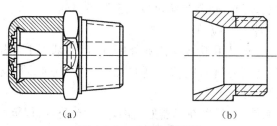

(a)   (b)

图 4-3-6 二氧化碳喷头

3. 二氧化碳灭火系统安装技术要求

(1)每个 CO_2 瓶的瓶头阀至总管的连接管上应装有止回阀,防止使用时高压二氧化碳进入其他低压二氧化碳瓶内。瓶头阀与总管连接必须使用认可型的高压弹性软管。

(2)分配阀箱至每一个保护处所应有独立的支管,并应设有对应的控制阀——快开阀,阀上须标明被保护处所的名称。

(3)二氧化碳灭火系统的所有管路阀件都要能在站室内集中控制。

(4)集合管至分配阀箱的总管上应装有能测量 $0\sim24.5$MPa 的压力表。

(5)在总管或分配阀箱上,应装设压缩空气吹洗接头。必须装设截止止回阀或可拆快速接头。

(6)CO_2 管路不得通过居住处所,并应避免通过服务处所。如无法避免时,则通过服务处所的管子不得有可拆接头。同时管路不可通过冷藏处所,除非有特殊的隔热层,至货舱的管子不准通过机舱。

(7)管路的布置应有适当的斜度,一般为 1:30。使水不易在管中积聚或冰冻。在管路的最低处应装置放水设备,如放水旋塞、塞头等。

(8)货舱及机舱的 CO_2 喷头数量和位置应满足船级社的要求(GL 有明确要求,入其他船级社的船可参考设计)。喷头布置应尽量接近易于失火地点,并在保护舱室内均匀分布。

(9)CO_2 管路一般采用无缝钢管,并应镀锌。CCS 要求主阀至分配阀箱前使用 I 级管,其他为 II 级或 III 级管。

(10)对于任何经常有人在内工作或出入的处所,应设有施放自动声光报警装置和在控制阀的气动管路上设置时间延迟继电器,使用时能延迟适当时间后才实现 CO_2 施放。

四、泡沫灭火系统

1. 泡沫的类型

根据泡沫发泡的倍数可以分为低倍数泡沫灭火剂、中倍数泡沫灭火剂和高倍数泡沫灭火剂。泡沫液与水和空气混合产生最终的空气泡沫体积与混合前泡沫液体积之比称为发泡倍数。

低倍数泡沫——发泡倍数低于 20：1

中倍数泡沫——发泡倍数为(20～200)：1

高倍数泡沫——发泡倍数为(200～1000)：1

中倍数或高倍数泡沫适用于有限空间内的火灾,向有限空间内输入这种潮湿的泡沫,用其体积置换蒸汽、热气和烟,阻止空气进入并起冷却作用。不适宜用于开敞场所,因其重量非常轻,易被风吹散。而低倍数泡沫可以用于开敞空间。

2. 泡沫灭火系统在船上的应用

(1)高倍泡沫灭火系统:可用于 A 类机器处所,但目前基本上使用 CO_2 灭火系统;也适用于载运油箱中备有自用燃料的机动车辆的装货处所;1000GT 及以上的客船装货处所;可以进行密封的滚装货处所。

(2)低倍泡沫灭火系统:可设置在机器处所内,除符合公约、规范所要求的固定灭火系统的要求外,再设置固定式低倍泡沫灭火系统,泡沫倍数应不超过12：1。

(3)固定式甲板泡沫灭火系统适用于油船和化学品船的液货区域甲板。

3. 泡沫灭火系统图

(1)低倍泡沫系统。图 4-3-7 所示的为低倍泡沫系统应用于机舱的系统原理图。泡沫液体储存在泡沫液柜内,在需要灭火时,由应急消防泵吸入海水的同时将泡沫液从柜中抽出,消防泵排出海水的一部分与泡沫液在比例混合器混合,再通过消防泵及管路输送到需要的地方,在管路末端的空气—泡沫喷嘴中产生泡沫并喷出。

(2)高倍泡沫系统。高倍泡沫系统的工作原理与低倍泡沫系统相似,不再重复。

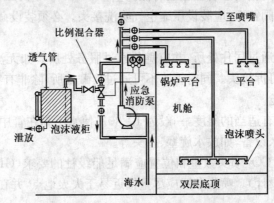

图 4-3-7　低倍泡沫灭火系统原理图

第四节　供水管系

供水系统是保证船员和旅客的日常生活需要而设置的生活用系统,所以也称为生活用水系统。它可分为洗涤水供应系统、卫生水供应系统和饮用水供应系统。洗涤水供应系统又包括冷水供应系统和热水供应系统。从 20 世纪 80 年代以来,大中型船舶已普遍将洗涤淡水作为卫生水,并应用把便具、面盆、淋浴或浴缸等卫生设备预舾装在一起的组装式卫生单元,节省了生活用水系统管路和器具在船上的安装时间。但在船舶舱室布置设计时,应注意考虑卫生单元的布置,使其在上下层甲板尽可能对齐,以方便接管,避免管路分散、零乱。

一、洗涤水供应系统

洗涤水系统的主要任务是将淡水送到洗澡间、洗衣室和其他用水处。洗涤淡水应透明、无恶味、无传染病细菌,同时还应有不大的盐度和硬度,易使肥皂溶化。

洗涤水的消耗量随船型、航区、人种、国籍、气候季节以及人数装备等情况有较大的差异,每人每天的消耗量一般为100L~200L,小型船舶取下限。如果卫生水用洗涤淡水时,则洗涤水消耗量还需增加(采用常规便具者,冲洗水量为 70L/(人·天);采用真空便具者,冲洗水量为 35L/(人·天)或更少),有时船东还会提出一些具体的要求。

洗涤水供应系统有两种供水方式:重力式和压力式。

1. 重力式

重力式供水系统适用于小型船舶、驳船或在停泊作业时要求尽量减少振动及噪声的科学调查船等。

图 4-4-1 所示的为重力式供水系统示意图。它是一种最简单的供水方式,日用淡水泵将淡水从淡水舱内打入重力水柜内,重力水柜应设置在所有用水处的最高点,淡水可通过截止阀流入供水总管,然后经各路支管流至各用水处。

为了保证重力水柜中有一定数量的淡水和实现自动控制,在重力水柜内设置有高低液位继电器,它可根据柜内水位的低高自动启动或停止日用淡水泵。液位调节器如图4-4-2所示,它是由一只漂在水面上的浮子 1 作为液位感受元件,浮子上下浮动时能绕支点 2 摆动。在支点上还有调节板 4,它的一端装有磁钢 3,当液位降低时浮子也随着下移,当接近最低水位时(图示状态),浮子杆碰到调节板下定位钉 5 时就带动调节器板一起转动,使磁钢向上摆动。当磁钢向上摆动而与触头磁铁 6 相遇时,由于同性相斥,即将触头磁铁 6 推斥向下,使电触头 7 闭合,接通日用淡水泵的电源,使泵启动向重力水柜供水。当水位上升时,浮子也随着浮起。当接近最高液位时,浮子杆与上定位钉接触,带动磁钢 3 向下,再次与触头磁铁 6 相遇,将它推斥向上,而使电触头 7 断开,切断日用水泵的电源,停止向重力水柜供水。

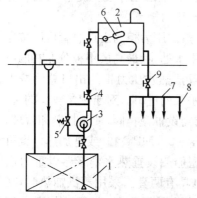

图 4-4-1　重力式供水示意图

1—清水舱;2—重力水柜;3—离心泵;4—截止止回阀;
5—安全阀;6—液位继电器;7—供水总管;
8—支管;9—截止阀。

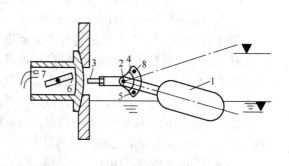

图 4-4-2　液位调节器

1—浮子;2—支点;3—磁钢;4—调节板;
5—下定位钉;6—触头磁铁;
7—电接头;8—上定位钉。

141

重力式供水系统的优点是用水处的出水压力稳定,即使是离重力水柜较远处的压力变化也不大。另外,当日用淡水泵发生故障时,尚可短时供给一定数量的水。它的缺点是重力水柜在高处占有相当大的容积,影响船舶稳性,若处于露天,尚须采取防冻措施,设备费用较高。

2. 压力式

压力式供水系统是船舶最常用的一种供水系统。图4-4-3所示为压力式供水示意图。在压力式供水中,专门设置了一只压力水柜2,当日用淡水离心泵3将淡水舱1中的水打入压力水柜时,压力水柜上部的空气就逐渐压缩而产生压力能,压力水柜中的水就利用这个压力能被压至各用水处。

压力水柜是一只密闭的容器,其上部是压缩空气的进口,即充气阀10,下部是水泵的进口(也是压力水柜的出口)。压力水柜上还装置了一只压力继电器6。当压力水柜中的压力下降到下限压力时,压力继电器就接通日用水泵的电源,开始向压力水柜供水,压力水柜内的压力就会逐渐升高,当达到上限压力时,压力继电器就切断日用水泵的电源,停止供水。压力水柜的上限压力随系统设计的参数而定,一般在 0.3MPa～0.5MPa 之间;高、低压的差值一般在0.1MPa～0.25MPa。

为了减少压力水柜的无效容积和补充一部分空气的消耗,在压力水柜的上部还装有压缩空气充气阀10。压力水柜上一般还装有压力表、水位表、安全阀、泄放阀等。

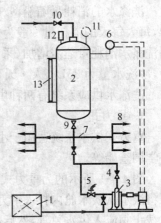

图 4-4-3　压力式供水示意图
1—淡水舱;2—压力水柜;3—离心泵;4—截止止回阀;5—安全阀;6—压力继电器;7—供水总管;8—支管;9—截止阀;10—充气阀;11—压力计;12—安全阀;13—液位计。

压力水柜第一次使用时,先充水至压力水柜最高无效液面(可通过液位计13观察),然后停止充水而充入压缩空气使之达到下限压力,再继续充水至最高工作压力为止。

洗涤水供应系统还可分为冷水和热水供应系统,热水供应也是压力式的。从图4-4-4可知热水压力柜直接与淡水压力柜相通,所以两只压力柜的工作压力是相同的。但热水柜的进水阀应为截止止回阀,以防止热水回流至淡水压力柜。

热水供应系统管路的布置有不同的方法。一是热水压力柜的出口总管可以按左右舷分为2根干管(也可以一根),然后再分别接至热水用水处,在最高层甲板分左右舷或合并成一根热水回水总管接至热水循环泵进口;也可设计成热水压力柜的出口总管按甲板层次环形布置,然后每一层甲板由一根回水管接至热水泵的进口。对于乘员较少的货船,采用前者;对于乘客较多的客船,采用后者较多。每层需设置截止阀,便于控制和管理。

热水柜一般采用饱和蒸汽(压力通常为 0.5MPa～0.7MPa)和/或电加热。也可利用主机或辅机的余热,例如排气和冷却水的热量;小型船舶设置热水消音器以重力供应热水。采用蒸汽和电加热的两用热水柜的温度控制也具有两套。采用蒸汽加热时,在蒸汽进入压力柜之前设有温度调节阀,当出水温度超过设定的温度(如 65℃)时,温度调节阀会自动减小开度;当温度低于设定的温度时,温度调节阀会增大开度,使热水压力柜的出水温度保持在 65℃左右。采用电加热时,通过安装在压力柜上的温度继电器来达到控制温度的目的。

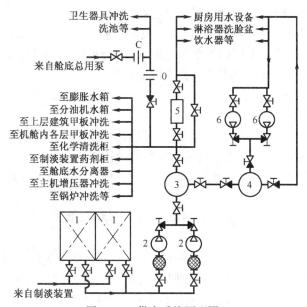

图 4-4-4　供水系统原理图

1—淡水舱；2—淡水泵；3—淡水压力柜；4—热水压力柜；5—饮水消毒器；6—热水循环泵。

压力水柜的容量和日用淡水泵或热水循环泵的规格均要根据船舶的用水情况进行计算来确定。

二、卫生水供应系统

以往的船舶大小便器具的冲洗水使用舷外水，现在大中型船舶使用淡水作为卫生水已日益普遍。小型船舶仍以舷外水作为卫生水。用淡水作为卫生水有时要考虑到应急备用。因此，可从总用泵或辅海水泵的出口分一支管接至卫生水供应系统，其间用双眼法兰隔断。但须注意，这时大小便器的冲洗淡水管路已与各洗涤用水器具管路相沟通，一旦舷外水进入会殃及其他各用水器具，因此，卫生水供应管路应有阀件可隔离。

从总用泵或辅海水泵来的舷外水压力若大于卫生水供应系统的压力，则应在进入卫生水系统之前安装截止阀和减压阀。

如果仍采用海水（舷外水）作为冲洗水，则必须另外设置海水压力柜和日用海水泵。

卫生水供应系统常用的形式也是压力式供水系统，也设有相应的压力水柜和卫生水泵。日用卫生水泵的排量一般为 $3m^3/h \sim 5m^3/h$，压力为 0.2MPa～0.45MPa。

三、饮水供应系统

船舶饮水供应系统要向船上乘员保证供应卫生合格、充足的饮用水。通过系统将饮水送到茶桶、厨房、医务室、机炉舱和其他舱室的水柜中。船上的饮水一般来自岸上的自来水，应急时也可使用船上制淡装置产生的蒸馏水，但建议煮沸后饮用，这是一种简便而有效的消毒方法，也可经过其他消毒设备消毒，例如氯气杀菌、紫外线杀菌、臭氧杀菌等。常用的是紫外线杀菌设备，波长约 2600Å 紫外线杀菌力最强。是否矿化处理因船而异。

饮水的消耗量一般为 30L/(人·天)～50L/(人·天)。和洗涤水一样，它也随船型、航区、人种、国籍、气候季节以及乘员数等情况有所不同，船东也会提出具体要求。

饮水应符合 GB 5749—85 生活饮用水卫生标准。

饮水的消耗量比洗涤水小得多,所以一般大中型货船选用 $0.3m^3 \sim 0.5m^3$ 的饮水压力柜已足够。也可以不设专门的饮水压力柜,而从淡水压力柜出口专设一路经饮水消毒器后供饮水。饮水管最好采用不锈钢管或铜合金管。

四、供水系统原理图

图 4-4-4 所示的为供水系统典型原理图。根据船型的不同,生活设施的差异以及船东的要求,设计时有所变动。例如,大型船舶上常设两台日用淡水泵,其中一台可作为饮水泵的备用泵;热水循环泵也设两台,一台作为备用。卫生水采用洗涤水时,海水泵也可取消。

第五节 疏排水及生活污水管系

船舶疏排水系统及生活污水系统是保持乘员正常生活的重要系统。它不仅与生活紧密相关,而且涉及船舶的安全。它用来排除便器、洗脸盆、浴室、厨房以及甲板、平台等处的污水。它包括三个子系统:露天甲板疏排水系统、舱室疏排水系统和生活污水系统。

疏排水系统及生活污水系统的布局是否合理、管路是否畅通与舱室的总布置有很大的关系。对卫生间,尤其是卫生单元的布置,希望在上下层甲板的位置尽可能大致对齐。因此,在设计时应就舱室的实用舒适、结构强度的坚固以及船舶管系的合理性进行统筹考虑。

一、露天甲板疏排水系统

甲板疏排水系统主要用来排泄雨水、冲洗甲板的水以及其他原因落到甲板和平台上的水。包括遮阳甲板上所有露天甲板及通道,都应设置甲板排水口。

甲板排水口的数量、位置以及排水管管径应根据甲板面积的大小以及水流的流向而定。一般先估算出甲板的面积,然后除以一个排水口的允许甲板排水面积,即可得出需要设置的排水口数量。排水口的纵向间距一般为 5m~15m,小型船舶不宜过大。如果下层甲板的排水口兼做上一层甲板排水用,则下层甲板的排水口排水面积应适当考虑上一层甲板的排水面积。甲板排水管管径与允许甲板排水面积见表 4-5-1。

通常露天甲板排水管管径的确定仅考虑雨水、冲洗水的排出,而不考虑甲板因上浪而产生的大量舷外水。露天甲板排水管管径的推荐值见表 4-5-2。

表 4-5-1 甲板排水管管径与允许甲板排水面积

公称直径/mm	40	50	65	80	100	125	150
允许甲板排水面积/m²	20	45	90	140	290	500	780
注:上述数据是以降雨量 100mm/h 为依据							

表 4-5-2 露天甲板排水管管径的推荐值

区 域	公称直径/mm
烟囱顶部	32~40
罗经甲板、驾驶甲板、船长甲板、艇甲板、游步甲板	40~65
起居甲板	65~80
首楼甲板、尾楼甲板	80~100
上甲板、飞行甲板、易于上浪的首楼甲板	80~150

图 4-5-1 为某船的甲板疏排水管路简图,从图 4-5-1 上可以看出,高于载重水线的甲板和平台上的水直接排至舷外,低于载重水线的甲板和平台上的水则排至舱水沟或污水井。甲板疏水管路及排水口的布置要求如下。

(1)甲板排水口位置的布置,要求船处于正常状态和倾斜时,都能及时排出甲板上各种不同来源的积水,一般布置在该层甲板四周的低凹处。对于尾机型船舶来说,由于其呈尾倾,因此排水口应靠后布置。

(2)甲板疏水总是由上一层甲板流向下一层甲板,为了避免各层甲板上的泄水到处流淌和保证排水畅通,各层甲板的疏水管应大致布置在船舷同一个垂直位置。排水管的布置还应避开舷窗、舷梯及救生艇收放以及吃水标尺范围。

(3)排水管尽量为直管,尽可能利用船体结构得到隐蔽,宜沿船舷支柱敷设,甚至利用疏水管作为船舷的支柱。管子的上端部甲板处设置格栅、一般的落水口或带水封的落水口,如图 4-5-2 所示。

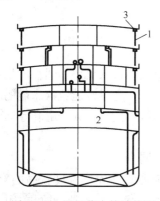

图 4-5-1　甲板落水管路简图

1—落水管;2—虹吸管;3—落水漏斗。

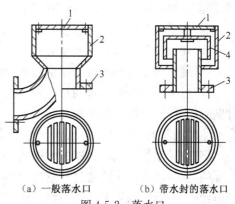

(a) 一般落水口　　(b) 带水封的落水口

图 4-5-2　落水口

1—格栅;2—本体;3—法兰;4—水封罩。

(4)因船体结构或舾装设备使排水水流阻断处,应加设合适的排水口,或在肘板、基座底部开适当的疏水孔。

(5)对于狭长或局部低凹区域可以涂敷水泥,以利排水。排水口不宜设置在人员走动多的地方。

(6)对于可能有油类或有害液体滴漏至甲板从排水管流至舷外者,排水口应配可关闭的排水口。

(7)载重水线以上甲板疏排水管舷外排出口一般距载重水线高度为 400mm～1200mm。

(8)为了节省管子和减少船旁的开口数量,甲板疏排水管也可与舱室的疏排水管连接,但要防止污水倒流冒出。甲板疏排水管之间也可并接,但应采用斜接的形式。

二、舱室疏排水系统

居住区域内各舱室需设置疏水管或排水口的场所有:

(1)设有洗涤用水器具的房间。

(2)走廊,尤其是面临露天甲板的通道。

(3)厨房、配膳间、餐厅、蒸饭间、沸水器和咖啡器室(或沸水器周围槛内)、淋浴室、游泳池更衣室、洗衣间、烘衣间、运动健身房及其他可能积水的房间。

（4）冷藏库、空调机室、冷冻机室、货物控制室、舵机舱、锚链舱、帆缆舱及有可能造成积水的工作舱室。

（5）舱室夹层、室顶或木做夹层有凝结水处。

对于医疗室或病房的地面排水以及该室内的浴缸、脸盆等的疏水归入生活污水系统，并排到生活污水处理装置。

舱室疏排水系统布置原则和安装技术要求如下。

（1）舱室疏排水管路因为水平向干管与无水封的地面排水口直接接通，所以不必设置透气管。如果整个管路系统会形成憋气，则在憋气处设置 $\phi32\text{mm}$ 或 $\phi40\text{mm}$ 的透气管。

（2）疏排水舷外排出孔开口应避开船体焊缝、吊放舷梯和救生艇的区域、舷窗、观察吃水用软梯位置以及干舷标记、船名等位置。

（3）水平向管路按规定斜度敷设，在可能堵塞的弯角处或合适的管段处需设置清扫旋塞，周围并留有一定的空间，以便疏通管道。

（4）水平向的管路不宜过长，应尽可能短。

（5）在装货处所如有可能受到损伤，管子需加护罩。

（6）舱室疏水管路不得与生活污水管路连接，否则臭气会进入管路所通往的舱室内。

（7）舱室疏水管路不得通过油舱或淡水舱。无法避免时，通过油舱或淡水舱的疏水管管壁应加厚，管壁厚度至少应与该处外板厚度相同，但不必大于 19mm，并不得有可拆接头。通过油舱的疏排水管外表面不得镀锌。

（8）疏排水管一般不得穿过水密舱壁，除非经船级社同意。

（9）疏排水管路不应通过冷藏库，如果无法避免时应布置在库内温度较高的部位，管径适当放大，管路外面包扎隔热物。鱼、肉冷藏库的排水口应附加木塞，并可关闭。蔬菜冷藏库的排水口应设有关闭装置并设有水封。设水封的落水口见图 4-5-2（b）。

（10）同一层舱室的疏水管可以接至干管后排出。上、下层疏水管连接时应遵循以下原则：应防止上一层疏水的倒流冒出；对于水量较多的场所、器具应通过两层甲板后再与垂直干管相连接；对于水量特别大场所（如游泳池）应直接排舷外。

（11）锚链舱的积水可用手摇泵或喷射泵排出；舵机舱的积水可用管路穿过机舱后壁排至轴隧或后污水井，但在机舱后舱壁处必须设置由延展性好的材料制成的自闭式截止阀；机舱平台通常也设置一定数量的排水口，直接排至舱底。

（12）水平疏排水管路的倾斜度为：流向舷侧和尾部的管路一般略大于 1/50；流向首部的管路，当船的尾纵倾不超过 2°时，一般略大于 1/20。水平走向管路的倾斜度不是越大越好，它应该采用适当的数值。如果倾斜度太大，管内污水很易排干，污水中的固态物易在管中沉积而堵塞管路；如果倾斜度过小，虽然管内能保持一定的水深，但流速缓慢挤压污物的能力减弱也易堵塞管路。

舱室的地面排水管管径的选用可参照表 4-5-3。

表 4-5-3 舱室的地面排水管管径的选用

场　　所	公称直径/mm	场　　所	公称直径/mm
公共浴室、淋浴间	40～80	洗脸间、餐厅、配膳间等	50
厨房、洗衣室、游泳池更衣室	40～65	其他需排水舱室	40

三、生活污水系统

生活污水系统的任务是将大、小便器内的污水排到舷外或污水收集柜。

1. 污水排放的两种方式

（1）如果卫生洁具位于重载水线以上，则污水管路可做成具有一定斜度的自流式，将污水直接冲出舷外或排至污水收集柜，经处理后排至舷外。

（2）如果卫生洁具位于重载水线以下，则可将污水排至污水收集柜，经处理后排至舷外。

根据最新的国际公约要求，不允许生活污水直接排放到舷外，必须经污水处理装置处理后，合格的污水排至舷外，固体物送到焚烧炉焚烧。所以以上两种排放方式实际上只有一种。生活污水系统按冲洗的原理可分为重力式和真空式两种。

2. 重力式生活污水系统

依靠物体或液体的重力将污水从便器排到污水柜的系统称为重力式卫生污水系统。因而管路的敷设必须有一定的倾斜度，其要求与舱室疏排水系统的要求相同。重力式生活污水管管径的大小根据表 4-5-4 选取。

除了按表 4-5-4 选取管径外，重力式生活污水系统的管径选取及布置还应注意：

（1）生活污水干管连接的大便器数量不宜超过 9 只；

（2）生活污水垂向总管管径不小于水平向最大的干管管径。

表 4-5-4　重力式生活污水管管径选取表

器 具 名 称	大 便 器			小 便 器		壁式小便器	立式小便池
数量（只）	1～3	4～9	10 以上	1～3	4～10	1～3	—
总管通径/mm	100	125	150	40	50	32	65

（3）一般货船，因为配置的小便器数量很少，所以除了接支管到大便器的干管或总管外，小便器的数量并不影响生活污水总管直径的大小。

（4）通常在大便器数量较多的场合，集管和污水柜上需设置透气管。透气管的公称直径一般为50mm，污水柜的透气管为50mm～80mm。透气应引至空气流通良好的开敞甲板或烟囱的后壁，管端设有铜丝网。

（5）生活污水或经过处理后的排放水，排出舷外时应避开海水吸入口。舷旁出口应避开舷梯、救生艇等的收放区域，并位于载重水线以上约300mm。

（6）生活污水管路建议敷设在走廊天花板上，尽可能避免穿过餐厅、厨房、住室、冷藏库、粮库以及油舱、淡水舱和水密舱壁。各层甲板的厕所最好能上下相对集中。

（7）生活污水管路不得与其他任何系统的管路相连接。

（8）生活污水管路的接管应正确布置，尽量避免产生倒灌。图 4-5-3 为其中的一些例子。

3. 真空式生活污水系统

真空式生活污水系统不同于传统的重力式生活污水系统。该系统主要由真空式便具、真空装置（包括真空泵、粪便柜（污水收集柜）和密封柜水等）、压力开关、真空表、管路及附件组成。典型的系统原理如图 4-5-4 所示。其中主要的设备如下：

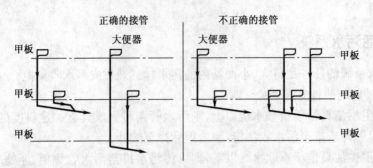

图 4-5-3　生活污水管正确的接管布置举例

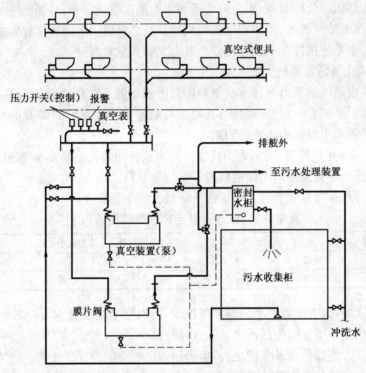

图 4-5-4　真空式生活污水系统

（1）真空装置。真空装置主要由真空泵、粪便柜（污水收集柜）、密封水柜等组成。其作用如下。

①保持管路一定的真空度。可通过压力开关来控制管路内的真空度，一般在 35％ 真空度时，启动真空泵（装置）；在 50％ 真空度时关闭真空泵（装置）。

②粉碎污水中的固体物。真空泵（装置）的吸入口装有膜片阀（止回阀），泵轴及吸入腔体上装有粉碎用的刀片，起到粉碎作用。

③排出污水。可以将便器中的污水排至粪便柜（污水收集柜）或舷外，或将污水柜内的污水排至舷外。如果设有污水处理装置的话，还可以排到污水处理装置。

④密封水柜可以与真空装置组合一起，也可独立设置。其作用是使真空装置的密封性提高和冷却真空泵的轴承。密封水也可以来自海、淡水系统。

（2）真空便具。真空便具有座式和壁式安装两种，均装有真空动力控制器（VPC），可实现程序控制。冲洗时间控制在 5s 左右，排出时间在 2s 左右。

(3)真空式生活污水系统的主要特点如下。

①依靠真空装置抽吸生活污水，因此冲洗水量大大减少。重力式每冲洗一次大便器水量为 12L～19L，而真空式的冲洗水量仅为其 1/10。

②排污口配有止回阀。接管口径常用为 DN50，当便器数大于 150 只时，总管才用DN65。也大大小于重力式便器的排污管。

③真空式便器的冲洗水量为 1L～1.9L，冲洗接头为 DN15，冲洗水压力为0.25MPa～0.35MPa，最低工作压力为 0.02MPa。

④采用真空式生活污水系统的管路及粪便柜的尺寸比常规式的可以小得多，这样就可以配置小容量的生活污水处理装置。如果真空式生活污水系统中的粪便柜容量取得稍大一点，只要在港内不排放，而在距最近陆地 4nmile 外经粉碎后排放，就可省去配置生活污水处理装置。

⑤管路几乎可以与甲板平行敷设，不必考虑倾斜度，从真空式便器引出的管路还可以直接垂直向上敷设，但高度不超过 4m。

⑥由于系统管径较细，所以整个系统的重量比常规式的要轻得多，特别适用于对重量有专门要求的船舶或厕所特别多的豪华客船。

⑦真空装置一般设有两套抽真空的装置（泵），相互备用。当真空值达到 0.035MPa时，装置启动，当真空值达到 0.05MPa 时，装置自动停止。真空值低至 0.02MPa 时发出报警。

⑧当采用粪便柜和设置专门的排出泵时，可配备两台粪便排出泵，并具有粉碎功能，相互备用。该泵常用开式叶轮离心泵。

(4)真空式生活污水系统管路敷设注意事项如下。

①管子允许向上行走，但总高度之和小于 4m（下降部分不得减去），如图 4-5-5(a)所示。

②二层甲板便具排出分总管位于同一层甲板下时，应分别敷设，然后在垂直总管处再汇总。任何便具排出管与总管相连时均应高于总管，并成 45°角，如图 4-5-5(b)所示。

③对于水平布置的管路，为了减少在船舶横、纵倾时倒流的可能性，对于大型船舶每15m、中型船舶每 10m 设置存水弯头，要求见图 4-5-5(c)。

④支管直径需增大时，一般不得在支管的上升部分增大，应在与总管连接处增大，如图 4-5-5(d)所示。

⑤上升管尽可能为直管，与便器连接处管子应保持良好的对中。

四、疏排水舷外排出管的要求

对于干舷甲板以下处所或干舷甲板以上封闭的上层建筑、甲板室的疏排水舷外排出管的布置，各国船级社均有规定，但基本上相同，现将 CCS 要求叙述如下。

不论起源于任何水平面的疏排水管，它在干舷甲板以下大于 450mm 处或在夏季载重水线以上小于 600mm 处穿过船体外板，均应在船体外板处装设止回阀。但除表 4-5-5中所要求者外，如果管子的壁厚符合表 4-5-6 要求者，则止回阀可以免设。

对于不需特别加厚的疏排水舷外排出管，其壁厚应满足下列要求：

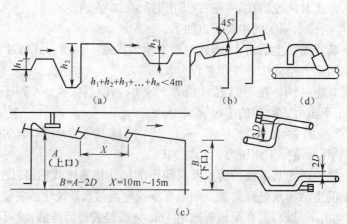

图 4-5-5　真空管式生活污水系统管路敷设要求

(1)管子外径等于或小于 155mm 时,其壁厚不小于 4.5mm;

(2)管子外径等于或大于 230mm 时,其壁厚不小于 6.0mm;

(3)管子外径为上述的中间值时,壁厚按内插法计算。

装设在舷侧船体外板上的阀件材料必须用延展性好的材料制成,一般采用钢质,应有适当的防腐蚀保护措施,并经船级社认可。

表 4-5-5　疏排水舷外排出管的要求

H	排 出 管 要 求
$H \leqslant 0.01L_{PP}$	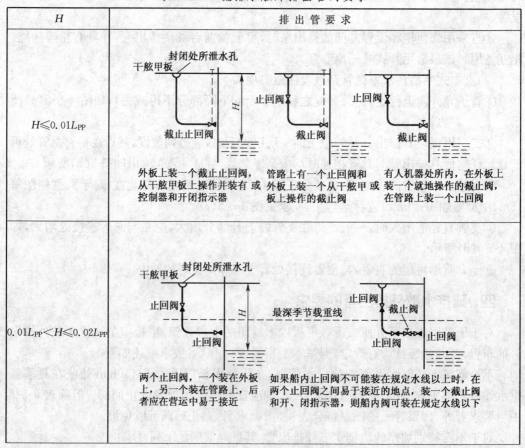 外板上装一个截止止回阀,从干舷甲板上操作并装有或控制器和开闭指示器　　管路上有一个止回阀和外板上装一个从干舷甲板上操作的截止阀　　有人机器处所内,在外板上装一个就地操作的截止阀,在管路上装一个止回阀
$0.01L_{PP} < H \leqslant 0.02L_{PP}$	两个止回阀,一个装在外板上,另一个装在管路上,后者应在营运中易于接近　　如果船内止回阀不可能装在规定水线以上时,在两个止回阀之间易于接近的地点,装一个截止阀和开、闭指示器,则船内阀可装在规定水线以下

150

(续)

H	排 出 管 要 求
$H>0.02L_{PP}$	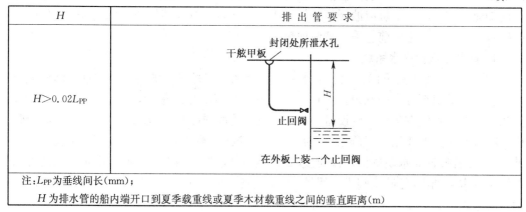

注：L_{PP} 为垂线间长(mm)；

　　H 为排水管的船内端开口到夏季载重线或夏季木材载重线之间的垂直距离(m)

表 4-5-6　免设止回阀的甲板舷侧排水管壁厚表

管子外径/mm	≤80	114,125	140	168,180	190	216	≥220
壁厚/mm	7.0	8.5	9.0	10.0	11.0	12.5	12.5

第六节　日用蒸汽及凝水管系

一、蒸汽的用途

内燃机动力装置船舶的蒸汽主要用于主机启动时的暖缸、燃油和滑油舱柜加热、分油时的加热，海底门、污油柜等冲洗及生活上取暖、厨房炊事、加热热水、加热饮用水等。一般要求蒸汽压力不超过 0.8MPa 的饱和蒸汽。锅炉的蒸发量可随船舶的大小和主机的功率而定。

内燃机动力装置的油船上，除上述用途外，还要求用过热蒸汽加热或清洗货油舱，其货油泵一般均由蒸汽涡轮驱动，因而蒸汽需要量较大，蒸汽的压力也比一般货船要求高，例如某 70000t 级油船的锅炉总蒸发量为 46t/h，设计压力为 1.8MPa。

如果船舶采用汽轮机作为主推力装置，则蒸汽系统称为主蒸汽系统，将在 LNG 船专用系统中叙述。

二、日用蒸汽系统的组成

日用蒸汽系统由日用蒸汽系统、凝水系统和锅炉给水系统等几个子系统组成。

日用蒸汽的一个主要用途是对液体舱柜进行加热，但对液体舱柜加热的介质也可以采用热水、蒸汽、热媒油和用电加热。这儿仅介绍蒸汽加热。

蒸汽对液体舱柜加热的方式可分为整体式、局部式和混合式。

整体式为整个油舱设加热盘管，适用于储存黏度比较高的燃油舱柜和滑油舱柜。

局部式则只在吸口周围设加热盘管。适用于储存黏度不高的液体舱柜。如重柴油舱，只在吸口处设盘管，以便输油泵能正常吸油。

混合式为既设整舱的盘管，又设吸口附近的盘管。这种方式适用于如果只采用整体

151

式或局部式加热系统均不能保证油泵正常工作的情况,或为适应不同工况下,可采用较灵活的加热方式。例如主机滑油循环舱就采用混合式,正常运行时仅吸口处加热即可,待机时间较长后再启动主机前应采用整体加热。

1. 日用蒸汽及凝水系统

图 4-6-1 所示为典型的蒸汽及凝水系统示意图。锅炉产生的蒸汽经主蒸汽阀通过蒸汽总管和支管引至各个用汽设备。有些船舶还设有蒸汽分配集管,由它将蒸汽分配到各个用汽设备。蒸汽在各个用汽设备中放出热量并冷凝成凝水,汇集到凝水总管(或集合管内),在蒸汽压力的作用下,经阻汽器回至大气冷凝器、凝水观察柜,最后回至凝水柜(热井)。也可直接回凝水观察柜,有时凝水观察柜与凝水柜还组合在一起。凝水柜内的凝水被锅炉给水泵抽出,经给水阀进入锅炉,完成了汽—水循环工作回路。图 4-6-1 中阀件与附件均未画出。

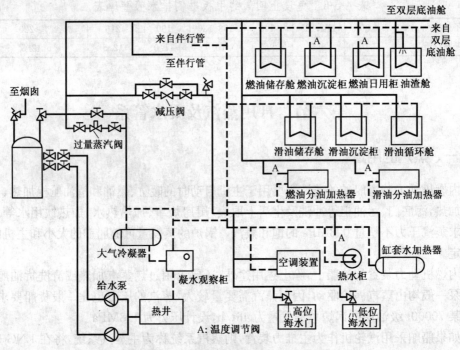

图 4-6-1　典型的蒸汽及凝水系统示意图

采用分配集管和凝水集合管是为了便于集中控制,但往往管路较多。集管的设置应根据用汽设备和管路的布置情况而定,一般在机舱内分层和分左右舷设置。

该蒸汽系统的工作压力为 0.7MPa,但有些用汽设备如热水柜、舱底水分离器、造水机(制淡装置)、机舱集控室小空调、海水门冲洗等使用的蒸汽压力为 0.3MPa,故在分总管上还需设置 0.7MPa～0.3MPa 的减压阀组。减压阀组一般由减压阀、Y 形滤器、隔离阀、旁通阀、压力表等组成。旁通阀的作用是当减压阀损坏修理或更换时,保持蒸汽的畅通。

目前船舶上一般均设有废气锅炉或废气—燃油混合锅炉,正常航行时利用主机的废气加热淡水产生蒸汽,基本上能满足日常的使用要求。但当蒸汽使用量小于锅炉的蒸发量时,多余的蒸汽必须处理掉,否则会引起锅炉内的蒸汽压力不断升高,发生危险。因此

152

在锅炉主蒸汽阀出口的管路上设有一只过量蒸汽阀。当蒸汽压力超过设定的压力时,该阀就打开将多余蒸汽引至大气冷凝器冷却后回至凝水柜,确保系统的正常工作。

2. 蒸汽及凝水系统的主要设备和附件

内燃机船舶的蒸汽及凝水系统的主要设备和附件主要有以下几种。

(1)辅助锅炉(付锅炉)。凡是内燃机船舶所设置的锅炉一般均称为辅助锅炉或副锅炉,以与主锅炉相区别。副锅炉按加热的热源不同分为燃油锅炉、废气锅炉(也称为废气经济器)和燃油—废气混合锅炉三种。按外形分有立式和卧式两种,按内部结构形式又可分为水管式和烟管式。按管内流动介质分有蒸汽锅炉和热油锅炉。

(2)凝水柜。凝水柜也称为热井。凝水柜的作用是调节水量和必要时对给水加热。在实际运行中,从各个用汽设备流出的凝水,由于管路的泄漏和用汽设备的突变,总是和需要送入锅炉的给水量不平衡,这时凝水柜就起到了调节水量的作用。凝水太多时,就储存在凝水柜中;凝水太少时,则由淡水压力柜通过补充水阀自动补给凝水柜。

图4-6-2所示为典型的热井结构图。它由凝水观察柜和凝水柜两部分组成,从用汽设备来的凝水先进入观察柜,随后通过内部的溢流管流至凝水柜的过滤空间,此处装有盖板和过滤装置,一般由滤板和丝瓜筋、泡沫塑料或焦炭组成,用来吸附凝水中的油污和垃圾杂物。观察柜的一侧装有观察窗,可随时检查凝水中是否含有油污,以判断油舱加热管路是否发生泄漏,同时凝水中含有油料会使锅炉发生危险。

热井上一般还装有凝水进水阀、出水阀、空气管、水位计、自动和手动补充水阀、加热盘管、高、低水位报警装置、温度计、盐度计、泄放阀、溢流管等。

(3)阻汽器。图4-6-3为热动力式阻汽器。阀盖5和阀体2用螺纹连接。阀盖和阀片6之间是变压室4,阀座8上开有环形水槽7,环形水槽下面有一条泄水孔3与阻汽器的出口相通,用销钉与阀体固定。

当凝水从阻汽器的进口流入后,由于变压室4蒸汽的凝结和泄漏,压力逐渐下降,当阀片6下面的力大于阀片上面的力时,阀片即迅速开启。由于水的重度大、黏滞系数大、流速较小,加之结构特点,阀片能保持微量开启状态,凝水从环形水槽7的泄水孔3流出阻汽器。如果蒸汽流入阻汽器,由于蒸汽的重度小、黏滞系数小、流速大,使阀片与阀座间造成负压。

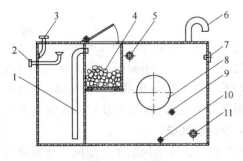

图4-6-2 热井

1—内部连通管;2—撇油管;3—凝水回水管;

4—过滤物;5—溢流管;6—空气管;7—补充水管;

8—人孔;9—温度计接口;10—泄放管;11—给水管。

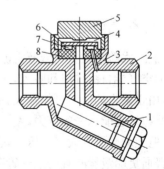

图4-6-3 热动力式阻汽器

1—过滤网;2—阀体;3—泄水孔;4—变压室;

5—阀盖;6—阀片;7—环形水槽;8—阀座。

同时蒸汽又容易通过阀片与阀盖的缝隙流入变压室。当阀片上面的力大于阀片下面的力时,阀片就迅速关闭,从而阻止了蒸汽向外流出。变压室中的蒸汽由于散热而逐渐冷却。致使其压力也不断下降,当凝水再次进入阻汽器时,便重复了以前的工作过程。阻汽器下部过滤网1的作用是过滤蒸汽中的杂质。

(4)大气冷凝器。其作用是冷却过量蒸汽成凝水和将凝水冷却到一定温度,如有少量的蒸汽回至大气冷凝器也被冷凝成水。

3. 给水系统

热井中的凝水经过给水泵送入锅炉。通常系统中装有两台给水泵,互为备用。给水泵前装有流量计和盐度计(也可装在热井上)。流量计用来测量锅炉的蒸发量,以确定锅炉的工作是否正常。盐度计用来测量给水中的含盐量。给水中盐分过高会缩短锅炉的寿命和降低锅炉的工作效率。

在给水管路上还可并联一只化学药剂柜及泵组,其作用是使进入锅炉的淡水质量符合规格书上的技术要求,确保锅炉的正常工作。因而对进入锅炉的水进行一定的处理,例如软化处理等。另外锅炉使用一段时间后还需要进行化学清洗,也可通过在药剂柜内投药和用泵组循环进行清洗。

锅炉给水泵一般采用旋涡泵。这种泵的叶轮直径小,结构简单紧凑,适用于输送排量小和压力较高的清水场合。由于锅炉给水泵输送的为温度较高的热水,故泵轴的密封结构要适应温度的变化,密封材料也有特殊的要求。给水泵的控制方式有两种:一是由锅炉水位控制,高水位时泵自动停止,低水位时泵自动启动;二是由锅炉给水压力控制。锅炉燃烧时,水泵也一直在运转,当锅炉内压力低于设定压力时,给水泵将水压入锅炉内;当锅炉内压力达到压力控制阀设定的压力时,该阀就打开,使给水泵排出的水通过压力控制阀回至热井。

第七节　空气、测量和注入管系

空气、测量和注入系统是保证液体舱柜(淡水、燃油、滑油等)的正常注入和排出及检查之用。它包括空气管路、测量管路和注入管路。

一、空气管路

油舱、水舱装设空气管及溢流管(可兼做空气管用)的目的,是在灌注或抽吸液体时使舱内的空气能自由排出和吸入,避免舱柜内造成超压或负压损坏舱柜。应注意在灌注液体时,由于泵入的压力可能很大,所以一旦液舱内的气体无处排出或来不及疏排,舱柜就会承受超过它能承受的压力,发生破舱的危险;而在抽吸液体时,如不及时补充空气进入舱柜,舱柜就会受到大气的压力,也会使舱柜发生变形或破损。

普通货船液舱配置的空气管截面积是注入管截面积的1.25倍,而油船的货油舱透气管的截面积由设计最大装油速度的1.25倍来决定,这是两种不同的概念,必须注意区别。

1. 空气管的数量和布置

(1)储存油或水的舱柜、隔离空舱、管隧、轴隧等处均应设置空气管。对于大型运输船,即使管隧内具有强力通风设施,也建议设置空气管或自然通风管。空气管应从舱柜的最高处引出并尽可能远离注入管,其出口端应有防止舷外水进入的可靠合适的装置。

（2）空气管配置的数量和位置根据舱柜顶部的实际形状来决定,一般顶板长度等于或大于 7m 的狭长舱柜,至少配置 2 根空气管。

（3）配备阴极保护的舱柜,前后均需设置空气管。

（4）所有双层底舱都应设置空气管,延伸至两舷的每一个双层底分舱应自两舷引出空气管。

（5）空气管的布置应在任何一个舱柜破舱浸水后,不致使舷外水通过空气总管进入位于其他水密舱室内的舱柜。

2. 安装技术要求

（1）滑油储存舱柜或容积小于 $0.5m^3$ 的燃油泄放柜（非动力注入柜）的空气管,可以终止于机器处所内。

（2）一般空气管应尽量靠近船傍或舱壁安装,并向上引至舱壁甲板以上。

（3）双层底舱、延伸至外板的深舱、舷外水可能涌入的舱柜以及其他隔离舱的空气管应引至舱壁甲板以上。

（4）延伸至舱壁甲板以上的空气管,其可能进水处距甲板上缘高度应不小于 760mm,延伸至上层建筑甲板上的空气管,其可能进水处距甲板上缘高度应不小于 450mm。

（5）燃油舱空气管的开口不应位于因溢油或油气而发生危险的处所,开口端应设置耐腐蚀和便于更换的金属丝防火网,其净流通面积不得小于该空气管的横截面积。金属丝防火网的规格为 30 目,如采用两层金属丝防火网则可为 20 目,两层之间的间隙不小于 12.5mm。

（6）延伸至露天甲板上的所有空气管,其开口应装设有效而适当的关闭装置,以防止在恶劣气候下舷外水涌入舱内。

（7）柴油机曲轴箱一般应配置空气管,口径通常按制造厂的推荐,并不宜过大,以防止曲轴箱爆炸后空气的冲入。该空气管一般均引至机舱棚烟囱后壁排至大气。

（8）对于动力注入的所有舱柜,每一个舱柜的空气管的总横截面积,应至少为其注入管有效面积的 1.25 倍。在任何情况下,上述舱柜空气管的内径应不小于 50mm。对于仅依靠重力注入的舱柜,空气管的截面积可以不遵循上述规定,甚至可小于重力注入管。

（9）如果舱柜装有溢流管,溢流管的有效截面积不小于注入管有效面积的 1.25 倍时,则空气管的横截面积至少应为该舱注入管横截面积的 20%。

3. 空气管头

为了满足上述空气管的安装要求,在空气管的开口端一般均装有各种形式的空气管头,最简单为鹅颈弯,其他的空气管头按 CB/T 3594—94 的分类有帽式空气管头、鹅颈式空气管头、测深兼透气空气管头、浮筒式油舱空气管头、浮筒式水舱空气管头、浮球式油/水舱空气管头等。

（1）帽式空气管头。帽式空气管头的结构如图 4-7-1 所示。它由盖、螺钉、本体和滤网（防火网）组成。盖与本体之间使用螺钉使其相对固定。空气管头与管子的连接方式为法兰连接。滤网采用散热快的黄铜丝编织而成,其作用可防止火星溅入管内而引起火灾,因而设于水舱空气管上时,此滤网可以不装。这种空气管头一般装置在海水不易溅到的上层建筑两侧或隐蔽于舷侧舷墙的下方。

(2)鹅颈式空气管头。鹅颈式空气管头的结构如图 4-7-2 所示。它由头部、浮球、滤网、垫板、网孔板组成。它与管子也采用法兰连接,浮球由阻燃玻璃钢制成,平时浮球总是位于头部的中间,空气管是畅通的,当海水进入空气管头时,浮球就被托起而关闭空气管头。滤网的作用和安装要求各种空气管头均相同。

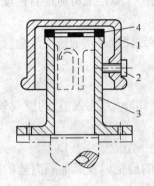

图 4-7-1　帽型空气管头
1—盖;2—螺钉;3—本体;4—滤网。

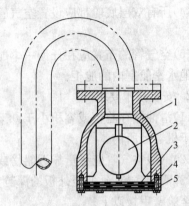

图 4-7-2　鹅颈式空气管头
1—头部;2—浮球;3—滤网;4—垫板;5—网孔板。

(3)其他形式的空气管头。CB/T 3594—94 所列的其他浮球(筒)式空气管头的工作原理与鹅颈式空气管头基本相同,仅结构不同而已,这里不再详述。

二、测量管路

为了测量液体舱内液体的储存量和消耗量,可以在液体舱的适当位置安装测量管,通过它测定液体舱内的液面高度位置,对照舱柜容积表可算出该舱柜的储存量。小型日用液体箱柜通常可不设测量管,而是装置液位表或浮子式液位指示器。

1. 布置原则

(1)所有舱柜、隔离空舱、管遂以及不易经常接近的污水井、污水沟,均应设置测量管。测量管尽可能靠近抽吸口或液舱最低处。

(2)测量管可用认可类型的测量装置替代,测量装置在装船后应进行校正和合格试验。

(3)为了防止舷外水或污水通过测量管进入舱柜,所有可能进水的测量管上部均应有永久性附连的可靠关闭装置,可能时管子还应伸出甲板适当的高度。

(4)测量管底部如采用封闭的缝隙式时,封闭结构应坚固,测量管底部距舱柜底的距离为 30mm～50mm;底部为开口时,舱柜底板上需安装直径为 150mm～200mm、厚度为 10mm～12mm 的防撞板。

(5)除深舱外,其他舱柜可以采用肘形测量管,但肘形测量管的壁厚应与引出处的舱壁有相同的厚度,并应有适当的支承。

2. 安装技术要求

(1)测量管应尽可能与液舱相垂直安装,可以提高测量的准确性,并引至舱壁甲板以上随时可以接近的地点。对于燃滑油舱柜的测量管应引至开敞甲板上安全的地点。

(2)当测量管必须从纵壁处引出时,可以采用倾斜度在 20°～30°之间的倾斜安装,或采用肘形测量管。

（3）测量管位于舷侧，不能垂直安装到柜底时，也允许采用大弯曲半径进行弯曲，原则是不得妨碍测量尺的自由进出。

（4）油舱的测量管头不得设置在走廊或居住舱室内。

（5）在机器处所、轴隧内，当测量管不可能引至舱壁甲板以上时，则双层底舱柜可安装延伸至花钢板以上的短测量管。短测量管头距花钢板为 800mm～1000mm。短测量管应易于接近。燃滑油舱柜的短测量管应尽可能远离设备或管路的热表面以及电气设备，必要时应设有防护设施。

（6）燃滑油舱柜的短测量管应安装永久附连于手柄的自闭旋塞，在自闭旋塞之下尚应装有小直径的自闭式检视旋塞或阀，如图 4-7-3 所示。

（7）淡水舱、压载水舱、轻柴油舱、柴油舱、滑油舱的测量管内径为 40mm，燃料油舱柜的测量管径为 50mm；当测量管不可避免通过温度低于 0℃ 的舱室时，其内径为 65mm。

3. 测量装置

用测量管测量液舱的液位是简单而可靠的方法。但除了测量管外，船舶上还采用多种测量装置来测量液舱的液位，例如玻璃管式液位表、浮球式液位计、平板玻璃液位计、磁性翻板式液位计等。随着船舶的大型化、自动化程度的高度发展，在各类船舶上装备了各种各样的液位遥测装置，集中地测出分布在各处的液舱液位。

（1）玻璃管式液位计。玻璃管式液位计主要用于受静压的水柜或滑油柜。它的安装形式也多种多样，例如与箱柜的连接形式有外螺纹连接或法兰连接，外螺纹通常为 G1/2″或 G3/4″ 的管螺纹，法兰的通径为 DN20；按液位计上部的结构分有采用通大气的、螺塞的、手柄阀的等。图 4-7-4 所示的为采用法兰连接的玻璃管式液位计的几种形式。它由自闭阀、手柄阀或螺塞或通大气接口、透明管、泄放螺塞、中间接头等组成。与箱柜的连接采用法兰。该液位计的下部装有自闭阀，安装在上部的手柄阀处于常开状态，按动自闭阀的手轮可使液位计与箱柜形成 U 形连通器，经过一段短时间，液位计所示的液位即箱柜内的液位。自闭阀的下部装有泄放螺塞，可供泄放之用。

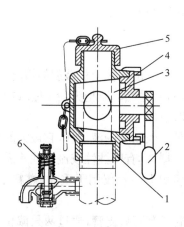

图 4-7-3　自闭式测量管头（阀）
1—阀体；2—重块；3—旋塞；4—压盖；5—上盖；
6—自闭式放气旋塞或阀。

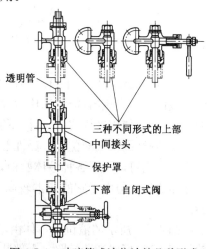

图 4-7-4　玻璃管式液位计的几种形式

液位计透明(玻璃或有机玻璃)管安装时特别要小心,长度要适中,管口要平整不歪斜,管口两端与上下阀之间要留有一定的间隙,填料或密封圈安装要均匀,旋紧螺母时要防止过紧或单边受力而损坏透明管。透明管装好后应加装保护罩壳,保护罩壳可以用白铁皮、铝皮或不锈钢皮制成。

　　玻璃管式液位计的最大优点是结构简单、安装方便,但缺点是容易破损。

　　(2)平板式玻璃液位计。图4-7-5为平板式玻璃液位计的示意图。它由两只液位计自闭阀、平板液位计组成。平板液位计分为两种形式,即上(下)节和中间节,通过不同的组合,可组成不同长短的液位计。用户可根据需要进行选择,并按连通阀中心距在箱柜上开孔。两只液位计自闭阀间一般均装有机械或液压操纵机构用于开启自闭阀。不管用什么方式,当人员离开液位计时,自闭阀均应能自动关闭。当箱柜较小,两自闭阀间的距离能满足同时进行手动操纵时,也可不设操纵机构。玻璃板与液体接触的一面刻有锯齿槽,在灯光的照射下,由于光的折射作用能呈现出明显的液位线,以确定箱柜内的液位。

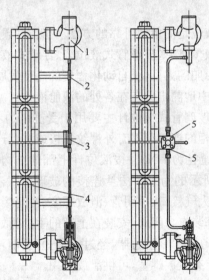

图 4-7-5　平板式玻璃液位计的示意图
1—自闭阀;2—导向支架;3—凸轮操纵机构;
4—油位计;5—液压操纵机构。

　　平板式液位计的上下自闭阀在平时是关闭的,所以即使出现玻璃板破裂的情况,容器内的液体也不会流出,能用于压力较高的锅炉和油柜,特别是燃油舱柜为满足船级社规范的要求,必须使用平板式液位计,不能使用玻璃管式液位计。

　　(3)磁性翻板式液位计。磁性翻板式液位计是一种比较新颖的液位计,它最大的优点是安全。它可以用于各种液体舱柜,特别适用于易燃易爆、具有腐蚀性或流动性差需加热的液体舱柜。但由于它的成本较高,价格较贵,所以船舶上一般仅用于重油(燃料油)舱柜。

　　图4-7-6所示的液位计本体由不锈钢管制成,两端开有两只支管,通过两只截止阀与舱柜相连通,形成旁通管路。上部装有透气螺塞,下部装有泄放螺塞。管子内装有含磁钢浮子,管子的外部装有磁翻板柱,一般磁翻板柱的一半是白色,另一半是红色(塑料制成)或蓝色(陶瓷制成)。平时两只截止阀为常开,故管子内的液位始终与舱柜内的液位一致。

158

而管子内的浮子可随液位的升降而升降,利用浮子内永久磁体的束性磁场将磁翻板柱推转180°,从而改变它们的颜色,浮子(即液位)上升时,磁翻板柱由白色变成红色或蓝色,下降时,又变为白色。对照翻板柱两边刻度板可以读出舱柜液位的高度和体积。

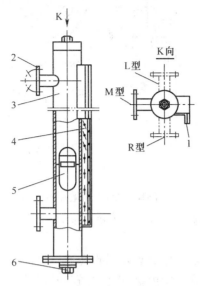

图 4-7-6 基本型磁性翻板式液位计
1—标尺;2—连接法兰;3—本体;4—翻板;5—磁浮体;
6—放泄式螺塞或放泄阀。

磁性翻板式液位计的种类也不少,有基本型、夹套型、防霜型、地下型等,如果在翻板柱旁边安装液位传感器,还可实现遥控。其中基本型和夹套型在船舶上用得较多。前者主要用于柴油舱柜,后者由于本体为双套管结构,外层空间可以与蒸汽管连接,对管内的介质进行加热,故可用于流动性差的燃油舱柜。

浮子式液位计仅用于燃油舱柜,但目前基本上已被磁性翻板式液位计所代替。

三、注入管路

注入管路的用途是将舷外的液体加到船上的各个液体舱柜内。

为了从甲板上对各舱柜装注淡水、燃油或滑油等液体,在甲板上装有通往各舱柜的注入管。其布置原则和安装技术要求如下。

(1)不论是淡水舱或饮水舱,它们的注入管接头应符合 GB 5742—82,该接头也符合国际标准。图 4-7-7 为船用饮水舱注入接头示意图。

(2)不同种类的燃油或滑油系统的注入系统应独立,不能混淆,避免把不同的油类错误地灌注入舱。

(3)大、中型船舶通常在左右舷各设置一个加油站,左右舷有横贯的连通管,连通管引至所需要灌注的油舱。进入油舱内的管子应尽可能通至舱底或使油沿壁流下。

(4)对于燃油注入管、不论采用何种注入方法,都要有防止管路超压的设施,超压的泄油必须排至足够容量的溢流舱。

(5)注入管路应尽量靠近舱壁布置和安装,不得妨碍通道。水平管尽可能有大于1/50

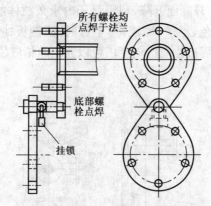

图 4-7-7　船用饮水舱注入接头示意图

的斜度。

（6）注入口或注入阀应设置在操作方便的开敞甲板上或站室内。燃油加油站应配有注入阀、盲板、压力表、温度表以及取样装置等。其加油站的四周应有集油槽以防油泄至舷外造成污染。

（7）同类液舱的注入可设注入总管，然后再在适当位置引分支到每个舱柜。

（8）防止污水经注入口流入舱内，一般注入管升高到距甲板 400mm 左右，再在其管端装置一种带有螺纹盖的杯形注入口，如图 4-7-8（a）所示。如不能或不必升高，则可在甲板终止处安装带有埋入式螺盖的注入接头，如图 4-7-8（b）所示。

（9）每个燃油舱必须设置溢流管，其截面积不得小于动力注入管的截面积的 1.25 倍。溢流管上应装有观察器（视流器）和照明，但不得装任何阀件。

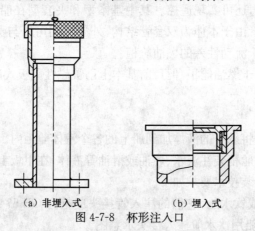

（a）非埋入式　　　　（b）埋入式

图 4-7-8　杯形注入口

复 习 题

1. 简述船舶上舱底水的主要来源。
2. 简述舱底水管路布置的方式及优缺点。
3. 简述舱底水喷射泵的组成及工作原理。

＊4.简述舱底水油水分离器的工作原理。

5.简述舱底水系统的安装要求。

6.简述压载水系统的用途。

7.简述压载水系统布置和安装技术要求。

8.船舶上常用的消防系统有哪几种？各适用于扑灭什么火灾？

9.简述二氧化碳灭火系统安装技术要求。

＊10.简述液位调节器的工作原理。

11.简述真空式生活污水系统管路敷设的注意事项。

＊12.简述热动力阻汽器的工作原理。

13.简述空气管的安装技术要求。

14.简述测量管的安装技术要求。

第五章　船舶柴油机动力装置管系

第一节　燃油管系

　　船舶是水上活动建筑物,它担负着大量的货物运输任务、水面或水下的各种特殊作业、各种水域的科学研究、配合航空航天的探索、保卫国家的重任等。而船舶动力装置是它的重要组成部分,它为船舶提供动力和各种二次能源,包括电、蒸汽、压缩空气、热水、热油等。船舶动力装置是一个综合性的复杂系统工程。

　　现代船舶动力装置,按推进装置的形式,可分为五大类:柴油机推进动力装置;汽轮机推进动力装置;燃气轮机推进动力装置;核动力推进动力装置和联合动力推进装置。本章主要叙述柴油机动力装置系统的燃油系统、滑油系统、冷却水系统、压缩空气系统和排气系统。

一、燃油的品种及性质

　　1. 燃油的品种

　　船用柴油机所使用的燃油基本上有三种:轻柴油、重柴油和燃料油(又称重油)。其中船用燃料油大都是重柴油与渣油的混合物,其混合比例视所需黏度而定。

　　(1)轻柴油。国家标准为 GB252。牌号有 10 号、0 号、－10 号、－20 号、－35 号。国产轻柴油的牌号是表示其凝固点的上限温度($^\circ$C),即以上牌号柴油的凝固点温度分别不高于 10°C、0°C、－10°C、－20°C、－35°C。不同地区应按季节选用不同牌号,即不同凝固点的柴油。

　　(2)重柴油。国家标准为 GB445。牌号有 RC3-10、RC3-20 和 RC3-30,牌号中后二位数字的含义与轻柴油相同。

　　(3)燃料油(重油)。各企业都有自己的燃料油标准,例如上海炼油厂的沪 Q/GO3-006-82、锦西石油五厂的辽 Q199-79 等。重油的牌号有 20 号、60 号、100 号、200 号等,但也有油厂有自己的牌号,例如大连石油七厂的重油牌号为 1000 号和 1500 号。燃料油的质量要比柴油差,各种杂质、水分及含硫量等都比柴油高,但价格较低。

　　2. 燃油的性质

　　燃油是许多不同结构形式的碳氢化合物的混合物,其中除碳、氢两种主要元素外,还含有少量氧、硫、氮、钠、钒等元素。燃油的物理化学特征有十多个指标,分别从不同的方面表示燃油的品质。下面简单介绍其中的几个特性指标。

　　(1)十六烷值。十六烷值是衡定燃料自燃性能或着火性能的指标。燃油在柴油机中经过压缩后自行着火燃烧,所以燃料的自燃性能对燃烧过程和柴油机的运行都有着较大影响。十六烷值越高,即表示燃油的自燃性能越好,但实际使用中,十六烷值并不是越高越好。目前燃油中只有轻柴油有十六烷值的指标。

（2）黏度。黏度是燃料的重要物理性质之一，是表示燃油自身流动中的内阻力，它随温度的升高而降低。它对燃油的雾化、过滤和管理都有很大的影响；黏度过大不利于燃油雾化，使燃烧不良，也使燃油在管系中的流动性变差，容易造成供油中断；黏度过小又会引起喷油泵柱塞偶件、喷油器针阀偶件由于燃油容易漏油而润滑不良。因而必须根据输送、分油和雾化的不同要求，将燃油的黏度降低到某一合适值。这就涉及到所需锅炉蒸发量的大小及燃油预处理设备的配置等问题。燃油黏度的单位很多，目前船舶上经常使用的黏度单位为运动黏度和雷氏一号黏度（Red No1）。运动黏度的单位是 mm^2/s（厘斯或 cSt），雷氏一号黏度的单位是时间"秒"。

（3）闪点。燃油加热时，燃油蒸汽与周围空气的混合气同火焰接触而发生闪光的最低温度称为燃油的闪点。它是衡量燃油发生火灾危险程度的指标，是保证船舶安全航行及储存的重要指标。轻柴油的闪点一般不低于 60℃（除了－35 号为 50℃），重柴油的闪点均不低于 65℃，而燃油的闪点不低于 80℃。

（4）密度（比重）。燃油的密度是 20℃时同体积的燃油与 4℃时水的重量之比。轻柴油的密度一般可取 $0.84t/m^3$，重柴油取 $0.86t/m^3$，燃油取 $0.96t/m^3$。

（5）凝固点。当温度下降到液体开始凝固而失去流动性时的温度，叫做凝固点。不同航区的船舶应选择不同凝固点燃油品种，否则必须设置足够的加热设备。

（6）硫分。燃油中所含硫的重量百分数称为硫分。硫分是一种有害物，硫分一般在燃油中以硫化物的形式存在，在液态下对燃油系统的管子、容器、喷油泵和喷油器等都有腐蚀作用。硫化物燃烧以后生成的二氧化硫、三氧化硫与水结合会生成硫酸或亚硫酸，对柴油机缸壁、活塞环、排气阀、排气管都会产生腐蚀。

（7）灰分。燃油在试验条件下经蒸发燃烧后，其矿物质形成的氧化物及盐类的残留物称为灰分，以其所含的重量百分比来表示。它包括固体粒子、水溶性金属盐和油溶性金属有机化合物等。灰分十分有害，它对设备起着颗粒磨损作用，会加快汽缸壁的损坏。

（8）机械杂质及水分。燃油中所含的灰尘、砂粒和溶渣等称为燃油的机械杂质。它们都是有害物质。机械杂质不能燃烧，却能使喷油孔堵塞，中断供油，加剧喷油泵的磨损；而水分又会降低燃油发热值，并容易破坏正常点火。

二、燃油系统的功用和组成

燃油系统的功用是保证对船舶动力装置中各用油设备或机械提供足够数量、合格品质的燃油。它能把燃油畅通无阻地输送到各用油场所，并保证输送的燃油符合设备和机械的要求。

燃油系统一般由注入、储存、驳运、计量、净化和供油六部分组成。

注入部分：将燃油自船外经两舷甲板的注入口向船内油舱注入的设备及管路。可以采用重力注入或压力注入两种不同的方法。大型船舶均采用压力注入法。

储存部分：在船内应具有足够容量的燃油储存舱。储存着最大续航力所需的燃油。船舶上一般均有设在货舱底部的双层底燃油舱、设在机舱前部的燃油深舱以及各种小型的沉淀舱、日用油舱等。

驳运部分：能够实现各油舱、油柜之间燃油互相驳运的设备及管路。

净化部分:燃油净化一般有沉淀、过滤和离心分离等方法。船舶上这三种净化方法一般都同时采用。设有专门的燃油沉淀柜,管路中设有各种滤器及利用分油机等设备和管路对燃油进行净化的分系统。

供油部分:将日用油柜中洁净的燃油供给各用油设备和机械的分系统。其中主要有主机燃油日用系统、柴油发电机燃油系统和锅炉燃油系统等。

计量部分:计算和测量燃油储存量、消耗量的部分。箱柜所用的液位计前面章节已经叙述过。计算燃油消耗量一般利用管路中的流量计来测量。

三、燃油系统的工作原理

燃油系统主要由燃油输送和分油系统、燃油日用系统两大部分组成。而燃油日用系统又可分为主机燃油日用系统、柴油发电机燃油系统和锅炉燃油系统等。

(一) 燃油输送和分油系统

燃油输送和分油系统中包括了燃油的注入管路、燃油输送和燃油分油系统。图 5-1-1 所示为某散货船的燃油输送和注入系统。

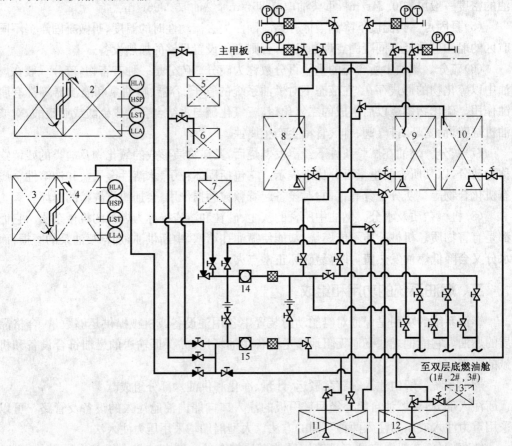

图 5-1-1 燃油输送和注入系统

1—燃油日用柜;2—燃油沉淀柜;3—柴油日用柜;4—柴油沉淀柜;5—锅炉柴油柜;6—废油柜;7—应急发电机柴油柜;8—燃油深舱(右);9—燃油深舱(左);10—柴油深舱(左);11—双层底柴油舱;12—燃油溢流舱;13—燃油泄放柜;14—燃油输送泵;15—柴油输送泵。

从图中可以看出该系统由燃油的注入、燃油的输送两部分组成。

1. 燃油的注入

该船使用的燃油主要是轻柴油和燃料油,故在甲板的左右舷均设有轻柴油和燃油的加油站,以满足船舶任何一舷靠码头时都能方便地加油的需要。由于采用压力注入法,故在加油站的注入连接管上设有压力表,注入总管上装有安全阀,以防止管路超压。安全阀溢出的油分别泄放到机舱内双层底柴油舱和燃油溢流舱。在注入阀之前还设有滤器,可以过滤掉一部分燃柴油中的杂质。

柴油由甲板两舷的注入阀经注入总管至左柴油深舱和双层底柴油舱。燃油由两舷的注入阀经注入总管引至位于货舱双层底的 1#、2#、3# 燃油舱及机舱前部两舷的燃油深舱,燃油深舱的注入阀也设置在加油站内,可在甲板上直接控制加油过程。

燃油的加油总管还与输送泵吸口相连,因而既可以使用供油船的供油泵进行注入,在应急情况下也可以用船舶上自己的输送泵抽吸油驳上的燃油供到各油舱。

2. 燃油的输送

本系统设有柴油输送泵 15 和燃油输送泵 14 各一台,进出口连通,可以互相备用。连通管上设有隔离阀和双孔法兰,平时为常闭状态。故一般情况下,两台泵通过各自的管路负责柴油和燃油的输送任务,只在应急情况下才会通过连通管路作为各自的备用泵。

燃油输送泵功能之一是燃油深舱与双层底燃油舱之间的驳运,或完成双层底燃油舱各舱之间的驳运;之二是将各燃油储存舱内的燃油通过注入总管从甲板排出;之三是将燃油输送至燃油沉淀舱,经沉淀和分油机分离后排至燃油日用油柜,再供给各用油设备。燃油沉淀柜上设有四只液位开关,其中有两只(高位停泵 HSP、低位开泵 LST)控制输送泵的自动起停,使燃油沉淀柜的注入实现自动控制。另外两只为高液位 HLA 和低液位 LLA 报警。油柜内还设有加热盘管,柜上设有温度计和高温报警传感器(图中未标出)。沉淀柜与日用柜间设有内置式溢流管,只允许燃油从日用柜溢流至沉淀柜。为了防止倒流,沉淀柜上设置的溢流管要低于内置式溢流管的最高点。另外燃油输送泵还能将燃油泄放柜和溢流舱内的燃油抽出,排至指定的油舱或甲板。

柴油输送泵功能与燃油输送泵相似,可以将柴油输送至应急发电机柴油柜、锅炉柴油柜、废油柜、柴油沉淀柜以及通过注入总管从甲板排出。应急发电机柴油柜是为应急发电机提供燃料的油柜;废油柜内的废油在焚烧炉焚烧掉,但必须达到一定的含油量才能焚烧,故在必要时必须注入适量的柴油;而锅炉柴油柜为锅炉提供燃料,当锅炉燃烧的主要是燃油时,此柴油柜用于锅炉点火。柴油沉淀柜内的柴油经沉淀和分离后引至柴油日用柜,然后供主机、柴油发电机及锅炉等使用。与燃油沉淀柜一样,柴油沉淀柜上也设有四只液位开关、温度计、高温报警传感器和内置式溢流管,作用也相同。

3. 燃油的净化

由于燃油中具有一定的水分和机械杂质,在使用时必须采取一系列的净化处理,减少这些有害物质的含量,以使其达到用油设备的使用要求。燃料油的净化处理一般包括三个方面,即过滤、沉淀和分离。

(1)过滤。利用设置在注入口、泵吸入口、油箱出口和设备进口处的滤器将燃油中的颗粒状杂质过滤掉。

燃油在滤器中过滤的速度与过滤面积、滤器前后的压差、燃油的黏度及滤器滤芯的材料有关。过滤面积越大、燃油黏度越低、滤芯的孔径越大,则过滤阻力越小,速度越快。

重要的滤器前后装有压力表或双针压力表。可以根据滤器前后的压力差来判断滤器情况。若压力降超过正常值,则表示滤器已经变脏而堵塞,需要立即进行清洗;若无压力降或压力降过小,则表示滤器的滤网破损或滤芯装配不当,应立即拆卸检查。

(2)沉淀。沉淀是燃油净化的另一种方法。船上设置的沉淀柜就是利用水和杂质的密度都比油大的特性,将水分和杂质从油中分离出来的。沉淀的时间越长,沉淀的效果也越好。一般要求沉淀的时间不少于 24h。为了去除沉淀下来的水分和杂质,沉淀柜的最低处都装有自闭泄放阀,可以定期打开放泄水分和杂质。为了提高分油效果,沉淀舱内应设有蒸汽加热盘管,加大燃油的流动性和油、水的密度差。燃油深舱也具有沉淀舱的作用,故在舱内可以设高、低两个吸口,平时均用高吸口吸油,只有在清理除油脚时才用低吸口。

(3)分离。质量较差的燃油经过过滤和沉淀后,还仍有一些水分和较小的颗粒杂质不能除去,不能满足主、辅机的要求,必须进行分离处理。一般采用离心分油机进行分离。它的工作原理是密度不同物质(油、水、杂质),在旋转时所受到的离心力也不一样。密度越大的物质,所受的离心力也大,它离开旋转中心的距离也越远。这样可以把密度大于油的水和杂质清除掉,达到净化的效果。

先进的燃油分油机可以同时将水和杂质分离掉,但是目前船舶上即使采用了这样先进的分油机,也经常使用两台分油机串联进行分离,各担任不同的净化任务,第一台专用于分离水,称为净油机;第二台专用于分离杂质,称为澄油机。同时在管路安排上使两台分油机也能并联运行。

图 5-1-2 所示为分油系统的简图。燃油分油由两台燃油分油机 7、8、两台分油机供给

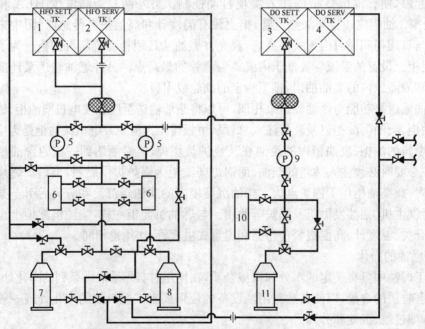

图 5-1-2 燃油分油系统图

1—燃油沉淀柜;2—燃油日用柜;3—柴油沉淀柜;4—柴油日用柜;5—燃油分油机供给泵;6—燃油分油机加热器;7—1♯燃油分油机;8—2♯燃油分油机;9—柴油分油机供给泵;10—柴油分油加热器;11—柴油分油机。

泵 5、两台分油加热器 6、吸入滤器及管路和附件组成。从燃油沉淀柜(需要时也可从日用油柜来,设有双孔法兰)来的燃油经过吸入滤器,由分油机供给泵送至分油加热器进行加热后,进入分油机。1#与 2#分油机可串联,也可并联运行。分油机将分离后的净油排至燃油日用柜。两台输送泵和加热器互为备用。

本系统还设有一台柴油分油机,可以将柴油沉淀柜的柴油分离后输送到柴油日用柜、应急发电机柴油柜、锅炉柴油柜和废油柜。同时 2#燃油分油机 8 及泵可作为柴油分油机的备用分油机和泵,应急时使用,一般情况下不能连通,故连通管路上均装有双孔法兰。

(二) 燃油日用管系

1. 主机燃油日用管系

(1)主机燃油日用管系原理。图 5-1-3 所示为采用 B&W 低速大功率柴油机作为船舶主机的燃油日用管系系统图。由燃油日用油柜 2 或柴油日用油柜 1 来的燃油或柴油经过三通燃、柴油转换阀 3(假设现位于使用燃油的位置)、燃油通过双联细滤器、燃油供给泵 4、流量计 6、燃油循环泵 7、雾化加热器 8、燃油自清滤器 9、黏度计 10 进入主机 11。

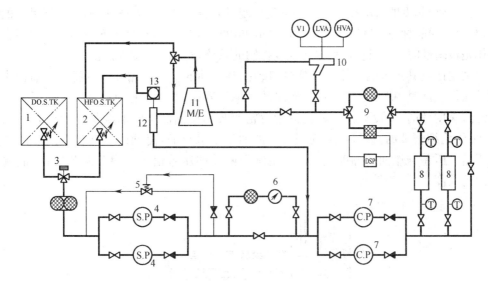

图 5-1-3 主机燃油日用管系系统

1—柴油日用柜;2—燃油日用柜;3—三通燃、柴油转换阀;4—燃油供给泵;5—定压阀;6—流量计;7—燃油循环泵;8—雾化加热器;9—燃油自清滤器;10—黏度计;11—主机;12—回油筒;13—自动除气阀。

主机燃油供给泵设有两台,互为备用。在泵的排出端装有定压阀 5,由排出压力控制它的开闭及开启度。当排出压力高于正常工作压力(一般为 0.4MPa)时,定压阀被打开至某一位置,将部分压力油溢出至油泵吸入端,以维持设定的工作压力。主机燃油循环泵也有两台,也互为备用。它的进口压力为 0.4MPa,而出口压力为 1.0MPa。循环泵的排量往往大于主机正常耗油量的几倍,以保证主机正常供油。多余的油一般通过回油管回到主机燃油回油筒 12 后再接至循环泵的吸入口,也可以通过三通旋塞直接回到燃油日用油柜,不能回至柴油日用油柜。主机燃油循环泵和供给泵均能自动启、停,当其中一台泵在正常运行中出现压力下降时,另一台备用泵能自动启动,达到压力要求后,前一台泵自动停止,同时发出报警信号。因此 4 台泵的吸入和排出阀件均应处于开启状态,排出阀均应采用截止止回阀,以防止作无效循环。

主机燃油回油筒的作用是:①使主机高压喷油泵的高温回油不进入日用油柜,这样不会因日用油柜散热量太多而使机舱温度提高,同时也节约了能源。②燃油和柴油相互转换时,由于两种油的温度相差悬殊,为使主机高压油泵不至于因温度变化激烈而发生咬死的现象,必须有一段混用的过程,使温度逐渐升高或降低,逐步替换燃油品种。这时就可以在回油筒中进行两种油的混合。③在回油筒上设有透气阀,它可以保证回油经过时不断地排除燃油中的气体,气体应回至燃油日用油柜,但回油不能通过透气阀回至油柜。

流量计的作用是测定主机的耗油量,由于燃油是一种高温高压的流体,流量计很容易损坏,所以平时一般不用,而是从旁通阀通过。同时在流量计前还装有滤器,以防流量计损坏。

燃油自清滤器能根据滤器前后压力差或设置的定时器自动进行对滤网的清洗工作。此自动滤器还带有旁通滤器和高压差报警装置。

(2)燃油黏度的自动控制。燃油黏度控制可以通过温度控制来实现,但不同品种的燃油,甚至相同品种、牌号的燃油要达到相同的黏度时,其加热温度是不一样的。因而实际操作是很困难的。所以目前均采用黏度控制的系统,而不是温度控制。

黏度计及其系统的作用就是实现自动控制燃油的黏度。黏度计主要有毛细管式和摆动槽针式两种,船舶上使用得比较多的为毛细管式,其工作原理如图 5-1-4 所示。燃油经过黏度计时,黏度计内部的恒流量齿轮油泵 1 从油流中吸取少量燃油送入毛细管 2。由于毛细管 2 的直径较小,而通过它的油量是恒定的,流动的燃油在毛细管两端形成压差。压差与燃油的黏度成正比。毛细管两端的压差信号传递到调节器,即能测出燃油的黏度。

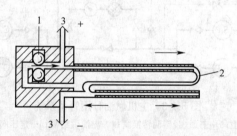

图 5-1-4　黏度计结构原理图
1—恒流量齿轮油泵;2—毛细管;3—毛细管前后接管。

图 5-1-5 所示为 VAF 型燃油黏度控制原理图,采用的黏度计是毛细管式的。它主要由薄膜控制阀 1、黏度控制器 3、黏度计(由件 4~11 组合而成)、三通活塞阀 13、三通电磁阀 14、柴油-燃油转换开关 15、自动/手动选择器 17 等组成。

其工作原理如下:燃油通过三通活塞阀(即燃柴油转换阀)、燃油加热器、黏度计后进入主机。燃油通过黏度检测器 4,测得毛细管两端的压差,此压差信号进入差压变送器 5,使油的差压信号变成气压信号,此气压信号通过起缓冲作用的气容 9 至黏度控制器 3,指示出燃油的黏度,与设定值比较。当两个值相等时,即燃油的黏度与设定值相符,则系统稳定,即加热蒸汽用的薄膜控制阀的开度不变;当燃油的黏度大于设定值时,黏度控制器

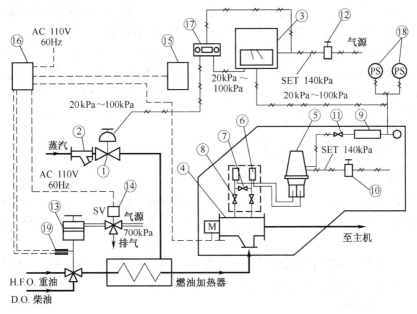

图 5-1-5　主机燃油黏度控制原理图

1—薄膜控制阀；2—蒸汽滤器；3—黏度控制器；4—黏度检测器；5—差压变送器；6—油隔离器；7—平衡阀（常关）；8—截止阀（常开）；9—气容；10、12—带滤器减压阀；11—针阀；13—三通活塞阀；14—三通电磁阀；15—柴油/燃油转换阀；16—继电器箱；17—自动/手动选择器；18—压力开关；19—限位开关。

3 输出加大的气压信号,通过自动/手动选择器 17(此时在自动位置)进入薄膜控制阀的上部,使阀的开度增大,增加进入加热器的蒸汽量,以降低燃油黏度,以达到测量值降回到设定值;当燃油黏度小于设定值时,通过黏度控制器的调节使输出气压信号减小,蒸汽薄膜控制阀关小,减少进入加热器的蒸汽量,使燃油黏度增大,以达到测量值上升到设定值,一直到系统稳定为止。

　　船舶在启航、停泊和进港时经常要进行轻重油的转换。如轻油转换成用重油,重油的油温要达到 120℃～150℃,对主机来讲,高压喷油泵的柱塞偶件间的间隙很小,如温度突变,将会发生油头油泵咬死的故障。所以转油时必须逐渐加温,加温的速度一般为 2℃/min 左右。要使燃油逐渐加温,则必须将自动/手动选择器 17 转入"手动"位置,通过手动调节来控制薄膜阀开度增加的速度,达到逐渐加温的目的。到温度达到 70℃～80℃时,将柴油/燃油转换开关 15 转到燃油位置,三通活塞阀同时转换到燃油位置,柴油转换成燃油。但此时的黏度会逐步上升,当黏度值超过设定值时,仍由手动控制薄膜阀逐步开大,直到黏度值接近设定值后,再将自动/手动选择器 17 转换到自动位置。由燃油转换到柴油也一样操作,只不过是逐步降温而已。

　　黏度计内的恒流量油泵由柴油/燃油转换开关 15 控制,当它转到燃油位置时,油泵立即启动,发出压差信号。当转到轻油位置时,延迟 30min～60min(可调)停止运转,目的是将黏度计中的剩余燃油换成柴油。

　　2. 柴油发电机燃油日用管系

　　柴油机发电机燃油日用管系的原理与主机基本相同,不同之处:一是柴油发电机一般有两台或三台,所以从黏度计出来后的管路要分成几路分别供到每台柴油发电机;二是柴油发电机初始启动时柴油的来源要依靠重力供油,所以一般都有一路管子直接从日用油柜接至柴油发电机的进口三通阀,或者要依靠专门的气动泵供油。

柴油发电机燃油系统由三通转换阀至黏度计的所有设备和管路,在大型船舶上一般都已实现模块化,由专业化的工厂进行制造和装配,船厂负责模块与柴油机、油柜之间的管路及阀件的安装工作。主机燃油日用系统也有组成模块的,也有主辅机合在一起组成模块的例子。

四、燃油管系布置的原则和安装技术要求

1. 布置原则

(1)燃油系统应保证在任何工况下都能正常地为柴油机或其他用油设备供应燃油,为此,它的布置原则应保证船舶在较长时间内横倾 15°和纵倾 15°的情况下,整个系统都能正常工作。

(2)燃油输送泵、燃油供给泵、燃油循环泵(增压泵)均应有一台备用泵,为主、辅机服务的泵还应具备自动转换的功能。

2. 安装技术要求

(1)所有双层底以上的燃油舱柜,其供油管上的任何阀件均直接安装于舱柜壁上,并采用可以遥控关闭的速关阀。

(2)燃油管路必须与其他管路隔绝,同时应尽量敷设在便于拆装、检修的位置。

(3)所有油管、油柜不准装在柴油机、排气管、消音器、锅炉及烟囱、发电机和配电板等电器设备的上部,以免漏油而发生火灾。同时也不准装于房间的上方天花板或围壁板内,以免溢出的油气散发在室内,有碍于卫生和引起火灾。无法避免时,应无可拆接头或设有专门的聚油盘和排油设施。

第二节 滑 油 管 系

一、滑油的性质和品种

1. 滑油的性质

(1)黏度。黏度也是滑油的重要性质之一,它在很大程度上决定着油膜的形成。黏度过大,滑油在摩擦表面不能很快散开,不易形成连续而均匀的油膜,致使柴油机摩擦损失增大;黏度过小,则可能不形成可靠的油膜,出现半液体摩擦,润滑效果降低,致使柴油机承载能力下降。滑油黏度随温度变化而变化,温度升高,黏度降低。评定不同品种的滑油黏度随温度变化的程度,常采用黏度指数或黏度比。

滑油的黏度指数是通过两种标准油相比较而得出的。黏度指数在 85 以上者叫高黏度指数,小于 45 为低黏度指数。黏度指数高,说明该滑油黏度随温度变化的程度小,它在高温时有足够的黏度,低温时黏度又不过高,这样的滑油品质好。

黏度比也是评定滑油随温度变化的性能指标。它是滑油在 50℃时黏度与 100℃时黏度的比值。黏度比小,表示滑油在规定温度范围内黏度变化小,质量也就好。

(2)酸值。滑油中所含的酸类有两种:一种是有机酸,它本来就存在于石油中;另一种

是无机酸,即硫酸,它是在炼制过程中,经清洗和中和后残留在滑油中的。为了去除滑油中的杂质,冶炼中必须使用硫酸,再用淡水洗涤,然后用碱溶液中和,所以滑油中存在的无机酸,就是指残留的硫酸。它对金属的腐蚀性很强,可能引起轴承等零件产生麻点。微量的有机酸对于金属并没有腐蚀作用,但当有机酸含量较多时,铅和锌很快会起化学变化,铜也会氧化成氧化铜。

滑油总酸值的迅速增加,表示滑油质量在急剧恶化,滑油中将产生沉淀物,颜色变黑。按规定,滑油总酸值不允许超过 2.5mg,否则就要更换滑油。

(3)抗氧化安定性。抗氧化安定性是滑油抵抗空气氧化的能力。它可以通过试验测得。如果在混有 60mL 水的 300mL 油样中安放有钢—铜线制作的催化环,并把它放在温度为 95℃,流量为 0.5L/h 的氧气流中,在整个试验过程中间和终了时,又分别去测定它的酸值,当达到最大酸值时,就可以判断滑油的抗氧化安定性。

滑油氧化后,不仅使酸值增加,而且由于生成胶状和沥青状结晶物质而使油色变深,黏度增加。

(4)抗乳化度。它是衡量油水混合物分离能力的指标。海水或淡水混入滑油中会使滑油乳化。滑油乳化后,要生成泡沫,影响滑油压力。另外滑油乳化后,不溶解杂质就浮在油中,污染摩擦表面,使部件磨损加剧。

2. 滑油的品种

滑油的品种很多,但船用柴油机的滑油主要有柴油机油(又称系统油)、汽缸油和汽轮机油。

(1)柴油机油。是指润滑轴承用的循环系统中的滑油,所以又称系统油、润滑油或机油。柴油机油主要有三个牌号:HC-8、HC-11、HC-14,简称为 8 号、11 号和 14 号机油。其中数字表示该滑油的平均黏度值(cSt)。它几乎可以润滑柴油机所有的运动部件。

(2)汽轮机油。主要用于汽轮机的轴承和减速齿轮箱的润滑和冷却。它在柴油机中用来润滑废气涡轮增压器和调速器。

(3)汽缸油。主要用于十字头式柴油机的汽缸润滑。由于活塞的运动,故会有少量燃油中的硫化物混入到汽缸和活塞之间的运动表面之中,因而活塞与汽缸套间的润滑往往使用含有碱的汽缸油来润滑。汽缸油分为高碱汽缸油和低碱汽缸油,分别适用于使用高硫分和低硫分燃料的十字头式柴油机的汽缸润滑。

二、润滑油的作用

当柴油机的轴、活塞、十字头滑块等在轴承、汽缸壁、导板上转动和滑动时,各接触面之间就要发生摩擦。如果两个金属表面直接接触而发生干摩擦,就会消耗大量的动力(变为热而散失),使柴油机输出的有效功率大大减少。而更严重的是出现相互运动着的部件表面急剧磨损及其他形式的损坏。减少摩擦和减轻磨损的方法很多,在两摩擦面之间加进一层润滑油油膜,使零件的干摩擦变为油分子的液体摩擦,就是其中一种最有效的方法。

摩擦是一种物理现象,磨损是摩擦产生的结果,而润滑则是降低摩擦,减少磨损的重要措施。除此之外,滑油系统在柴油机中还有冷却、清洁、密封、防腐蚀和减振和减轻噪声的作用。

三、润滑的方式

根据润滑油供给途径的不同,可以将润滑方式分为以下几种。

人工润滑:润滑油是以加油器具向各加油点进行人工加油。它主要使用于一些外部的、次要的润滑部位,如低速柴油机的摇臂轴承、气阀导杆和传动杆接头等。这种方法结构简单,但不能达到良好的润滑,且耗油量大。

飞溅润滑:利用某些部件(曲轴、连杆大端等部件)在高速转动时,撞击油液表面所产生的飞溅作用,将滑油溅到各摩擦表面。它用于油道输送滑油难以达到的或承受负荷不大的摩擦部位。如汽缸套、凸轮、传动齿轮等场所。这种方法由于不使用油泵,结构简单,但飞溅的润滑油与空气的接触,加速了滑油的氧化,同时润滑效果差,耗油量大,给油量不能控制。这种润滑方法在采用湿式油底壳润滑系统的中、小型柴油机上使用较多。

压力润滑:滑油在油泵的压力作用下(或靠高位油箱的静压力)通过油道输送到摩擦表面。它能输送到承受负荷较大的摩擦表面,如主轴承、连杆轴承等各轴承处。这种方法由于使用油泵,能保证具有充分的油量,工作可靠,同时具有清洗和冷却作用。

注油润滑:通过注油器建立一定的压力,定时、定量地供油。大型低速柴油机的汽缸套与活塞之间的润滑、气阀传动机构的润滑等均采用此方法。这种方法结构较复杂,但能准确地对一定部位供给适当的润滑油。

喷射润滑:滑油通过喷嘴将油喷出,达到压力油不容易输送到的部位(如齿轮箱的齿轮、高速滚动轴承等),这种方法结构简单,润滑效果较好,但耗油量较大。

四、柴油机滑油系统的分类

按柴油机内循环的滑油储存的方式可分为湿式油底壳润滑系统和干式油底壳润滑系统。

湿式油底壳润滑系统:此系统的特点是滑油储存在柴油机的油底壳中,正常运转时,柴油机本身所带的油泵抽吸油底壳滑油,经过滑油冷却器后,输送至各润滑部件进行润滑,然后借重力流回油底壳中,成为独立的滑油系统,一般适用于小型柴油机。

干式油底壳润滑系统:特点是柴油机润滑系统设有专门的滑油循环舱(柜)储存润滑油。这种系统广泛应用于大、中型柴油机中。滑油循环舱一般均设于主机下方的双层底内,滑油泵自该舱内吸出滑油。经冷却器后再输送至柴油机各运动部件进行润滑,然后通过柴油机油底壳回到滑油循环舱。

按滑油系统润滑的部位来分,可分为主润滑系统、汽缸润滑系统和增压器润滑系统。

主润滑系统:主润滑系统也称为循环润滑系统,主要用来润滑柴油机的主轴承、十字头、凸轮轴、排气阀执行机构等传动部件。滑油在系统中作循环使用。

汽缸油润滑系统:这种系统比较简单,一般由汽缸油储存柜、日用油柜、手摇泵或齿轮油泵、注油器等组成。由柴油机驱动的注油器定量定时地向汽缸壁周围供油,它在起了润滑作用后,随着燃气一起燃烧而排到大气中。

增压器润滑系统:用来润滑增压器轴承等部件。目前大、中型船舶上已没有这个系统,增压器的轴承润滑均采用油池润滑方式,不设独立的润滑系统,采用人工注油的方式。

五、柴油机滑油系统的任务、组成

1. 滑油系统的任务

滑油系统的主要任务是向柴油机内的润滑系统供给足量的、适当压力和温度的滑油，以保证柴油机的正常工作；排除滑油中存在的一切不利于润滑系正常工作的物质，以延长滑油使用期和柴油机的寿命。后一项任务既要保证工作中的滑油质量，又必须恢复已经使用过的滑油质量。

2. 滑油系统的组成

滑油系统的组成与燃油相似，也由注入、储存、驳运、计量、净化和供给六部分组成。

六、滑油系统的原理

大型船舶上滑油系统一般由滑油输送和分油系统、主机滑油系统和尾管滑油系统组成。

图 5-2-1 所示为某船舶的滑油输送和分油系统图。实际上该系统完成了滑油的注入、储存、驳运、计量和净化等功能。

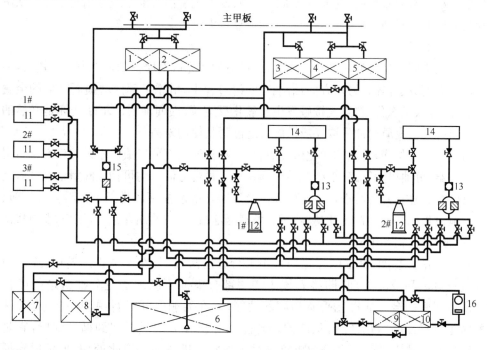

图 5-2-1　滑油输送和分油系统图

1—滑油储存柜；2—滑油沉淀柜；3—发电机滑油储存柜；4—发电机滑油净油柜；5—发电机滑油沉淀柜；6—主机滑油循环舱；7—尾管滑油泄放柜；8—滑油泄放柜；9—1#填料函滑油泄放柜；10—2#填料函滑油泄放柜；11—柴油发电机；12—滑油分油机；13—滑油分油机供给泵；14—分油加热器；15—滑油输送泵；16—CJC滤器。

（一）滑油输送和分油系统

1. 滑油的注入和储存

由于不同设备所使用的滑油不尽相同，所以各种滑油在甲板上均有专用的注入口。

173

一般来说有主机滑油、柴油发电机滑油和空压机滑油等。

主机和柴油发电机滑油从各自的注入口进入,经甲板注入总管进入滑油储存柜1和发电机滑油储存柜3。储存柜大都设置在机舱的上层空间,使滑油能依靠重力流至主机滑油循环舱、尾管滑油泄放柜及其他小型油柜(如滑油零用油柜等,图中未画出)。如果储存柜设置在双层舱内,则必须依靠滑油输送泵驳运。

大型船舶的主机滑油循环柜均设在主机下方的双层底内,四周和底板下方都设有隔离空舱。目的是将滑油循环舱与燃油舱及淡水舱隔开,同时下方的空舱可以防止外板发生破损时,保持油舱完整,提高船舶的安全性。主机滑油循环舱内肋板上开有不同位置的导向孔,避免主机回油直接被油泵吸入,引导油流在舱内流过较长的距离,便于杂质的沉淀及起到一定的冷却作用,且使滑油中的空气分离出来,通过透气管排出。

2. 滑油的驳运

本系统设有一台滑油输送泵,设有4路的吸总管。1路抽吸主机滑油循环柜内的滑油;1路抽吸柴油发电机油底壳或循环柜内的滑油;1路抽吸柴油发电机滑储存柜和净油柜的滑油;1路抽吸各种泄柜内的滑油。输送泵排出的滑油分别送至滑油储存柜、滑油沉淀柜和发电机滑油储存柜、发电机滑油净油柜、发电机滑油沉淀柜或排出至甲板。从滑油储存柜或净油柜至循环油舱(柜)的滑油均依靠重力流入。

3. 滑油的净化

与燃油不同的是滑油是循环使用的,所以滑油在完成对摩擦部件的润滑作用后,一方面滑油的温度有了提高,另一方面,滑油在润滑过程中,增添了部件磨损而产生的金属屑粒,又可能渗入了水分,与空气接触发生了氧化反应等,因而油质的不断变坏是必然的趋势。所以必须对变质滑油采取相应措施使之能延长使用寿命。

与燃油系统相同,滑油的净化由过滤、沉淀和分油三部分组成。本系统设有两台滑油分油机,两台分油机的管路、功能几乎全部一样。每台分油机均可抽吸除滑油储存舱之外的所有油舱、柜内的滑油,进行净化处理。经过净化的滑油可以排至主机滑油循环舱、尾管滑油泄放柜(2♯分油机无此功能)、2♯填料函泄放柜、滑油储存柜/沉淀柜、发电机滑油储存/净油/沉淀柜和甲板。

对于大部分船舶,滑油的净化均采用平行分离法,就是在柴油机运转中,连续地对滑油进行分离和澄清处理,即将系统中的一部分滑油不断地送进分油机进行净化处理。所以尽管两台分油机几乎有相同的功能,但在船舶实际运行中,其中一台分油机负责对主机滑油的净化处理,从滑油循环舱内抽出经分离后再回到循环油舱,它是处于连续运转的状态。另一台分油机负责对柴油发电机滑油的净化处理,但可以穿插对其他油柜内滑油的处理工作,处于经常的,但不一定是连续的运转状态。也有船舶设有3台滑油分油机,2台主机滑油分油机、1台柴油发电机滑油分油机。2台主机滑油分油机中的1台作为主机和柴油发电机的备用分油机。此时至少有2台分油机处于连续运转之中。

(二) 主机滑油系统

船舶上需要设置滑油系统的主要机器是作为主机和发电机原动机的柴油机,但柴油发电机的滑油系统一般均为机带系统,即所有设备包括泵、冷却器、滤器、循环柜、管路及附件等都已安装在机上,船厂只安装外接管路,即使有些部件需船厂安装,系统也相对简单。故这儿仅介绍主机滑油系统。

图5-2-2所示为典型的主机滑油系统图。它由两台主滑油泵1、滑油冷却器2、三通调温阀3、自动反冲滤器4、主机5、两台排气阀液压执行机构滑油泵6和主机滑油循环柜7组成。凡设有两台泵的,其中均有一台为备用。主机滑油泵1可以是螺杆泵,也可以是深井泵(离心泵)。如果是螺杆泵,则在泵之前应设置粗滤器。图5-2-2所示为深井泵,故没有设置专门的滤器。它自循环油舱中抽出滑油,输送到滑油冷却器,经过三通调温阀、自动反冲滤器后进入主机对运动部件进行润滑。

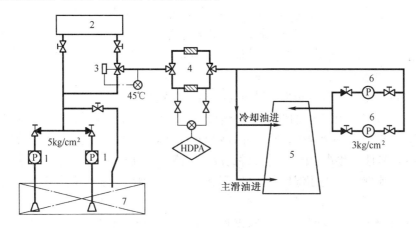

图5-2-2 主机滑油系统

1—主滑油泵;2—滑油冷却器;3—三通调温阀;4—自动反冲滤器;5—主机;6—排气阀
液压执行机构滑油泵;7—主机滑油循环柜。

滑油冷却器的进出口之间的三通调温阀控制滑油的进机温度,一般要求滑油进机温度控制在45℃左右。当油温超过设定温度时,三通调温阀关小或完全关闭,增加通过滑油冷却器的滑油量,使油温下降。当油温低于设定温度时。三通调温阀开大,使旁通的滑油量增加,导致油温上升,最后保证油温稳定在设定的温度。

自动反冲滤器的作用与燃油系统的滤器相同,带有高压差报警(HDPA)。当进出口压差超过额定值时,发出报警,此时必须检查滤器的工作状态是否正常,反冲功能是否起作用,以保证主机的正常运转。

此系统还设有两台排气阀液压执行机构滑油泵,其作用是升高进入执行机构的滑油压力。也有设置十字头滑油增压泵(SULZER 苏尔寿柴油机)或凸轮轴滑油增压泵的例子,作用是一样的。是否要设置,按机厂的要求进行。

在滑油进主机前一般还设有滑油低压、滑油高温报警装置,以防止润滑油中断或压力过低而引起活动部件失油而损坏。油压低于一定值或油温高于一定值时柴油机会自动降速或停车。

滑油系统除了对柴油机进行润滑外,有时还要对中间轴承、推力轴承等进行润滑。尾管滑油系统也是一个独立的滑油系统,它的作用是润滑尾轴轴承、降低轴承温度,同时保证尾轴的密封,防止海水进入尾轴轴承引起腐蚀,甚至造成机舱进水的严重后果。

第三节 冷却水管系

一、冷却水系统的作用

柴油机动力装置中一些机械设备在正常运行中不断产生热量,这些热量必须及时散发,否则发热件温度将继续上升,以致超过容许的限度而破坏机械设备的工作可靠性。如柴油机汽缸内燃烧产生的热量除了对外做功外,其中一部分热量将传到机器的部件上,若不给予适当的冷却,这些部件将因温度过高而不能继续工作。为了及时而有效地散发这些热量,通常就要让一定量的液体连续流经受热部件,把这些热量带出设备。冷却系统一般采用淡水或海水(或江河水)作为冷却介质。

冷却系统带走的热量有很大一部分是燃料燃烧做功后所剩余的热量,一般约占燃烧热量的 20%～30%。由于柴油机是一种热机,是依靠燃料燃烧的热量来做功的,所以冷却系统带走的热量是一种损失。很显然,冷却越强烈,这部分的损失越大,就越明显地降低柴油机的经济性。此外,由于受热部件的温度很高,如汽缸内壁的平均温度可达 200℃～300℃,与冷却水接触的表面温度又较低,因此在这样的温差下易产生热应力。温差过大,部件就会产生裂纹。

由此可知,柴油机对冷却过程是有严格要求的。冷却系统的作用就是对柴油机进行强制冷却,将各受热部件的温度控制在允许范围内;另一方面又要保持恰当的冷却水温度和采用合适的冷却介质,以保证其正常可靠地工作。

在决定冷却水温度时要充分考虑到冷却不足或冷却过度所带来的后果。如冷却不足将使部件受热过度,导致材料机械性能下降,产生热应力与变形,破坏工作面的正常间隙,造成过度的磨耗甚至咬死而损坏;冷却不足还将会使滑油温度过高,缩短滑油使用寿命引起滑油变质和结焦,破坏油膜而失去润滑作用。相反,如冷却过度将使冷却液带走的热量过多,而使柴油机经济性下降;使用含硫量较高的油料时,冷却过度会使汽缸内形成硫酸而腐蚀缸壁及活塞。因而冷却水系统的热平衡计算是十分重要的。

在采用柴油机动力装置的船舶上,需要散热冷却的机械设备主要有:

(1)主、辅柴油机,包括汽缸、活塞、喷油器及增压器等。

(2)主、辅柴油机的滑油冷却器、淡水冷却器等热交换器。

(3)轴系的轴承等。

(4)空压机、冷凝器等设备。

(5)其他机械设备或热交换器。例如空调、冷藏机组、甲板机械的液压系统等。

在这些机械设备中,以主机散热的量为最多。所以船舶冷却系统中往往以主机的冷却管路为中心,并与其他机械设备的冷却管路、各种冷却附属设备共同构成冷却系统。

二、冷却水系统的基本形式

冷却水系统的基本形式如图 5-3-1 所示。

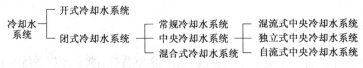

图 5-3-1　冷却水系统的基本形式

1. 开式冷却水系统

所谓开式冷却水系统是指柴油机本身直接用舷外水(海水或江河水)进行冷却。

开式系统的优点是装置简单,管理维修方便。缺点是舷外水水质差,河水含有杂质,海水含有各种氯化盐,会堵塞冷却空间或对部件产生腐蚀及发生沉淀产生水垢,降低热效率。为防盐类析出,海水温度应在 50℃～55℃以下,高温部件不能用,由于柴油机的冷却水温度一般要求在 60℃以上,高速机应达 80℃～90℃。因此现今除江河小船外,基本上已不采用开式系统。

2. 闭式冷却水系统

与开式系统相对应,是指柴油机本身用淡水冷却,而淡水再经热交换器用舷外水冷却,也就是淡水在系统中作封闭循环,而封闭循环的冷却淡水再由另一个开式冷却系统(不是指柴油机本身)来冷却。因而它具有很多优点如下。

(1)循环于机内的是清洁的淡水,不易发生堵塞现象。

(2)清洁水不易发生积垢现象,保证良好的传热效果及延长部件的使用寿命。

(3)不受海水中析出盐分的温度限制,可采用较高的冷却水温,提高热效率。

(4)缩短暖缸时间,提高机动性。(暖缸时,淡水不经过冷却器或关闭海水泵。)

3. 中央冷却水系统

为使主机以外的其他机械设备也均用淡水,且用一个系统进行冷却便形成了中央冷却水系统。若有部分设备单独用海水冷却则称为混合式冷却系统。

在柴油机淡水冷却系统中,有高温水回路和低温水回路,如采用高低温水的混合来调节系统参数,则属混流式中央冷却系统;如高低温回路各自分开,则为独立式中央冷却系统。

在独立式中央冷却系统中,如高温水热交换器用低温水(淡水)来冷却,称为独立Ⅰ型,如果用海水来冷却高温水,则称为独立Ⅱ型。

在某些航速较高的船舶上,如集装箱船、舰艇等,它的中央冷却器(低温淡水冷却器,亦称为戽式冷却器)亦可设计为利用船舶航行的速度所获得的自流海水来冷却,称为自流式中央冷却系统,它是独立Ⅰ型的特殊形式。

表 5-3-1 是常规冷却水系统与中央冷却水系统的优缺点对照表。

表 5-3-1　常规冷却水系统与中央冷却水系统的优缺点对照

	常规冷却水系统	中央冷却水系统
优点	1. 主机仅须设置两套冷却水泵,即海水冷却泵和缸套水冷却泵 2. 管路系统简单 3. 初投资低	1. 用海水冷却的冷却器仅需 1 套(1 只或 2 只) 2. 其他冷却器均用淡水冷却,材料要求低,价格便宜 3. 需耐腐蚀的海水冷却管路短 4. 冷却器维修量小,传热效果好
缺点	1. 所有冷却器均用海水冷却,因而维修量大 2. 需配其他机械设备用的海水冷却泵 3. 需耐腐蚀的海水管路长	1. 有三个冷却回路,因而须设 3 套冷却水泵,海水冷却泵、低温水冷却泵和高温水冷却泵 2. 初投资高

三、冷却水系统原理

冷却水系统可以划分为海水冷却系统、淡水冷却系统,淡水冷却系统又可分低温水冷却系统和高温水冷却水系统(也称缸套水冷却系统)。但从表 5-3-1 可以看出对于使用低速柴油机的船舶,采用中央冷却水系统是受到航运公司所欢迎的一种形式。大型船舶上也大多采用中央冷却水系统,所以该系统也可以合在一起称为冷却水系统。下面对常规的海水冷却系统和独立式中央冷却水系统作介绍。

1. 常规的海水冷却系统

图 5-3-2 所示为常规的海水冷却系统图,它主要由两台海水冷却泵、滑油冷却器、缸套水冷却器、温控阀和回流管路等组成。

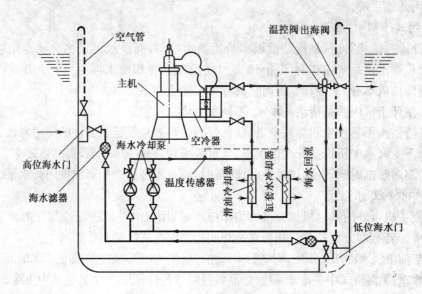

图 5-3-2　常规的海水冷却水系统

其工作原理是:海水泵从海水门及海水总管中吸入海水,然后分两路,一路将海水送到主机的空冷器中,另一路将海水送入滑油冷却器,再经过淡水冷却器后与主机空冷器的排出水合为一路,通过三通调温阀直接排舷外或回流至海水泵的吸入口。

由于受季节或航行地区的影响,海水温度一直在变化之中,所以在海水排出的管路上安装有三通调温阀,当海水温度低于设定温度时,使海水回流至海水泵的吸入口,以提高海水进水的温度。三通调温阀的开闭受安装在海水泵出口管路上的温度传感器控制。

船舶上一般至少设有两只海水门,布置于两舷,且尽可能低。也可以一只为高位海水门,一只为低位海水门。在浅水航道航行时可使用高位海水门,以防止泥沙的吸入。但大型船舶为了安全起见,都设三只海水门,其中一个高位海水门、两个低位海水门。

海水应先对滑油进行冷却,然后再进淡水冷却器对淡水进行冷却。这是由于滑油温度低于淡水,且黏度高,热交换性能比淡水差。

2. 独立式中央冷却水系统(Ⅰ型)

图 5-3-3 为独立Ⅰ型中央冷却水系统图,也就是主机的高温水由低温水来冷却。它

178

的工作原理是:该系统由三个相互独立的回路组成,即海水回路、高温淡水回路和低温淡水回路。

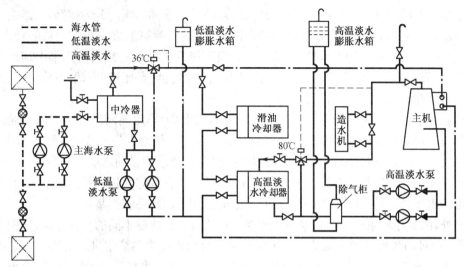

图 5-3-3　独立Ⅰ型中央冷却水系统图

(1)海水回路。海水回路相当简单,两台海水泵从海水总管吸入海水后送入中央冷却器,冷却低温淡水后直接排至舷外。

(2)高温淡水回路。高温淡水回路即主机缸套水冷却系统,它是一个闭式循环系统,两台高温淡水泵将高温淡水送入主机对汽缸、活塞和喷油器等进行冷却,然后从主机的最高点排出,经三通调温阀、高温淡水冷却器或旁通管、除气柜后回到高温淡水泵的吸入口。

在主机淡水排出管路上,并联安装有一台造水机(或称制淡装置),可利用高温淡水的余热将海水制成淡水,作为船上淡水补充之用。它是一种节能装置,后文将作详细介绍。

安装在高温淡水冷却器进出口旁通管路上的三通调温阀用来控制主机淡水出口的温度,一般要求主机淡水出口温度控制在80℃左右。主机淡水温度的调节可以采用三种不同的方法来达到。①如图 5-3-3 所示调节进入冷却器的高温淡水量。②调节进入主机的淡水量。③调节进入高温淡水冷却器的低温淡水(或海水)的量。这三种方法虽然均可以调节淡水的温度,但实际上后两种方法由于会造成主机进出水温差太大或响应太慢,在船舶上很少使用。另外三通调温阀可以设在冷却器的进口管路上,也可以设在出口管路上,两种方法均可以。

系统中还设有一只高温水膨胀水箱,它的作用如下。

①让在闭式循环管路中流动的淡水,因温度变化而引起体积变化时有胀缩的余地。

②管路中因局部受热而汽化产生的气体能通过它排到系统之外。因而在主机淡水出口最高处一般都接有一根透气管,与膨胀水箱相通。

③可利用膨胀水箱中水的静压头,使吸入管路始终保持较高的水压,避免管路中的水产生低压汽化现象,保持压力稳定。

④可利用膨胀水箱补充淡水的损耗。

⑤是对水质进行处理的投药场所。

高温淡水泵吸入管路上安装的除气柜,其作用是去除管路中的空气和从膨胀水箱来的补充水的接入口,也就是说补充水管必须连接到淡水泵的吸入口。

(3)低温淡水回路。低温淡水回路也是一个闭式循环系统。按图 5-3-3 所示两台低温淡水泵将低温水送入中央冷却器进行冷却,再经过三通调温阀后分为两路,一路去主机的空冷器,另一路到滑油冷却器和高温淡水冷却器,最后两路汇成一路回到泵的吸入口。整个回路的作用与常规的海水冷却系统相同,只不过它本身还必须由海水来冷却。在实际船舶上,低温水还分好几路,分别对柴油发电机的空冷器、空压机、空调、冷藏、大气冷凝器等进行冷却,系统要复杂得多。

此回路中的三通调温阀就安装在中央冷却器的出口,作用同高温回路中的三通调温阀。低温淡水冷却器的出口温度一般控制在 36℃。它也设有专门的低温水膨胀水箱。

系统中凡是设两台泵时,其中一台泵均为备用,并要求能自动启动并转换。

独立Ⅱ型中央冷却水系统与Ⅰ型的区别仅在于,中央冷却器称为低温淡水冷却器,它与高温淡水冷却器均由海水来进行冷却,其他的工作原理和系统都基本一样。

另外,闭式循环系统中冷却泵与冷却器的位置可以有两种不同的布置方法,如图 5-3-4 所示。两种布置形式的主要差别在于淡水泵是直接接在主机淡水进口管路上还是出口的管路上。图 5-3-4(a)所示为淡水从冷却泵出来首先进入主机进口,这可以使冷却水在主机中保持较高的压力,因而冷却水在汽缸冷却腔中不易汽化,可保证柴油机的良好冷却效果,所以在船舶上应用较多。这种布置的缺点在于从主机出来的冷却水进入冷却器时压力已经降低,当冷却器管板处发生泄漏时,海水可能漏入淡水中。图 5-3-4(b)所示为淡水经冷却泵出来后,先进入淡水冷却器,然后到主机的各部件进行冷却,最后回到冷却泵的吸入口。这种布置的优缺点正好与上面的形式相反。

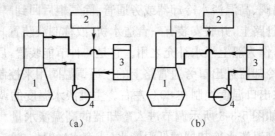

图 5-3-4　冷却系统管路布置形式

1—主机;2—膨胀水箱;3—冷却器;4—淡水泵。

四、制淡装置(造水机)

船舶航行时,由于柴油机淡水冷却管路中淡水的泄漏、船员和旅客生活用水的消耗、辅锅炉蒸汽凝水管路的泄漏等要消耗大量的淡水,因而必须得到及时的补充。一般情况下,船舶在设计时就已经考虑到船舶航行期间各种淡水的消耗量,布置有足够容量的淡水舱。但是作为应急情况下对淡水的补充,以及利用高温淡水的余热进行制淡,可以节约能源和减少淡水舱的容积,增加船舶营运吨位。因而船舶上均设有制淡装置。

(一)制淡装置的种类

制淡装置的作用是除去海水中多余的盐分和杂质,并制成满足用水设备或生活用水要求的淡水。船舶上常用的制淡装置主要有以下两种。

1. 沸腾式制淡装置

它的工作原理是将海水置于蒸发器壳体中加热,使其在相当于蒸发器压力的饱和温度下沸腾蒸发,把不含有溶解物的蒸汽引至冷凝器中冷凝成蒸馏水(淡水)。未蒸发的,含有大量溶解物质的海水(盐水)用水泵排至舷外。此法称为沸腾法。这种制淡装置在民用船舶上应用最广泛。

2. 电渗析制淡装置

它是利用相间排列的有选择的阴、阳离子渗透膜(或称离子交换膜),在电场作用下能使海水中的离子通过渗透膜进入相邻的隔室,以实现海水淡化。这种制淡方法海水没有发生相变,在常温下用电来淡化海水。这种制淡装置在军船应用得比较多,这是由于它需要消耗大量的电能,对民船来说是不经济的。而军船没有余热或余热无法利用,只能采用这种制淡方法。

(二)沸腾式制淡装置系统原理

图 5-3-5 所示为沸腾式制淡装置(后面简称制淡装置)系统原理图。它由控制箱 1、电磁阀 2、流量计 3、弹簧阀 4、淡水泵 5、盐度计 6、海水泵 7、滤器 8、真空/盐水喷射泵 9、弹簧阀 10、节流阀 11、蒸汽喷射泵 12、安全阀 13 等组成。

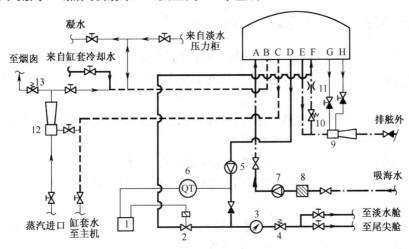

图 5-3-5　沸腾式制淡装置系统原理图

1—控制箱;2—电磁阀;3—流量计;4—弹簧阀;5—淡水泵;6—盐度计;7—海水泵;8—滤器;9—真空/盐水喷射器;10—弹簧阀;11—节流阀;12—蒸汽喷射泵;13—安全阀。

制淡装置由蒸发器和冷凝器两部分组成,冷凝器采用板式冷凝器。该装置对海水的加热采用两种方式,可以利用主机缸套水进行加热,从主机来的温度为 70℃左右的缸套水从 B 口进入,C 口排出回到缸套水系统。也可以利用蒸汽通过蒸汽喷射器 12,直接将 0.3MPa～0.4MPa 的蒸汽喷入循环水中进行加热,仍利用蒸汽喷射器将循环水抽出,此时,用于加热的管路通过制淡装置上的 B、C 口作闭式循环,多余的凝水(蒸汽冷凝而成)通过管路排出。使用蒸汽制淡时,为了防止系统超压,蒸汽喷射器出口装有安全阀 13。

冷却用海水和制淡的海水均由海水泵 7 通过滤器 8 从舷外吸入,海水泵排出的海水从 A 口进入制淡装置中的冷凝器,对蒸发器进行冷却使蒸汽冷凝成蒸馏水(淡水)。然后再从制淡装置的 E 口排出,分成两路,一路经过弹簧阀 10、节流阀 11 和接口 F 进入蒸发器,作为制淡的原料水。由于海水在冷凝器中吸收了热量,提高了温度,也就是提高了制淡的效率。另一路海水作为真空/盐水喷射器9的工作水。

要在温度远不到100℃的状态下完成海水的蒸发,必须在制淡装置内造成较高的真空,这就要借助于喷射器9来完成。同时为了保证制出的淡水符合规定,必须把已蒸发过的海水(盐水)不断抽去,这也要借助于喷射器9来完成。真空/盐水喷射器的作用就是通过接口G、H将空气和盐水抽出后排舷外。

进入冷凝器的蒸汽经海水冷却成淡水后,汇集在冷凝器的底部,由淡水泵(凝水泵)5抽出,经过流量计3、弹簧阀4排至水舱。淡水的盐度由盐度计6控制,当盐度低于设定值时(船级社要求低于15ppm),电磁阀2是关闭的;当盐度大于设定值时,通过盐度计6、控制箱1发出电信号,使电磁阀2打开,同时由于制淡装置内存在一定的真空度,在大气压的作用下,弹簧阀4自动关闭,不合格的凝水通过电磁阀2、接口F回流进制淡装置的蒸发器中。弹簧阀10也关小或完全关闭,减少进入制淡装置的海水(原料水)量。

第四节　压缩空气管系

一、压缩空气系统的用途

柴油机动力装置中,压缩空气系统是保证船舶正常运行必不可少的一个部分。它的使用范围非常广泛,特别是在自动化程度高的船舶上更具有举足轻重的地位。它的主要用途如下。

(1)柴油机的启动:除了某些柴油机的启动采用手摇启动和电动启动外,对于大、中型柴油机,由于启动扭矩大,广泛采用压缩空气启动。

(2)柴油机的换向:船舶在航行或进出港靠离码头时,经常要求进行正、倒车操作,即换向操作。对于可逆转的柴油机,常采用压缩空气改变柴油机凸轮轴上各个凸轮的位置,进行正、倒车操作。

(3)离合器的操纵:在采用中速机或高速机的船舶上,主机与轴系、主机与齿轮箱的离合使用气胎离合器,它的离合就采用压缩空气。

(4)自动化装置的气控装置:船舶上已广泛使用主机遥控系统,它广泛采用压缩空气和电气相结合的方式来控制。

(5)海底门、排水集合井的吹洗:当海底门格栅或排水集合井(包括单独的出海阀、防浪阀)等,被污泥杂物阻塞时,常利用压缩空气进行吹洗。

(6)压力柜的充气:对海、淡水压力柜和液压装置中的压力油柜、蓄压器等的充气。

(7)气笛、雾笛的吹鸣:对柴油机动力装置的船舶,营运过程中联络通信的气笛及雾笛所使用的动力,大都采用压缩空气。

(8)灭火剂的驱动喷射:消防管系中的某些灭火剂,如"1211"、"1301"等卤化物灭火剂的驱动喷射就要依靠压缩空气。而CO_2和卤化物灭火管系的定时吹除也需要压缩空气。

(9)军用舰船上武备的发射和吹洗:潜艇上利用压缩空气充入水柜而驱除柜中海水,使潜艇浮起;鱼雷的发射、导弹的发射、火炮的吹洗等均需要用压缩空气。

(10)其他:各种风动工具,厨房烧油的炉灶、喷油嘴吹洗等均使用压缩空气。

压缩空气的压力根据它的使用要求,有各种不同的范围,如柴油机启动空气压力范围见表 5-4-1。其他用途的压缩空气使用压力范围见表 5-4-2。

表 5-4-1　各类柴油机的启动空气压力范围

名称 \ 压力范围	最高启动空气压力/MPa	最低启动空气压力/MPa
大型低速柴油机	2.5~3.0	0.7~1.0
中速柴油机	4.5~6.0	2.0~2.5
高速柴油机	9.0~15.0	6.0~7.5

表 5-4-2　其他用途压缩空气使用压力范围

用　途	使用压力范围/MPa
海底阀、油渣柜吹除	0.2~0.3
海、淡水压力柜充气	0.3~0.4
风动工具等杂用	0.6~1.0
气　笛	0.8~1.0

二、压缩空气系统原理

压缩空气系统的任务是供给动力装置及各用气设备一定数量和质量的压缩空气。它通常由压缩空气系统和控制空气系统两部分组成。

1. 压缩空气系统

图 5-4-1 所示为压缩空气系统原理图。它由两台主空压机 1、日用空压机 2、应急空压机 3、压力开关 4、气水分离器 5 和 9、日用空气瓶 6、应急空气瓶 7、主空气瓶 8、两组 3.0MPa~0.7MPa 的减压阀组 10、0.7MPa~0.4MPa 的减压阀组 11 等组成。

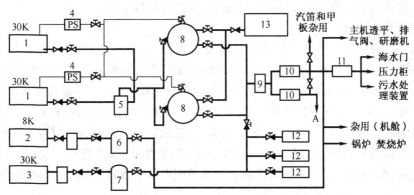

图 5-4-1　压缩空气系统原理图

1—主空压机;2—日用空压机;3—应急空压机;4—压力开关;5、9—气水分离器;6—日用空气瓶;7—应急空气瓶;8—主空气瓶;10—3.0MPa~0.7MPa 减压阀组;11—0.7MPa~0.4MPa 减压阀组;12—柴油发电机;13—主机。

两台主空压机可以单独也可并联工作,它们所产生的 3.0MPa 压缩空气经止回阀和截止阀、气水分离器进入主空气瓶。主空压机的启、停是自动控制的,它是根据主空气瓶内压缩空气的压力高低,利用压力开关(压力继电器)来实现的,一般两台空压机的自动启、停的压力是有差别的，目的是使压力达到低值时，只启动一台空压机，而另一台空压机只有在空气耗量大于一台空压机的排量时才启动。而在两台空压机均运转的情况下，也让一台先停止，然后再停另一台。气水分离器的作用是分离掉一部分空气在压缩过程中产生的水分，水分在分离器中达到一定高度时，它会自动泄放掉。

主空气瓶内的空气主要供主机和柴油发电机启动用，也可供其他杂用。供其他杂用时，需经过减压后才能使用，故在管路上设有两组 3.0MPa～0.7MPa 减压阀组 10，一组为机舱及甲板上的各用气设备提供压缩空气，另一组为控制空气系统提供气源（即图 5-4-1 中箭头 A 所示）。而海水门、压力柜等设备，其所需的压缩空气压力一般为 0.4MPa，所以要经过两级减压，0.7MPa～0.4MPa 减压阀组 11 的作用就是为其提供 0.4MPa 的压缩空气。

日用空压机提供日用空气，所以其设计压力为 0.8MPa，但工作压力为 0.7MPa，空压机后也设有气水分离器、日用空气瓶 6 等。

应急空压机主要是在特殊情况下为柴油发电机提供启动空气。当船舶第一次使用时，或发生死船状态（即船上无电、无气）时，首先要实现供电，要使柴油发电机动起来，才能启动各种机械设备。因而应急空压机如是电动的，则必须由应急发电机供电（应急发电机能手动启动或由应急电瓶供电启动）；如果是柴油机带动的，则必须配置能手动启动的柴油机。为此还设有专门的应急空气瓶，供柴油发电机启动用，平时也可由主空气瓶为它充气。

两台空压机出口处一般都要装止回阀，以免当其中有一台空压机运转时，高压空气倒流入另一台停止运转的空压机内使其损坏。有的空压机的压缩空气出口管上还装有高压软管，防止因空压机运转时产生的振动造成管子振裂。

空气瓶出口也要装有止回阀，以免一只空气瓶中的压缩空气快用完而转换到使用另一只压缩空气充足的空气瓶时，压缩空气倒流入另一只空气压力不足的空气瓶中，影响使用。此外空气瓶上还设有安全阀或安全膜片、压力表和放水阀等。

2. 控制空气系统

船舶上需要控制空气的自动化机械设备及阀件等一般有主机及柴油发电机操纵装置、燃油舱速关阀、冷却水系统的调温阀、油舱柜加热用的温控阀、液位遥测系统、消防泵/总用泵的自吸装置、分油机、舱底水分离器自动排放系统、焚烧炉等都需要控制空气。因而管路十分多，但原理却十分简单，只要将压缩空气通过管路送到用气设备或阀件，中间设有必要的截止阀即可。为了确保船舶的安全，控制空气系统设有一只应急控制空气瓶，瓶中平时应始终充满规定压力的压缩空气，专门为燃油速关阀系统供气；另外还设有一只控制空气瓶，在控制空气瓶的出口管路上装有控制空气干燥器，去除空气中的湿气。

三、主要附件

1. 空气瓶

空气瓶的用途是储存压缩空气，以供各用气设备耗用，如主空气瓶、日用空气瓶、辅空气瓶、控制空气瓶、应急空气瓶等。

空气瓶有两种典型结构。一种是整锻式，如图 5-4-2（a）所示，适用于压力较高，但容量较小的场合。它的全部附属零件均安置在瓶上部的瓶头阀上，除了瓶上部安装瓶头阀的开口外，瓶的本体上没有任何开口，通常是直立或斜放安装。瓶头阀上组合有供气阀

1、安全阀 2、充气阀 3、放水管 4、压力表阀 5 和放水阀 6。当向瓶外供气时，打开供气阀 1 即可。放水阀连接着放水管，放水管直接通到瓶底，如果瓶内积有水或滑油时，可旋开放水阀 6，这时水和滑油就被瓶内的空气压出。空气中的滑油来源于润滑空压机汽缸的滑油被空气带出而进入瓶内，水分来自于空气。瓶中的油和水不仅减少了气瓶的容积，同时会造成瓶内壁的锈蚀，油的蒸汽还可引起爆炸。充气阀用来向瓶内充气。压力表阀 5 与压力表连接，用来指示瓶内压力。安全阀 2 与瓶内直接连通，当充气压力超过规定值（1.1倍工作压力），或当机舱内发生火灾，环境温度升高，使瓶内空气压力升高时，安全阀即会自动打开。有的空气瓶还装有安全膜片，其作用与安全阀相同。

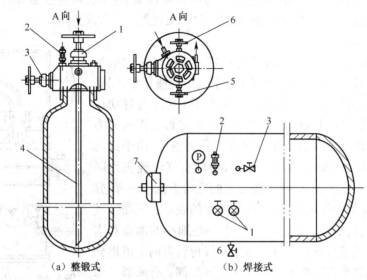

（a）整锻式　　　　（b）焊接式

图 5-4-2　空气瓶及附件

1—供气阀；2—安全阀；3—充气阀；4—放水管；5—压力表阀；6—放水阀；7—人孔盖。

空气瓶的另一种形式是焊接式，如图 5-4-2（b）所示。它是用钢板焊制而成，适用于中、低压，大容量的场合。这种空气瓶可以是直立的，也可以是卧式的，船舶上均有使用。一般的散装货船使用直立较多。这种空气瓶上分散安装有供气阀 1、安全阀 2、充气阀 3、压力表阀 5、放水阀 6 和人孔盖 7。人孔盖可供人员在制造、检修时进出。它必须设计成瓶内压力越高它的密封性越好的形式。

作为主机启动空气瓶使用时，气瓶应至少有两只，其总容量应在不补充空气的情况下，对每台可换向的主机能从冷机启动不少于 12 次；不能换向的主机能从冷机启动不少于 6 次。

2. 减压阀组

减压阀组一般由前后截止阀 1 和 4、空气过滤器 2、减压阀 3、旁通阀 5、安全阀 6 和压力表 7 组成，如图 5-4-3 所示。减压阀组应垂直安装在水平管路上。

减压阀组正常工作时，截止阀 1、4 开启，旁通阀 5 关闭。高压空气从左端进入截止阀 1，先由空气过滤器 2 对压缩空气进行过滤，以避免减压阀被压缩空气中的杂质堵塞。压缩空气经减压阀减压到需要的工作压力后从截止阀 4 流出。安全阀 6 可防止减压阀失灵而损坏用气设备，它的开启压力应调节为 1.1 倍工作压力。压力表 7 则可以直接检查减

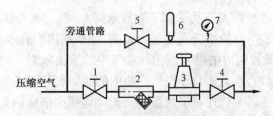

图 5-4-3　减压装置

1、4—截止阀；2—过滤器；3—减压阀；5—旁通阀；6—安全阀；7—压力表。

压后的空气压力是否符合要求。检修时，为不影响管系工作，还设有旁通管路，此时减压压力的调节就临时用手动操纵旁通截止阀 5，但截止阀 1、4 必须关闭。

3. 气水分离器

从空压机来的压缩空气不可避免地带有一些油雾和细小水珠。气水分离器的作用就是分离压缩空气中的油和水，以提高充入空气瓶中的压缩空气的质量。图 5-4-4 所示为自动排水气水分离器结构图，标准号为 CB/T 3572—94，工作压力为 3.0MPa。从空压机出来的压缩空气进入分离器后，由于分离器的流通截面比一般管子截面大得多，所以空气流速突然降低，同时气流方向发生变化，通过隔板上的孔向下流动，一部分油珠和水珠在重力的作用下，沉积在分离器的底部。压缩空气通过隔板后，碰撞在喇叭口表面上，其中一些细小的油珠和水在重力作用下，流至分离器底部。压缩空气再转弯向上流出分离器，剩下的油和水再次在重力作用下流至底部。分离器下部还装有浮球阀，当油水达一定高度时，浮球阀向上浮起，使泄放阀打开，油水在压缩空气的作用下被放泄到舱底。当油水下降到低位时，放泄阀被关闭，实现了自动泄放的功能。

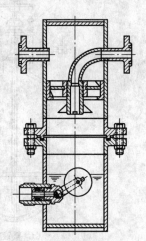

图 5-4-4　自动排水气水分离器结构图

第五节　排 气 管 系

一、排气系统的功用及组成

排气系统比上述各系统要简单得多，其功用是将主机、柴油发电机组、焚烧炉、锅炉、应急发电机组、应急空压机组（由柴油机驱动时）等排出的废气排到大气中。此外，排气系统还可以起到降低噪声的作用。对于装运和拖运易燃、易爆危险货物的船舶，例如油船、工作船等，排气系统还要起到熄灭废气中火星的作用。对于军用舰艇，考虑到隐蔽性还需要减少废气的可见度。

排气系统的组成是随船舶的类型和大小而有很大的差异，但一般由排气管、膨胀接头、废气锅炉或组合锅炉、消声器及弹性支架等组成。在柴油机废气涡轮后的排气管路上设有废气锅炉的系统中一般都不再装消声器。

机舱中的排气管必须包扎绝热层，其厚度要保证其表面温度不超过 60℃，这不仅为了防止烫伤船上的工作人员，同时也为了减少废气热量传到机舱里而使机舱环境温度升高。几台发动机的排气管之间不能相互连接起来,因为这样会影响它们的正常工作。在无法避免时,各排气管之间必须装设隔离装置,以防止运转柴油机的废气倒灌进不工作的柴油机中去。

排气系统的原理十分简单,对于主机来说一般是从主机的废气涡轮排出的废气经排气管送入废气锅炉,然后从废气锅炉的上方或侧面排出,通过管路到烟囱的顶部排至大气。但在废气涡轮的出口及管路中间都装有膨胀接头,以补偿热应力。管路的固定一般采用固定支架与弹性支架相结合的方法。对于其他辅机的排气管,更为简单,废气从设备排出连接到烟囱顶部排至大气,中间设有消声器。其他要求同主机排气管路。

二、主要附件

1. 膨胀接头的作用

排气管所用的不锈钢波纹膨胀接头的结构及工作原理已在第二章进行过介绍。它在排气系统中的作用主要是能补偿排气管受热的线膨胀,以及减少由柴油机传递给排气管的机械振动,并起到隔音的作用。膨胀接头的间隔根据它的补偿量来决定,如果它的补偿量为 36mm,则一般为 5m～7m 设置一个。因为排气管的热膨胀量是当温度每升高 $100℃$,每米排气管要伸长 1.13mm 左右,这样如果排气管温度是 $300℃～400℃$ 的话,那么每米长的排气管要伸长 4mm～5mm。

2. 消声器的功用及种类

在运输船舶中,因设有废气锅炉,故主机排气管路中一般不设消声器。只有柴油发电机组等设备的废气排出管路中才装有消声器。它的作用是降低排气噪声。噪声按其来源不同可分为两大类,即空气动力噪声和机械噪声。空气动力噪声是由于吸气、排气及燃料在汽缸内燃烧、废气以脉冲形式向大气排出等引起气体和空气介质的振动而产生的。

消声器在排气系统中的位置对消声效果有很大的影响。将消声器放在排气管路的中央,其效果最坏,因为管道中自振动的节点就在中央一带,若消声器设在这种地方,就不能将管道自振动的声波削弱。适当的位置应该使消声器后面的管长等于消声器前面管长的 1/4,若能达到 1/2 更好。

消声器的种类很多,但归纳起来可分为三大类:阻性消声器、抗性消声器和复合式消声器。

(1)阻性消声器。它是在消声器的表面敷设吸声材料,利用增加声阻的原理来吸收噪声能量的消声器。当声波进入消声器时,吸声材料使一部分声能由于摩擦而转化为热能被吸收掉。吸声材料一般是多孔材料,并且有耐高温性能,如玻璃棉毡、矿渣棉、石棉绒绳、细铜屑等。这种阻性消声器的优点是对高频噪声的消声效果好,缺点是对低频噪声的消声效果较差,而且在高温、有水蒸汽、有油气以及有浸蚀作用的气体中吸声材料的使用寿命较短,而且吸声性能降低。因此,在柴油机排气系统中这种消声器单独使用不多,而是与其他种类复合使用。

(2)抗性消声器。它是利用声学滤声器原理改变管道系统的声阻,来降低某些频率或频段的噪声。它的种类很多,常用的有如下几种。

①膨胀式消声器。它是在声波通道上串联一个或若干个膨胀室,实际上是管和室的组合,利用管道截面的突变引起声阻变化所产生的反射和干涉作用,使沿通道传播的某些

频率和频段的噪声得到降低。如图 5-5-1 所示为各种形式的膨胀式消声器。

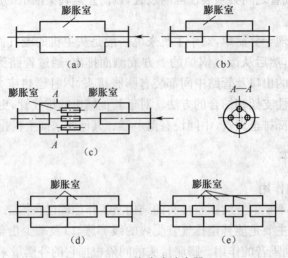

图 5-5-1 膨胀式消声器

膨胀式消声器有多个膨胀室,可以显著提高消声器的效果,现在一般多采用三个膨胀室以下,超过三个时,效果不显著。各膨胀室的长度不同,内接管长度也不同,目的在于起到不同的消声效果。有时在内接管上钻些孔,也能提高声阻。

②共振式消声器。它是在声波通道上并联一个或若干个共振腔室,利用共振来损耗声能的一种抗性消声器,如图 5-5-2 所示。它的原理是,在小孔颈中的气体在声波的作用下产生往返运动,由于小孔颈壁的摩擦阻尼,使一部分声能转变为热能而消耗掉。充满气体的空腔具有阻碍来自小孔压力变化的特性。当外来声波的频率与共振系统的的固有振动频率相同时就发生共振,此时的振幅最大,空气往返于孔颈中的速度最大,摩擦阻尼也大,吸收的声能也就最多。共振消声器的结构简单,尺寸小,通常用于转速恒定或变化小的柴油机(例如柴油发电机组的原动机)排气管系上。

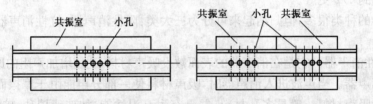

图 5-5-2 共振式消声器

(3)复合式消声器。它是由阻性和抗性消声结构复合而成的消声器,或由各种消声结构形式组合而成的消声器。为了在一个宽广的频率范围都得到良好的消声效果,把对中、低频有效的抗性消声器和对高频有效的阻性消声器组合起来,构成复合式消声器。

另外,在油船和军用舰艇上,为了航行安全不允许废气中带有火星。为消灭废气中的火星,一般采用湿式火星熄灭器,并与消声器做成一体。也可以在排气管的出口设置火星熄灭铜丝网,但会增加排气的阻力。

188

复 习 题

1. 国产轻柴油的牌号表示什么？
*2. 什么是黏度？燃油黏度过大或过小有什么害处？
3. 燃油系统由哪几大部分组成？
4. 主机燃油日用管系中的回油筒有什么作用？
*5. 简述主机燃油黏度控制的工作原理。
6. 熟悉燃油分油系统的工作原理。
7. 简述燃油管系的安装技术要求。
*8. 滑油黏度过大或过小有什么害处？
9. 润滑油的作用是什么？常用的润滑方式有哪几种？
10. 船上需散热冷却的机械设备主要有哪些？
11. 简述船舶冷却水系统的基本形式。
12. 闭式冷却水系统有什么优点。
13. 淡水冷却系统中的膨胀水箱有什么作用？
*14. 简述沸腾式制淡装置的工作原理。
15. 简述压缩空气管系的用途。
*16. 简述气水分离器的工作原理。
17. 简述排气系统的作用。

第六章　液货船专用管系简介

运载液态货物的船舶称为液货船。液货船的种类也很多,主要有油船、液化石油气船、液化天然气船、化学品船等,其中最常见的是油船,现有的和正在建造的油船大都是散装油船。它需要具有装卸液体货油的能力,并具有和干货船完全不同的货油装卸系统、货油舱扫舱系统、惰性气体系统、洗舱系统、货油舱透气系统、专用压载水系统、蒸发气收集系统、甲板泡沫灭火系统、甲板洒水系统、液位遥测系统、阀门遥控系统等。而且会随装载的油种不同,系统会有较大的变化。本章主要介绍普通油船上具有通用性的系统原理,同时简单地介绍液化气船的一些入门知识。

第一节　货油装卸及扫舱管系

一般油船的装卸管路按布置位置可分为三部分,即货油舱内管系、油泵舱管系及甲板管系等。

一、货油舱内管系

舱内管系布置分线形总管式和环形总管式两类,环形总管又分单环式、双环式和多环式。

1. 线形总管式

原则上,每一货油泵设置一根总管。按装油配置要求(计及不同油种的装载分布)从各总管引出支管至相应油舱。

图 6-1-1 为某油船的三线总管式舱内输油管系简图。图 6-1-1 中 No.1 总管服务于 1、3 货油舱(左、右),No.2 总管服务于 2、5 货油舱(左、右),No.3 总管服务于 4、6 货油舱(左、右)及污油水舱(左、右)。

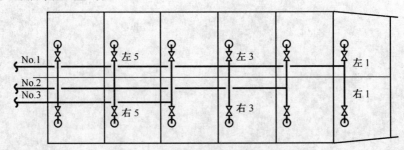

图 6-1-1　三线总管式舱内输油管系简图

这种线形总管式管系布置简单、操作方便、隔离可靠和混油可能性小。但装载油种的机动性不高,适用于运输油种固定、运量固定、航线固定的中小型油船。

2. 环形总管式

为提高机动性,可将两根线形总管相接,配以相应阀门,即成单环式总管。对具有 3 台货油泵的船舶,可形成两个或多个环形总管。图 6-1-2 为某船的多环总管式舱内输油管系图。图 6-1-2 中 No.1 总管与 No.2 总管、No.1 总管与 No.3 总管及 No.2 总管与 No.3 总管都相互连通,并且 4# 风暴舱和污油水舱都可由两根总管抽吸。这种环形总管式布置机动性好,但为避免混油需设置较多的隔离阀,操作管理较为复杂。

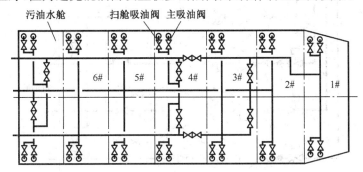

图 6-1-2　多环总管式舱内输油管系图

3. 舱内管系设计及安装要求

(1)各总管在第一个油舱内必须设有膨胀接头或弯头,以补偿管子的热胀应力。如用膨胀接头则应为伸缩型膨胀接头。

(2)应防止混油现象的发生。对装载两种或两种以上油品的油船,在环形总管的连接处以及总管与吸口之间均须设置两道阀隔离。

(3)除不足 600DWT(载重吨)的油船外,货油舱均设有双层底,为此吸油口可布置在油舱的底面以上或设置在凹入的吸油井内。吸油口应布置在船舶卸油状态时的最低点,距舱底应小于 100mm。

(4)如货油舱设计为直接注油时,注入管应伸入舱内,其开口应使货油沿舱壁流下并尽可能接近舱底,以减少产生静电的可能性。

(5)当考虑通过吸入管装注货油时,则应设有旁通管,绕过货油泵,将吸入管与甲板输出管连通(旁通管上设截止阀)。

二、泵舱管系

油船一般都在机舱前部设置有油泵舱,为货油舱服务的大部分设备均安装在泵舱内,主要有货油泵、专用压载泵、扫舱泵、洗舱加热器等,因而泵舱内的布置一般都十分紧凑。但因汽轮机的工作温度高达 204℃ 左右,为了降低泵舱的温度和避免电动机产生火花,引起火灾,所以驱动货油泵、压载泵的涡轮或电动机,均设置在机舱内。在原动机的传动轴通过舱壁处,必须装有密封的填料函装置,用来保持传动轴通过舱壁处的密封性。

图 6-1-3 为泵舱内设有三台货油泵、货舱内总管采用环形总管式布置时的管系简图。

泵舱内管系的设计应满足下列要求:

(1)各货油泵的吸入管接自舱内管系的各总管。各总管接入泵舱后,必须设置防火型隔离阀。即图 6-1-3 中的遥控蝶阀 1 必须为防火型蝶阀。

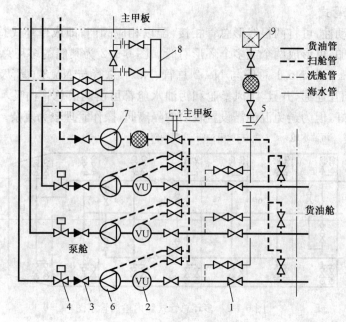

图 6-1-3 泵舱管系简图

1—防火型蝶阀；2—气体分离器；3—止回阀；4—排量调节阀；5—双孔法兰；
6—货油泵；7—扫舱泵；8—洗舱加热器；9—海水门。

(2)如果货油舱内的总管采用环形总管,则各货油泵之间不必连通。如果货油舱内的总管采用线形总管式,则各货油泵的吸入管应相互连通,以便任一台泵发生故障时,由其他泵代替工作。对不同油种的吸油总管,该连通阀上应装设双道隔离阀。

(3)各货油泵的吸入端应装有气体分离器(真空装置)2,以去除货油中的空气,防止油泵的损坏。对于原油船,还应装有滤器。但对于成品油轮等装载干净油种的油船可以不设。

(4)如某一货油舱须作为油船的应急风暴压载舱,则货油泵应能经海底阀吸入海水压至该舱(在海水总管和货油总管之间应设 2 只阀,其中 1 只阀应能在关闭状态下予以锁住;或在货油泵专用的海水总管上设置双孔法兰,图 6-1-3 中的件 5 即为双孔法兰,平时处于常闭状态),并能从该舱抽出污压载水,按防污染要求直接排舷外、排至污油水舱或岸上接受设备。

(5)离心式货油泵的排出端应设排量调节阀 4 和止回阀 3,用于调节货油泵的排量及压力和防止各货油泵出口因连通而发生混油。

(6)每台货油泵均由一根独立排出管引出泵舱与上甲板货油管系接通。

(7)用货油泵进行原油洗舱的原油船,洗舱原油供给管可接在货油泵出口排量调节阀之后,以便调节洗舱油压。

(8)其中一台货油泵可作为应急抽吸泵舱舱底水之用,并设置相应的应急吸口及阀件,这些阀件的控制方式应满足船级社规范的要求。

三、甲板管系

货油甲板管系接自货油泵的排出管,由纵向总管、横向总管及装卸油站等组成。图 6-1-

4 为典型的油舱甲板管系图。

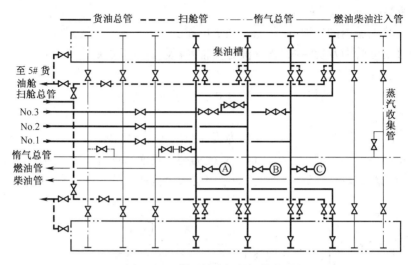

图 6-1-4　典型的油船甲板管系图

1. 纵向总管

纵向总管自货油泵排出管引出至船中部与横向总管相接。在纵向管路上每隔15m～30m 应设置一只膨胀接头。各管段的法兰连接处应用导体进行电气连接,并最终接地,以防止由摩擦或静电产生火花而发生火灾。

2. 横向总管

横向总管是由纵向总管引向两舷的装卸油站的管系。该系统共有三根货油总管(图 6-1-4中的 No1、No2、No3),但为了装卸方便,引至装卸油站后,其中一根总根分成两路在装卸油站的前后各设一只注入/排出接口;每一根横向总管上还设有与货油舱总管连通的支管(图 6-1-4 中的 A、B、C 接口),以便货油可直接通过货油舱内的货油总管将货油注入到各货油舱;各横向总管之间还相互连通,方便了货油的装卸。连通管上应装设双道隔离阀。

3. 装卸油站

装卸油站设于横向总管的两舷,用于货油的装卸、燃油和柴油注入及蒸发气收集系统的接岸。总管未端下方设有集油槽。货油装卸管位于装卸油站的中间,两边为燃油(F. O)和柴油(D. O)的注入管,最外挡的是两根蒸发气接岸总管。

对于国际航行的油船,货油装卸站的设计应符合 OCIMF(石油公司国际航运论坛)的要求,主要是对货油管的间距,货油与燃油管的间距,货油输出管离甲板的高度、离舷侧的距离和离集油槽主平面的距离,异径接头的规格、数量和长度,集油槽的容量、外形尺寸和泄放管路等都有详细的规定,这儿不作详细介绍。

四、货油舱扫舱系统

在油船上,货油装卸管路吸油口的口径较大,不可能过近的贴近舱底,因此,卸油时油位低到一定的位置,由于油类不能及时地从四处流至吸油口附近,这时流体就会产生旋涡,使空气通过吸油口进入的管内,从而影响泵的排量,甚至吸不上货油。所以,当油位低于一定高度时,必须利用扫舱系统继续完成卸油工作。另外在洗舱时,舱内的积水也可用扫舱系统排出。

（一）货油舱扫舱系统的功能

(1)抽吸货油舱内的残油、使留舱残油尽可能少。

(2)抽吸货油管内及货油泵（含气液分离柜）等设备内的残油。

（二）扫舱系统的形式

扫舱系统主要有自动扫舱系统和独立式扫舱系统两种。

1. 自动扫舱系统

自动扫舱系统适用于采用离心泵作为货油泵的大中型油船,主要用于抽吸货油舱内的残油,使留舱残油达到最少。由于这种系统仍利用货油泵进行扫舱,因而一般仍需设置一台小排量扫舱泵,以抽空货油管及货油泵中的残余货油,如图 6-1-5 所示。

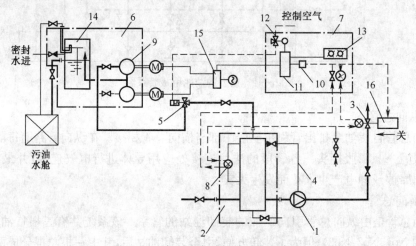

图 6-1-5　真空式自动扫舱系统示意图

1—货油泵;2—气液分离柜;3—排量调节阀;4—引水管;5—气体抽出阀;6—真空装置;7—控制板;8—液位传感器;9—真空泵;10—压力开关;11—电控箱;12—电磁阀;13—报警灯板;14—水封柜;15—起动器;16—定位器。

自动扫舱系统主要有真空式自动扫舱系统、喷射式自动扫舱系统及再循环自动扫舱系统三种形式,目前应用最多的是真空式自动扫舱系统。图 6-1-5 所示为真空式自动扫舱系统示意图。

真空式自动扫舱系统由气液分离柜 2、排量调节阀 3、气体抽出阀 5、真空装置 6（真空泵、真空柜等）和控制板 7 等组成。

其工作原理如下。

(1)当货油舱内的货油液位足够高时,本系统不工作;此时气液分离柜 2 中液位在70％以上。

(2)当货油舱内的液位下降时,吸入压力也下降并接近货油的蒸发压力时,部分货油将变成蒸汽,同时积聚在气液分离柜的顶部,并导致分离柜内液位下降。当液位降到50％以下时,分离柜上的液位传感器 8 的气动信号驱动装于货油控制板 7 上的压力开关,使真空泵 9 启动,同时打开气体抽出阀 5 并使排量调节阀 3 关小,进行节流。

(3)真空泵 9 抽出气体的同时分离柜中的液位升高,当液位恢复到 70％时,气体抽出

194

阀关闭并在 10s 后,真空泵停止,排量调节阀恢复到原有的开度。每当出现上述情况时,重复进行(2)、(3)的抽气过程。

(4)当货油舱内液位进一步下降时,吸入口周围会产生漩涡,当漩涡凹陷的底部低于吸入口的下表面时,气体开始被吸入。同样,这些气体积聚在分离柜的顶部,使分离柜内的液位降低,又重复(2)、(3)的抽气过程。但由于吸入的空气越来越多,因此排量调节阀的开度变得越来越小,或真空泵处于一直运转的状态。

(5)当液位再下降时,就会有大量的气体被吸入,气体吸入的量超过了真空泵的抽出量,排量调节阀会完全关闭。如果气液分离器内的液位还会上升时,排量调节阀会再开一点;但液位再次低于 5% 时,黄色的信号灯就会发亮,表示卸货工作已进入扫舱阶段。

(6)当真空泵连续操作时,分离柜内的液位也不上升,且排量调节阀随时保持完全关闭,长时间继续这种状态,意味着已抽不到剩余液体,大约 3min 后,橘黄色灯会闪光,同时蜂鸣器发出声响,表示扫舱结束。

2. 独立式扫舱系统

仅利用扫舱泵进行,设置独立的扫舱总管,一般适用于中小油船。

(三) 扫舱管路

1. 扫舱支管

对大中型油船,因设置自动扫舱系统,且为简化货油管系,一般均不设专用扫舱管路,而以货油吸入管兼做扫舱总管。每个货油舱内装设管径较小的扫舱支管和吸口,接至货油总管,见图 6-1-2。卸油时,当舱内油位下降至接近主吸油口时,关闭主吸油阀并开启扫舱吸油阀,同时用扫舱泵进行扫舱卸油。当装置有自动扫舱系统时,货油泵会自动扫舱。

2. 独立扫舱管路

扫舱总管和货油总管并行敷设,各货油舱都有扫舱支管和扫舱总管相连,扫舱总管和扫舱泵连接。大中型船舶很少使用。

3. 扫舱吸口

扫舱吸口应低于货油主吸口,并尽可能接近货舱底。如货油舱内设有吸油井,则扫舱吸口应尽量布置在吸油井内。

(四) 扫舱泵

独立式扫舱泵一般应采用自吸性能好的蒸汽往复泵或电动螺杆泵,货油泵兼扫舱泵时一般为离心泵或螺杆泵。扫舱泵的作用是抽除货油舱内的残油、货油总管内的油、Ⅰ/Ⅱ级污油水舱内的污油、货油泵排出总管内的油、货油设备的泄放油、泵舱舱底水等。扫舱泵可将残油或污油排至上甲板货油总管排岸接管处、Ⅰ级污油水舱、经排油监控认定合格后排舷外,货油泵作为扫舱泵并兼做海水洗舱泵时还将海水泵至洗舱加热器。

五、其他

1. 管子支架

货油管系的管子支架应包有 1mm~1.5mm 的铅皮垫片,或设有聚四氟乙烯垫片,以防止管子因受热胀冷缩滑动而与支架相互摩擦产生火花引起火灾。

吸油口支管必须设置一个支架,并将支架焊接在船体结构上,然后把支管固紧在支架上,用来避免在装卸油时,由于液体流动的冲击力而引起支管振动,造成吸口与舱底板摩擦而引起火灾。同时也可防止由于吸油造成的真空使吸口与舱底板之间的距离缩小，降低油泵的吸油效率。

2. 货油舱加热管

油船在卸油时，由于油类的黏度较大，所以油的流动性较差。为了提高油船的卸油速度，在卸油时，可以将油类进行加热，减小油的黏度，增大油的流动性，从而可以缩短卸油的时间，用来对货油进行加热的管路称为货油加热管路。

货油舱加热管一般均采用盘管的形式，可以在车间内场组装成片状单元后到船上安装。为了节约能源，又达到加热的效果，可以在吸油口四周设螺旋形盘管。

每个货油舱的加热管，应各自为一组或分成几组，每组应各自有其独立的进汽管和排汽管，分别接至甲板上加热系统的蒸汽总管和凝水总管(也有用热油作为加热介质的)，它们都有独立的控制阀或按舱群分布的分配器和集合器。为了有效地利用蒸汽热量使蒸汽全部凝结成水，每组凝水管都应设有一只阻汽器。阻汽器与盘管之间的管路上一般还应设置一只放水阀，当凝水观察柜中发现凝水中含有油分时，用来判断哪一舱的凝水中含有油分，即管子发生了损坏。也可作为放凝水用。

第二节 货油舱透气管系

油轮的货油舱在装入货油时或者卸载后，油舱内的空气会被挤压而使货油舱内压力增加，或因油舱内的货油减少而使货舱内形成真空。在油船航行中，所有油舱都是封闭的，当外界温度发生变化时引起油舱内的气压升高或降低，都会使油舱壁受到压缩或膨胀而破坏。

货油舱透气系统的功能就是在货油装卸和驱除油气的过程中，使大量气体通过透气装置进出货油舱；在正常航行中，由于温度的变化等原因，能使少量油气、空气或惰性气体进出货油舱。因而每个货油舱均应设置透气装置以限制油舱内的压力或真空度。

一、货油舱透气系统的形式

货油舱透气系统有两种基本的形式，即总管式和独立式。一般大型油船上每只货油舱均同时采用这两种透气系统。

1. 总管式透气系统

图 6-2-1 所示的透气系统中，位于船中的即为总管式透气系统。该系统在上甲板上敷设有一根惰性气体总管并兼透气总管，总管通过支管与每一只货油舱相连。在透气总管上还设有一只压力真空释放阀，以确保该系统的安全。在船首装有透气管上升管，其高度一般不小于 8.5m。上升管的顶部装有火星熄灭器。该系统主要特点如下。

(1)各舱的支管与总管的连接管上应装设带锁闭装置的截止阀以能进行隔断。(图6-2-1 中是带锁蝶阀 2 和双眼法兰 1)。

(2)货油舱另设呼吸装置(即独立式透气系统)。当支管被隔断时，舱内仍能维持呼吸功能。

(3)对于同时载运几种油品的油船，可按油品种类设计几组透气总管，其结构与上述总管式透气系统相同。

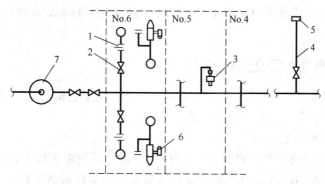

图 6-2-1 货油舱透气系统(兼甲板惰性气体总管)

1—双眼法兰;2—带锁蝶阀;3—压力真空释放阀;4—竖直透气管;

5—火星熄灭器;6—高速透气阀;7—甲板水封装置。

(4)总管上适当位置设一竖直透气总管 4,以向上透气,出口处装金属防火网(火星熄灭器 5)。

(5)设有惰性气体系统的油船,透气总管与惰性气体总管合用。

(6)压力真空释放阀 3 前后不可设阀,但可设旁通阀,并有指示旁通阀已开启或压力真空阀已固定于开启的设施。

2. 独立式透气系统

每一油舱单独引出一根竖直透气管,透气管上方安装有透气装置(高速透气阀),见图 6-2-1 中的件 6。高速透气阀由三部分组成;高速排放阀 1、真空吸入阀 2 和驱气排气口 3。图 6-2-2 是高速透气阀的外形图。

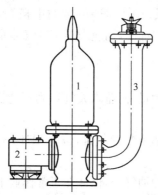

图 6-2-2 高速透气阀的外形图

1—高速排放阀;2—真空吸入阀;3—驱气排气口。

(1)高速排放阀。高速排放阀的作用是在装载货油时,使舱内大量油气或惰性气体排出。其基本要求是排泄蒸发气混合物的节流速度不小于 30m/s;蒸发气混合物垂直向上排出;排出口在货油舱甲板 2m 以上处;使油舱内压力不高于 0.021MPa。

(2)真空吸入阀。当油船在卸载货油时,真空吸入阀将空气吸入舱内。当使用惰性气体补充时,真空阀应自动关闭。它的基本要求是:使油舱内真空不低于 0.007MPa;吸入口在货油舱甲板以上 1.5m 处;阀最大流量为每舱装载率的 1.25 倍。

(3)驱气排气口。驱气排气口主要用于正常航行过程中少量气体的排出。它的主要要求是:驱气排出口应装有防火金属网;排出口流速至少为 2m/s;排出口在货油舱甲板 2m 以上。

二、透气管进出口位置和高度要求

由于油船甲板部分为危险区域,而从透气管中排出的气体都含有一定浓度的油气,因而透气管的位置和高度是有严格要求的,具体要求如下。

1. 透气出口位置和高度

(1)采用自由流通排气方式时,其出口应布置在货油舱甲板以上,且不小于 6m;或当其出口位于步桥范围以内 4m 时,则应位于前后步桥以上且不小于 6m。

(2)采用高速排气方式时,排气出口应布置在货油舱甲板以上且不小于 2m 处。

(3)不管哪种透气方式,透气出口均应离开含有火源的围蔽处所的最近进气口和开口以及可能构成着火危险的甲板机械和设备的水平距离均不小于 10m。

2. 透气管进口布置

(1)对装有惰性气体的油船,透气管进口尽可能远离惰性气体入口。

(2)透气管进口应自货油舱的最高部位引出。

(3)对于装有惰性气体的油船,推荐透气管进口尽量布置在油舱的中心附近。

第三节 油船惰性气体管系

油船装载的是易燃易爆的原油或成品油,当货油舱内的油气与空气混合,并达到一定的含氧量后,极易发生火灾和爆炸事故。因而船级社规范对货油舱内的气体置换有明确的要求。对载重量为 20000t 及以上的载运闪点(闭杯试验)不超过 60℃的原油船或成品油船,以及所有使用原油洗舱的油船,均应设置惰性气体系统。

一、惰性气体的功能

(1)降低货油舱内大气的含量,使舱内大气达到不能支持燃烧的程度,而使空舱惰性化。

(2)在航行中使货油舱内的大气含氧量(以体积计)不超过 8%,并保持正压状态,但需要排清货油舱的油气时除外。

(3)除有必要排清货油舱的油气外,保证在正常作业中,空气不进入货油舱。

(4)驱除空货油舱内的碳氢气,使其后的除气过程中货油舱内不致形成可燃气体。

(5)甲板总管还与压载管路连接,以供破舱保护用,但连接管路上必须设置双道阀门或其他锁闭装置。也可用软管连接,平时不接通,装有音板法兰。

二、烟气式惰性气体系统

惰性气体系统的形式取决于惰性气体装置的形式。惰性气体系统有以下三种形式:烟气式惰性气体系统、惰性气体发生装置系统和多功能惰性气体系统。

目前油轮上基本都使用烟气式惰性气体系统。其优点是供气量大,含氧量一般在 4%~5%以下,不需额外消耗燃料,成本低,经济性高。

198

（一）系统流程图

图 6-3-1 所示为典型的烟气式惰性气体系统图。其工作原理是由风机 5 将锅炉烟道中烟气抽出,先通过烟气抽气阀 2 进入洗涤塔 3 进行冷却、脱硫和除尘;干净的烟气再经过除湿器去除烟气中的水分;然后烟气被风机打入货油舱,进入货油舱之前的管路中设有调节阀 7、甲板水封装置 8、单向阀 16 等。由于烟气是从锅炉排出的烟气中抽取,因而其中的氧气已基本上被燃烧掉,留下的主要是氮气,所以是一种惰性气体。

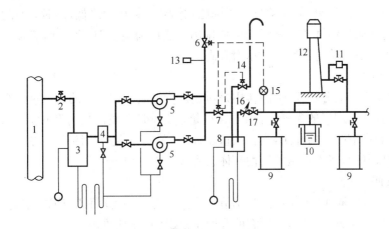

图 6-3-1 典型的烟气式惰性气体系统图

1—锅炉烟道;2—烟气抽气阀;3—洗涤塔;4—除湿器;5—风机;6—压力控制排放阀;7—调节阀;8—甲板水封装置;9—货油舱;10—压力/真空安全装置;11—呼吸阀;12—透气桅;13—氧分析仪;14—放气阀;15—压力传感器;16—单向阀;17—主截止阀。

（二）主要设备的功能

1. 烟气抽气阀

烟气抽气阀 2 装于锅炉烟道和洗涤塔之间,连接管上接入蒸汽或空气冲洗管,需要时对阀进行冲洗。另外,还接入空气密封管,当排气阀处于关闭状态时,由锅炉风机向抽气管供气,使抽气阀冷却和阻止烟气进入抽气管。

2. 洗涤塔

洗涤塔 3 具有冷却、脱硫和除尘的功能。它使烟气的温度下降到接近海水温度,一般要求比海水高 2℃～5℃;去除烟气中的硫氧化物（SO_2 和 SO_3）,一般要求脱硫率为 90%～95% 或更高;去除烟气中的烟尘等固体杂质,要求除尘率在 90% 以上。

3. 除湿器

用来去除洗涤塔排气中的水滴,要求除水滴率在 90% 左右。除湿器 4 的形式有过滤式、旋流式和挡板式等。

4. 甲板水封装置

甲板水封装置 8 是安全装置,以防止货油舱内可燃性气体逆流。其原理是甲板水封内水柱的静压与货油舱油气的逆压相平衡,以阻止货油舱内可燃性气体的逆流。

5. 压力/真空安全装置

该装置设于甲板惰性气体总管（也是货油舱透气总管）上,其作用和要求前文已叙述。

6. 风机

一般使用电动离心式风机,风机 5 的风量应保证最大卸油量时油舱内能维持一微小正压。风机总风量比货油泵的排量至少大 25%。风机一般应设置两台,每台风机的风量可以是总风量的 100% 或 50%,所以有三种不同的配置方式。

7. 压力传感器

压力传感器 15 的功能是控制进入货油舱内的惰性气体压力,它通过压力控制排放阀 6 和调节阀 7 的开闭来维持惰性气体的压力。当压力升高时,压力传感器送出电信号,使调节阀 7 关小,减少流量,从而使进入货油舱的惰性气体压力降低,同时,使压力控制排放阀 6 打开,将多余的惰性气体从烟囱顶部排出。当压力降低时,开大调节阀,关闭或关小排放阀,使进入货油舱的惰性气体压力升高。

8. 氧分析仪

本系统图中的氧分析仪 13 的作用是对送入货油舱的烟气中的含氧量进行分析,显示并记录进入货油舱烟气的含氧量,当含氧量超过 5% 时会发出报警和记录。也可以通过氧分析仪控制调节阀 7 的开闭,当含氧量超标时,关闭总管上的调节阀,打开与惰性气体总管连通的放气阀,将不合格的惰性气体放到大气中。

9. 放气阀

本系统中放气阀 14 的作用是当调节阀 7 关闭时,将调节阀 7 与甲板水封装置 8 之间管路中的惰性气体放入大气,因而它的开闭也是由调节阀控制的。

三、惰性气体发生装置系统

惰性气体发生装置系统是利用专门的燃烧器燃烧柴油,产生燃气经洗涤塔冷却、脱硫、除尘和除湿,而后得到高质量的惰性气体。这种系统的优点是所产生的惰性气体含氧量低(1%~4%)、二氧化硫少、烟尘少。其缺点是需额外消耗燃油,经济性差,并要设置专门的燃烧室、燃油泵、燃油柜等设备,造价高。这种系统适用于没有大锅炉的成品油轮。

四、多功能惰性气体系统

这种装置是惰性气体发生装置系统的改进式,具有多种功能:

(1)可用锅炉的烟气产生惰性气体;

(2)当锅炉的排烟含氧量过高时,在燃烧室内进行再燃烧产生含氧量小于 5% 的惰性气体;

(3)作为惰性气体发生装置,直接燃烧柴油后,得到高质量的惰性气体。

五、惰性气体管路及安装要求

(1)惰性气体管路中适当位置需安装泄放阀,防止管路中积聚货油和水。

(2)惰性气体总管穿过最前面的安全处所的前壁内侧,应设 1 只自动控制的惰性气体调节阀(见图 6-3-1 件 7),在出现下述情况之一时该阀应能自动关闭:

①洗涤塔冷却水压力或流量降低到预定极限值;

②洗涤塔内水位升高至预定极限值;

③惰性气体温度升高至预定极限值;

④惰性气体风机发生故障。

（3）惰性气体甲板总管应设有通岸连接法兰，使惰性气体总管能与外部惰性气体供气管连接。

（4）惰性气体总管设有通向每一货油舱的支管，支管应装有带锁闭装置的截止阀。

（5）在惰性气体调节阀后的惰性气体总管上至少有两个止回装置，其中之一是甲板水封装置；另外还需设一个止回阀，安装于甲板水封装置之后。在止回阀之后还需设一只截止阀，使甲板水封能与通往货油舱的惰性气体总管隔离。

（6）每台风机的进出口均应装设截止阀。

（7）在风机前的惰性气体管路上设新鲜空气进口盲法兰，可以用惰性气体风机来驱除货油舱内的气体。

（8）惰性气体调节阀前需设一根惰性气体循环管，可以回至洗涤塔或排入大气。在循环管路上需设一只截止阀，此截止阀受惰性气体的含氧量以及甲板惰性气体总管的压力控制，并与惰性气体调节阀连锁控制。

（9）在惰性气体调节阀和甲板水封装置之间的总管上，设 1 只放气阀，当调节阀关闭时，这部分管子内的惰性气体排至大气。放气阀和调节阀连锁控制。

第四节　货油舱洗舱管系

在下述情况下，货油舱都要进行清洗。货油舱在换装另一种货油之前，必须把积存的原有存油清除出去，以免新装入的货油受到混杂；清除长期积存于货油舱内结构上的沉积杂物；在进入货油舱内进行检查或修理前，须将积存在舱内的货油和沉积油类物质清除，同时还清除舱中的油气，以保证安全；在进厂修理前应将全部油舱中的存油及沉积杂物清洗干净。因而油船均设有洗舱系统。

洗舱系统可分为原油洗舱系统和水洗舱系统。对于 20000DWT 及以上的新造原油船必须有货油舱原油清洗系统。该系统应有专门的固定管路，并应与消防管及其他任何与洗舱无关的系统分开；在成品油船和不足 20000DWT 的原油船上，可使用压力水（冷水或热水）对油舱内壁和舱底进行冲洗的水洗舱系统，一般采用手提式洗舱机。

洗舱系统的基本要求是能将货油舱内壁、舱底和内部结构上的附着物、沉积杂物等清洗到舱底。对用水清洗者，用扫舱系统抽吸，排至污油水舱。洗舱系统的布置应使舱内被清洗到的垂直壁面达到 85％以上，水平壁面应达到 90％以上，并能保证安全地进行洗舱作业。

一、原油洗舱系统

图 6-4-1 所示为原油洗舱系统甲板上管路的简图。原油洗舱系统可以利用货油泵作为洗舱泵，也可以设置专用的洗舱泵。由于货油泵或专用洗舱泵均与泵舱内的海水门相连接，因而原油洗舱系统也可兼做水洗舱系统。货油泵将货油从货油舱或污油水舱内抽吸至甲板洗舱总管，通过支管送到每一舱的固定洗舱机，喷入舱内达到清洗的目的。在洗舱支管上设有一只截止阀，阀前设有双孔法兰；在支管上还设有一只软管阀，必要时可以通过该阀送入洗舱水，阀前也装有双孔法兰，进入洗舱机前的法兰对中

还应装有滤网。

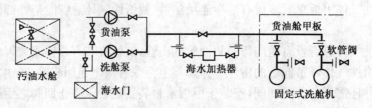

图 6-4-1　原油洗舱系统甲板上管路的简图

（一）主要设备

1. 洗舱泵

（1）当设置专用洗舱泵时，泵的容量应足够供给规定最多台数洗舱机同时操作所要的排量。当几台货油泵均可兼做洗舱泵时，其容量是足够的。

（2）泵和管路的布置应使在任一台泵停用时原油洗舱系统仍能有效地操作。

（3）当载运几种不同的货油时，对载运原油的货油舱也应可以用原油洗舱。

（4）为使原油洗舱能有效地进行，在任何情况下均应满足原油洗舱机的最低供油压力。

（5）如洗舱泵采用容积泵，则必须装有防止压力超过允许值的措施。所设的释压装置，应将泄出的油排至供油泵的吸入端。若采用离心泵，设计压力不会超过管路的设计压力时，应在泵壳内安装一个温度传感器，在过热情况下停泵。

2. 洗舱机

（1）原油洗舱机应固定安装。

（2）洗舱机的台数和位置，根据货油舱的容积、结构、形状阴影图的计算或计算机模拟来确定（一般由洗舱机制造厂承担），并需船级社认可。

（3）洗舱机的形式分两种：顶部洗舱机和底部洗舱机。顶部洗舱机其主体固定在甲板上，喷嘴伸入舱中，用以清洗货油舱底部及四壁；底部洗舱机一般装在离货油舱底 3m～5m 的高度位置，用以清洗货油舱顶部及四壁。

（二）管路设计及布置要求

（1）原油洗舱的管路和阀件均需有足够的强度以承受压力。

（2）原油洗舱管系应为独立的管系，与消防管路及其他任何非洗舱系统分开。原油洗舱系统的任何部分不得进入机舱。

（3）所有压力表及其他仪表的接头，应在靠近管路处装设隔离阀。

（4）管路直径应满足每一货油舱所需的洗舱机台数同时运转。

（5）管路在船上安装完毕后，应以 1.5 倍工作压力进行试验。

二、水洗舱系统

1. 原油—水兼用的洗舱管路

由图 6-4-1 可知，可以利用货油泵抽吸海水，经设在原油洗舱出口管路上并联的洗舱水加热器，便可兼做水洗舱系统。加热器与原油洗舱管之间必须设有双截止阀或盲板法兰。同时管路应设计得在水洗前能排干管路中的存油至污油水舱或其他的货油舱。

2. 水洗舱系统

水洗舱系统一般使用手提式洗舱机,可以利用机舱中的消防泵或总用泵吸入海水输送到货油甲板的消防总管,通过消防总管上的消防接头和专用软管,供水给洗舱机。洗舱机的压力应在 0.6MPa~0.8MPa 之间。

使用手提式洗舱机时,货油舱甲板上适当位置开有安装洗舱机的通孔,平时用盖密封。当需要洗舱时,打开闷盖,安装手提式洗舱机,接好软管,即可进行洗舱操作。

由图 6-4-1 可知,也可通过软管阀将机舱来的海水供给固定式洗舱机,进行洗舱操作。这种情况下,可以不设手提式洗舱机。

第五节　货油舱液位、温度和船舶吃水遥测管系

随着船舶自动化程度和对安全航行要求的提高,油船上目前设置了各种形式的货油舱液位、温度和船舶吃水遥测系统。

一、遥测系统的基本要求

(1)对装有固定式惰性气体系统的油船,货油舱应装设认可类型的闭式测量装置。

(2)除载运闪点大于 60℃(闭杯试验)货油的油船外,在设计中一般均选用闭式测量系统。

(3)为配合装卸操作管理,实行集中监控,各货油舱的液位应在货油控制室集中显示。货油舱液位的显示应能实现全程范围显示。

(4)为配合全船装卸配载,还需将油船各压载舱的液位及船舶吃水同时在货油控制室监控。

二、遥测系统的形式

(一)雷达式货油舱液位遥测系统

该系统由安装于货油舱顶部的雷达发射器、发射器连接组件、中央处理单元、显示单元和可供选择的货油温度传感器、固定式现场读出单元、手提式读出单元、色带指示器等组成。图 6-5-1 为雷达发射器示意图。

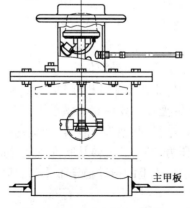

图 6-5-1　雷达发射器示意图

1. 工作原理

其工作原理是由雷达发射器发出电波,到达液体表面后反射到发射器的接收器,根据电波来回所花费的时间,经过处理可以换算成液货舱内液位的高度。

该系统无任何部件与货油接触(油船用雷达发射器不伸入油舱),能在甲板上对其维修,测量精度高(±5mm),测量不受货油温度和密度的影响,且功能齐全。因此,适用于载运各种货油的货油舱,特别是大中型油船。

2. 功能

雷达式货油舱液位遥测系统的显示功能齐全,包括:货油舱液位高度,货油温度及温度极限报警,惰性气体压力及压力极限报警,船舶吃水,高低液位报警,高高、低低液位报警,货油质量、货油体积,单位换算等。

(二) 压力传感器式液位遥测系统

采用这种遥测系统时,在每一货油舱内装 3 只压力传感器,分别装在下部、中部和顶部。对无惰性气体系统的货油舱可省却顶部传感器。

其工作原理也很简单,通过压力传感器,将液体的静压力转换成电流强度,即可得出相应的液位高度。这种系统的优点是功能齐全、系统简单,但缺点是因传感器安装在货油舱内,维修较为困难。

该系统除压力传感器外,还包括控制单元和工作站等。压力传感器内还装有温度元件,故液位测量、温度测量和惰性气体压力测量可结合在一起。这种系统可显示货油舱液位高度、货油温度、惰性气体压力、船舶吃水、货油泵和货油管系压力及各参数的报警值等。

(三) 吹泡式液位遥测系统

吹泡式液位遥测系统是一种较老的测量系统,由于其测量精度受到货油密度及黏度(温度)的影响,因而精度较差。目前仅适用于水舱的液位测量,例如压载水舱,包括油船的专用压载水舱的液位测量。

其基本形式可分为两种,即气动式和气电式。它们的区别在于前者直接由气体的压力转换成液舱的液位高度,而后者先将气体压力转换成电信号,再转换成液位的高度。

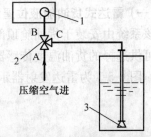

图 6-5-2 为吹泡式液位遥测系统工作原理简图。它由液位表 1、L 型三通旋塞 2、管路及吹泡室 3 组成。液位表工作原理与压力表工作原理完全相同,仅仅是表面上所显示的刻度不是压力而是液位。

图 6-5-2 吹泡室液位遥测系统原理图
1—液位表;2—L 型三通旋塞;3—吹泡室。

L 型三通旋塞的 A 端与压缩空气管路相连,B 端与液位表连接,C 端与吹泡管连接。要测量该液舱的高度时,使三通旋塞处于 A、C 相通,压缩空气通过旋塞进入液舱内的吹泡管,然后转动旋塞的手柄,使 B、C 相通。如果管内的气体压力大于液体的静压力,则部分气体从吹泡管底部逸出,一直到气体的压力与液体的静压力相平衡为止。当液位表上的指针稳定下来时,所指示的液位即货油舱内的液位。

油船的专用压载舱液位遥测系统主要采用吹泡式液位遥测系统和压力传感器液位遥

测系统。如果采用后者,一般每一专用压载舱内仅需在舱底设 1 只压力传感器,且该传感器不需装温度元件。

船舶吃水遥测系统也同样采用压力传感器式吃水测量仪和吹泡式吃水测量仪。一般测量船舶四点吃水,即首部、尾部、中部两舷侧。因此应在该四处设置压力传感器或吹泡装置。吃水遥测系统应能测量并显示各点吃水值、平均吃水值、吃水差值、纵倾和横倾角度、对海水密度的修正及有关报警。

第六节　散装液化气船简介

世界上散装液化气船的建造已有 40 多年的历史,特别是液化天然气船舶(LNG)是在 20 世纪 60 年代初,当英国决定从阿尔及利亚进口 LNG 时开始建造 LNG 船。1964 年,舱容 27400m^3 的甲烷公主号、甲烷进步号首次投入商业上 LNG 海上运输;1969 年,出现了 2 艘 71500m^3 的 LNG 船航行于阿拉斯加至日本间;1972 年,又有 7 艘 75000m^3 的 LNG 船航行于文莱至日本之间……至 70 年代后期 LNG 船进一步向大型化发展,大量建造了 135000m^3 以上的 LNG 船。

20 世纪 80 年代中后期,特别是进入 90 年代,天然气作为清洁能源越来越受到人们的重视,从石油代替煤作为主要能源,转而由天然气代替石油作为主要能源,因而全球范围内的天然气开采量、运输量和消耗量急剧增加,LNG 船的需求量也由此相应增加。

21 世纪初,我国的沪东中华造船(集团)第一次承接到 LNG 船舶的建造任务。作为一种全新的船舶,我们还对其了解太少,只能根据现有的资料作一些简单的介绍。

一、液化气船的概述

散装液化气船主要有两大类:一类是液化石油气船(LPG);另一类是液化天然气船(LNG)。

液化石油气主要是指以丙烷(C_3H_8)和丁烷(C_4H_{10})为主要成分的石油碳氢化合物,包括一些物理性能与石油气相似的氨(NH_3)、丁二烯(C_4H_6)、氯乙烯(C_2H_3Cl)、乙烯(C_2H_4)和环氧乙烯等产品也常常是石油气船运输的对象。而天然气是甲烷(CH_4)、乙烷(C_2H_6)、丙烷(C_3H_8)和丁烷(C_4H_{10})的混合物,其中主要是甲烷。各种石油气和天然气在大气压力下的沸点和在 45℃ 下的液化压力是不相同的,见表 6-6-1。

表 6-6-1　石油气和天然气在常压下的沸点和在 45℃ 下的液化压力

气体名称	在大气压力下的沸点/℃	在 45℃ 下的液化压力/MPa	可用液化方式
丁烷(C_4H_{10})	−0.5	0.45	全压式、半冷式或全冷式均可
丁二烯(C_4H_6)	−4.5	0.50	
丁烯(C_4H_8)	−6.26	0.53	
氯乙烯(C_2H_3Cl)	−14	0.68	
氨(NH_3)	−33	1.82	
丙烷(C_3H_8)	−42.8	1.50	
丙烯(C_3H_6)	−48	1.85	
乙烷(C_2H_6)	−88.6	在临界温度以下加压才能液化	半冷式或全冷式均可

气 体 名 称	在大气压力下的沸点/℃	在45℃下的液化压力/MPa	可用液化方式
乙烯（C₂H₄）	—104	在临界温度以下加压才能液化	半冷式或全冷式均可
甲烷（CH₄）	—163	在临界温度以上	全冷式

石油气和天然气在液态时的体积仅约相当于气态时的体积的 $1/200 \sim 1/800$，所以这些气体必须在液化状态下才能够利用船舶经济地运输。

（一）液化石油气船

液化石油气船所载主要货物是丙烷，它可以在温度—43℃时装载，也可在压力为 1.50MPa 时装载，也可以按照丙烷的特性调节温度、压力来装载。实际上液化气船装载的往往也是混合气，因而装载温度和压力一般都取高值。根据石油气液化的方法不同，可以分成以下三种不同形式的船舶。

1. 全压式液化石油气运输船

液货舱的设计能经受住最大环境温度（按规范是 45℃）的平衡压力。在此温度时，丙烯蒸发气压力为 1.85MPa、丙烷为 1.5MPa、氨为 1.82MPa、丁烷为 0.45MPa。因此，当液货舱设计最大蒸发气压力为 1.85MPa 时，以上所有产品均能装载。这种船舶的液货舱采用圆柱形，两端为半球形或椭圆形，亦有采用球形舱的。有时为了最大限度利用货舱的有效容积，则采用具有纵舱壁的双圆柱形或三圆柱形的货舱。

2. 半冷/半压式液化石油气运输船

对于运输各种液化石油气或类似气体化学产品的运输船，应设计成半冷半压式，可装载多种货物。通常设计温度为—50℃，而工作压力为 0.45MPa～1.0MPa。有些装载乙烯的船同时载运 LPG 时，其设计温度可达—104℃左右，而压力为大气压。冷藏货物运输的特殊优点是降低温度可增加货品的密度，因而在给定货舱容积下，总的货运量可以增加。例如丙烷在—45℃时密度为 $0.58kg/dm^3$，而在＋45℃时密度为 $0.46kg/dm^3$，这意味着约增加 26％的装载量。这类船的液货舱也可设计成圆柱形、双圆柱形或三圆柱形。液货舱的材料需用耐低温的钢，并要隔热。

3. 全冷式液化气船

液货舱的设计压力大小，应根据货物的冷藏程度而定，如果货物冷藏时，其压力等于大气压时，则液货舱不需要采用压力结构的容器。全冷式液化石油气运输船液货舱的设计温度通常选用—50℃，而工作压力为 0.028MPa。液货舱采用自承式棱形。这些液货舱要求全部采用双层屏壁和隔热。

（二）液化天然气船

目前所有建造的液化天然气船（LNG）全部是全冷式的，但世界上有些国家已经在研究采用压力液化方法来运输天然气，这种液化天然气船称为 CNG，目前还只是处于研究阶段。下面所有介绍的内容都是用冷冻方法使天然气液化的运输船舶。

天然气的主要成分是甲烷，它在—161℃～—163℃时液化，液化时容积为汽化时的 1/600。液化天然气船的液舱形式有三种。

1. SPB 棱柱形独立 B 型舱（日本 IHI 开发）

该型船具有平坦的上甲板，双底双壳内的各舱用双层横隔壁隔开，各舱内安装由特殊合金板块支承的铝合金（A 5083-0）液货罐。它的优点是液货罐的制作要比球形罐简单，且货舱的有效容积的利用率也比球罐形高。但目前世界上只有日本建造的船舶采用过这种形式液货舱。

2. MOSS ROSENBERG 独立球罐型

该型船采用球形的液货舱,也是由特殊的铝合金制作而成,与船体采用浮式连接。目前这种形式约占正在运行船舶的55%。

3. 薄膜型

薄膜型按液货舱的绝缘方式可分为以下几种。

(1)TECHNEGAZ 薄膜型,它的第一层屏壁用1.2mm厚不锈钢波纹板;第二层屏壁用铝箔纤维加强板,隔热用聚氨脂。

(2)GAZTRANSPORT 薄膜型,它的第一、二层屏壁均是0.5mm~0.7mm的含镍36%的因瓦钢板(INVAR钢),也就是不胀钢。中间隔热材料为珍珠岩。它的特点是两层屏壁都用因瓦钢,安全可靠,用材少,重量轻,但价格较贵。

按绝缘的专利分有法国GTT公司的No.96(相当于GAZTRANSPORT 薄膜型)和Mark Ⅲ型(相当于TECHNEGAZ 薄膜型)两种。但GTT公司正在大西洋船厂建造的LNG船上采用一种改进型的绝缘方法(CS1),可以减少绝缘层的厚度,增加舱容5%左右。

(三) 薄膜型与球罐型的比较

(1)货舱容积相当的两种船型,薄膜型船相对于球罐型船来说,主尺度要小很多,而船舶建造所用的钢料重量主要受主尺度中的船长、船宽、型深三个要素的影响,所以球罐型的空船重量要比薄膜型大很多,上面两种船型的空船重量之比为1∶1.13。

(2)从两种船型的总布置也可以看出:球罐型船货舱区域的球罐之间、球罐与船体之间等都有较大空间,容积效率低;而薄膜型船通过最大限度地充满船体,节省了大量船体空间,容积效率高。因而两船具有相同装载容积的条件下,球罐型的液化天然气船比薄膜型的建造成本高出15%左右。

(3)球罐型船的球罐直径达40m左右,货舱区船体线形受到较大的限制,而薄膜型船的线形不受货舱形状的限制,可以较多地从流体力学与快速性的角度出发优化船体线形,降低船体阻力,降低推进功率。

(4)与常规船相比,液化天然气船属于富裕干舷船舶,型深较大而由于装载的货物密度只有$0.47t/m^3$~$0.5t/m^3$,营运吃水较小,造成液化天然气船的受风面积较大,风压造成的船舶阻力、操纵性的影响较大。由于球罐几乎有1/2在主甲板以上,所以球罐型船比薄膜型船的受风面积高出40%~50%,使它在低速航行时舵效急剧下降,操纵性能就差,危险性大。

(5)同样的原因,由于球罐体高出甲板十几米,相对于薄膜型船来说,造成更大的航行盲区,因此必须增加上层建筑的高度满足规范对视线的要求。

(6)由于薄膜型采用了完整双壳结构,甲板无大开口,双层甲板提供了更强的船体结构,且液化天然气船的设计疲劳寿命要求为40年;而球罐型船的甲板开口近40m,达到甲板宽度的83%,与集装箱船一样存在扭转变形,需要进行角隅的强度加强。

(7)在设备投资方面,两者基本相当。薄膜型船需INVAR材料仓库、绝缘箱流水线、INVAR焊机、液货舱安装平台等;而球罐型船需要铝板专用加工机床、热弯成型、专用胎架,大型专用车间及移动平板车、专用焊接机等。但前者,船厂必须拥有自己设施;而后者可以委托专业生产厂预制,设备投资减少,但成本没有减少。

(8)在建造工艺方面,薄膜型船货舱内安装绝缘层较复杂、精度高,需熟练技工和INVAR 焊接的工人,修理和检查较易。而球罐型船球罐分段制作、铝板加工、热弯成型、专用胎架、专用焊机,高度机械化自动化,专用曲面安装较简单,修理和检查较难。

(9)运营成本方面,货舱容积相当的船,球罐型的总吨位比薄膜型船约大 20%,由此造成它的港口使用费高,提高了船舶的营运成本。

总之,由于薄膜型船造价低,建造周期短,修理和检查较方便,船舶操纵性好,船舶运营安全且成本低,故深受广大船东所欢迎,从目前的订单看,薄膜型船的数量已达到了70%。

二、液化天燃气船的装载过程

天然气是一种易燃气体,在一定温度下,如混入一定量的空气就可能会引起爆炸。对于一条刚交付船东使用的新船来说,舱内充满未经任何处理的空气,不能直接引入液化天然气,并且由于舱内温度为环境温度,在装载液态天然气(LNG)前,也要对液货舱进行降温处理。以保证顺利和安全地进行装载。

(一) LNG 的装载

1. 液货舱内气体的干燥过程

为了防止在液货舱内因空气中的水蒸汽在低温下凝结形成固态冰而对液货泵、阀门等产生破坏作用,必须对液货舱进行干燥处理即降低露点,尤其是在夏季较潮湿的季节。干燥过程是将惰气发生器中产生的干燥空气充入货舱,而干湿混合气体由船首主通风管排出。从每舱液体穹顶的取样管中取样,当舱内空气露点达到 -20℃时干燥过程方告结束。

2. 液货舱的惰气化过程

为了减少舱内和管子内气体中的含氧量,以避免货物蒸汽进入后生成的混合气体发生爆炸,必须在舱内和管子内充满惰气。因为惰气比空气重,从惰气发生器产生的惰气由液货总管经注入管进入舱的底部,而空气和惰气的混合气体通过每舱 LNG 挥发汽排出管进入挥发汽总管由船首主透气管排出。

在每舱的液体穹顶处通过取样管取样,用手提式含氧量探测仪和露点计测得舱内含氧量≤2%,舱内露点≤-40℃时,表明惰气化过程可以结束。惰气化过程约需 20h。为节省时间,前面的两个过程可在船厂或在航行过程中进行。

3. 液货舱的挥发天然气的注入过程

因为惰气中含有 CO_2,而 CO_2 气体在温度低于 -70℃时将变为粉状,为此在货舱冷却之前,用环境温度货物蒸汽(LNG 挥发汽)来置换舱内的惰气是必需的。此过程结束后,舱内 CO_2 含量≤1%。全过程大约需要 20h。

4. 液货舱和液货管路的冷却过程

为了避免在装载期间,过快的汽化在舱内产生过压,因此在装载之前,必须对舱内进行冷却。从岸上供给的 LNG 液体通过扫舱/喷淋管,经布置在舱顶的喷淋管直接喷至舱的中心。因 LNG 液体的汽化吸收周围的热量而达到对液货舱的冷却。这些冷却的气体通过对流同时冷却薄膜和绝缘。当测得液货舱底部的温度达到 -130℃时,可以进入

LNG 的注入过程。

5. LNG 的装载过程

为保证装载安全有效地进行,装载前岸上工作人员与船上工作人员之间要开一个安全会议。会议之后岸上与船上的所有安全、通信均需连接,装载臂及气体回收臂等也连接。在装载前和装载后所有货舱的液位、温度和压力均需测量。

一般岸泵通过3个装载臂将LNG液体经液货总管由固定在泵塔上的注入管注入至舱底,而在装载期间产生的挥发汽由汽体穹顶上的透气管通过液货系统机房内的挥发汽回收空压机从气体回收臂送回岸上接受装置。

在开始装载时,装载速率应适当控制,以便有足够的时间检查,待各项工作正常有序地进行时,可以把装载速率提高到满负荷。如果在装载过程中出现舱内压力上升应通过提高挥发汽空压机排量或降低装载速率来控制,以达到液货舱舱内的压力平衡。满负荷装载率为12000m³/h,装载的全过程约需12h。在接近满舱时,装载率也应减少,以限制管系内压力冲击。每一舱内的最大装载容积不超过该舱容积的98.5%,但 No.3 舱可留略大容积以备泄放管子中的残液。一旦岸泵停止,剩留在船上管子内的液体就应通过重力或氮气压力泄放至 No.3 舱。在装载货物的同时要排出压载水以维持船的平衡和吃水,同时避免船的结构产生额外的应力。

在集管处的阀门关闭后应小心地除冰,加温和充惰气,并由码头终端站的操作人员拆卸装载臂。为保证阀门和法兰上无冰,船上液货管系中原来处于打开位置的阀,只有在这些管系已经温热以后才能关闭。

在整个装载过程中,液货舱内的压力和温度、液货总管的压力和温度、集管处的压力和温度均在就地和 IAS 系统有监视。相关的阀门均能在 IAS 系统内进行控制。为防止在液货舱内的压力升高过快,所有装载臂上的遥控阀均设有应急关闭系统。应急关闭系统的功能是在第一时间内在遥控和就地位置通过手动迅速地关闭所有的装载臂上的遥控阀,以达到保护液货舱的目的。所有液货舱也通过安全阀保护,安全阀除在装载中起保护外,在航行过程和卸载过程中也发挥同样的作用。通过气体穹顶和每舱的主透气管,每舱均有两只安全阀把液货舱和大气连通。可能在整个使用过程中,始终不会开启安全阀,但它却是保护液货舱的最后一道屏障。

为防止在装载过程中因汽化等原因而导致液货管管内压力升高,在液货管路中任何两只隔离阀之间均应设置安全阀。液货管路的安全阀为弹簧复位式,其排量由管路内的容积计算而确定。所有安全阀的排出口均接至上甲板上安全阀总管上,总管的通经为DN100。安全阀总管在就近位置通过气体穹顶泄放到每只液货舱。

(二) LNG 的负载航行

装载结束后,船舶起锚向目的地进发,在从一个码头终端站向另一个码头终端站的长途航行中,在正常航行的情况下,由于货舱的绝缘不足以阻止绝缘层温度的上升,而 LNG 船舶本身并没有制冷设备。液货舱内 LNG 的保温是通过 LNG 汽化而实现的。其自然汽化率要求每天不大于 0.15%。为有效利用这部分能源,应尽可能多地将自然汽化的气体代替燃油作为锅炉的燃料,产生的蒸汽作为涡轮主机、涡轮发电机和涡轮给水泵的动力。

（三）LNG 的卸载过程

在船舶到达终点码头后，应马上进行卸载的准备工作。同装载一样，卸载前岸上工作人员与船上工作人员之间要开一个安全会议。会议后岸上与船上之间的所有安全/通信均需连接，装载臂也连接，在卸载前和卸载后所有货舱的液位、温度和压力均需测量。

同装载不同的是，卸载是通过船上的液货泵把 LNG 液体送至码头终端站的，卸载时同时启动每舱的两台液货泵，通过三根卸载臂送至岸上。

（四）船舶大修

如果船舶需要大修，在卸载过程之后，应启动每舱的扫舱泵，尽可能多地把 LNG 泵出舱外，对于不能泵出的液体，应进行汽化，然后对液货舱依次进行加热、惰气化和驱气即通风过程。这几个过程同装载前的几个过程刚好相反，但操作过程基本相似，不再重复。

第七节　液货装卸系统

根据本章第六节的介绍，液货装卸系统必须具有完成干燥、惰化、挥发汽注入、冷却、装载过程等功能。因而该系统是液化气船上主要的系统之一。由于装载的天然气品种不同，系统的设置也可能有些不同，但基本的要求是一致的。

一、系统的组成

液货装卸系统由货舱管系、甲板管系、货物机械室组成。

（一）货舱管系

由于实行一舱一泵制（实际上，每舱设有两台液货泵，互为备用），所以液货舱内的管系相对比较简单。从图 6-7-1 液货系统图（简图）中可以看到，本系统进入每一舱的管路

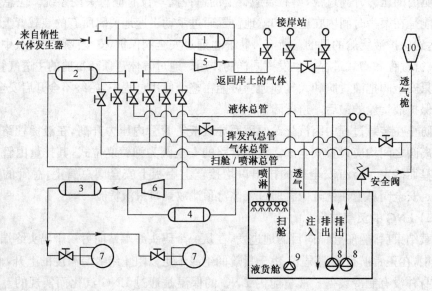

图 6-7-1　液货系统图（简图）

1—主气体（升温）加热器；2—LNG 汽化器；3—燃气加热器；4—强制汽化器；5—挥发汽回收压缩机；6—燃气压缩机；7—锅炉；8—低温液货泵；9—扫舱/喷淋泵；10—透气桅。

共有 7 路,它们是液货泵排出管 2 路、扫舱/喷淋泵排出、喷淋管、透气管、安全阀、注入管。实船的系统还要复杂些。

液化天然气装载的货物为零下 163℃的液态天然气,其压力为 105kPa～110kPa(绝对压力)之间,比大气压略为高一点,因此 LNG 的装载、运输、卸载等过程都在超低温状态下进行,为了使液化天然气船的液货舱保持良好的绝缘,在货舱的顶部均设有两个安装各种管路、电缆等的穹顶,一个是液体穹顶,一个是气体穹顶。

1. 液体穹顶

液体穹顶位于液货舱的尾部,同泵塔组成一个整体,紧靠于后舱壁。液体穹顶处主要布置有两根液货泵排出管接口、一根带根阀的应急液货泵通道、一根扫舱泵排出管接口、一根注入管、液位测量系统的雷达机座及雷达导管、手动浮子式液位测量仪基座及浮子导管、取样管接口、人孔及电缆管等。

所谓泵塔是以两根液货泵排出管(DN400)和一根应急液货泵通道(DN600)为基本骨架,组成自下而上三角形的构架,三根管子之间用结构件连接起来,中间还设有平台以及上下的梯子,其他的管子都沿着它敷设,两台液货泵和一台扫舱泵安装在它的底部,形成一个整体。图 6-7-2 为泵塔图。

图 6-7-2　泵塔

泵塔是人员进入液货舱内的唯一通道,也是所有经液体穹顶进入液货舱的管子的唯一支撑。整个泵塔是在车间内预先制造完工后,再整体吊入舱内。泵塔的材料一般为不锈钢 SUS304L。

两根液货泵排出管的下部装有两台液货泵,用于将液货舱内的液货排至岸上。应急液货泵通道下部装有根阀,在应急情况下可以用手提式液货泵抽吸舱内的液货。扫舱泵排出管用于扫舱和液货舱冷却时为喷淋管提供液化天然气。注入管既可用于岸上液态天然气的注入管,也可用于液货舱升温时常温天然气的注入管。雷达导管用于测量液舱内的液位、温度和压力等,而手动浮子式液位测量仪基座及浮子导管是根据 IMO(国际海事组织)规定,LNG 船必须设置的第二套液位测量系统,它由测量仪、闸阀和导管组成。测量仪与闸阀之间设有短管,并开有安装取样阀的接口,以检查 LNG 是否泄漏。

2. 气体穹顶

气体穹顶一般位于液货舱中部靠前的位置,并高于液货舱顶板,因而所有管路均从穹顶的侧面进入液货舱。通过气体穹顶进入舱内的管路有两根喷淋管、一根 LNG 挥发汽管路、两根液货舱的安全阀管路、一根安全阀的释放管路、两根取样管接口和判断安全阀是否启动的压力导入管。由于喷淋管等进入舱内无所依靠,同时考虑到绝缘的要求,在气体穹顶下部设有一根圆柱。图 6-7-3 为气体穹顶典型图。

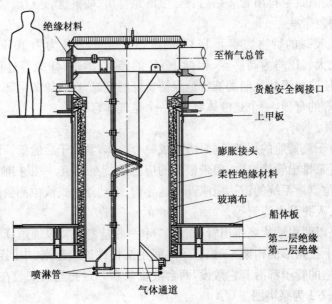

图 6-7-3　气体穹顶典型图

喷淋管有两个作用。一是新船在正式注入液化天然气前,液货舱必须经过冷却的过程。从岸上来的液化天然气经扫舱/喷淋总管通至舱内的喷淋管,喷入液货舱,液化天然气汽化时吸收热量,对液货舱进行冷却。二是船舶在压载航行过程中,必须使液货舱的温度维持在-110℃左右,也需要通过喷淋管向货舱内喷射液化天然气来实现,此时蒸发的天然气可以送至机舱作为锅炉的燃料。

新船进行冷却操作时,喷淋所产生的 LNG 挥发汽经舱顶部气体穹顶的透气管由 LNG 挥发汽总管经挥发汽回收空压机抽至岸上接收装置。为获得最佳喷淋效果,喷淋管内需维持 3bar[①]～4bar 的压力。冷却 10h～12h 后,通过 CTS 系统的温度传感器在液货舱底部测得-130℃时,可以进入 LNG 的注入过程。

液货舱冷却较快,而绝缘层冷却较慢。冷却太快可能使在装载的开始阶段因绝缘层还没有达到相应的温度而使 LNG 过渡汽化,所以在冷却的开始阶段,应有意识地减慢冷却速度,以使绝缘层有足够的时间随液货舱一同冷却。在开始的 1h,10℃/h 的冷却率是最佳的冷却速度,之后冷却率保持在 20℃/h～25℃/h 直至冷却结束。

在货舱冷却的最后 1h 时甲板上液体管要同时被冷却。值得注意的是在液货舱冷却期间绝缘层空间的温度也将迅速降低,期间的氮气也将收缩,通过两根取样管检查两绝缘层内的氮气压力,补偿由冷却引起的收缩是非常重要的。另外在整个冷却期间货舱的压力也将被监视,使其控制在 10kPa～15kPa(表压),若达到 20kPa 时输入的 LNG 流量应减少。

挥发汽管路用于液货舱干燥、惰化和蒸发汽注入时将舱内的空气、惰气和混合气排至大气。

---

① 1bar＝10^5Pa。

由于液化天然气船装载的为零下 163℃的液态天然气,因而一旦发生泄漏或温度上升,它都会迅速膨胀,由液体变成 600 多倍的气体,故船上有一套十分复杂的安全阀和扫气系统。气体穹顶上的安全阀是为防止液货舱内超压而设置的。另外对于两端装有阀件的液货管路,必须在管路中设置安全阀。安全阀的排量根据管路的大小和长短计算而确定。

(二)甲板管系

甲板管系由纵向管路和横向管路组成。纵向管路主要由 6 路总管组成,它们是 LNG 液体总管、LNG 气体总管、扫舱/喷淋总管、挥发汽总管(惰性气体总管)、回气接岸总管和锅炉用燃气总管。前 4 路总管均与所有的液货舱连通,后 2 路总管分别由液货系统机房接至装卸站和机舱。

横向总管主要由 LNG 液货总管引至左右两舷,每侧再分成 4 路,即两舷共有 8 只装卸接口,加上蒸发汽管路(回气接岸管)和液态氮管路接口,每舷有 6 路接岸接口。除了液货管路外,还有柴油及燃油的注入管路。OCIMF(石油公司国际海事论坛)和 SIGTTO(国际气体运输船和码头经营人协会)对横向集管的布置有具体的建议,大致与油船相似,主要是考虑到安全与岸站的连接问题,本文不作详细介绍。

(三)货物机械室内管系

液货系统在甲板上靠近上层建筑的地方设有货物机械室和系统机房,内部装有为该系统服务的压缩机和加热器等,主要设备有挥发汽回收压缩机、燃气压缩机、主气体(升温)加热器、燃气加热器、强制汽化器、LNG 汽化器等。

货物机械室的管系比较复杂,将在下文结合简图作简单介绍。

二、液货系统原理

为了叙述的方便,按液货的装载过程进行介绍。

1. 液货舱的干燥及惰化

船舶交付使用后,在装载液化气之前要对液货舱及管路进行一系列的处理,第一步就是干燥处理。

干燥的过程是将惰性气体发生器中产生的干燥空气通过管路充入货舱。但由于自然空气的比重在不同的季节是不同的,即在夏季干空气比自然空气重,而在冬季干空气比自然空气轻,因而必须采用不同的方法对液货进行干燥。图 6-7-4 粗线条所示为夏季时的操作方法,从惰性气体发生器来的干空气经液货总管从注入管进入舱底,而干湿混合气体经气体穹顶从上部的 LNG 挥发汽总管由船首的主透气桅 10 排出。而冬季时的操作方法,从惰性气体发生器来的干空气经惰性气体总管(挥发汽总管)从气体穹顶进入舱的顶部,而干湿混合气体从舱底通过注入管经 LNG 液体总管由船首的主透气桅 10 排出。

从每舱液体穹顶的取样管中取得空气的样品,当舱内露点达到商定的温度(一般为−20℃~−40℃),货舱内的干燥过程完成,可以进入下一步操作,即进入惰化操作。

惰化过程包括甲板上液货管的惰化、液货舱及舱内管路的惰化、液货系统机房内管路和至机舱锅炉的供气管路的惰化。在对液货舱进行惰化的过程中,可同时进行管路的惰化工作。

惰化的过程与干燥的过程完全相同,由惰性气体发生器产生的惰性气体,通过注入管

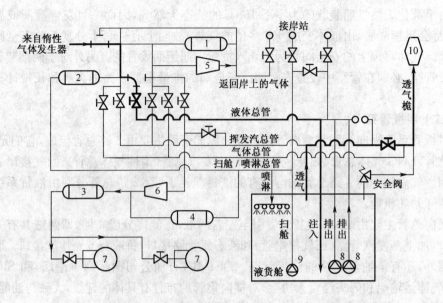

图 6-7-4　液货系统图（干燥及惰化过程）

1—主气体(升温)加热器；2—LNG 汽化器；3—燃气加热器；4—强制汽化器；5—挥发汽回收
压缩机；6—燃气压缩机；7—锅炉；8—低温液货泵；9—扫舱/喷淋泵；10—透气桅。

进入液货舱的底部，而空气从气体穹顶通过船首的透气桅 10 排出，如图 6-7-4 所示。

也可以利用岸上的液氮对液货舱进行惰化，岸上的氮气通过专门的注入口注入，如图
6-7-5 所示。

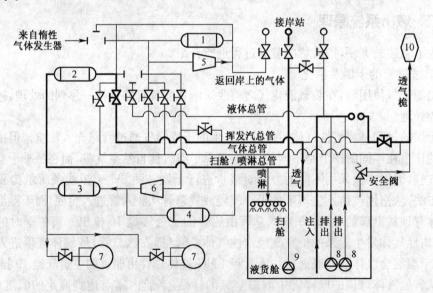

图 6-7-5　液货系统图（用岸氮气惰化）

1—主气体(升温)加热器；2—LNG 汽化器；3—燃气加热器；4—强制汽化器；5—挥发汽回收压
缩机；6—燃气压缩机；7—锅炉；8—低温液货泵；9—扫舱/喷淋泵；10—透气桅。

岸上的氮气注入后，经过扫舱/喷淋总管、LNG 汽化器 2 和 LNG 挥发汽总管注入到
液货舱，同样舱内的空气通过注入管和主透气桅 10 排出。惰化结束时，按体积计算气体

状况,氧气最多占5%,惰气最少占95%或按商定比例。

2. 挥发汽的注入

液货舱惰化过程完成,船舶到达装载港后,首先要用LNG挥发汽置换舱内的惰性气体。这是由于惰性气体中含有CO_2气体,它在温度低于−70℃时将变为粉状,为此在货舱冷却之前,必须用环境温度的货物蒸汽(LNG挥发汽)来置换舱内的惰性气体。图6-7-6所示为用挥发汽置换惰性气体时的状态。通过与码头终端站上的输入管相接,将LNG液体经船上的扫舱/喷淋总管送至机房内的LNG汽化器2,使之变成LNG蒸汽。因为LNG蒸汽的密度比惰性气体轻,所以在用LNG蒸汽置换舱内的惰性气体时,通过挥发汽总管送到气体穹顶进入舱的上部。在初始置换阶段,主要是惰性气体的排出,所以可以通过LNG注入管、液体总管和船首的透气桅直接排至大气中。但经过一段时间后,排出的是LNG蒸汽和惰性气体的混合气,不能直接排至大气中(这是由于船舶靠在码头边上,会产生危险),必须进行回收和处理。如图6-7-6所示混合气体从舱内经注入管进入LNG液体总管,在连接可拆弯管后,送到挥发汽回收空压机5,压缩后通过挥发汽回收排出管与终端站上的燃烧塔相接。当舱内的CO_2含量低于500ppm或舱内的CO_2含量在体积上<1%时为止,或达到当地管理机关和岸上终端站的要求,置换过程结束。全过程大约需要20h。

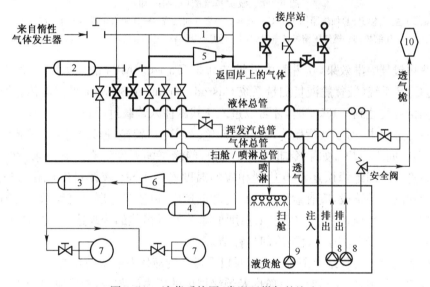

图6-7-6 液货系统图(常温天燃气的注入)

1—主气体(升温)加热器;2—LNG汽化器;3—燃气加热器;4—强制汽化器;5—挥发汽回收压缩机;6—燃气压缩机;7—锅炉;8—低温液货泵;9—扫舱/喷淋泵;10—透气桅。

3. 液货舱的初始冷却

为了避免在初始装载期间,由于低温的LNG液体与舱内的环境温度相差很大,LNG液体会很快汽化,使液舱内产生过压,发生危险,因此在正式装载之前,液货舱及四周的绝缘必须有一个冷却过程。冷却的方法如图6-7-7所示。将岸上供给的LNG液体通过扫舱/喷淋管经布置在舱顶边的喷淋管直接喷至舱的中心。在喷淋过程中,因LNG液体的汽化而吸收周围的大量热量,达到对液货舱的冷却。这些冷却的气体通过对流又使液舱四周的因瓦钢(即不胀钢)薄膜和绝缘得到冷却。喷淋所产生的LNG挥发汽经与气体穹

215

顶相接的挥发汽总管送到安装在液货系统机房内的挥发汽空压机,然后通过挥发汽回收排出管送到岸上的接收装置。

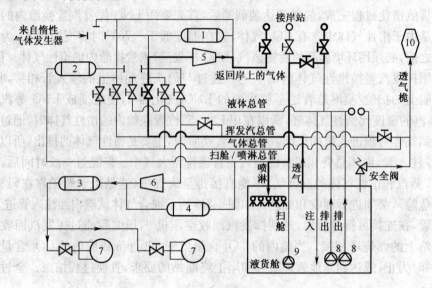

图 6-7-7　液货系统图(初始冷却)

1—主气体(升温)加热器;2—LNG汽化器;3—燃气加热器;4—强制汽化器;5—挥发汽回收压缩机;6—燃气压缩机;7—锅炉;8—低温液货泵;9—扫舱/喷淋泵;10—透气桅。

为获得最佳喷淋效果,喷淋管内需维持 0.3MPa～0.4MPa 的压力。冷却 10h～12h后,通过CTS系统(液货舱液货测量系统 Custody Transfer System)的温度传感器在液货舱底部测得温度达到－130℃时,才可以进入正式的注入装载过程。

在冷却过程中,由于液货舱冷却较快,而绝缘层冷却较慢,所以要照顾到绝缘层的冷却,使它们能同步冷却。如果冷却的速度太快,绝缘层的温度没有达到要求,在 LNG 装载的开始阶段会因绝缘层还没有达到相应的温度而使 LNG 液体过度汽化,产生危险。所以在冷却的开始阶段,应有意识地减慢冷却的速度,以使绝缘层有足够的时间随液货舱一同冷却。一般来说,在开始的第 1h,温度下降 10℃是最佳的冷却速度,之后冷却速度可保持在 20℃/h～25℃/h,一直至冷却过程结束。

在液货舱冷却过程结束前 1h,应同时对甲板上的液体总管进行冷却。

在冷却过程中,要注意对液货舱内及绝缘层内的压力的监控,液货舱内的压力应保持在 10kPa～15kPa(表压),若压力达到 20kPa 时输入的流量应减少。同时,由于绝缘层空间温度的迅速下降,绝缘层空间内所填充的氮气因收缩而压力下降,通过压力控制系统及时补偿氮气,保持绝缘空间内的氮气压力是非常重要的。

以上四个过程,均为船舶进行液化气装载试验前,或船舶交付船东后,初次进行 LNG液化气的装载前,或船舶进行大修后,再次投入运行前所在做的工作。对于处于正常运营中船舶,其液货舱必须保持在冷却的状态,所以不必经过这四个过程。

4. LNG 的装载

准备工作完成后,就可以进入正式的 LNG 液货的装载,其原理比较简单,而且与成品油轮的原理相似,即在液化气装载的同时,回收蒸发汽。

216

终端站的岸泵通过装载臂将 LNG 液货输送到船上,船舶装卸站通过 LNG 液体总管和每舱的注入管注入至舱底。而装载期间产生的挥发汽由气体穹顶上挥发汽总管输送到设于甲板上的液货系统机房内的挥发汽回收空压机,再通过气体回收臂送回岸上的接受装置,参考图 6-7-7。

装载过程中主要要控制装载的速度和液货舱内的压力,可以通过调节挥发汽回收空压机的排量或控制装载速率来达到。

5. LNG 船的航行

装载结束后,船舶进入航行阶段。在航行中,由于货舱的绝缘不足以阻止货舱内温度的上升,而船舶上又没有专门的液货制冷装置,因而液货舱内 LNG 的保温是通过 LNG 自身的汽化来实现的。一般要求液货的自然汽化率为每天不大于 0.15%,为有效利用这部分能源,LNG 船一般都尽可能多地将自然汽化的液化气代替燃油作为船舶各种设备的燃料,其中主要是作为主机和柴油发电机原动机的燃料。因而 LNG 船的动力装置中主机可采用蒸汽轮机、双燃料(液化气和燃油)柴油机或采用电力推动,但柴油发电机均为使用双燃料的柴油机。

当然也可在船舶上设置蒸发汽再液化装置,所以船舶也可采用常规的柴油机动力装置,这种系统 LPG 船用得较多,但 LNG 船用得较少。再液化装置的主要设备是冷冻压缩机组,原理与冷藏系统差不多,这儿不作介绍。

图 6-7-8 所示为挥发汽作为燃料时的系统工作状态。这时有两种情况:一是自然汽化的挥发汽能满足动力装置的需求,而且往往还有多余;二是自然汽化的挥发汽不能满足动力装置的需求。

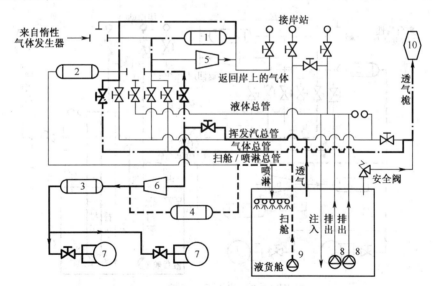

图 6-7-8 液货系统图(燃烧和排出)

1—主气体(升温)加热器;2—LNG 汽化器;3—燃气加热器;4—强制汽化器;5—挥发汽回
收压缩机;6—燃气压缩机;7—锅炉;8—低温液货泵;9—扫舱/喷淋泵;10—透气桅。

在第一种情况下,自然汽化的挥发汽通过与气体穹顶连接的挥发汽总管引至货物机械室内的燃气空压机,将挥发汽压力从 6kPa 提高到 100kPa,然后再送到燃气加热器,将挥发汽的温度提高到25℃,最后通过管路进入用气设备(如图6-7-8中所示的锅炉7)作为燃料,如图6-7-8中粗实线所示。如果液化气的汽化量大于锅炉等设备的消耗量,货舱内压力将上升,必须通过LNG气体总管及主气体(升温)加热器1引至船首的主透气桅10放入大气,如图6-7-8中点画线所示。

在第二种情况下,汽化量不足,则根据实际情况可以采用两种方法解决。一是不足部分使用其他燃料,如柴油或燃油;二是认为燃烧液化气比燃烧油更经济,或船舶上没有足够的油供燃烧,只能使用液化气,则如图6-7-8中虚线所示那样,采用强制汽化的方法来得到液化气。启动扫舱/喷淋泵,将液态的天然气抽至强制汽化器4使用其汽化,温度从-163℃升至-40℃左右,然后进入燃气加热器3,将温度提高到约25℃,最后通过管路进入用气设备作为燃料。

航行期间,为了保证液货舱内的温度维持在-163℃左右,必须对液货舱进行冷却,每隔一定时间,应启动扫舱/喷淋泵,把LNG液体通过喷淋管再喷入货舱上部,以达到对液货舱保温的作用。

6. LNG的卸载

在船舶到达终点码头后,进行卸载工作,此时系统的工作状态如图6-7-9所示。做好准备工作后,启动液货舱内的一台或两台液货泵,通过LNG液体总管和与岸连接的装载臂送到岸上,由图6-7-9中的粗实线表示。在卸载的同时,有少量液化气通过LNG汽化器,回到液货舱内,以防止液舱内产生负压,由图6-7-9中的虚线表示。在系统设计上也应允许从岸站供给气体,此时可以不通过LNG汽化器,直接进入液货舱。但如果岸上来的气体量不足,则应补充一定量的液体,经LNG汽化器后进入液货舱。

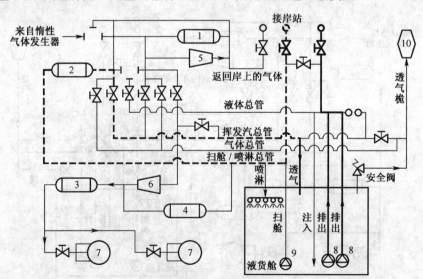

图6-7-9 液货系统图(卸载)

1—主气体(升温)加热器;2—LNG汽化器;3—燃气加热器;4—强制汽化器;5—挥发汽回收压缩机;6—燃气压缩机;7—锅炉;8—低温液货泵;9—扫舱/喷淋泵;10—透气桅。

卸载过程中,应引起注意的是为了维持船舶的平衡和吃水,也为了避免结构上额外的应力,在卸载的同时必须注入压载水。同其他货船不同的是,每次卸载不能清空舱内所有的货物,必须预留一部分货物在舱内,其目的是用于空载返航期间,利用扫舱/喷淋泵对液货舱进行冷却,确保船舶到达装货港时,液货舱内的温度保持在-110℃左右,这样停靠码头后可直接装载液化气。

7. 船舶大修期间的操作

如果船舶需要大修,则在卸载以后,船舶即离开终端站前往修船厂。在航行途中可进行以下几个过程的操作,其与装载前的过程正好相反,即有汽化、加热、惰气化和驱气通风等。

汽化和加热过程实际上是同时连续进行的,在这两个过程的开始阶段,布置在货物机械室内的挥发汽回收压缩机经液货舱气体穹顶从货舱内吸出液化气,并送至升温加热器加热后再注入液货舱,向舱内吹进热气,使 LNG 汽化。汽化过程产生的气体作为燃料在锅炉内燃烧掉。在全部液化气汽化之前称为汽化过程,之后称为加热过程。加热过程不仅是对液货舱的加热,也是对绝缘层的加热。在引入惰性气体和空气进舱前,必须将主绝缘层和次绝缘层加热至环境温度,这是为了防止惰性气体中的二氧化碳析出和空气中的水的凝结。当舱底温度达到 0℃时,加热过程可以停止。

然后进行惰化过程,由惰性气体发生器来的惰性气体,由于其比 LNG 气体重,通过注入管被送入舱底,LNG 蒸汽与惰性气体的混合气通过船首透气管排至大气,但在开始阶段由于气体的活塞效应,排出的主要是 LNG 气体,也可以送至锅炉中燃烧掉。当舱内和管路中的 LNG 含量低于 2%时,可以进行驱气通风的过程,将惰性气体发生器产生的干燥空气注入到舱内,当舱内的含氧量≥20%时,驱气过程结束。此时,进坞大修前的准备工作也全部完成,再由专门的"化验师"进行验收,并出具"驱气证书"以后,方可进行其他工作。

三、国际有关规则对液货管系的一些要求

国际散装运输液化气体船舶构造和设备规则(简称 IGC)对液货管系有一些特殊的要求,现简述如下。

1. 一般要求

(1)管路应采取诸如使用补偿管、环形管、弯管、机械膨胀接头(如波纹管)、滑动接头和球形接头或类似的适当装置等措施,以保护管路、管系部件和液货舱免受由于热变形及液货舱和船体结构件移动而引起的过大应力。当管路中采用机械膨胀接头时,应使接头的数量尽量减至最少。若膨胀接头需位于液货舱外面,则应采用波纹管式的膨胀接头。

(2)应对低温管路与其邻接的船体构件进行隔离,以防止船体温度降低到船体材料的设计温度以下。当液体管路需经常被拆开或预计其可能有液体泄漏时(如通岸接头处和货泵轴封处等),则应对其下方的船体部分提供保护措施。

(3)当在液货舱或者管路与船体结构间采用热隔离时,则对管路和液货舱均需采取电气接地措施。对所有具有密封垫片的管接头和软管接头也均需作电气连接。

(4)应有适当措施,以便在断开货物软管前释放管路中压力,并把货物装卸的转换联箱和货物软管所含的液体排至液货舱或其他适当的处所。

(5)在充满液体情况下,对能被隔断的所有管路和部件均应装设释放阀。

(6)应将从货物管系的释放阀排出的液货排入液货舱;或者设有能探测和处理可能流入透气系统中任何液货的设施,则也可将液货排入透气总管内。应将从液货泵的释放阀

排出的液货排至泵的吸口。

2. 液货管管子材料

管系材料应按最低设计要求进行选择，根据 IGC 规则要求，可以采用 304、304L、316、316L、321 和 347 不锈钢作为管子的材料。也可以选择含 9% 的镍钢（需经过热处理并不适合于铸件）或铝合金作为管子的材料。

不应将熔点低于 925℃ 的材料用于液货舱以外的管路，但与液货舱连接的短管除外，此时应设置耐火隔热层。

四、管路安装和布置的基本要求

(1)液货管和喷淋/扫舱管路上安装的异径接头，必须使用偏心异径接头，以尽可能减少留存在管中内的液体。

(2)管路连接应尽可能采用对接焊连接，特别是液货管路，法兰连接应减至最少。使用于低温管路上的各类阀门除安全阀外与管路的连接均应采用对接焊方式。由于这个原因，为便于检修，所有低温阀的构件除本体外，均可拆卸。

(3)所有的管路应有良好的接地装置。

(4)所有可能发生液体留存在内部的所有管段以及任何两只阀件之间的管路上都应安装弹簧式释放阀，并连接到液货舱。

(5)所有液货管和扫舱/喷淋管路上的阀件都应带有操作手柄，并垂直向上。

(6)管路的绝缘要求见表 6-7-1。但阀件、膨胀接头、法兰、止动器和移动部件不必绝缘。

表 6-7-1　管路绝缘要求

管路通径	绝缘厚度/mm	
	液体管路	气体管路
通径 25mm 及以下	30	30
通径 32mm 至 100mm	50	40
通径大于 100mm	80	60

(7)管材选用耐腐蚀、热导能力较差的奥氏体不锈钢材料(TP316L)，另考虑到在对液货管冷却时温度的变化较大而产生较大的应力，因此该不锈钢必须通过低温冲击试验。

第八节　LNG 船其他系统简介

在液化气船舶上还有许多特殊的系统，例如惰性气体及干燥空气管系、绝缘空间扫舱管系、氮气管系、可燃气体探测管系、消防水喷淋管系、液货舱液位遥测系统、液货区干粉灭火系统、隔离空舱加热系统、液货舱安全阀系统、液货管路的安全阀及吹洗管系、应急关闭系统、锅炉水分析系统、过热蒸汽系统、减热蒸汽和饱和蒸汽系统、中间撤汽和排汽系统、高压水雾系统等。本文只能对其中一些系统作十分简单的介绍，使学员有大体的了解。

一、隔离空舱加热系统

1. 系统的用途

隔离空舱加热系统的目的是使隔离空舱内维持一定的环境温度,一般要求不低于5℃,以保证船体结构在设计温度下有足够的强度,确保船舶的运行安全。

该系统的设计条件是,空气温度为-18℃、海水温度为0℃时,并考虑到在假设的液货舱次绝缘层的温度下,能将环境温度维持在5℃以上。

2. 系统的布置要求

(1)隔离空舱内和液体穹顶上液货管周围的空舱内设有两套乙二醇—水加热系统,其中有一套为常用,另一套为备用,应急时才使用。所以每一套系统或装置的总的容量都要满足系统的运行要求。

(2)系统内设有两台乙二醇—水循环泵,一台常用,一台备用。泵的压头为30m水柱,排量为$25m^3/h$,可根据船舶的实际情况进行设置。

(3)系统中设有3台加热器,1台电加热器和2台蒸汽加热器。电加热器为常用,2台蒸汽器为备用。当电加热器损坏时,一台蒸汽加热器为常用,另一台为备用。要求加热器的出口温度最大可达90℃。

(4)另外系统中还设有一台乙二醇—水的气动输送泵,将乙二醇—水的液体从混合柜输送到膨胀柜;1只乙二醇—水混合柜、1只乙二醇—水膨胀柜、1只乙二醇储存柜。

乙二醇从舷外注入至储存柜,根据需要依靠重力放至混合柜。混合柜上接有淡水注入管,按乙二醇含量为45%的比率进行混合。乙二醇—水混合液的凝固点必须低于-30℃。

整个乙二醇—水加热系统为闭式循环系统,运行中损失的乙二醇—水由膨胀柜来的管路进行补充,膨胀柜同时供乙二醇—水升温后膨胀用,相当于普通淡水膨胀水箱的作用。

进入每个隔离空舱或液体穹顶上液货管周围的空舱前的常用和备用管路上均设在三通调节阀,可根据舱内的温度调节进入舱内管路的乙二醇—水流量。

(5)所在阀件和附件及设施均为就地操作,每一路分支管路均能单独运行,并通过分配集管分配流量和平衡加热温度。总的乙二醇—水循环量为$5m^3$左右。

二、氮气系统

1. 氮气系统的用途

该系统用于液货舱主绝缘层和次绝缘的加压、液货系统四台压缩机的轴封、液货管和透气樯的吹洗、到锅炉的挥发汽供给管路的吹洗和液货装卸集管的连接前后的吹洗。

薄膜型液化气船货舱四周敷设有两层绝缘层,与结构相接触的绝缘层称为次绝缘层,里面一层称为主绝缘层。绝缘层之间及主绝缘层与液货之间都有一层厚0.7mm～1.0mm的金属薄膜,它的材料为因瓦钢,即不胀钢。液货与船体结构之间的密性由它来保证,液货的重量也由它来传送给船体结构。因而必须在绝缘空间充入氮气,以保证液货的重量均匀地传给船体结构,薄膜也不会受到损害,确保船舶的运行安全。实际上氮气起到了气垫的作用,所以对绝缘层的压力控制非常重要。为防止主绝缘层屏障内氮气泄漏到 LNG 舱内,应保证填充在主绝缘层屏障内的氮气压力应略为低于舱内压力。同样为防止大气进入绝缘层,次绝缘层的压力略高于于大气压力。因此舱内挥发汽压力及每一层绝缘屏障内氮气气体压力均需压力监视并设置报警范围。绝缘层内的压力是通过安装在绝缘层内的压力传感器测得的,如压力偏低,可通过氮气系统注入氮气,如压力过高,可以通过设置在首部的压力控制阀组(卸压阀组)排出氮气。另外,布置在氮气管路上和每层绝缘层的安全阀对绝缘层内的压力也起到非常重要的调节作用。

绝缘层间的氮气除了加压外,通过对绝缘层间氮气中所含液化气量的测定,可以确定液货舱薄膜的完好情况,以采取相应措施。

2. 氮气系统的组成

氮气系统设有一组氮气发生装置,包含两套完全相同、可以独立运行的制氮系统,互为备用。此氮气发生装置作为一个整体由制造商提供。制氮用的空气来自日用空气和仪表空气系统中的三台空压机。制出的氮气储存于氮气储存柜内,本船的储存柜容积为 24m³,压力为 8bar。

甲板上主要由两路总管组成,管路中设有增压阀组和卸压阀组等压力控制阀。它们是至主绝缘层加压氮气总管、至次绝缘层加压氮气总管,另有一路吹洗用氮气总管布置在走道内。至每一舱绝缘层的分路均布置在隔离空舱内,主绝缘层注入管由液货舱的顶部进入,次绝缘层注入管由底部进入。

三、可燃气体探测系统

1. 系统的用途

本系统用于探测大气和氮气中的液化气含量。

2. 系统的组成

本系统由探测器和报警系统组成。探测的范围包括货舱区域、机舱和上层建筑区域。整个系统与 IAS(Integrated Automation System)系统连接。

船舶上应安装有两个不同气体探测系统。一个是基于红外线气体分析仪的系统,专用于分析通过取样管从绝缘空间抽出的气体,它们的管路都接至安装在货物电气设备室的可燃气体探测控制屏。另一个是基于单点红外线探测仪的系统,用来监控上层建筑区域、液货系统机房(或称为货物辅机舱)、货物控制室、货物电气设备室、走道内、机舱、水手长储藏室以及货物区域内可能积聚蒸发气的其他围蔽处所等空间大气中的可燃气体的含量。

机舱和锅炉区域的探测器还应提供在探测到大气中含有可燃气体时,关闭挥发汽燃烧系统的功能。

(1)氮气中可燃气体的测量。氮气中可燃气体的测量是连续进行的。它是红外线探测系统,每一个取样点由下列几部分组成:安装在取样点附近的滤器、可安装便携式分析仪的三通接口、至红外线分析仪的管路上的截止阀(球阀)(安装在货物电气设备室的外面)、安装在分析仪控制屏内的火星熄灭器等。

控制屏上设有两套分析仪,分析仪的组成和功能如下。

①比例分析仪,一套分析仪用于主绝缘层内气体的分析,应能测量按容积从 0～100％的气体浓度。当该蒸发气浓度达到在空气中的可燃下限 30％时,应予报警。一套

用于次绝缘层内气体的分析,应能测量按 LEL 从 0~100% 的气体浓度。当该蒸发气 LEL 达到在空气中的可燃下限 30% 时,应予报警。

②分析仪中蒸发气通过共用管路排至货物控制室的外面。

③可燃气体分析仪控制屏/控制箱应能在间隔时间不超过 30min 内,依次从每个取样点取样和分析,记录下可燃气体的含量,并不得设置通向探测设备的共用取样管。当含量超过标准要求或系统发生故障时发出报警。

④可燃气体报警的读数在 IAS 系统中记录和报警,在 IAS 中,每只分析仪设有相应的组合报警,在系统发生故障时报警,并延伸到驾驶室。可燃气体报警也应延伸至驾驶室。

⑤货物控制室内还应设置用于校验的气瓶。包括氮气瓶、1 只含 CH_4 为 5%(容积)的氮气瓶和 1 只含 CH_4 为 60%(容积)的氮气瓶。它们的容积均为 10L、压力均为 15MPa。

(2)大气中可燃气体的测量。大气中可燃气体的测量一般采用设置传感器的单点红外线探测装置系统。每个探测点都设置防爆型的传感器,并连接到共用的中心控制装置,即 IAS 系统。单点红外线传感器尽可能直接连接到 IAS 系统作为数据的输入。

四、过热蒸汽系统

液化天然气船的动力装置一般采用蒸汽涡轮,主锅炉为双燃料锅炉,可以燃烧天然气和燃油。也可以采用电力推动动力装置,但用于发电的柴油发电机组也为双燃料发电机组。目前世界上各柴油机制造商还在开发能燃烧天然气的大马力低速柴油机,以代替蒸汽涡轮,提高效率。但目前在建的船舶仍以蒸汽涡轮作为主机的为多。

(一)过热蒸汽系统原理图

过热系统主要是作为蒸汽涡轮主机、涡轮发电机和锅炉涡轮给水泵的动力来源。图 6-8-1 为该系统的原理图。

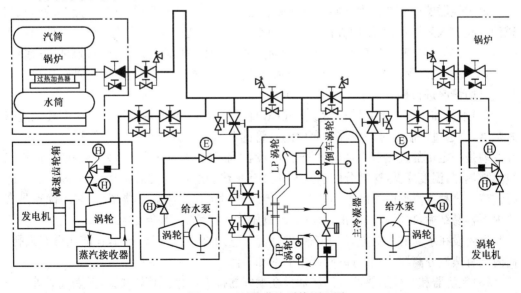

图 6-8-1　过热蒸汽系统原理图

该系统的原理相当简单,从锅炉产生的过热蒸汽通过管路直接送到主机涡轮、涡轮发电机和涡轮给水泵。但高温高压管路上的阀件都是一些特殊的阀件。其次是管路上自动化监测、报警点特别多。例如至主机、发电机的管路上都装有流量、温度和压力的传感器,用于监测、记录和报警。

(二)主要设备

1. 锅炉

锅炉的各种参数应满足主机的要求,本系统中锅炉的最大蒸发量为 65000kg/h,正常蒸发量为 55000kg/h。过热蒸汽出口压力为 61.8bar,温度为 515℃。

图 6-8-2 所示为某锅炉的结构简图。它的主要部件有燃烧器、炉膛、水筒、汽筒、经济器和空气加热器组成。

(1)燃烧器。该锅炉配备的是燃油/燃气双燃料燃烧器,这是区别于普通锅炉的主要部件,如图 6-8-3 所示。

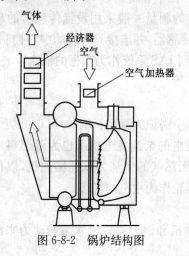

图 6-8-2 锅炉结构图

图 6-8-3 锅炉燃烧器

该燃烧器的中心部位为螺旋状的燃油喷嘴,当使用燃油作为燃料时,一定量的蒸汽和燃油一起进入旋转器,使燃油雾化后喷入炉膛,然后在炉膛内燃烧产生热量。当使用挥发汽(燃气)作为燃料时,燃气通过燃油喷嘴周围的燃气喷嘴喷入炉膛,并通过燃油点火装置点火,实现燃烧。另外燃烧器还配有红外线和紫外线火焰探测器,分别对燃油火焰情况和燃气火焰情况进行探测。

(2)水筒和汽筒。水筒设在锅炉的底部,直径约为 500mm,内部还装有温度控制过热减热器,它通过控制流过浸没在水筒中的直管的蒸汽量来调节蒸汽的最终温度。它的工作原理是一定量的过热蒸汽从过热加热器(设在汽筒内)中引入安装在水筒内的温度控制过热减热器,温度降低,这部分的蒸汽又和没有减热的过热蒸汽相混合,对主蒸汽温度进行调节。这种蒸汽温度控制过热减热器与传统的喷水式过热减热器相比,它的优点是直管内不容易结垢,也没有热冲击,蒸汽的流量始终保持恒定,不会发生变化。

汽筒设在水筒的正上方,位于锅炉的顶部。它的直径约为 765mm,在前端设有人孔,筒内装有蒸汽分离器,用来分离所产生的饱和蒸汽。

(3)经济器和空气加热器。经济器设在烟气的排出口,利用锅炉的高温烟气对进入锅炉前的给水加热,可以节省燃料,提高锅炉的热效率。经济器的材料采用抗腐蚀钢,而不是传统的铸铁。由于抗腐蚀钢的最大腐蚀速率是铸铁的 1/5，所以在相同厚度情况下可以延长使用寿命 5 倍。即使减薄壁厚，使经济器的重量降至原来的 45% 左右，其使用寿命仍可从 3 年延长至 8 年。由于重量减轻，其制造成本也下降了 50%。

空气加热器设在锅炉空气的进口，利用一定量的撤汽对进入炉膛之前的空气进行加热，使其达到约 130℃，其目的也是提高燃烧的热效率。它与经济器一样都是节能装置。

2. 涡轮给水泵

本系统设有两套给水泵，其中一台为备用泵，故每台泵的排量均应能满足两台锅炉在最大蒸发时的给水量，并加上 20% 的裕量。

图 6-8-4 所示为背压式蒸汽涡轮给水泵的结构示意图。该泵的涡轮进汽压力和温度分别为 59.9bar 和 510℃，排汽压力为 4bar，蒸汽耗量最大为 4932kg/h，设计值为 3474kg/h，供水量最大为 169m³/h，设计值为 90m³/h，吸入压头为 55mH$_2$O，压头增加量为 880mH$_2$O。

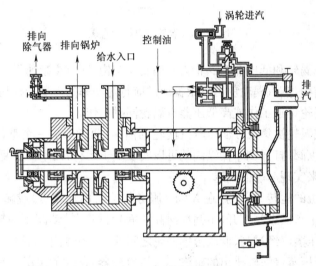

图 6-8-4　涡轮给水泵

这种给水泵的特点是采用紧耦合式结构，即泵的叶轮和涡轮被安装在同一根短轴上，减少了对弹性联轴节的需求，不仅在很大程度上方便了安装，也大大减少了整个涡轮给水泵的尺寸和重量。而且涡轮和泵的轴向推力经过了精确的计算，使其达到基本平衡。由此推力轴承几乎不会发生磨损，也不再需要安装轴向位移监测装置。

3. 涡轮发电机

涡轮发电机所采用蒸汽涡轮为冷凝式涡轮，其排汽真空度为 717mmHg。涡轮的进汽压力和温度与涡轮给水泵相同。每台发电机的输出功率为 3200kW，两台发电机的总功率能满足货物装载和压载水操纵时的功率需求。涡轮与发电机之间装有减速齿轮箱，将涡轮转速（约为 10000r/min）降低到发电机的转速（约 1800r/min）。其外形如图 6-8-5 所示。

4. 涡轮主机

本系统采用的涡轮主机主要由高压涡轮、低压涡轮、倒车涡轮和主冷凝器组成。它的主要特点是如下。

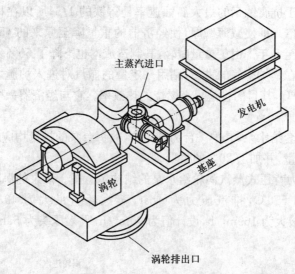

主蒸汽进口

发电机

基座

涡轮

涡轮排出口

图 6-8-5 涡轮发电机示意图

(1)高压蒸汽涡轮和低压蒸汽涡轮为并列复式结构,同时主减速齿轮上采用双轴铰链结构,利用这些结构,蒸汽涡轮就可以根据船舶航行对功率的需要选择高压蒸汽涡轮单独工作、低压蒸汽涡轮单独工作或高低压蒸汽涡轮同时工作。

(2)倒车蒸汽涡轮被集成在低压蒸汽涡轮的前端,两者形成一个整体。这样,只要简单地关闭正车操纵阀,打开倒车操纵阀就可以实现倒车运行,而不需要复杂的倒车齿轮箱或采用可调距桨来实现船舶的倒退。

蒸汽涡轮主机的运转方式为:在 MCR(服务航速时的功率点)或输出功率较高工况时,倒车阀关闭,正车操纵阀打开,主锅炉向高压涡轮供汽,带动高压涡轮运转,从高压蒸汽涡轮排出的低压蒸汽经过高、低压蒸汽涡轮之间的连接管路进入低压蒸汽涡轮,再带动低压涡轮运转,低压蒸汽涡轮排出的蒸汽排入主冷凝器,这时的工况是高、低压蒸汽涡轮同时工作;当要求输出功率较低时,可以选择高压蒸汽涡轮或低压蒸汽涡轮单独工作,这时锅炉直接向高压蒸汽涡轮输入过热蒸汽或向低压蒸汽涡轮输入减热蒸汽。其中仅低压涡轮工作时,其减热蒸汽由减热蒸汽和饱和蒸汽系统供给,排汽均直接回到主冷凝器;当倒车运行时,关闭正车操纵阀,打开倒车操纵阀,过热蒸汽通过倒车防护阀进入倒车蒸汽涡轮,就可以进行倒车运行,参见图 6-8-1。

(三) 高温高压管路的布置和安装要求

(1)管路应尽量采用对接焊形式,在必须使用法兰连接时,法兰的标准、垫片的材料、连接螺栓的材料和强度应符合规范的规定和船东的要求。

(2)过热蒸汽进入主机涡轮或涡轮发电机涡轮前管路上应安装滤器。

(3)管路敷设应尽可能短,并考虑到合理的机舱布置的热膨胀。

(4)所有的管路应有一定的倾斜度,以防止管路内积水,避免产生水击现象。在管路的最低点应设置泄放装置和必要的管路。

(5)在撤汽管道的接口应避免撤汽再次进入涡轮内。

(6)当从正车转换到倒车时,倒车蒸汽管路应保证在正车涡轮停止送气的同时立刻有蒸汽送入倒车涡轮。

（7）所有的仪表管路都应具有双道隔离装置或阀,以保证系统的正常运行和满足日常修理或试验的需要。

（8）高温高压的管路的设计和安排应经过计算,以保证其在工作状态下能承受额定的温度和压力,特别是保证管路运行时的热膨胀不会产生过度的应力。管路的应力计算应得到船级社和船东的认可。

复习题

1. 简述油船货舱内管系的设计和安装要求。
*2. 油船泵舱管系的设计应满足哪些要求?
3. 油船货油舱扫舱管系的作用是什么?
*4. 简述油船自动扫舱系统的工作原理。
5. 货油管支架的设置有什么特殊要求,为什么?
6. 简述货油舱用高速透气阀的组成及作用。
7. 简述货油舱透气管进出口位置和高度的要求。
8. 简述油船惰性气体系统的功能。
*9. 简述烟气式惰性气体系统的工作原理。
10. 油船货油舱内为什么要设置洗舱系统?
11. 简述原油洗舱系统管路设计及布置的要求。
12. 货油舱遥测系统的基本要求是什么?船舶常用的遥测系统有哪几种?
*13. 散装液化气船分成哪两大类,各有哪几种形式?
*14. 简述 LNG 船的装载过程。
*15. 简述液货管路安装和布置的基本要求。

第七章 管子加工

第一节 备料

一、确定材料需求

根据管子加工托盘表,统计出相应的管子和连接附件(法兰、套管、标准弯头、异径接头、管座等)的规格和数量,由领料人员到相应仓库领料。

二、材料的质量控制

(一) 检查质量

(1)无缝钢管的内、外表面应无裂缝、折叠、分层、结疤、错位、扎折、发纹等缺陷存在。如有上述缺陷则应清除,且被清除部位的壁厚应不小于设计规定的最小壁厚。

(2)焊接钢管的内、外表面不允许存在裂缝、结疤、错位、毛刺、烧伤、压痕和深的划道等缺陷。但允许存在深度不超过厚壁允许偏差范围的小压痕、轻微的错位、辊印线、薄的氧化铁皮以及打磨与清除毛刺的痕迹等缺陷。

(3)紫铜管的内外表面应光滑、清洁,不应有裂缝、起皮、夹杂、凹坑、分层等缺陷,但局部的、轻微的划伤、斑点、拉痕和轧痕可允许存在。

(4)铝黄铜管、铜镍铁合金管的管子表面应光滑、清洁,不应有针孔、裂缝、气泡、分层和绿锈等缺陷存在。

(二) 修补表面缺陷

(1)钢管表面的缺陷,如修整后管壁厚度不小于所规定的最小厚度时,允许用机械方法进行打磨,然后光滑过渡至钢管表面。

(2)当拟用焊补修补钢管表面的小缺陷时,应将补焊工艺规程,包括预热和焊后热处理等资料提交船级社审核。修补区域应进行磁粉检测。奥氏体钢管在完成补焊、热处理和打磨后,应进行着色检测。

(3)紫铜管、铝黄铜管、铜镍铁合金管表面缺陷不允许用焊修的方法修复,但可以用打磨的方法予以消除,经打磨的部位与管子的表面应平滑过渡,且不允许超出允许的尺寸公差。

(三) 材质报告和证书

管子都须具有材质报告和炉批号证书,Ⅰ、Ⅱ级管还应有船级社证书,法兰、定型弯头、异径接头等都须具有制造厂合格证书。

三、材料管理

(1)在船级社认可的Ⅰ级、Ⅱ级钢管端头,分别涂上相应色标。

(2)管子和附件按管子切割日、生产线分开,放于各生产线相应位置,并做好切割日标志。

(3)有特殊用途的专用管子单独存放,并做好特殊用途标志,采取必要的保护措施。

第二节 管 子 下 料

一、画线

(1)按切割计划表或其他相关资料,取用材料牌号、规格相符的管子。

(2)按切割计划表上或其他相关资料上管子长度进行画线,并在管子上写上工程编号、托盘连续号、切割日、加工托盘序号等记号。

(3)切割线可用细石笔画出,在需要画出较长切割线时,可用靠板画线以保证切割线与管子轴线垂直,画线靠板示意图如图7-2-1所示。

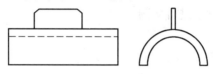

图 7-2-1 画线靠板示意图

(4)对于有色标的管子,画线从无色标端起始,以便保留余料色标。

二、切割方法

1. 钢管

DN≤100mm 的钢管用砂轮机、锯床切割。DN>100mm 的钢管用火焰(氧乙炔、氧丙烯)切割机切割。

2. 紫铜管

紫铜管用手锯切割。

3. 不锈钢管

不锈钢管用手锯、机械割管机或等离子切割机切割。

4. 铝黄铜管、铜镍铁合金管

铝黄铜管、铜镍铁合金管用手锯、机械割管机或等离子切割机切割。

三、下料工艺

(一) 使用砂轮切割机的场合

(1)将管子切割线和砂轮片对准,固定好管子。

(2)接通电动机电源,当转速充分上升稳定后,开始进行切割。

(3)切割精度:±1.5mm

(4)用砂轮对管子端部进行打磨,去除切割端毛刺,并在装焊法兰处的管子外部进行打磨除锈,长度不小于50mm。

(二) 使用火焰切割机的场合

(1)移动切割机,火口到切割线为止。

(2)将火口下降到离管子表面 10mm～15mm 距离,确定火口位置。

（3）打开燃气、氧气开关，点火，调整火焰。

（4）预热后，打开高压氧气开关，开始切割，接通旋转用的电动机电源，使管子转动，边调整切割速度，边进行切割。

（5）对于厚度大于 6mm 的钢管与标准弯头、异径接头对接的端口，割嘴须与管子端部成 30°夹角，使钢管切割的同时开好坡口。坡口角度如图 7-2-2 所示。

（6）切割精度：±1.5mm。对于对接管段，每一对接端应减去 2mm 装配间隙。

（7）用砂轮对管子端部进行打磨，去除切割端毛刺和焊接区域铁锈，除锈长度法兰端为 50mm，对接端为 30mm。

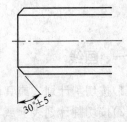

图 7-2-2　坡口角度示意图

（三）使用锯床的场合

（1）将管子的切割位置对准锯刃，固定管子。

（2）调整切割速度，对管子进行切割。

（3）供给切割油。

（4）切割精度：±1.5mm。

（四）使用手锯的场合

（1）固定管子。

（2）将手锯锯条对准切割线，进行切割。在切割过程中，锯条与管子轴线保持垂直。

（3）对于口径较大的管子，在管子部分圆周切割后，转动管子再进行另一部分圆周切割，直至全部完成，此时管子切割线应为整个圆周。

（4）切割精度：±1.5mm。

（5）用锉刀锉去切割端毛刺。

第三节　管子弯曲加工

一、管子的弯曲加工方法

1. 钢管的弯曲加工方法

钢管的弯曲加工方法如图 7-3-1 所示。

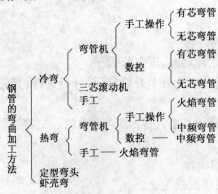

图 7-3-1　钢管的弯曲加工方法

2. 铜管的弯曲加工方法

铜管的弯曲加工方法如图 7-3-2 所示。

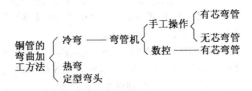

图 7-3-2　铜管的弯曲加工方法

3. 不锈钢管、铜镍铁合金管的弯曲加工方法

不锈钢管、铜镍铁合金管的弯曲加工方法如图 7-3-3 所示。

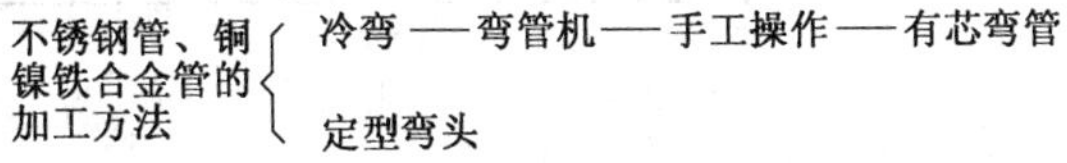

$$\text{不锈钢管、铜镍铁合金管的加工方法}\begin{cases}\text{冷弯}——\text{弯管机}——\text{手工操作}——\text{有芯弯管}\\\text{定型弯头}\end{cases}$$

图 7-3-3　不锈钢管、铜镍铁合金管的弯曲加工方法

4. 铝管的弯曲加工方法

铝管的弯曲加工方法见图 7-3-4。

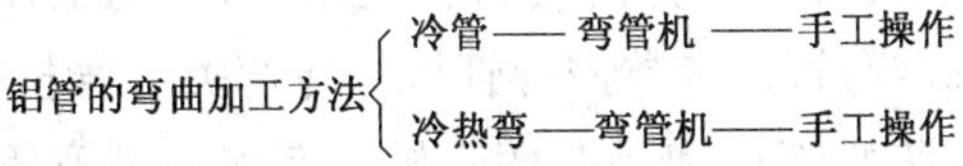

$$\text{铝管的弯曲加工方法}\begin{cases}\text{冷管}——\text{弯管机}——\text{手工操作}\\\text{冷热弯}——\text{弯管机}——\text{手工操作}\end{cases}$$

图 7-3-4　铝管的弯曲加工方法

二、各种管子弯曲加工方法的适用场合

各种管子弯曲加工方法的适用场合见表 7-3-1。

表 7-3-1　各种管子弯曲加工方法的适用场合　　　　　单位:mm

序号	弯曲加工方法	通常适用场合
1	弯管机冷弯、有芯弯管	(1)无缝钢管　DN40~DN200 (2)紫铜管　DN15~DN125 (3)不锈钢管　DN15~DN50 (4)铜镍铁合金管　DN15~DN40 (5)黄铜管　DN15~DN40 (6)铝管 DN15~DN80
2	弯管机冷弯、无芯弯管	(1)钢管(无缝或有缝)DN≤32 (2)DN≤10 紫铜管、不锈钢管、铜镍合金管、黄铜管、铝管
3	三芯滚动机冷弯	钢管(有缝或无缝)、不锈钢管 DN≤65R≥10D。常用于弯制栏杆和顺舷旁线形的测量管,通常一根管子上弯出的弯头在一个平面内
4	手工冷弯	钢管(有缝或无缝)和不锈钢管弯制栏杆等大 R 管,在无三芯滚动机的情况下,用手工冷弯
5	弯管机热弯 (中频弯管)	(1)无缝钢管　DN250~DN400 (2)无缝钢管　DN65~DN200 因管壁特别厚或无合适弯曲半径弯模的场合
6	手工热弯	各种金属管相邻两弯头之间直线距离很短或无合适的弯曲半径弯模的场合,都可用手工热弯的方法

序号	弯曲加工方法	通常适用场合
7	定型弯头	管子布置空间狭小，用机械弯管会使法兰焊接于弯头弧线部分或两弯头间直线距离不足弯管夹头长度 　钢管规格　DN15～DN800　$R=1D,1.5D$ 　紫铜管规格　DN25～DN125　$R=1D$ 或略大于 $1D$ 　铜镍铁合金管、不锈钢管规格按产品订货清册
8	虾壳弯	凡是无法进行弯制，并且无定型弯头的场合，都可以应用虾壳弯；目前仅应用于主辅机排气管、锅炉排烟管等

注：D 表示管子公称通径；R 表示弯头弯曲半径

三、弯管机

（一）弯管机的分类

根据冷弯和热弯两大类弯管方法，有相应的两大类弯管机，即适用于冷弯的弯管机和适用于热弯的弯管机。按其转动部分的动力种类来分，分为液压弯管机和电动弯管机。按操作方法来分，分为机械弯管机和数控弯管机。冷弯类弯管机按是否采用芯头防皱和保证椭圆度来分，分为有芯弯管机和无芯弯管机。有些小型弯管机，针对不同规格的管子，既可做有芯弯管机，也可做无芯弯管机。热弯类弯管机按加热方法来分，分为中频弯管机和火焰弯管机。

还有一种三芯滚动弯管机，是由电力驱动，适用于弯制弯曲半径大的管子。

（二）弯管机的性能

弯管机的性能包括弯管方法、传动动力、操作方法、旋转方向等，参数包括弯曲半径、前后夹长度、插芯长度等。表 7-3-2 和表 7-3-3 所列为某些常用弯管机的性能和参数，其中表 7-3-2 适用于钢管，表 7-3-3 适用于铜管。弯管参数示意图见图 7-3-5。

表 7-3-2　钢管弯管机的性能和参数　　　　　　单位：mm

设备名称	性　能				管子规格		弯管参数						
	弯管方法	传动动力	操作方法	旋转方向	公称通径 DN	外径 D_w	弯曲半径 R	前夹长度 L	后夹长度 C		中心距 A	高度 H	插芯长度 B
									先焊后弯	后焊先弯			
$\phi14$～$\phi32$ 电动弯管机	无芯冷弯	电动	机械	顺时针	10	14	35	80		80	150	1000	
					15	22							
					20	25	75						
						27							
						32	100						
					25	34	75						
							100						

(续)

设备名称	性能				管子规格		弯管参数						
	弯管方法	传动动力	操作方法	旋转方向	公称通径DN	外径Dw	弯曲半径R	前夹长度L	后夹长度C 先焊后弯	后夹长度C 后焊先弯	中心距A	高度H	插芯长度B
"60"液压弯管机(冷弯)	无芯	液压	机械	顺时针	15	22	75	80	500		140	1080	
					20	27	75			80			
					25	34	100						
					32	38	100						
					32	42	130			110			
	有芯				40	48	150						3450
"114"液压弯管机	有芯冷弯	液压	机械	顺时针	50	60	180	165	620	570	320	1250	3950
					65	76	230						
					80	89	270	210					
					100	114	350						
					50	60	90						
					65	76	114	200					
					80	89	133.5	240					
					100	114	171						
03B数控弯管机(冷弯)	无芯	液压	数控	顺时针	15	22	75	55	170		270	1100	
					20	27	75	65	180				
					25	34	100	80	235				
					32	42	130	110	300				
	有芯				40	48	150		345				6000

表 7-3-3 铜管弯管机的性能和参数　　　　　　　　　单位:mm

设备名称	性能				管子规格		弯管参数						
	弯管方法	传动动力	操作方法	旋转方向	公称通径DN	外径Dw	弯曲半径R	前夹长度L	后夹长度C 先焊后弯	后夹长度C 后焊先弯	中心距A	高度H	插芯长度B
φ14~φ48电动弯管机	无芯冷弯				10	14	35	80		80	150	1000	
						16	45						
						18	45						
					15	20	80						
						22	55						
	有芯冷弯	电动	机械	顺时针	20	25	70						4900
						25	100						
						28	70						
					25	30	100						
						32	90						
					32	38	100						
						40							
					40	42	120						
						45							

233

设备名称	性能				管子规格		弯管参数					
	弯管方法	传动动力	操作方法	旋转方向	公称通径DN	外径Dw	弯曲半径R	前夹长度L	后夹长度C 先焊后弯 后焊先弯	中心距A	高度H	插芯长度B
φ76 液压弯管机	有芯冷弯	液压	机械	顺时针	50	55	110	100	110	250	1000	3300
					65	70	140					
"114" 数控弯管机	有芯冷弯	液压	机械	顺时针	50	55	150	165	200	320	1250	3950
					65	70	200					
					80	85	240	210	250			
					100	105	300					
					125	129	330	280				
φ108 液压弯管机	有芯冷弯	液压	机械	顺时针	50	55	150	130	130	250	900	5800
					65	70	200					
					80	85	220					
					100	105	290					
					125	129	330					

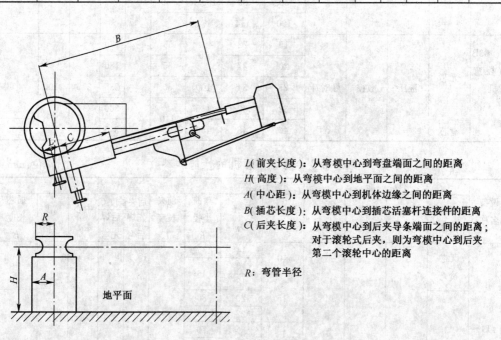

L(前夹长度)：从弯模中心到弯盘端面之间的距离

H(高度)：从弯模中心到地平面之间的距离

A(中心距)：从弯模中心到机体边缘之间的距离

B(插芯长度)：从弯模中心到插芯活塞杆连接件的距离

C(后夹长度)：从弯模中心到后夹导条端面之间的距离；
对于滚轮式后夹，则为弯模中心到后夹
第二个滚轮中心的距离

R：弯管半径

图 7-3-5　弯管参数示意图

（三）常用弯管机简介

1. 电动、机械操作、冷弯、无芯弯管机(简称电动无芯弯管机)

电动无芯弯管机是应用最早的一种弯管机,也是最基本的弯管机,其他形式的弯管机都是由它发展变化而来的。

电动无芯弯管机主要由传动部分(机内)和弯曲部分(机外)组成。

图 7-3-6 为电动无芯弯管机传动部分的示意图。它由电动机 1、皮带减速装置 2、齿轮减速箱 3、蜗轮蜗杆机构 4 和主轴 5 组成。电动机通过皮带、齿轮、蜗轮蜗杆等减速装置减速后,使套在蜗轮中心的主轴以 1r/min 左右的转速顺时针旋转。

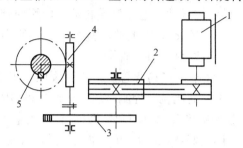

图 7-3-6　电动无芯弯管机传动部分
1—电动机;2—皮带减速装置;3—齿轮减速箱;
4—蜗轮蜗杆机构;5—主轴。

图 7-3-7 为电动无芯弯管机弯曲部分的示意图。它由弯模 1、主轴 2(图 7-3-6 中的主轴 5)、前夹头 3、后夹头 4 和托架 5 组成。弯模套在弯管机的主轴上,用键与轴配合并随着主轴一起旋转。此外,弯管机台面上还配有电源控制盒,用来控制弯模的顺转、停止和倒转等工作状态(图 7-3-7 中未画)。

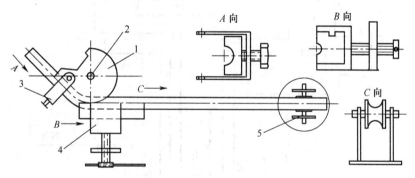

图 7-3-7　电动无芯弯管机弯管部分示意图
1—弯模;2—主轴;3—前夹头;4—后夹头;5—托架。

弯模的圆周上开有凹槽,凹槽的半径等于被弯管子的外半径。弯模可以做成结构相同而凹槽半径不同的各种规格,以满足不同管径管子的需要。弯模圆周的半径就是弯管时的弯曲半径 R,对同一管径的弯模,弯曲半径可以不同,以适应不同的需要。弯模上还开有固定前夹头的插销孔。

前夹头内装有塞块,塞块上开有相应的凹槽,为了防止前夹头夹紧以后,管子仍有滑动现象,塞块凹槽的半径应略小于管子外半径,并在凹槽上开几个三角槽。前夹头用销钉与弯模连接,用螺栓推动塞块将弯头前的直管段紧紧地夹在弯模上,使管子能随着弯模一起转动。

后夹头由导条、座架、固定座和螺栓组成,导条镶在座架内,螺栓旋过固定座的螺纹与座架相连,导条内开有凹槽,凹槽的半径和管子外半径相同。通过转动螺栓,使座架连同

235

导条一起移动,使导条将管子夹紧或松开。

托架的用途是支持管子的一部分重量和保持管子与弯模凹槽中心处于同一水平面。

2. 液压、机械操作、冷弯、有芯弯管机(简称液压塞芯弯管机)

液压弯管机的回转机构主要有回转油缸和液压马达两种。即用电动机驱动高压油泵,再由高压油泵带动回转油缸或油马达使弯模转动。使用回转油缸的液压弯管机的扭矩较大,适用于弯制公称直径 100mm 以上的大直径管子。使用液压马达的液压弯管机结构简单,但扭矩较小,只适宜弯制小直径管子。

图 7-3-8 为 W27YS-42 液压半自动弯管机液压原理图。工作时,由电动机带动齿轮泵向系统供油。系统压力由溢流阀调节控制。压力油通过单向阀进入 3 只三位六通手动换向阀,3 只换向阀分别控制夹紧(前夹头)和助推(后夹头)、主传动、芯杆的油缸的动作。开始弯管时,开动齿轮泵,调整好系统压力,依次操纵控制夹紧和助推、芯杆、主传动的换向阀,使压力油进入油缸无杆腔,使前夹头、后夹头处于夹紧状态,芯杆前移到工作位置,主传动活塞杆通过链条带动主轴作旋转弯管运动。弯管结束后,依次操纵控制芯杆、夹紧和助推、主传动换向阀,使压力油进入油缸有杆腔,前后夹头松开,芯杆后退,主轴作旋转返回运动。为保证夹紧时先夹紧前夹头,后夹紧后夹头,松开时前后夹头能同时松开,在后夹头的油缸无杆腔管路中安装单向节流阀。当换向阀处于中位时,系统处于泄荷状态,液压油直接流回油箱。

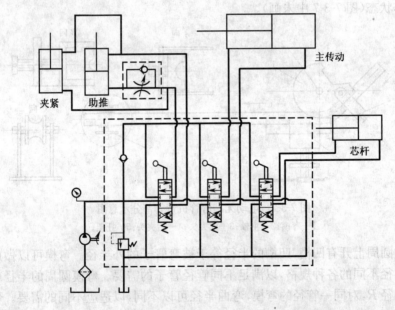

图 7-3-8　W27YS-42 液压半自动弯管机液压原理图

塞芯弯管机就是在管子内部增加了一根柱塞式芯棒——塞芯,塞芯由头部和尾部(拉杆)两部分组成。为了保证管子的导向和防止弯管时芯棒的偏斜,芯棒的头部做成圆柱形,其长度一般为 300mm~400mm,直径比管子内径小 1mm~2mm。常用的芯棒头部端面为球形,如图 7-3-9 所示。球形芯棒的优点是适用性强,可用于同一内径而不同弯曲半径的管子的弯曲,制造和调整方便。芯棒的尾部(拉杆)是一根圆柱体直棒,其长度和直径视管子长度和塞芯的刚性而定。拉杆的前端以螺纹或焊接形式与头部固定,后端则用螺纹固定在托架上,转动拉杆后端的连接螺纹就可以调整芯棒头部在管子弯曲处(起弯点)的位置。

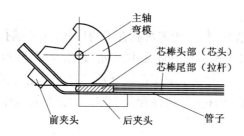

图 7-3-9　球形芯棒和前置量 K 示意图

弯管时,弯模一面转动一面带动管子前进,在前后夹头的作用下,管子被弯曲而绕在弯模上。在整个弯曲过程中,塞芯头部始终被拉杆固定在一个位置上,这个固定位置很重要,它直接影响到弯管的质量。根据弯管实践,塞芯位置固定在起弯点前面一些,即保持一个正确的前置量(超前值) K。前置量 K 就是塞芯位置超过起弯点的距离。正确调节前置量 K 值大小,就可以控制管子变形的变化。前置量 K 值大,椭圆度小,管壁薄;前置量 K 值小,椭圆度大,管壁厚。因此,当管子椭圆度过大时,则应将塞芯向前伸出一些;当管子管壁过薄甚至破裂时,则应将塞芯向后缩进一些。前置量 K 的大小取决于管子的材料、直径、壁厚、弯曲半径、塞芯外径和管子内径之间的间隙、塞芯形状及弯管机等因素,确切的数值应根据试验而定。只要保持适当的前置量,就可以保证能获得良好的弯管质量。

表 7-3-4 为某船厂在薄壁管弯管试验时最终取得成功的塞芯外径和前置量 K 的数据。试验用的管子材料为 20 号无缝钢管,芯棒头部形状为球形。

表 7-3-4　薄壁管弯管试验数据　　　　　　　　　　　　　　单位:mm

管子规格	弯曲半径	塞芯外径	塞芯与管子内径之间的间隙	前置量 K	弯管机	质量状态		
						椭圆度/%	减薄率/%	褶皱
$\phi48\times3$	150	$\phi41.5$	0.5	35	$\phi76$ 液压弯管机	10	6	基本无褶皱
$\phi60\times3$	180	$\phi53.5$	0.5	35	$\phi76$ 液压弯管机	4.2	13	基本无褶皱
$\phi76\times3.5$	230	$\phi67.5$	1.5	12	3″~5″液压弯管机	2.4	12	无褶皱
$\phi89\times3.5$	270	$\phi81.5$	0.5	21	3″~5″液压弯管机	3.9	16	无褶皱
$\phi114\times4$	350	$\phi104$	2	30	3″~5″液压弯管机	9.7	8	基本无褶皱
$\phi140\times4$	420	$\phi130.5$	1.5	72	5″~8″液压弯管机	4.8	15	无褶皱
$\phi168\times5$	500	$\phi155$	3	75	5″~8″液压弯管机	3.5	15	无褶皱
$\phi219\times6$	660	$\phi203$	4	56	5″~8″液压弯管机	0.8	8	无褶皱

3. 液压、数控、冷弯弯管机(简称数控弯管机)

数控弯管机是应用电子数字控制技术的加工设备。它能按照规定的程序和尺寸要求自动进行管子弯制工作,实现管子弯管自动化,减轻劳动强度,提高生产效率和管子弯管精度。

针对不同规格的管子,数控弯管机可进行有芯弯管或无芯弯管。

数控弯管机主要由按规定程序发出指令的控制设备和执行指令的数控弯管机床两大部分组成。

数控弯管机的弯管程序,根据所需弯制管子的形状、法兰螺孔位置、管子延伸率和弯角回弹率、弯管机工作规则等参数编制,提供弯角、送给长度、转角的数据。

数控弯管机床通过程序和电子液压系统分别对弯管指令和机床机构进行程序控制,从而达到能自动地按编码程序进行协调配合工作。数控弯管机床对机构和装置的程序控制主要有以下几种:

(1)送进和后退装置;

(2)法兰螺孔调节装置;

(3)前后夹头装置;

(4)弯角传动装置;

(5)转角装置;

(6)塞芯装置;

(7)液压系统。

4. 中频弯管机

中频弯管机是热弯无芯弯管机,传动部分动力种类可以是液压,也可以是电动;操作方式可以是数控,也可以是机械。中频弯管机是利用中频(800Hz～2500Hz)交变电流,通过感应圈对金属管子作用而产生感应电流,由于感应电流的涡流作用,在极短时间内使管子表面产生一条15mm～25mm宽、950℃左右的狭强热带。根据管径和壁厚的具体情况,随时调整输出功率,达到弯曲温度后,就可以开动弯管机床进行弯管工作,同时用冷却水对已弯好的部分进行冷却。

中频弯管机具有方便地调节弯曲半径的优点,但由于中频弯管要用冷却水对已弯好部分进行冷却,因而会发生弯曲后产生裂纹的现象,一般仅适用于弯制10号无缝钢管。对于20号无缝钢管,弯曲后应作退火处理。

四、管子弯曲质量标准

弯管几何尺寸质量标准见表 7-3-5,其中 L 值适用于先焊后弯管和无余量弯管,θ 值适用于有余量弯管、无余量弯管和先焊后弯管。

管子弯曲部分质量标准见表 7-3-6。

表 7-3-5 弯管几何尺寸质量标准 　　　　　　　　　　　　　　单位:mm

项　　目		标准范围	允许极限	备　注
弯管偏差 L_1 θ L_2	ΔL_1	±3	±6	
	ΔL_2	±3	±6	
	$\Delta \theta$	±0.5°	±1.0°	

项　　目		标准范围	允许极限	备　注
双向弯管偏差 	ΔL_1	±3	±6	
	ΔL_2	±3	±6	
	ΔL_3	±3	±6	
	$\theta_1-\theta_2$	1°	2°	
立体形弯管偏差 	ΔL_1	±3	±6	
	ΔL_2	±3	±6	
	$\Delta\theta$	±0.5°	±1.0°	

表 7-3-6　管子弯曲部分质量标准

项　　目				标准范围	允许极限/%	备注
管子圆度率 E $E=(a-b)/D_{\mathrm{w}}\times100$ 式中　a—弯曲处截面最大外径(mm)； 　　　b—弯曲处截面最小外径(mm)； 　　　D_{w}—管子实际外径(mm)	钢管、铜管	$R\leqslant2D_{\mathrm{w}}$	冷弯	—	—	
			热弯	—	10	
		$2D_{\mathrm{w}}<R\leqslant3D_{\mathrm{w}}$	冷弯	—	10	
			热弯	—	8	
		$3D_{\mathrm{w}}<R\leqslant4D_{\mathrm{w}}$	冷弯	—	10	
			热弯	—	8	
		$R>4D_{\mathrm{w}}$	冷弯	—	10	
			热弯	—	5	
	铝黄铜管	$R\leqslant2D_{\mathrm{w}}$	冷弯	—	15	
		$2D_{\mathrm{w}}<R\leqslant3D_{\mathrm{w}}$	冷弯	—	10	
		$3D_{\mathrm{w}}<R\leqslant4D_{\mathrm{w}}$	冷弯	—	10	
		$R>4D_{\mathrm{w}}$	冷弯	—	8	R 为弯曲半径
壁厚减薄率 F $F=(t-t_1)/t\times100$ 式中　t—原管壁厚(mm)； 　　　t_1—弯曲后的弯曲部分的最小壁厚(mm)	钢管	$R\leqslant2D_{\mathrm{w}}$	冷弯	—	—	
			热弯	—	20	
		$2D_{\mathrm{w}}<R\leqslant3D_{\mathrm{w}}$	冷弯	—	25	
			热弯	—	10	
		$3D_{\mathrm{w}}<R\leqslant4D_{\mathrm{w}}$	冷弯	—	20	
			热弯	—	5	
		$R>4D_{\mathrm{w}}$	冷弯	—	15	
			热弯	—	5	
	铜管	$R\leqslant2D_{\mathrm{w}}$	冷弯	—	—	
			热弯	—	20	
		$2D_{\mathrm{w}}<R\leqslant3D_{\mathrm{w}}$	冷弯	—	30	
			热弯	—	15	
		$3D_{\mathrm{w}}<R\leqslant4D_{\mathrm{w}}$	冷弯	—	25	
			热弯	—	10	
		$R>4D_{\mathrm{w}}$	冷弯	—	20	
			热弯	—	10	
	铝黄铜管	$R\leqslant2D_{\mathrm{w}}$	冷弯	—	25	
		$2D_{\mathrm{w}}<R\leqslant3D_{\mathrm{w}}$	冷弯	—	25	
		$3D_{\mathrm{w}}<R\leqslant4D_{\mathrm{w}}$	冷弯	—	20	
		$R>4D_{\mathrm{w}}$	冷弯	—	15	

（续）

项　目	标准范围	允许极限/%	备注
管子褶皱 h h 为褶皱高度(mm)；D_w 为管子外径(mm)	$\leqslant 3/100 \times D_w$	不作规定	

五、弯管工作的通用操作规程

各种弯管机特别是数控弯管机、中频弯管机都有相应的操作规程。因此，在操作前，除了掌握下述的通用操作规程外，还要熟练掌握使用的弯管机的操作规程。

(1)确认弯管机有"完好"的设备状态标志。

(2)将管子零件图中弯管程序与弯管机前后夹头长度、弯模半径对比，弯管程序中最后段或第一段直管长应不小于后夹头长度，其余段直管长应不小于前夹头长度。弯模半径应一致。

(3)按弯曲管子的规格、弯曲半径正确选用弯模，检查弯模、前夹头塞块、后夹头导条的凹槽和有芯弯管的塞芯部分是否光洁和顺，对不光洁和顺处应予修理，并注意弯模与前夹头塞块及后夹头导条的同心配合。

(4)去除黏附于管子内外表面的硬质杂物，如铁屑、砂土等。

(5)对有芯弯管，在芯头和管子内壁喷涂适量的润滑油，并注意调节塞芯位置。

(6)液压弯管机工作前，先检查油箱油位，然后开动液压泵，将换向阀推至返回位置。查看压力表压力，并将压力调整到规定范围内。

(7)弯制有缝金属管时，管子接缝应置于与弯曲截面(水平面)夹角成 45°处。

(8)紫铜管弯管前后，弯曲部分作退火处理，退火温度为 500℃～700℃。

(9)Ⅰ级管子中的碳钢和碳锰钢钢管，经冷弯后，若弯曲半径小于其外径的 3 倍时，应进行热处理，20 号钢管经中频弯管后，也要进行热处理，处理时应缓慢加热到 580℃～620℃，保持温度的时间为每 25mm 壁厚(或不足 25mm)至少 1h，在炉内缓慢冷却到 400℃，然后在静止空气中冷却。

六、弯管实例介绍

(一) 合拢管弯管

合拢管弯管后都要到现场校管，提供的管子几何尺寸已考虑余量，因此弯管精确度要求相对低一些。管子零件图的计算不考虑延伸率、回弹角和法兰焊接端距。

例 1 弯制 9L53-10 管子 1 根，零件图见图 7-3-10。

按此管规格，查看表 7-3-2，可用 $\phi14$～$\phi32$ 电动弯管机弯制，方法为无芯冷弯。根据弯管程序，第一段直线长为 1324mm，最后段直线长为 140mm，考虑弯管方便性，一般先弯直线长短的一端，因此此管应逆弯，即为长 140mm，弯 90°，转一90°，长 98mm，弯 39.8°，长 1324mm。

弯管过程：

(1)下料，长度为 1789mm。

(2)在距管子端部距离为 140mm 处用石笔画出细线，并将细线与弯模起弯点对准，夹紧前、后夹头，如图 7-3-11(a)所示。

240

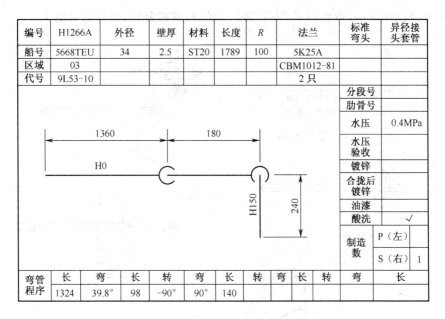

编号	H1266A	外径	壁厚	材料	长度	R	法兰	标准弯头	异径接头套管
船号	5668TEU	34	2.5	ST20	1789	100	5K25A		
区域	03						CBM1012-81		
代号	9L53-10						2 只		

分段号	
肋骨号	
水压	0.4MPa
水压验收	
镀锌	
合拢后镀锌	
油漆	
酸洗	✓
制造数	P（左）	
	S（右）	1

1360   180

H0

H150   240

弯管程序	长	弯	长	转	弯	长	转	弯	长	转	弯	长
	1324	39.8°	98	−90°	90°	140						

图 7-3-10 9L53-10 管子零件图

（3）按下正车开关，使弯模旋转到管子弯曲 90°为止，如图 7-3-11(b)所示。由于回弹作用，夹头松开后，管子弯角会减小，因此，弯管时弯模转动的角度要略大于弯管程序上的角度，具体数据要凭经验掌握。初弯时，可按弯管程序中的角度弯曲，松开前夹后，用角度尺测量弯角，不足时夹紧前夹再弯。如果松开前夹测量，实际角度已超过所需角度时，只能在平台上矫正。

（4）松开前、后夹头，在管子弯角弧线终点处向后量取尺寸 98mm，用石笔画出细线。此线为第二个弯头的起点。

（5）向前拉出管子，按下倒车开关，使弯模回复到初始位置。

（6）将管子上第二个弯头的起弯点对准弯模上起弯点，用后夹稍微夹紧，将管子旋转，使首段管子从弯管平面起逆转 90°至垂直向下位置，然后夹紧前、后夹头，如图 7-3-11(c)所示。

管子转角的准确性对弯管质量相当重要，检查转角的准确性可用如下方法：

不管前一弯角度数多少，只要转角为+90°、−90°的，都可以用目测的方法，目测的条件为附近有垂直方向的参照物。上一弯角为 90°，转角为+90°、−90°的，还可用线垂、水平尺和角度尺测量。

转角为 0°、180°的不管前一弯角度数多少，可用水平尺测量，也可以目测。目测的条件为附近有水平参照物。

除以上情况外，转角的度数都需用角度尺测量。测量时将角度尺放到转角度数相同的位置，用后夹将管子夹紧，转动管子到转角大致位置，然后将角度尺的一边搁在弯模上，保持与弯管平面平行，且与后夹头向后部分直管垂直，人站立在弯管机正前端，目光与后夹头向后部分直管平行。目测检查上一弯角的另一边与角度尺另一边是否平行，如不平行则转动管子，直到平行为止。本管用角度尺检查的示意图如图 7-3-11(d)所示。

（7）按下正车开关，弯第二弯头，使弯角为 39.8°，如图 7-3-11(e)所示。

(8)松开前后夹头,取出管子,按下倒车开关,使弯模复位,本管弯管结束。

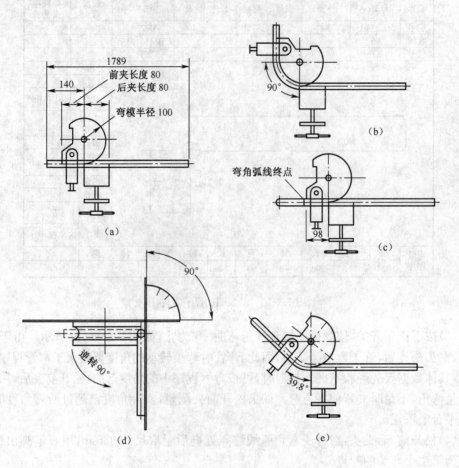

图 7-3-11　9L53-10 弯管过程示意图

例 2　弯制 5H45-12 管子 1 根,零件图如图 7-3-12 所示。

查看表 7-3-2,此管可用"114"液压弯管机弯制,为有芯弯管,传动动力为液压。此管顺弯、逆弯均可,现以顺弯方式作介绍。弯管过程如下。

(1)下料,长度为 1417mm,下料后去除管口毛刺,检查管子内部清洁情况。

(2)开动液压泵,调整压力到 5.0MPa。

(3)选用合适的芯头,芯头的直径以 $\phi50\sim\phi51.5$ 为宜。

(4)在芯头和管子内部喷涂润滑油。

(5)在距管子端部为 222mm 处用石笔画出细线,将管子套入芯棒,另一端放入送管小车卡盘内,按动"卡盘紧"按钮,夹住管子。

(6)按"托架升"、"托架降"按钮,操纵托架升降换向阀,调整托架高度,使托架托住管子后,管子与弯模处于同一水平面内。

(7)按"送管进"、"送管停"按钮,将管子上画出的细线与弯模起弯点对准,按"前夹紧"、"靠轮(后夹)紧"按钮,将前、后夹头换向阀推至夹紧位置,夹紧前、后夹头。如图 7-3-13(a)所示。然后按"卡盘松"按钮,松开管子。按"送管出"按钮,退出小车。

编号 H1266A	外径	壁厚	材料	长度	R	法兰	标准弯头	异径接头套管
船号 5668TEU	60	4	ST20	1417	180	16K50A		
区域 03						CBM1012-81		
代号 5H45-12						2只		

分段号		
肋骨号		
水压	0.4MPa	
水压验收		
镀锌		
合拢后镀锌		
油漆		
酸洗	✓	
制造数	P（左）	
	S（右）	1

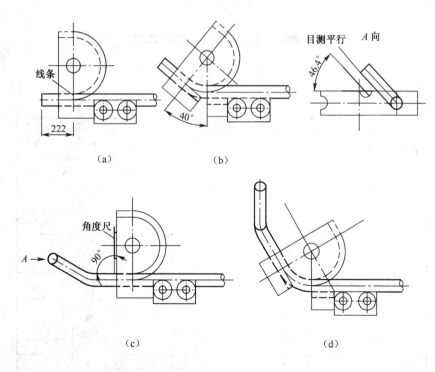

弯管程序	长	弯	长	转	弯	长	转	弯	长	转	弯	长
	222	40°	239	46.4°	60°	642						

图 7-3-12　5H45-12 管子零件图

(8)按"芯棒进"、"芯棒出"按钮,调整芯头提前量。

(9)按"弯管"按钮,将主轴旋转换向阀推至弯管位置进行弯管,当管子弯角达到 40°时,按"弯管停"按钮,第一弯头弯制结束,如图 7-3-13(b)所示。

（a）　　　　　　　（b）

（c）　　　　　　　（d）

图 7-3-13　5H45-12 管子弯管过程示意图

(10)按"送管进"、"送管停"按钮,将小车前移,使管子套入小车卡盘内,按"卡盘紧"按

243

钮,夹住管子。

(11)按"前夹松"、"靠轮松"按钮,将前、后夹头换向阀拉到返回位置,松开前、后夹头。在管子弯角弧线终点处向后量取尺寸 239mm,用石笔画出细线,此线为第二个弯头的起弯点。

(12)按"送管进"、"送管停"按钮,使管子向前移动约 50mm,然后按"管退"按钮,将主轴旋转换向阀拉至返回位置,使弯模退回到初始位置。

(13)按"管转+"、"管转-"按钮,使卡盘带动管子旋转,将管子从第一弯头弯制时的位置开始旋转 46.4°,然后检查转角角度,转角检查的方法如图 7-3-13(c)所示。

(14)按"送管进"、"送管停"按钮,使第二弯头起弯点对准弯模起弯点,然后按"前夹紧"、"靠轮紧"按钮,夹紧前、后夹头。

(15)按"卡盘松"按钮,松开管子。按"送管出"按钮,退出小车。

(16)用弯第一弯角相同的方法,弯制第二弯角(60°),如图 7-3-13(d)所示。

(17)按"前夹松"、"靠轮松"按钮,将前、后夹头换向阀拉至返回位置,松开前、后夹头,取出管子。按"管退"按钮,操纵主轴旋转换向阀使弯模返回初始位置。

(18)按"芯棒出"按钮,将芯头换向阀拉至返回位置,使芯头退至原位。按"托架降"按钮,使托架退至原位。

(19)关闭液压泵。

例3 弯制 6F139-8 管子 1 根,其退火部位如图 7-3-14 所示,零件图如图 7-3-15 所示。

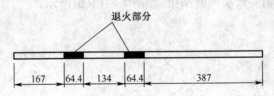

图 7-3-14　6F139-8 管子退火部位示意图

编号	H1266A	外径	壁厚	材料	长度	R	法兰	标准弯头	异径接头套管
船号	74500t	38	2	T2	817	100	5032		
区域	18						Q/HD518-81		
代号	6F139-8						2 只		

分段号		
肋骨号		
水压	0.6MPa	
水压验收		
镀锌		
合拢后镀锌		
油漆		
酸洗		
制造数	P（左）	
	S（右）	1

弯管程序	长	弯	长	转	弯	长	转	弯	长
	167	36.9°	134	180°	36.9°	387			

图 7-3-15　6F139-8 管子零件图

244

此管为紫铜管,查看表7-3-3,可用$\phi14\sim\phi48$电动弯管机弯制,为有芯弯管。

紫铜管弯制前弯头部分需退火,根据弯管程序,并计算出弯角弧长,就能确定退火部位。

本管计算方法如下。

弯曲半径为100mm,弯角为36.9°时,

$$弧长＝36.9/180\times_{\pi}\times100＝64.4(mm)$$

退火部位如图7-3-14所示,实际退火时,范围比图7-3-14所示向外延伸30mm左右。

退火温度为600℃~700℃,颜色为暗红色。

弯管过程与例1、例2相似,示意图如图7-3-16所示。

(1)将管子上第一弯头起弯点与弯模起弯点对准并夹紧。

(2)弯第一弯头。

(3)第一弯头旋转180°后,将管子上第二弯头起弯点与弯模起弯点对准并夹紧。

(4)弯第二弯头。

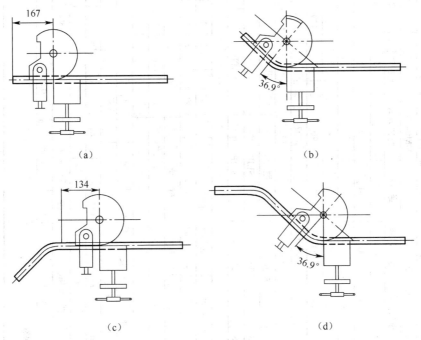

(a)　　　　　　　　　　(b)

(c)　　　　　　　　　　(d)

图7-3-16　6F139-8管子弯管过程示意图

(二) 按管子数值零件图弯管

管子数值零件图由设计所提供,管子由管子加工车间弯制。

例1　弯制 H1351AE UM04-16 2L21-12 管子1根,管子零件图如图7-3-17所示。

查看表7-3-2,此管可用$\phi14\sim\phi32$电动弯管机或"60"液压弯管机弯制,为无芯弯管机械操作。零件图逆弯栏内为空白,表示顺弯;弯曲方式为1,表示两只法兰都先焊接,采用先焊后弯工艺;弯曲半径为103mm,指管子弯头回弹后的半径。选用的弯模半径为100mm,管子零件图上弯曲半径和相应的弯模半径之间的对应关系见表7-3-7。

加工完成日期：　　　　　　　　　　　　　　　　　　　　　　加工流程代号：P-1FB

工程编号	舾装代码	管子件号	托盘名称＋连续号	附件标准	安装位置	水压验收
H1351A	1-E110201	2L21-12	UM04-16	10025 CBM1013-81	(32)	

材质	通径	外径	壁厚	壁厚等级	逆弯	弯曲方式	弯曲半径	处理	涂装	水压	检查	绝缘
ST20	25	34.0	3.5	#B	1	1	103.0	N		5K		

	主管坐标	0	-520	0	700	0	320	-350	220	750	420	0
	支管坐标	0										

					0		0		0
413	157	547	90	389	136	777
413	570	1117	1207	1596	1732	2504
90.0	-148.0	52.3	165.0	78.1

连接代号	标准图号	材质	型式	通径	压力	螺孔角	端距
FLANGE	10025 CBM1013-81	ST25	SLIP	25	10K	0(0)	4.0
FLANGE	10025 CBM1013-81	ST25	SLIP	25	10K	-25(-8)	4.0
异径接头							

数控程序								弯管法兰	镀锌标记
B0	X 0.0	Y -1582	Z 0.0	B1	X 93.1	Y 704	Z 158.5	0.0	
B2	X 54.5	Y 479	Z 148.0	B3	X 80.9	Y 0.0	Z 165.0	螺孔角 -8.0	140.0	-25.0

名称	标准图号	复板外径	通径	材质	边	压力	距离	方向	长度

复板材料				L_1	L_2	L_3	θ
L_1=520	L_2=700	(D=)	CO=128			L_3=523	
CO=-90	L_4=860	H=224	(θ=15°)	(D=)		H=220	(θ=25°)
CO=-102							

定长切割	两次切割	画线	弯管	校管	焊接	修正	泵水	总计
0.30	0.00	0.42		0.20	0.00	0.34	0.12	1.74
					0.00	0.00		
			0.36					

说明　表中的压力单位"K"按 10K=1MPa 换算

图 7-3-17　2L21-12 管子数值零件图

制图日：2003.09.26　图号：5802330G

表 7-3-7　管子零件图上弯曲半径与弯模半径对照表　　　　单位:mm

公称通径	弯模半径	回弹后 弯曲半径	公称通径	弯模半径	回弹后 弯曲半径
15	75	77	50	180	186
20	75	77	65	230	238
25	100	103	80	270	279
32	130	134	100	350	362
40	150	155			
注:本表仅适用于无缝钢管					

管子制作过程如下。

1. 在直管上画线

将长度为 2504mm 的管子,从一端量起,在距端点尺寸分别为 413mm、570mm、1117mm、1207mm、1596mm、1732mm 处画出线条,见图 7-3-18。图中 A 为初端,H 为终端,涂黑部分为弯曲部。

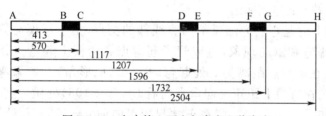

图 7-3-18　在直管上画出起弯点和落弯点

2. 在法兰面上画线

将角度尺放到 8°位置,按图 7-3-19 的方式在法兰面上画线。此法兰安装于终端,初端法兰螺孔角为 0°,不需画线。

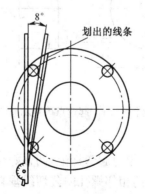

图 7-3-19　在法兰面上画出线条

3. 直管法兰定位

将管子安放于平台上的元宝铁上,用水平尺检查管子的水平度;将法兰套管子,法兰密封面离管子端部尺寸为 4mm,初端法兰两只相邻螺孔的公切线垂直向下,终端法兰面上画出的线条垂直向下,用重垂检验其垂直度,如图 7-3-20 所示。然后在管子上部与法兰接触处进行第一点定位焊,再用法兰定规从上下、左右两个位置检查法兰与管子垂直度,然后继续进行定位焊及两只法兰的焊接、修整工作。第一点定位焊选择在管子上部,是因为管子上部与法兰接触,无间隙,点焊后变形量小,不会因焊缝收缩使法兰螺孔角有明显变化。

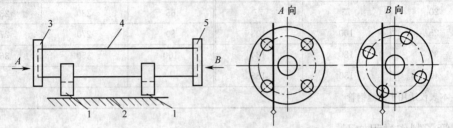

图 7-3-20　直管法兰定位示意图

1—元宝铁;2—平台;3—初端法兰;4—管子;5—终端法兰。

4. 确定第一起弯点

因本管采用顺弯,故距管子初端尺寸 413mm 处为第一起弯点,即图 7-3-18 的 B 点。

5. 在弯模上做上起弯点标记

正常的弯模上的起弯点为圆弧部与直线部的交点,由于弯模与管子之间有间隙等原因,会发生虚弯和窜动现象,造成管子起弯点和弯模上起弯点错位。解决的方法为:取一试管,在距端点距离为 a 处起弯,弯 90°(成形角)。如果弯出的第一段长度 $L > a + 103$,则在弯模上距正常起弯点向后 $L - (a+103)$ 处做上起弯标记,如图 7-3-21(a)所示。如果 $L < a + 103$,则在正常起弯点向前 $a + 103 - L$ 处做上起弯标记,如图 7-3-21(b)所示。

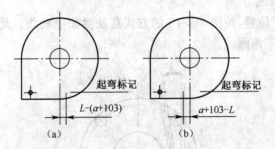

图 7-3-21　起弯点确定示意图

6. 弯第一弯角

将管子上 B 点处线条对准弯模上起弯标记,调整好法兰螺孔位置,前夹夹紧时,前端法兰螺孔角为 0°(此时前端法兰两相邻螺孔的公切线垂直向下,可用重垂线检验)。后端法兰的螺孔角为 −8°,如图 7-3-22(a)所示;弯 93.1°(见数控程序 B1x 栏),回弹后应为 90°,如图 7-3-22(b)所示。

7. 弯第二弯角

将弯管机前后夹头松开,拉出管子,弯模返回到起弯位置,使管子上 D 点对准弯模上起弯标记,然后将 ABCD 管段由原来的水平位置转动 −148°,将管子用后夹基本夹紧,如图 7-3-22(c)所示。用角度尺检查后端法兰的螺孔位置,以精确调整转角。检查方法为:将角度尺放到 50°位置(因为法兰有 4 个螺孔,两相邻螺孔所对的螺孔中心圆的圆心角为 90°,140°−90°=50°,用 140°或 50°来检查法兰螺孔角位置的效果是一致的)。面对后端法兰密封面,使角度尺右侧的一边处于大致垂直于水平面的位置,左侧的一边紧靠法兰密封面上附近的两相邻螺孔的公切线。再用石笔沿角度尺右侧的一边在法兰密封面上画线,如图 7-3-22(d)所示。然后用重垂检查画出的线条的垂直度,当画出的线条垂直向下时,弯 54.4°(见数控程序 B2x 栏),回弹后应为 52.3°,如图 7-3-22(e)所示。

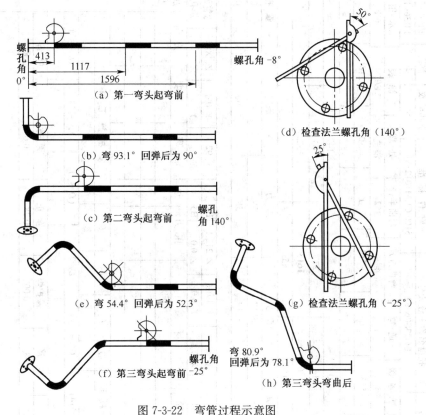

图 7-3-22 弯管过程示意图

8. 弯第三弯角

将弯管机前后夹头松开,使管子上 F 点对准弯模上起弯标记,然后将 CDEF 管段由原来的水平位置转动 165°,用后夹将管子夹紧,如图 7-3-22(f)所示;用角度尺检查后端法兰的螺孔位置。检查方法为:将角度尺放到 25°位置,面对后端法兰密封面,使角度尺左侧的一边处于大致垂直于水平面的位置,右侧的一边紧靠法兰密封面上两相邻螺孔的公切线,再用石笔沿左侧的一边在法兰密封面上画线,如图 7-3-22(g)所示。然后用重垂检查画出的线条的垂直度,当画出的线条垂直向下时,夹紧管子,弯 80.9°(见数控程序 B3X 栏),回弹后应为 78.1°,如图 7-3-22(h)所示。

9. 结束工作

松开前后夹头,取出管子,将弯模返回原位,弯管结束。

例 2 弯制 H1345A EG23S06-52 4H32-14 管子 1 根,管子零件图见图 7-3-23。

加工完成日期：　　　　　　　　　　加工流程代号：

工程编号	舾装代码	管子件号	托盘名称＋连续号	附件标准	加工流程代号
H1345A	E130602	4H32-14	EG23S06-52	5100 CBM1012-81	DECK5+440　FR36+700　-600
					DECK5-291　FR36+187　0

材质	通径	外径	壁厚	壁厚等级	弯曲方式	逆弯	弯曲半径	处理	涂装	水压	水压验收	检查	绝缘
GST20-3	100	114.0	5.0	#B	4	1	352	清洗	E/E	6K	S	0	0.0

| 主管坐标 | | 0 | -513 | -513 | 0 | | | | | | | | |
| 支管坐标 | | 600 | 0 | 0 | 0 | | | 0 | -218 | | 首点　末点 | 端距 | |

337	552	0	147
233	214	63	
570	1122	277	1613	1336	1823
90	90.0	45	

连接件代号	标准图号	型式	材质	通径	压力	螺孔角
FLANGE	5100 CBM1012-81	SLIP	ST25	100	5K	0
FLANGE	5100 CBM1012-81	SLIP	ST25	100	5K	0

异径接头

名称	标准图号	材质	边	距离	长度	方向			管管法兰
B0	X 0.0	Y -837.0	Z 0.0						
B1	X 0.0	Y 0.0	Z 0.0	B1					
B2	X 46.1	Y 491.0	Z 212.1	B2	X 92.5				
B3	X 0.0	Y 0.0	Z 0.0	B3					螺孔角 0.0
B4	X 0.0	Y 0.0	Z 0.0	B4	B5		Y	Z 90.0	
B5						方向 Z	Y	Z	

			复板施工图号
复板材料	复板外径	复板板厚	复板施工图号
L₁=600	L₂=725	L₃=218	H=-154　(θ=45°)
CO=-90	(D=514)	CO=-136	(D=)
L₄=0	(D=0)	(θ=0°)	
CO=0	H=0		

定长切割	画线切割	弯管	焊接	保护焊	校管	修正	泵水	总计
0.33	1.20	0.38	0.68	0.00	0.26	0.28	0.65	3.87

说明：加工以零件图数据为准，下图仅供参考：

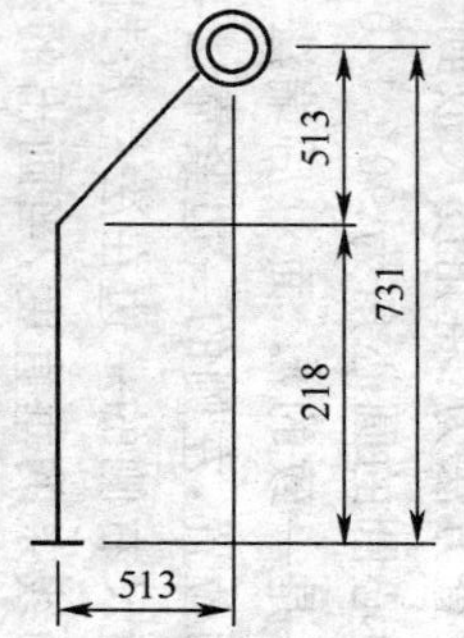

图7-3-23　4H32-14管子数值零件图

查看表 7-3-2,此管子可用"114"液压弯管机弯制,为有芯弯管,传动动力为液压,操作方法为机械操作。零件图逆弯栏内为 1,表示逆弯;弯曲方式为 4,表示先弯管后装法兰。

弯管过程如下。

(1)在直管上画线。将长度为 1823mm 的管子,从一端量起,在距端点尺寸为 570mm、1122mm、1336mm、1613mm 处画出线条,如图 7-3-24 所示。图中 A 为初端,F 为终端。

(2)开动液压泵,调整液压油压力。

(3)选择合适的芯头,使芯头到达工作位置。

(4)检查管子,内外壁应清洁,然后在管子内壁和芯头上喷润滑油。

(5)确定第一起弯点。因本管采用逆弯,因此图 7-3-24 中 E 点为第一起弯点。

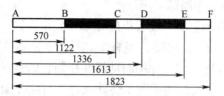

图 7-3-24　直管上画线示意图(单位:mm)

(6)将管子套上芯头,从 A 点起套入,一直到 E 点与弯模起弯点对准为止,操纵芯头伸缩换向阀,按经验调整好芯头提前量。

(7)弯第一弯头。操纵后夹、前夹换向阀,夹紧后夹、前夹,然后操纵主轴旋转换向阀,使主轴旋转作弯管运动,按 B1X 栏数据弯 46.1°,回弹后应为 45°。

(8)弯第二弯头。松开前后夹头,拉出管子,弯模返回到起弯位置,将管子上 C 点对准弯模上起弯点,将后夹稍微夹住,将 FED 管段从原来的水平位置旋转 90°,使 EF 管段向上,目测 EF 管段的位置,使 DEF 三点组成的平面垂直于水平面,然后夹紧后夹、前夹。操纵主轴旋转换向阀,按 B2X 栏内的数值弯 92.5°,回弹后应为 90°。

(9)松开前后夹头,拉出管子,使弯模返回起弯位置,弯管结束,弯管过程示意图如图 7-3-25 所示。

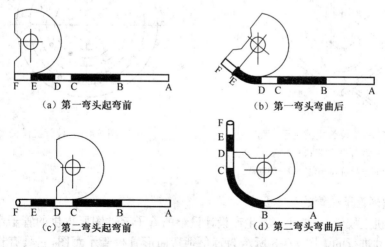

(a)第一弯头起弯前　　　　　　　(b)第一弯头弯曲后

(c)第二弯头起弯前　　　　　　　(d)第二弯头弯曲后

图 7-3-25　弯管过程示意图

251

第四节　校　管

一、校管机校管

（一）校管机校管的基本概念

校管机校管是在主管上安装搭焊式法兰的一种方法。它是根据管子零件图的信息，将校管机移动到适当的位置，并在模板上装上法兰，法兰内放上厚度与焊接端距相同的钢环，然后将成型管子的两端套进法兰，按图调整好管子的位置，然后进行法兰的定位工作。

（二）校管机结构及其工作原理

图7-4-1为校管机结构示意图。校管机的导架8套在立柱1上，并用螺纹与丝杆2连接，导架上装有手柄4和模板3。立柱1、丝杆2和转盘5固接在一起，转盘可在底座6上作360°旋转。底座铺设在导轨7上，并用制动器9控制它的运动。

校管机具有三种运动，即通过摇手柄4转动丝杆2可使导架8作上下运动；转盘5可以在底座上作360°旋转运动；底座6可在导轨7上来回运动。

此外，模板3也可以根据所校管子的法兰平面与水平面的夹角作绕平行于水面的轴线转动。这样模板3就可以随着导轨、转盘、底座作上下、左右和前后的转动。只要有一组（两台）校管机成垂直排列，就可以校多种形状和尺寸的管子。

图7-4-2是校管机模板示意图，模板是固定法兰用的。它的整个平面上有许多螺孔，它是让操作者根据零件图所示在上面找出要装法兰的螺孔中心圆直径，再按照图中所要求的单双眼找出螺孔，进行法兰定位固定。

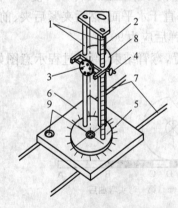

图7-4-1　校管机结构示意图

1—立柱；2—丝杆；3—模板；4—手柄；5—转盘；
6—底座；7—导轨；8—导架；9—制动器。

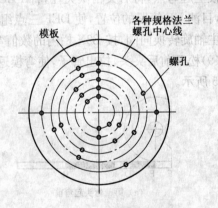

图7-4-2　校管机模板

（三）曲形管子校管的基本要求

在校管机上校管，是按照管系生产设计设绘的管子零件图所提供的管子弯曲形状及其各部分尺寸进行的。图7-4-3所示为直角别弯曲形管校管示意图，它具有长、宽、高三个尺寸，校管机可根据长度数值作横向移动，按宽度尺寸作纵向移动，而两台校管机的升降装置，必须使两者管端连接模板中心高差为$(H_2 - H_1)$，才能进行校管。

252

当曲形管的尾段(或首段)虽平行于水平面,但管段在水平面上的投影不平行于校管机轨道时,那么校管机除长、宽、高方面移动外,还要转动校管机的转盘。图 7-4-4 为立型双别弯曲形管的校管示意图,其一端的管段在水平面上的投影与轴线成 α 角,故转盘应转动 α 角,使模板在垂直方向转动 α 角,且 $\alpha = \beta - 90°$。如果管段法兰与水平面不垂直,则还应旋转模板来达到要求。

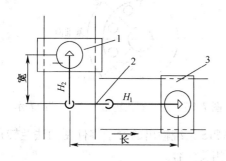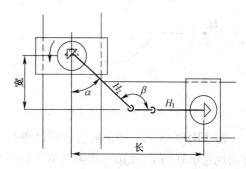

图 7-4-3　直角别弯曲形管校管示意图　　　图 7-4-4　立型双别弯曲形管校管示意图
1,3—校管机;2—直角别弯管。

二、平台校管

(一) 平台校管的基本概念

平台校管是在主管上装配搭焊式法兰的另一种方法,它是根据管子数值零件图上的法兰螺孔角数据,用在法兰面上画线的方法,利用法兰定规、水平尺、角度尺、重垂等工具,将管子按一定的要求放在平台上,进行法兰的定位工作。

平台校管可以适用于任何标准的搭焊圆法兰、任何形状的管子,可以同时制造使用不同标准法兰的管子,能适应按托盘为单位对不同船舶同时加工的生产方式。此外,平台校管利用转动法兰来确保管子与法兰螺孔的相对位置。因法兰较轻,加工时较省力,利用法兰定规作检测工具能保证法兰与管子的垂直度。

(二) 法兰螺孔转角含义

1. 弯管法兰螺孔的转角

如图 7-4-5,把带有法兰的管段 P_1P_2 与相邻管段 P_2P_3 组成平面 $\square P_1P_2P_3$,并以此平面为基准面,把平分法兰两相邻螺孔的直线 P_1F 与 P_1P_2 组成平面 $\square P_1P_2F$,平面 $\square P_1P_2F$ 与基准面 $\square P_1P_2P_3$ 所组成的夹角 ω 即为法兰螺孔的转角。

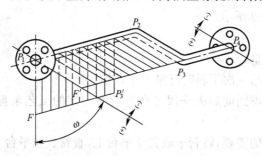

图 7-4-5　弯管法兰螺孔转角表示

253

由 CAPIS 系统(沪东－三井合作的 SF-1 系统)输出的管子数值零件图的法兰转角方向的(＋)(－)号是这样规定的,人朝着法兰面看(见图 7-4-6),从基准面出发,当旋转角度 ω 时,基准面与平面$\square P_1 P_2 F$重合,如果以顺时针方向旋转,则 ω 的符号为(＋),逆时针时为(－),如图 7-4-7 所示。

图 7-4-6 法兰螺孔转角视向规定   图 7-4-7 法兰螺孔转角"＋"、"－"的表示

由 TRIBON 系统输出的管子零件图与由 CAPIS 系统输出的管子零件图的法兰转角方向规定正好相反,见第三章第二节二(三)1(2)相关内容。

2. 直管法兰螺孔转角

如图 7-4-8 所示,通过直管 $P_1 P_2$ 任意作一平面$\square P_1 P_2 P_3 P_4$,并以此平面作为确定管端两只法兰螺孔转角的公共基准面,把平分 P_1 端法兰两相邻螺孔的直线 $P_1 F$ 与 $P_1 P_2$ 组成平面$\square P_1 P_2 F' F$,平面$\square P_1 P_2 P_3 P_4$ 与$\square P_1 P_2 F' F$ 组成的夹角 ω_1,即为 P_1 端法兰螺孔的转角。同样用平分 P_2 端法兰两相邻螺孔的直线与 $P_1 P_2$ 组成的平面与基准面之间的夹角 ω_2 即为 P_2 端法兰螺孔的转角。

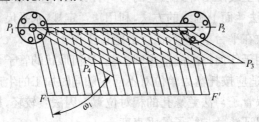

图 7-4-8 直管法兰螺孔转角表示

为了方便起见,公共基准面往往选择其中一只法兰螺孔平分线与直管组成的平面,这样这只法兰螺孔的转角为 0。

转角方向的(＋)(－)号规定与弯管法兰螺孔转角方向(＋)(－)号规定相同。

(三) 工艺流程

工艺流程如图 7-4-9 所示。

(四) 实施方法

(1)切割管子的余量

对于直管,管子在第一次下料时已是无余量切割。

对于弯管,由于考虑到前后夹头尺寸可能留有一定的工艺余量,在校法兰前必须切除。

(2)根据法兰定位的需要,将管子放置于平台上,直管放在平台上的两只元宝铁上,并用水平尺检查管子水平度;弯管的首段(或尾段)和相邻管段同时放在平台上的元宝铁上,元宝铁的数量以三只为宜,并用水平尺检验由这两段管段组成的平面水平度。

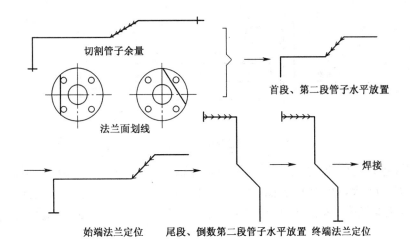

图 7-4-9　工艺流程示意图

（3）根据数值零件图上的法兰螺孔转角在法兰密封面上画线。

如图 7-4-10、图 7-4-11 所示，角度尺指示的角度与数值零件图上的法兰螺孔转角相同，使角度尺的一边对准两只相邻螺孔的公共切线，用细石笔沿角度尺的另一边在法兰密封面上画出线条。

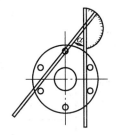

图 7-4-10　逆转 α 度时的画线方法

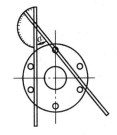

图 7-4-11　顺转 α 度时的画线方法

（4）将法兰套进管子，使法兰面与管子端部留有焊接端距。

（5）用重垂检查法兰螺孔转角，使法兰面上画出的线条垂直向下，如图 7-4-12 所示。

（6）选择一点进行定位焊，第一点定位焊的位置通常选在管子的正上方，如图 7-4-13 中的 A 处。

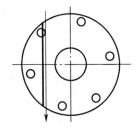

图 7-4-12　用重垂检查法兰螺孔转角

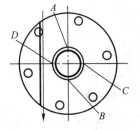

图 7-4-13　定位焊次序

（7）用法兰定规从上下左右两个位置检查法兰和管子的垂直度，如图 7-4-14 所示。

255

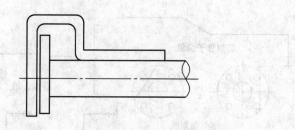

图 7-4-14　用法兰定规检查法兰与管子的垂直度

（8）继续进行定位焊。定位焊的点数以对称四点为宜,定位焊的次序如图 7-4-13 中的 A—B—C—D,大口径管子考虑防止变形和安全,可适当增加定位焊数量。定位焊的方式以二氧化碳气体保护焊为宜,可减少焊条对法兰的撞击力,定位焊长度和高度可参照表 7-4-1。

表 7-4-1　定位焊要求

公 称 通 径/mm	定位焊点数	焊 缝 长 度/mm	法兰角焊缝高度/mm
10			
15			5
20		7	
25			
32			
40			
50	4		6
65			
80		10	
100			
125			7
150		15	
200			
250			9
300			
350			
400	8	20	10
450			
500 及以上			

（五）实例介绍

例：校 H1197AE UM21-2　4H23-1 管子 1 根。

管子零件图见图 7-4-15,管子已按无余量弯管工艺要求弯制结束,管子各节点从初端起以 A、B、C、D、E 表示。根据数值零件图上提供的数据,法兰标准为 HD52020,压力为 10K,通径为 40,初端法兰螺孔角为 −8°,终端法兰螺孔角为 20°,焊接端距为 5,弯管工艺余量初端为 38,终端为 54。

加工完成日期：　　　　　　　　　　　　　　　　　　　　　　　　　　　　　　加工流程代号：P-1FB

工程编号	舾装代码			管子件号	托盘名称+连续号			附件标准		安装位置		水压验收	
H1289A	1-E110201			4H23-1	UM21-2			HD52020		(34)			

材质	通径	外径	壁厚	壁厚等级	逆弯	弯曲方式	弯曲半径	处理	涂装	水压	检查	绝缘
ST20	40	48.0	4.0	#B	320	4	155.0	N	0	5K	-130	50
主管坐标 150	0	0	170	0	250		400	0	0	70		
支管坐标												
38	174	174	0	0	174	202	164					54
42	254	235	663		865	1029						56
80	67.3	489	180.0		67.3	59.0	63.3					1139

连接件代号	标准图号	型式	材质	压力	通径	螺孔角	端距
FLANGE	HD52020	SLIP	A3	10K	40	-8( )	5.0
FLANGE	HD52020	SLIP	A3	10K	40	20( )	5.0

异径接头

数控程序	B0	X 0.0	Y -531	Z 0.0	B1	X70.8	Y409.0	Z 86.5
	B2	X 70.8	Y 376	Z 180.0	B3	X66.7	Y0.0	Z59.0

名称	标准图号	通径	复板外径	复板板厚	压力	边	距离	长度	方向	镀锌标记
复板材料										
								L_2	θ	
							L_1		$H=0$	
							$L_3=400$	$(D=)$	$H=0$	
$L_1=150$	CO=113	$L_2=440$	$(D=406)$	CO=113					$\theta=0$	弯管法兰螺孔角
CO=117	$L_4=156$	$H=119$		$\theta=50$						

定长切割	画线	两次切割	弯管	管	校	焊 接	修 正	泵 水	总 计
0.41	0.54	0.32	0.54	0.38	0.00	0.00	0.48	0.15	2.82

说明：表中的压力单位"K"按10K=1MPa换算

镀锌标记
****
*　　*
*　*
****

制图日：2003.03.06

图号：5802130G

图 7-4-15　4H23-1 管子数值零件图

校管过程如下。

(1)在弯制好的管子端部画出工艺余量,如图 7-4-16 所示。

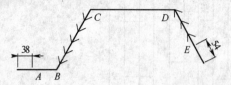

图 7-4-16　管子工艺余量画线图

(2)切割工艺余量。

(3)在法兰面上画线,初端法兰画线方法如图 7-4-17(a)所示,终端法兰画线方法如图 7-4-17(b)所示。

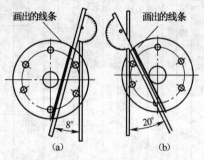

图 7-4-17　在法兰面上画线

(4)将管子放于元宝铁上,元宝铁数量为 3 只,使 AB、BC 管段处于同一水平面上,如图 7-4-18,用水平尺检查 AB、BC 管段的水平度。

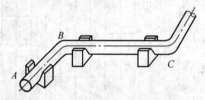

图 7-4-18　将管子放于元宝铁上

(5)将初端法兰套上管子,使画出的线条垂直向下,法兰密封面到管端 A 处尺寸为 5mm。

(6)用重垂检查法兰面上线条的垂直度,如图 7-4-19 所示。

(7)选择一点进行定位焊,定位焊的位置通常选择在图 7-4-20 的 A 处。

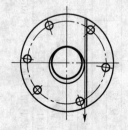

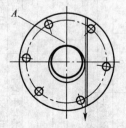

图 7-4-19　用重垂检查法兰面上线条的垂直度　　　图 7-4-20　第一点定位焊位置

(8)如图 7-4-14,用法兰定规从上下、左右两个位置检查法兰与管子的垂直度。

(9)继续进行法兰定位焊。

(10)将管段 CD、DE 放在三只元宝铁上,用与(4)～(9)同样的步骤进行终端法兰的校管工作。

(11)管段几何尺寸检验:按数值零件图上有关数据,检查管子相应尺寸,数值零件图上数据和管子相应尺寸对照见表 7-4-2。

表 7-4-2 数值零件图上数据和管子相应尺寸对照表

管子数值零件图上数据	管子相应尺寸
$L_1=150$	初端法兰密封面到 B 点尺寸
CO$=-113$	$\angle ABC$ 度数
$L_2=440$	BC 段长
($D=406$)	AB 与 CD 的平行距离
CO$=113$	$\angle BCD$ 度数
$L_3=400$	CD 段长
($D=$)	BC、CD、DE 不组成平行弯和直角别弯,D 值不存在
$H=0$	D 点和 ABC 三点组成平面的距离
($\theta=0$)	$\angle DCD'$的度数,D' 为 D 点向平面 ABC 的投影点
CO$=117$	$\angle CDE$ 度数
$L4=156$	D 点到终端法兰密封面尺寸
$H=119$	终端法兰密封面中心点和 BCD 三点组成平面的距离
($\theta=50$)	$\angle EDE'$的度数,E'为终端法兰密封面中心点向平面 BCD 的投影点

三、钢管的对接接头装配

(一) 钢管与钢管及附件对接的种类

(1)钢管与对焊钢法兰的对接;

(2)钢管与定型弯头的对接;

(3)钢管与异径接头的对接;

(4)钢管与三通接头的对接;

(5)钢管与钢管的对接。

(二) 装配工艺和质量要求

1. 坡口要求

钢管采用对接焊时的坡口要求见表 2-2-3。

对焊钢法兰、定型弯头和异径接头在制作时已开好坡口,标准弯头经切割后,须按装配要求开好坡口,管子也须按装配要求开好坡口。

2. 对中允许差

对接焊的对中允许差见表 2-2-3。

壁厚超出允许差时,其内壁长度为 L 的过渡坡口加工方法可采用机加工或用砂轮打磨。

（三）定型弯头切割

1. 画线

如果管子加工需用的弯头的度数不是现有弯头的度数,就要将弯头切开,首先要在弯头上画线,画线的方法通常有以下两种:

(1)在平台上根据所需弯头的度数 α、弯头的弯曲半径 R、弯头外径 D,画出弯头及切缝在平台上的投影线,如图 7-4-21 所示。然后将弯头放在平台上,对准投影线,再用直尺放在弯头上,对准切缝投影线,用细石笔在弯头外壁画出切割线。这种方法简便,但不够准确。

(2)利用专用工具画线

画线专用工具示意图如图 7-4-22 所示。该工具由底座 1、垫板 2、角度指示器 3、活动板 4 和铰链 5 组成,垫板 2 固定在底座 1 上,垫板上表面、角度指示器的零位线与铰链 5 的中心线处于同一水平面上,活动板 4 的上表面与铰链 5 的中心线处于同一平面。活动板 4 上开有可让弯头穿过的孔,孔的中心到铰链 5 的中心尺寸与弯头弯曲半径相同,孔的直径大于弯头直径 20mm 左右。使用时,将弯头套进活动板 4,弯头的一端面放在垫板 2 上,调整弯头在垫板上的位置,使弯头中心到铰链中心的距离等于弯头的弯曲半径。转动活动板 4,使 4 的上表面在角度指示器上显示的位置与所需弯头角度相同,用细石笔紧贴活动板 4 的上表面在弯头上画出切割线。

图 7-4-21　弯头切缝在平台上
投影线的画线方法

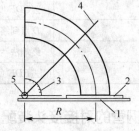

图 7-4-22　画线专用工具示意图
1—底座;2—垫板;3—角度指示器;
4—活动板;5—铰链。

用这种方法画出的切割线准确,操作也简便,但需要制造工具。

2. 切割

用气割的方法按切割线切割,切割时考虑好坡口角度,切割后将切割面打磨光洁,同时去除留在弯头内部的飞溅和熔渣。

3. 整形

如切割后的弯头截面不圆,与管子装配有明显的高度差,则需将弯头整形。整形的方法为用火焰加热后锤击,难度较大的可送弯头制造厂外协整形。

（四）装配

1. 一般过程

(1)检查坡口、壁厚差是否符合装配工艺和质量要求,不符合的应采取措施清除缺陷。

(2)清洁焊缝周围 20mm 范围内的铁锈、油污、飞溅和熔渣。

(3)将装配的零件对合,控制焊缝间隙和同轴线度。

(4)选择一点定位焊,其中管子和弯头装配的第一点定位焊位置应选择在弯头内侧或外侧,便于调整角度。

(5)检查同轴线度、间隙及管子与弯头组合后的角度。对符合装配要求的进入下一道工作,有少量偏差的可用调整间隙(控制在允许范围内)、打磨弯头端面的方法修正。偏差大的进行返工。

(6)在第一点定位焊对称点进行第二点定位焊。

(7)再次检查弯头角度,经确认后进行其余定位焊。定位焊的点数、焊缝长度可参照表 7-4-1。

(8)对于焊缝内部容易打磨的定位焊采用 CO_2 气体保护焊或氩弧焊均可,对于不易打磨的,应采用氩弧焊。

2. 对焊钢法兰与管子装配过程

对焊钢法兰与管子的装配,除了以上一般过程中(1)、(2)外,还有以下过程。

(1)对合前,根据管子零件图上的法兰螺孔角,在法兰面上画线,画线的方法如图 7-4-10、图 7-4-11 所示。

(2)对合时,将法兰放在元宝铁上,使法兰平面与水平面垂直,法兰上画出的线条垂直向下,用重垂检查线条的垂直度,如图 7-4-23 所示。

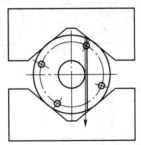

图 7-4-23　用重锤检查线条垂直度

(3)将与法兰对合的管子放于元宝铁上,用水平尺检查水平度,对于弯管必须检查与法兰装配的管段及相邻管段的水平度。并使管子与法兰处于同一轴线位置,调整好间隙。

(4)第一点定位焊后,用法兰定规检查法兰与管子的垂直度,其余参照 1. 的(6)～(8)。

四、支管制作与装配

(一) 支管(包括管座)的焊接坡口要求

支管(包括管座)的焊接坡口要求如图 7-4-24 所示。

(二) 支管制作方法

(1)展开法。展开法是根据支管外径、主管外径、支管与主管的夹角,将支管马鞍形状用作图的方法展开,制成样板,然后将样板包在管子外壁,画出切割线,按线切割,再开出坡口。

(2)使用马鞍切割机切割。

(3)凭经验在管子上画出切割线,切割后再放到主管上检查、逐步修理。

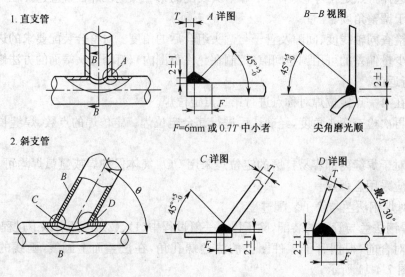

F=6mm 或 0.7T 中小者

尖角磨光顺

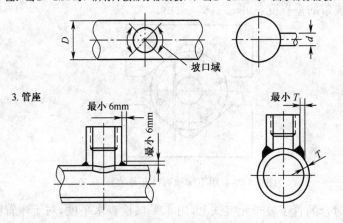

DN≤40, 0≥60° DN≥50, 0≥45° F=6mm 或 0.7T 中小者
注：当 D>2.5d 时，所有焊接部分都须坡口；当 D≤2.5d 时，图示部分需坡口。

图 7-4-24 支管(包括管座)的焊接坡口要求

(三) 主管开孔方法

(1)展开法。展开法是根据支管内径、主管外径用作图及数学计算的方法画出主管上被支管内壁覆盖部分的图形，制成样板，再将样板放到主管上画出线条，然后按线条开孔。

(2)利用马鞍切割机切割。

(3)利用标准马鞍画线的方法。这种方法是将支管马鞍按常用的规格制成标准件，用做画线的靠模，使用时根据支管和主管的外径，选用相应的支管标准件，在主管外壁画出线条，然后再根据支管的壁厚在线条内侧再画出一根线条，这根线条就是切割线，切割线与原来用靠模画出的线条之间的在支管向主管投影方向的距离与支管壁厚相同。

(四) 支管制作方法介绍

支管制作以直支管使用展开法为例。

262

1. 支管制作

支管制作示意图如图 7-4-25 所示。

制作步骤如下。

(1)根据主管及支管的规格,制作支管马鞍样板,并在样板上标出周长的四等分线,四等分线应处于样板的最长和最短位置,如图 7-4-25(a)中 *AA*、*BB*、*CC*、*DD*(*EE* 与 *AA* 重合)。

(2)在管子上用样板画出切割线及圆周四等分线,如图 7-4-25(b)所示,圆周四等分线段上用洋冲打上标记,画出切割线时要考虑好支管长度。

(3)切割马鞍,开好坡口,磨去毛刺,如图 7-4-25(c)所示。

(4)法兰定位。定位时要注意法兰螺孔与支管圆周四等分线的相对位置之间的关系。当支管法兰两螺孔平分线与主管轴线平行时,支管圆周四等分线与法兰孔的关系如图 7-4-25(d)所示(*AC* 平分两螺孔间距)。法兰定位时还要留有焊接端距以及用法兰定规检查法兰与管子的垂直度。

(5)焊接法兰,焊接完成后清除焊渣并打磨焊缝,如图 7-4-25(e)所示。

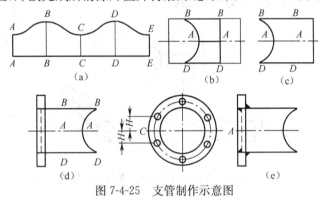

图 7-4-25　支管制作示意图

2. 支管装配

支管装配示意图如图 7-4-26 所示。

装配步骤如下。

(1)根据主管外径及支管内径,制作支管孔样板,并在样板上画出垂直相交的两根直线,如图 7-4-26(a)中的 *AC*、*BD*。

(2)根据零件图上支管的定位尺寸,在主管画出支管定位的十字中心线,如图 7-4-26(b)中的 *AA*、*BB*、*CC*、*DD*,并用洋冲打上标记,然后按样板画出切割线。

(3)按切割线进行主管开孔,用砂轮将孔磨光顺,如图 7-4-26(c)所示。

(4)根据支管和主管上的洋冲标记,进行支管定位。使支管上的四等分线与主管上的十字线对准。在第一点定位焊后,用直尺检查法兰螺孔位置。对于法兰面水平的管子,可用水平尺检查法兰的水平度,如图 7-4-26(d)所示。

(5)继续进行定位焊。

与主管垂直,但与水平面成倾斜角的支管,可以采用以下方法确定主管上的开孔位置。

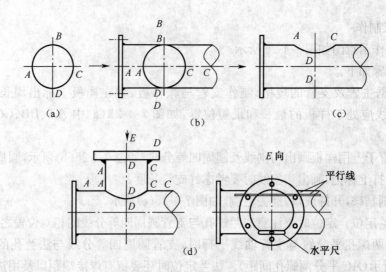

图 7-4-26　支管装配示意图

①利用角度仪，角度仪使用方法，如图 7-4-27 所示。

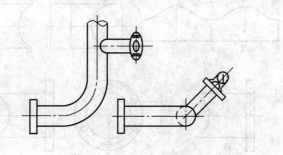

图 7-4-27　用角度仪确定斜支管开孔位置

②用角度尺，按支管与水平面的倾斜角调整好角度，将角度尺一边水平放置，目测另一边与支管的平行度。

③以主管水平或垂直中心线为基准线，计算支管中心线距基准线在主管外圆上的弧长，找出支管与主管相贯线的水平中心线。

在大口径支管装配时，如果因支管椭圆形使支管内壁与主管上孔未能对准时，可以用螺栓将支管向外顶撑，如图 7-4-28 所示。

对于斜支管在主管上的开孔画线，一般都采用以下步骤。

①在主管上画出支管中心线与主管中心线的交点；

②制作与主管交角 α 的支管样板；

③将支管制作后，放到主管上，用样板检查交角 α 的准确性，移动支管，使支管中心线通过主管上画出的交点；

④用细石笔或画针沿支管内壁在主管上画出切割线。

对于初学者，画线位置容易搞错，图纸上的尺寸指主管、支管中心线交点的尺寸，不是支管中心线与主管外壁交点的尺寸，斜支管画线方法示意图如图 7-4-29 所示。

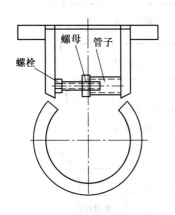

图 7-4-28　用螺栓向外顶撑支管

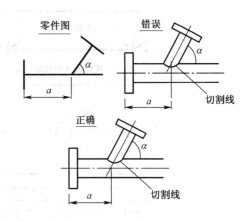

图 7-4-29　斜支管位置示意图

五、二次组立

(一) 二次组立的基本概念

为了提高船舶的经济性,机舱等区域的空间不断在缩小,其次为了提高大口径管的制造质量,迫使管子生产设计和管子加工必须采用较多的定型弯头,使焊接工作量大量增加,而且有定型弯头的管子整根装配好后再焊接,就无法利用迴转胎架焊接,需要焊工实施全位置焊接,费时费力,焊接成形也差。另外,燃油、滑油、液压油、涡轮蒸汽等系统中,管子内部不允许存在焊渣、飞溅等硬质颗粒,且对焊缝成形也有一定要求,如果采用常规的装配方法,当一根管子如用两只或两只以上弯头拼接,至少有两道焊缝内壁无法打磨,达不到管子加工制造的质量要求,使用二次组立的方法,就是要使管子内部无法打磨的焊缝减少,进而提高制造质量。

二次组立的方法是将带定型弯头的管子装配过程分两个阶段。第一阶段制造直管状态的管段,称为一次组立,用迴转胎架或半自动焊接机焊接。焊接时管子转动,焊工施焊位置基本不动。焊接后进行打磨,清洁焊缝。然后进行第二阶段装配,按零件图装配成形,称为二次组立,用手工焊焊接。这时对于清洁度要求高的管子,管子加工车间应安排具有一面焊两面成形技术的焊工施焊,并采用适当的工艺,如管子内充氩气进行氩弧焊封底等。

(二) 对管子零件图的计算要求

二次组立工艺要求在管子零件图中具有通常的弯管程序和供平台校管使用的法兰螺孔转角。

(三) 实施方法

1. 工艺流程

根据车间设备情况及考虑管理上方便性,对二次组立工艺采用以下两种流程。

(1)DN≤100mm 的定型弯头拼接管,工艺流程如图 7-4-30 所示。

(2)DN≥125mm 的定型弯头拼接管,工艺流程如图 7-4-31 所示。

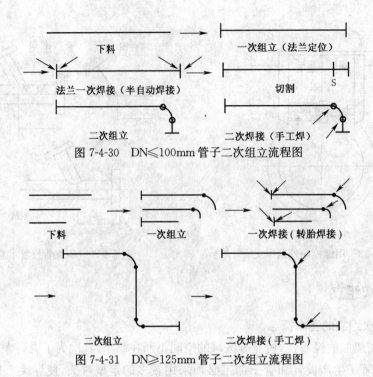

图 7-4-30 DN≤100mm 管子二次组立流程图

图 7-4-31 DN≥125mm 管子二次组立流程图

2. 一次组立方法

(1)管子与法兰之间的组立。其示意图如图 7-4-32 所示。组立步骤如下。

①将法兰放在平台上,内放厚度与焊接端距相同的衬圈,如图 7-4-32(a)所示。

②将管子放入法兰,并使管子与法兰内孔间隙基本相等,任意选择一点进行定位焊,如图 7-4-32(b)所示。

③用法兰定规检查和调整管子与法兰的垂直度,如图 7-4-32(c)所示。

④继续进行定位焊。

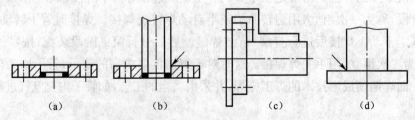

图 7-4-32 管子与法兰之间的组立

(2)管子与弯头之间的组立。其示意图如图 7-4-33 所示。组立步骤如下。

①将弯头按需要的角度进行画线、切割,如图 7-4-33(a)所示。

②将管子与弯头对准,使内径平齐,间隙均匀,选择内侧一点进行定位焊,如图 7-4-33(b)所示。

③用角度尺检查组立后的弯头角度,如有偏差,用调节间隙或砂轮磨去弯头的方法进行修正,如图 7-4-33(c)所示。

④继续进行定位焊,如图 7-4-33(d)所示。

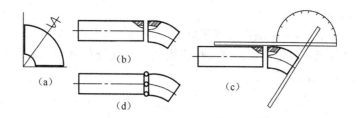

图 7-4-33　管子与弯头之间的组立示意图

（3）法兰、管子、弯头之间的组立示意图如图 7-4-34 所示。

组立步骤如下。

①按上述（2）中的方法将管子与弯头组立。

②将管子与弯头水平放置，管子用元宝铁支承，弯头下面放置调节螺栓。用直角尺检验弯头端面的垂直度，如图 7-4-34（a）所示。

③根据数值零件图上指示的平台校管法兰螺孔角，在法兰面上画线，如图 7-4-34（b）所示。画线方法如图 7-4-10、图 7-4-11 所示。

④将法兰套入管子，并留有焊接端距，使画出的线条垂直向下，在上部进行第一点定位焊，如图 7-4-34（c）所示。

⑤用法兰定规检查和调整法兰与管子垂直度，如图 7-4-34（d）所示。

⑥继续进行定位焊，如图 7-4-34（e）所示。

⑦在可能情况下，检查法兰与弯头之间的夹角，如图 7-4-34（f）所示。如有误差，用砂轮修正弯头端面。

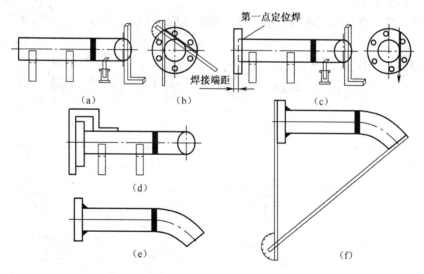

图 7-4-34　法兰、管子、弯头之间的组立示意图

（4）带法兰管段与弯头之间的组立。其示意图如图 7-4-35 所示。组立步骤如下。

①根据数值零件图上指示的平台校管法兰螺孔角，在法兰面上画线，如图 7-4-35（a）所示。画线方法如图 7-4-10、图 7-4-11 所示。

②将管子水平放置，并使法兰面上划出的线条垂直向下，线条的位置用重垂线检验，

如图 7-4-35(b)所示。

③将弯头水平放置,一个端面与管子对准,内径平齐,间隙均匀;另一端与平台垂直,并在弯头内侧进行第一点定位焊。弯头位置用调节螺栓进行调节,端面与平台垂直度用角尺检验,如图 7-4-35(c)所示。

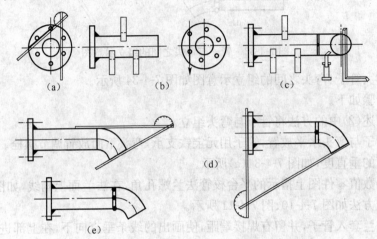

图 7-4-35　带法兰管段与弯头之间组立示意图

④用角度尺检查组立后的弯头角度或弯头端面与法兰之间的角度,如图 7-4-35(d)所示,如有偏差,用调节间隙或磨去弯头端面的方法进行修正。

⑤继续进行定位焊,如图 7-4-35(e)所示。

3. 二次组立方法

(1)直管段与弯管段之间的组立。其示意图见图 7-4-36 所示。组立步骤如下。

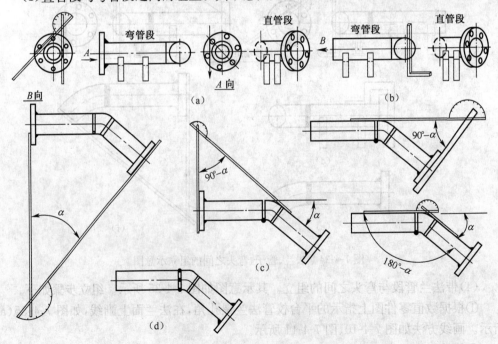

图 7-4-36　直管段与弯管段组立示意图

268

①根据平台校管的法兰螺孔角,按图7-4-10、图7-4-11中介绍的方法,在直管段法兰端面上画线(弯管段法兰面上线条在法兰定位时已画好),如图7-4-36(a)所示。

②将弯管段和直管段放置水平,法兰面上画出的线条垂直向下。当弯管段上无法兰时,则将弯头端面放到与平台相垂直的位置,如图7-4-36(b)所示,直管段的管子与弯管段的弯头对准,间隙均匀,并检查组立后的角度偏差是否太大;当偏差不大时,在内侧进行第一点定位焊。

③用角度尺等工具检查组立后的管子两端的相对位置,如图7-4-36(c)所示。如有偏差,适当调整焊缝间隙。

④继续进行定位焊,如图7-4-36(d)所示。

(2)两弯管段之间的转角为0°或180°时的组立。当两弯管段之间的转角为0°或180°时,组立时将焊缝所在管段及相邻管段水平放置,接缝处对准,并用角度尺检查接缝两端两直管段之间的夹角。对于定伸弯,也可以检查两平行边之间的距离是否相等。

转角为0°或180°的弯管段之间的示意图如图7-4-37所示。

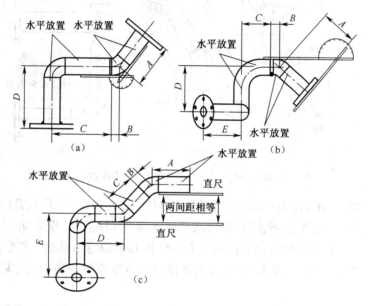

图7-4-37 转角为0°或180°弯管段之间的组立示意图

为便于表述,弯管段以组成该弯管段的直管段字母 A、B、C…来表示。所谓直管段,包含直管部分和弯头切线部分,如图7-4-37(a)中的 A、C、D。对于无直管的管段,仅指弯头切线,如图7-4-37中的 B,同一弯头两段切线分属于两个直管段。图7-4-37(a)的转角为180°,两弯管段分别由 A、B 和 C、D 直管段组成。组立过程为:将 A、B、C、D 管段水平放置(此时 A、D 管段上的法兰面上的线条垂直向下,B 管段弯头端面与平台垂直。)→B 与 C 管段端面对准,内径平齐,间隙均匀,在内侧进行第一点定位焊→测量组立后弯头角度→继续定位焊。

图7-4-37(b)的转角为0°,两弯管段分别由 A、B、C、D、E 直管段组成。组立过程为:将 A、B、C、D 管段水平放置,E 管段位置不予考虑(此时 A 管段上法兰面上的线条垂直向

下,B 管段弯头端面与平台垂直)→B 弯头端面与 C 管段端面对准,内径平齐,间隙均匀,在内侧进行第一点定位焊→测量组立后弯头角度→继续定位焊。

图 7-4-37(c)的转角为 180°,两弯管段分别由 A、B 和 C、D、E 直管段组合成,AB 与 CD 管段组成定伸弯。组立过程为:将 A、B、C、D 管段水平放置,E 管段位置不予考虑(此时 B 管段弯头端面与平台垂直)→B 与 C 管段端面对准,内径平齐,间隙均匀,在内侧进行第一点定位焊→测量定伸弯开档尺寸,要求如图中两处测得尺寸相等,并与理论尺寸误差不超过 3mm→继续定位焊。

(3)两弯管段组成直角别弯时的组立。当两弯管段组成直角别弯时,转角为±90°,组立时将一次组立的别弯两管段水平放置,直角管段一端垂直放置,另一端水平放置,使两部分组立后的位置与转角相符;用角度尺检查别弯两管段之间的夹角,用水平尺放于垂直管段端面(一般为法兰面)上,检查此管段的垂直度,示意图如图 7-4-38 所示。

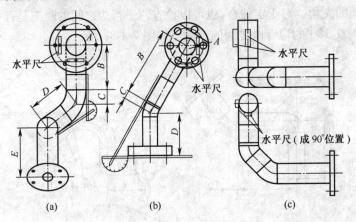

(a)　　　　　　　(b)　　　　　　　(c)

图 7-4-38　转角为±90°时两弯管段之间的组立示意图

图 7-4-38(a)的转角为－90°,两弯管段分别由 A、B 和 C、D、E 直管段组成。组立过程为:将 A 管段垂直放置,B、C、D 管段水平放置,E 管段位置不考虑(此时 A 管段法兰面上水平尺在两个相垂直的方向上都显示法兰水平,C 管段弯头端面与平台垂直)→B 与 C 管段端面对准,内径平齐,间隙均匀,在内侧进行一点定位焊→测量组立后弯头角度→继续定位焊。

图 7-4-38(b)的转角为＋90°,两弯管段分别由 A、B 和 C、D 直管段组成。组立过程为:将 A 管段垂直放置,B、C、D 管段水平放置,(此时 A 管段法兰面上水平尺的两个互相垂直的方向都显示法兰水平,D 管段法兰面上画出的线条垂直向下,C 管段弯头端面与平台垂直)→B 与 C 管段端面对准,内径平齐,间隙均匀,在内侧进行第一点定位焊→测量组立后弯头的角度→继续定位焊。

图 7-4-38(c)的直角管段上没有法兰,确定垂直管段位置时,用水平尺在两个成 90°的位置上测量管段的垂直度,其余组立过程与图 7-4-38(a)、图 7-4-38(b)组立过程相同。

(4)两管段之间的转角不为 0°、±90°、180°或转角为±90°,但不是直角别弯时的组立。图 7-4-39 的转角为"＋",组立的两弯管段分别由 A、B、C、D、E 直管段组成。组立过程为:将 B、C、D、E 管段放置水平,使 B、C 管段和 D、E 管段处于转角为 0°的位置(此时 D 处弯头端面与平台垂直,E 管段上法兰面上线条垂直向下)→将角度仪放在 C 管段上,

（因 C 管段上有直管部分），使角度仪指针指到 0 位→按转角的度数，逆时针旋转（人的视向由 D 向 C 看），此时角度仪上指示出转过的角度→使 C 管段与 D 管段端面对准，内径平齐，间隙均匀，在内侧进行第一点定位焊→测量组立后弯头角度→继续定位焊。

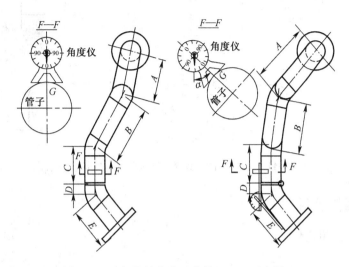

图 7-4-39　任意转角的两弯管段组立示意图

根据转角的方向及转角的度数，采用不同管段放置位置及安放角度仪的管段旋转方向。利用角度仪确定转角的示意图，如图 7-4-40 所示。

转角方向	转角度数 α	组立管段起初放置位置	角度仪所在管段旋转方向	旋转角度	转角方向	转角度数 α	组立管段起初放置位置	角度仪所在管段旋转方向	旋转角度
"+"	$0°<\alpha\leqslant90°$	角度仪　视向	逆时针	α	"−"	$0°<\alpha\leqslant90°$	角度仪　视向	顺时针	α
	$90°<\alpha\leqslant180°$	角度仪　视向	顺时针	$180°-\alpha$		$90°<\alpha\leqslant180°$	角度仪　视向	逆时针	$180°-\alpha$

图 7-4-40　利用角度仪确定转角的示意图

4. 带支管的定型弯头拼接管的组立

带支管的定型弯头拼接管，在主管一次组立的同时，可将支管马鞍开好，与法兰装配、焊接、打磨结束，制成单件，然后进行二次组立。二次组立可先将直管段与支管装配，使支管所在管段能够转动，可以进行向下装配焊接作业，然后进行直管段与弯管段的组立。其

271

流程示意图如图 7-4-41 所示。

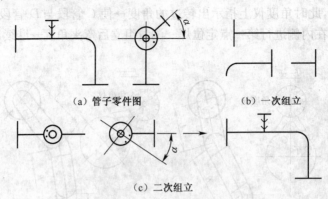

(a) 管子零件图   (b) 一次组立

(c) 二次组立

图 7-4-41   带支管的定型弯头拼接管的组立流程示意图

六、贯通件校管

(一) 复板式贯通件

1. 分类

复板式贯通件按复板与管子的夹角来分,可分为直复板式(复板与管子成 90°交角)和斜复板式,按复板上安装的管子根数可分为单联、双联和多联(三联及三联以上)如图 7-4-42 所示。

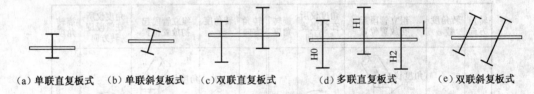

(a) 单联直复板式   (b) 单联斜复板式   (c) 双联直复板式   (d) 多联直复板式   (e) 双联斜复板式

图 7-4-42   复板式贯通件类型示意图

2. 装配步骤

(1)在管子上先装配一只法兰。对于弯管,先装法兰的管段必须是无复板的管段。

(2)找出复板基准线。基准线应与管子法兰螺孔位置有明显的对应关系,例如对应于基准线或基准线的平行线,法兰螺孔是双孔或单孔,这样有利于管子的定位。复板基准线示意图如图 7-4-43 所示。

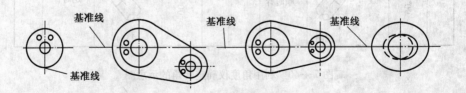

图 7-4-43   复板基准线示意图

(3)在复板面上画出复板基准线。单联复板及有公共基准线的双联和多联复板可以直接在复板面上画出基准线。其中斜复板的基准线是椭圆孔的长轴或短轴。对于无公共基准线的双联或多联复板,可按图在平台上画出各管孔的中心线、圆周线和基准线,然后将复板放上平台,复板上的管孔与平台上的管孔线对准。将直尺放在复板面上对准平台上的基准线,用细石笔沿直尺在复板上画出基准线。

（4）将复板在平台上点焊。复板必须与平台垂直,复板的基准线与平台垂直或平行,用角尺检查复板与平台的垂直度,用重垂或水平尺检查复板基准线的位置。

（5）将装配好的一只法兰的管段伸进复板孔,将复板的一个面作为基准面,根据基准面、基准线和管子零件图上提供的复板在管段位置、直管段的法兰螺孔位置、弯管段的管段位置,将管段准确定位,然后进行第一点定位焊。

（6）用直角尺检查直复板式贯通件管子与复板的垂直度,对于斜复板式贯通件,应对倾斜方向用硬纸做成角度模板,再进行检查,对于另外两个方向,仍用直角尺检查,如图7-4-44 所示。

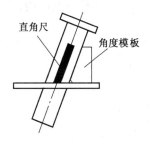

图 7-4-44　斜复板式贯通件管子与复板位置检查

（7）角度检查合格后,继续进行定位焊。

（8）装配另一只法兰。

（二）套管式贯通件

1. 分类

套管式贯通件分为普通式和隔层式,如图 7-4-45 所示。

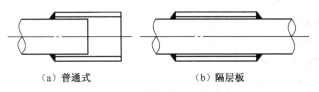

（a）普通式　　　　　　　　（b）隔层板

图 7-4-45　套管式贯通件分类

2. 装配步骤

（1）普通式

①在管子上画出套入套管的尺寸线,套入套管的尺寸除特殊注明外,一般为($L-10)/2$,其中 L 为套管长度。

②清除尺寸线附近 30mm 范围内管子上的铁锈、油和水。

③按尺寸线装配套管,要求间隙均匀,进行一点定位焊。对于Ⅰ、Ⅱ级管,套管与管子的间隙不准大于 1mm。

④用直尺紧贴套管,检查套管与管子平行度。

⑤继续进行定位焊。

非贯通件的套管装配步骤与此相同。

（2）隔层式

隔层式套管在管子加工时，两端都已焊完，到船上安装时，套管与船体结构焊接，焊接后产生的焊缝收缩应力会对套管与管子之间的焊缝产生影响，甚至产生崩裂，因此，在装配中采用以下步骤。

①对通径 250mm 及以上的套管加工好内倒角，内倒角尺寸如图 7-4-46 所示。

②在管子上画出安装套管的位置。

③在套管安装位置向两端各延伸 30mm 范围内，除净管子表面的锈、水和油。

④将套管套上管子，套管端部对准画出的线条，调整套管使四周间隙均匀，进行第一点定位焊。

⑤用直尺紧贴套管，检查套管与管子平行度。平行度合格后，进行其余定位焊。

⑥在焊接时，将整个圆周分四部分焊接，次序如图 7-4-47 所示。

⑦多层焊（封底焊与盖面焊）焊接起点与终点应错开 50mm～100mm。

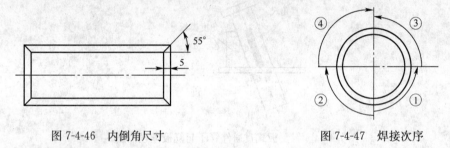

图 7-4-46　内倒角尺寸　　　　　　图 7-4-47　焊接次序

七、紫铜管校管

（一）紫铜管附件

1. 法兰

常用紫铜管法兰有以下四种：

（1）船用焊接铜环松套法兰；

（2）船用焊接铜法兰；

（3）船用铜管折边松套钢法兰；

（4）承插式焊接松套法兰。

法兰形式及管子连接方式见示意图 7-4-48。

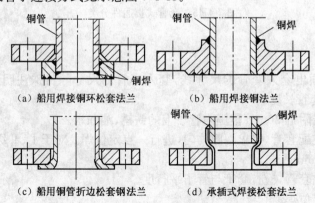

（a）船用焊接铜环松套法兰　　　　（b）船用焊接铜法兰

（c）船用铜管折边松套钢法兰　　　（d）承插式焊接松套法兰

图 7-4-48　紫铜管法兰形式及管子连接方式

2. 弯头

紫铜管的弯管除了可以用弯管机弯制外,还可以使用定型弯头。定型弯头及管子连接方式如图 7-4-49 所示。

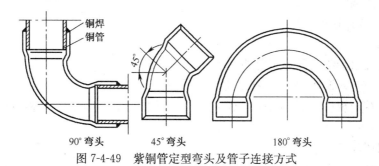

90° 弯头　　　　　45° 弯头　　　　　180° 弯头

图 7-4-49　紫铜管定型弯头及管子连接方式

3. 三通接头

对于通径不大于 100mm 的紫铜管的支管,通常使用三通接头,三通接头可分为同径三通和异径三通,如图 7-4-50 所示。通径为 125mm 及 125mm 以上的,可采用焊接支管。

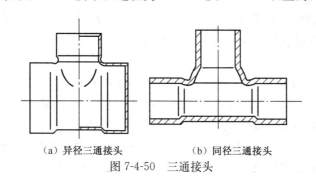

（a）异径三通接头　　　　（b）同径三通接头

图 7-4-50　三通接头

4. 异径接头

管子的变径通过异径接头来实现,通常管子开了支管才需变径,因此异径接头常与三通连用,异径接头及异径接头与三通连用形式如图 7-4-51、图 7-4-52 所示。

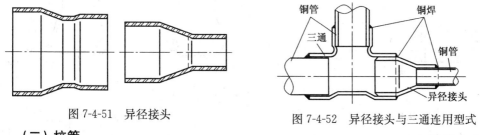

图 7-4-51　异径接头

图 7-4-52　异径接头与三通连用型式

(二) 校管

1. 校管的一般要求

(1)管子端部应平齐,毛口应用锉刀去除。

(2)管子表面应清洁,焊接部位的氧化层、油污须擦净,并用砂纸磨出金属光泽。

(3)管子伸入承插式焊接松套法兰、三通、异径接头的尺寸,在零件图上注明的应按图施工,在零件图上未注明或无零件图的情况下,对有承插限位的应尽量靠近限位,间隙不

275

大于 1mm,对无承插限位的(如异径接头小端),应伸到附件直段部和变径部交界处,伸入的尺寸不小于管子壁厚的 5 倍。

(4)管子和附件之间的间隙应均匀。

2. 法兰装配

(1)船用焊接铜环松套法兰。

装配步骤如下。

①将钢质松套法兰倒角面向外套入管子。

②将管子伸入铜环,留有焊接端距,进行第一点定位焊。

③用法兰定规从上下、左右两个方向检查铜环和管子的垂直度,合格后继续进行定位焊。

④将铜环与管子焊接。

⑤对焊缝凸出部分用锉刀锉去,能使松套法兰套上时倒角面与焊缝不碰。

(2)船用焊接铜法兰。

装配步骤如下。

①按平台校管法兰面上画线的方法在法兰面上画线,参见图 7-4-10、图 7-4-11。

②将管子伸入法兰,管子端部略伸出法兰密封面,以保证折边时管子有足够的长度。

③按平台校管的方法检查法兰螺孔角位置,并进行第一点定位焊,参见图 7-4-12、图 7-4-13。

④用法兰定规检查法兰与管子的垂直度,然后继续进行定位焊,参见图 7-4-14、图 7-4-13。

⑤检查伸出法兰面的管子部分,管子长度不宜过长,按折边需要多余部分应锯掉,端面应与管子轴线垂直,且平整无缺口,以防折边时发生开裂。

⑥ 将折边部分加热退火,加热温度为 600℃～650℃,表面外观呈暗红色即可,然后用木锤自内向外轻敲,示意图见图 7-4-53。当铜管锤击后发生硬化,但折边工作未完成,可再次退火再锤击;当折边结束后,将凸出法兰面的铜管锉平。折边部分须光顺,有不平整处须用木锤轻敲修整。

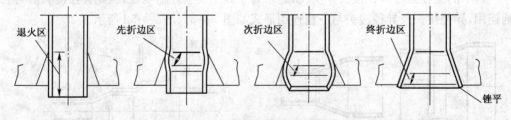

图 7-4-53　铜管折边步骤示意图

(3)船用铜管折边松套钢法兰。

装配步骤如下。

①在铜管上画出折边起始线,折边起始线所在平面必须与管子轴线垂直,否则折边后管子与法兰不垂直,折边线到管子端部尺寸与折边宽度大致相等,管子端部须保持平整、无缺口。

②将松套钢法兰内倒角面向外套入管子。

③对折边起始线向端部的铜管进行退火,然后用松套钢法兰抵着铜管,用木锤逐步由内

向外轻敲,退火和折边过程与船用焊接铜法兰装配步骤⑥类似。由于折边角度为90°,一次到位有难度,可以分几次折边,例如第一次折到45°,第二次折到75°,第三次折到90°。

(4)承插式焊接松套法兰、三通、异径接头。

装配步骤如下。

①承插式焊接松套法兰与管子第一点定位焊后,须用法兰定规检查管子和法兰的垂直度,然后继续进行定位焊。

②三通与异径接头、三通与管子、异径接头与管子、标准弯头与管子进行一点定位焊后,须用角度尺、直尺检查管段之间的夹角及直线度,然后继续进行定位焊。

(5)支管。

制作及装配步骤如下。

①根据支管和主管规格及相交角度,制作支管样板。

②按样板在支管管子上画出相贯线条。

③用钻头沿相贯线条在无用部分管子上钻孔,注意留有余量,保留线条。孔与孔之间可用钻头旋转切削,使之断开,取走无用部分管子。

④用锉刀按相贯线条锉去多余部分管子。

⑤用支管在主管上画线,画出主管上的支管孔,注意管孔切割线在相贯线条里面,间隔为管子壁厚。

⑥同样用钻头钻、锉刀锉的方法加工好主管上的管孔。严禁用火焰熔化铜管的方法切割支管及主管上开孔。

⑦将支管与主管装配,留有适当的间隙,间隙值参见表7-4-3。

表 7-4-3　铜管马鞍型支管装配间隙　　　　　　单位:mm

DN	15~25	32~50	65~100	125~150	200~250
间隙	0.2	0.3	0.5	0.8	1.2

⑧关于斜支管的开孔位置、法兰螺孔位置、法兰水平度的检查等有关支管装配问题,参见本节四"支管制作与装配"。

八、铝黄铜管、铜镍铁合金管校管

(一)常用附件

常用附件有法兰、三通接头、异径接头和定型弯头,法兰由松套法兰和内法兰两部分组成,除松套法兰的材质为钢外,其余附件材质与管子相配,通常附件及焊丝由供应商提供。附件示意图见图7-4-54。

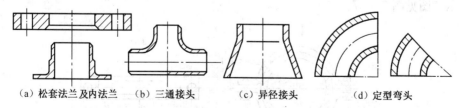

(a)松套法兰及内法兰　(b)三通接头　(c)异径接头　(d)定型弯头

图 7-4-54　铝黄铜管和铜镍铁合金管附件

(二)校管的一般要求

(1)管子附件与管子的连接形式为对接式,坡口要求分别如图7-4-55、图7-4-56所示。

(2)管子端面应平整,且垂直度误差不大于 0.5mm,必要时用锉刀锉平。

(3)管子及弯头切割后,按坡口要求加工好坡口。加工的方法最好采用机械(车床、镗床)加工;无合适的机械设备时,用手工锉出。

(4)装配前,对焊缝两边 30mm 范围内做好清洁工作,去除管子内外表面的氧化物、油和水。清洁工作的方法为:

①用砂纸、铜丝刷、不锈钢丝刷和清洁的干布擦拭;

②用丙酮擦洗;

③用风动工具装布抛头抛光,这种方法最有效。

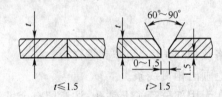

图 7-4-55　铝黄铜管装配坡口要求

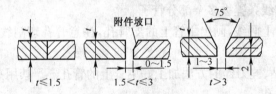

图 7-4-56　铜镍铁合金管装配坡口要求

(三) 装配

1. 法兰装配

将松套钢法兰套入管子,内倒角面对准内法兰,管子与内法兰保持同轴线,按装配坡口要求控制好间隙。第一点定位焊后,用法兰定规检查管子与内法兰的垂直度,然后继续进行定位焊。

2. 三通、弯头、异径接头装配

(1)管子与三通、弯头、异径接头保持同轴线对准,不能有高低差,并按坡口要求控制好间隙,然后进行第一点定位焊。

(2)用角度尺、直尺检查各管段之间的夹角或直线度是否准确。

(3)继续进行定位焊。

对中时,可采用工夹具将需对中的两部分夹紧,工夹具上留有点焊用的空隙,对中工夹具示意图见图 7-4-57。

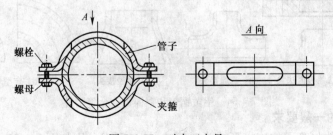

图 7-4-57　对中工夹具

（四）焊接前的准备工作

采用氩弧焊工艺,焊接前做好以下工作。

(1)清除定位焊产生的氧化物。

(2)用封板将管子所有端头封堵,封板中有一只安装氩气接头,封板示意图见图7-4-58。封板中橡胶封板的直径应比管子内径大3mm左右。

(3)除需焊接的一条焊缝外,其余焊缝用美纹纸包住。

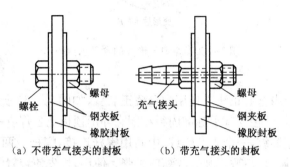

（a）不带充气接头的封板　　（b）带充气接头的封板

图 7-4-58　封板

九、不锈钢管校管

（一）常用附件

常用附件有法兰、定型弯头、三通、异径接头,结构形式与钢管的相应附件相同。

（二）校管的一般要求

1. 对接缝的装配要求

不锈钢管定型弯头、三通、异径接头与管子的连接形式采用对接,坡口要求如图7-4-59所示。

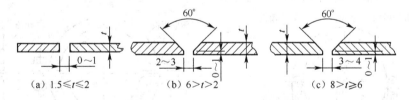

（a）1.5≤t≤2　　　　（b）6>t≥2　　　　（c）8>t≥6

图 7-4-59　不锈钢管装配坡口要求

2. 对接端口变形的矫正

(1)端口变形量的允许范围见表7-4-4。

表 7-4-4　不锈钢管端口变形量允许范围　　　　　　单位:mm

通径	≤50	65	80	100	125	150	200
允许范围	±0.5	±0.65	±0.8	±1	±1.25	±1.5	±1.6
通径	250	300	350	400	450	500	
允许范围	±2	±2.4	±2.8	±3.2	±3.6	±4	

端口变形量的含义如图 7-4-60 所示。

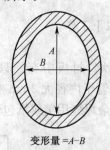

变形量 =A-B

图 7-4-60　端口变形量的含义示意图

（2）矫正方法

①内壁矫正法。内壁矫正法需使用内壁矫正装置，如图 7-4-61 所示。该装置上下各有一块环形顶板，顶板外径与管子标准内径相同。环形顶板上各焊有一个内螺纹座板，内螺纹座板中一个为左螺纹，一个为右螺纹，中间用螺杆连接，螺杆上两头螺纹也是左右螺纹各一，通过螺杆的调节，使矫正装置收缩或扩张。使用时，先使装置收缩，放入管内距端口 20mm～30mm 处，螺杆位置处于管子内圆短轴处，然后用木锤轻敲装置，使装置与管壁成 90°角，用扳手转动螺杆，使环形顶板顶向管子内壁。矫正时，应边矫正边测量。由于管子有弹性，矫正尺寸略微过量，使回弹后达到理想状态。矫正结束后，使矫正装置收缩，从管子内取出。

②外壁矫正法。外壁矫正法需使用外壁矫正装置，如图 7-4-62 所示。该装置由上下两块环形压板组成，压板之间用螺栓螺母连接，压板的内径等于管子的标准外径。使用时，将螺栓螺母松开，将装置套上管子，位置一般距端头 50mm 处，然后略微拧紧螺栓螺母，用木锤轻敲装置，使其与管子外壁垂直，慢慢拧紧螺栓螺母，注意两面间隙应保持基本相等，以使管子受力均匀。与内壁矫正法一样，边矫正边测量，并考虑好回弹因素。外壁矫正装置通常等管子封底焊结束后再拆除。

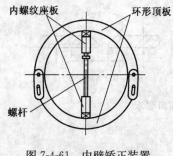

图 7-4-61　内壁矫正装置

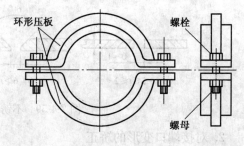

图 7-4-62　外壁矫正装置

3. 装配对中允许差

不锈钢管装配须满足对中要求，对中允许差与钢管相同，见表 2-2-3，对不能满足对中要求的不锈钢管须进行矫正。

4. 对接端口缺陷的修正

端口缺陷包括端面与管子轴线不垂直，端口凹凸不平以及有毛边。修正的方法为用锉刀锉平和用砂轮打磨。

5. 焊接区域的清洁

清洁步骤如下。

(1)用涂有丙酮的擦拭布,擦拭坡口部位 50mm 宽度区域的污渍,擦拭时戴的手套必须是清洁且无织物掉落的手套。

(2)在管子内部距端口约 200mm 处安装封板,封板的形式参见图 7-4-58。

(3)对坡口区 15mm 范围内用砂纸、电动细砂轮等工具打磨,或用风动工具装布抛头抛光。对于法兰,清洁的范围为内圆全部和外圆焊接区。

注意,不锈钢管子和附件不可用铁质刷子打磨。

(4)吹除打磨产生的金属粉末,取出封板,用布、丙酮擦洗打磨区域。

(三) 装配

不锈钢管的装配方法与钢管基本相同,可参照本节第一、二、三、四、五的相关内容,两者主要区别在于:

(1)不锈钢管的支管马鞍及主管孔加工采用钻孔及锉、打磨等方法。打磨用的砂轮为细砂轮。

(2)清洁的方法,除用冷风吹、干布擦以外,还需用丙酮擦洗。

(3)不锈钢管的定位焊采用氩弧焊,对于需整形的管子,定位焊时带有外壁整形装置。

(4)封底焊采用氩弧焊,盖面焊采用氩弧焊或 CO_2 气体保护焊均可。焊接前,在管子各端口处安装封板,封板示意图见图 7-4-58,除焊接的一条焊缝外,其余焊缝用美纹纸封堵。

十、校管几何尺寸质量标准

校管几何尺寸质量标准见表 7-4-5。

表 7-4-5 校管几何尺寸质量标准   单位:mm

项　　目		标准范围	允许极限	备　注
直管偏差 L	ΔL	±3	±6	
支管偏差 θ L_1 L_2 L_3	ΔL_1	±3	±6	
	ΔL_2	±3	±6	
	ΔL_3	±3	±6	
	$\Delta \theta$	±0.5°	±1.0°	
贯通件偏差 θ L_1 L_2	ΔL_1	±3	±6	
	ΔL_2	±3	±6	
	$\Delta \theta$	±0.5°	±1.0°	
法兰与管子安装的偏角 θ	DN<150	30′	不作规定	
	DN≥150	20′		

项　　目		标准范围	允许极限	备　注
法兰面的变形 S ΔS 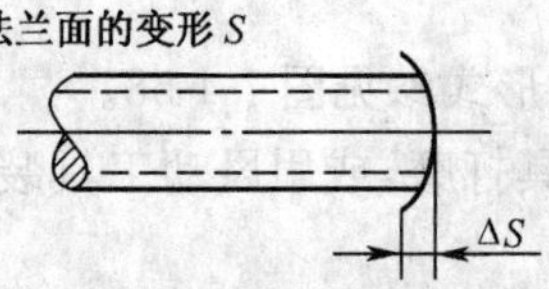	DN＜200	≤1.0	不作规定	
	DN≥200～450	≤2.0		
	DN≥450	≤2.5		
钢管与法兰搭焊 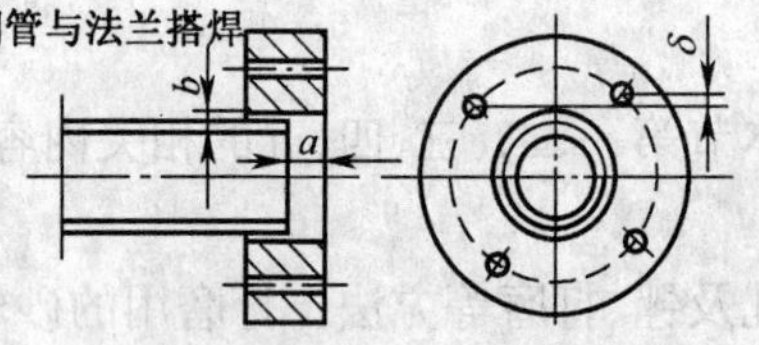 δ	a	K＋1	不作规定	K 为焊脚尺寸
	b	≤1.5		
	δ^*	≤1.5	±2	

注：①"＊"为当设计要求为相邻两螺孔被图示法兰中心线平分时，设 $\delta=0$；
　　②弯管的几何尺寸质量标准见表 7-3-5

第五节　焊　接

一、过程质量控制要求

（一）焊接材料

（1）焊丝、焊条和焊剂应符合有关标准的规定或经船检部门认可，所有材料应具有制造厂的产品合格证。

（2）焊丝、焊剂应存放于干燥通风的室内，以防焊丝生锈和焊剂受潮。焊丝在使用前盘入焊丝盘时应清除焊丝上的油污、杂质，焊剂在使用前应进行烘干。

（3）焊条在使用前，应根据焊条说明书规定进行烘干。

（二）焊前准备

（1）焊接部位应清洁干净，无油漆、油、锈、氧化皮或其他对焊接质量有害的腐蚀物。

（2）定位焊的焊渣和多层多道焊前上道的焊渣都要清除干净。

（3）根据管子材料、管子壁厚和焊缝尺寸要求，选择不同直径的焊条和焊接电流，所选用焊接材料的强度应不低于母材强度的下限。

（三）工艺措施

（1）为防止法兰焊接后法兰面过度变形（见表 7-4-5），法兰焊接先焊内圆，后焊外圆。对于 DN≥300 的管子每焊 1/4 圆周就更换焊接位置，如图 7-4-47 所示。

（2）套管焊接与法兰一样，先焊内圆后焊外圆。隔层式套管贯通件，为降低焊缝应力，也采用图 7-4-47 的焊接次序。

（3）多层多道焊起点和终点错开 50mm～100mm。

（4）主机滑油管、主机燃油管、液压油管的对接接头采用氩弧焊封底,在盖面焊时,应控制焊接电流,防止封底焊缝熔化渗入管子内部。

（5）对于二次组立管的第二次焊接,由于焊缝内部一般难以打磨,宜安排高技术工人施焊,以取得良好的焊缝成形。

二、焊接技术要求

（一）法兰

法兰焊接要求见相应的法兰标准。

搭焊法兰焊缝形式如图 7-5-1 所示。焊缝尺寸有两类标准。第一类标准根据公称通径和压力规定焊缝高度,如表 7-5-1 所列。第二类标准根据管子壁厚确定焊缝高度。例如 GB/T 2506—2005 标准规定 $W_1 \geqslant T$,$W_2 = T$,T 为管子壁厚。在校管时已留有焊接端距,长度为 $W_2 + 1$。

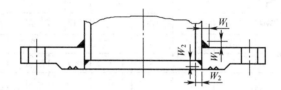

图 7-5-1　搭焊法兰焊缝高度表示

（二）对接接头

对接接头焊接的技术要求如图 7-5-2 所示。

对于需冲洗的Ⅲ级管,如主机滑油管、尾管滑油管等,S 的允许量同Ⅱ级管。

单位:mm

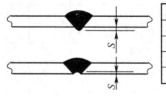

管子级别	S 的允许值
内有衬层的Ⅰ级管	0～+1
其他Ⅰ级管	0～+3
Ⅱ级管	-0.5～+2.5
Ⅲ级管	无限制

图 7-5-2　对接接头的焊接技术要求

（三）支管和管座

支管和管座的焊接技术要求如图 7-4-24 所示。

支管内部的焊缝如果成形不良,且有条件在支管内部焊接的,应在支管内部补焊。

（四）套管

（1）DN≥40 的套管一端需双面焊,内面焊缝高度无限制。

（2）套管端部焊缝高度要求如图 7-5-3 所示。

（五）贯通件复板

贯通件复板的焊缝高度要求如图 7-5-4 所示。

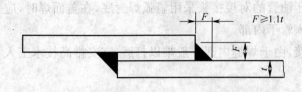
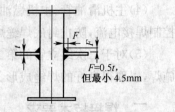

图 7-5-3　套管端部的焊缝高度要求　　　　　　图 7-5-4　贯通件复板的焊缝高度要求

（六）特涂管

特涂管焊接，注意避免产生气孔及严重的凸起，法兰焊缝隆起部分要充分，法兰内圆焊缝不要形成凹形。支管内部焊缝要光滑，不要有凹陷。

表 7-5-1　常用搭焊式法兰焊缝高度　　　　　　　　　　　　单位:mm

公称通径 DN	CB/T 46—1999			CBM1012		CBM1013		CBM1014		GB 2506—89		
	≤0.6 MPa	≤1.0 MPa	≤1.6 MPa	0.5MPa		1.0MPa		1.6MPa		0.6MPa	1.0MPa	1.6MPa
	W_1、W_2	W_1、W_2	W_1、W_2	W_1	W_2	W_1	W_2	W_1	W_2	W_1、W_2	W_1、W_2	W_1、W_2
10		—		5	2.5	5	2.5	4	2.5	3	3	3
15		—		5	3	5	3	4	3	3	3	3
20		3		5	3	5	3	5	3	3	3	3
25		3		5	3	5	3	6	3.5	3	3	3
32		4		6	3	6	3	6.5	4	4	4	4
40		4		6	3	6	3	6.5	4	4	4	4
50		4		6	3	6	3	6.5	4	4	4	4
65		4	5	6	4	6.5	4	6.5	4.5	4	5	5
80		4	5	6	4	6.5	4	6.5	4.5	4	5	5
100		4	5	7	4	7	4	7	5	4	5	5
125		4	5	7	4	7.5	4	8	5	4	5	5
150		5	5	7	5	8	5	8	5.5	5	5	5
200	5	5	6	8.5	6	9	6	9	6.5	5	5	6
250	5	5	7	10	6	10	6	9	6.5	5	5	7
300	5	6	7	10	6	10	6	11	6.5	5	6	7
350	5	6	8	12	7	12	7	12	8	5	6	8
400	5	7	9	12	7	12	7	13	8	5	7	9
450	6	7	9	12	7	14	8	16	9	6	7	9
500	6	8	10	12	7	14	8	16	10	6	8	10

第六节　打　磨

一、常用工具及其用途

常用工具及其用途见表 7-6-1。

284

表 7-6-1　常用打磨工具及其用途

工　　具	用　　途
直角气动砂轮机,安装 ϕ125mm 铍形砂轮	磨 DN≥15mm 管子外部(法兰外圆焊缝和对接焊缝外部)
	磨 DN≥125mm 管子法兰内圆焊缝
直线气动砂轮机,安装 ϕ150mm 圆柱形砂轮	磨 DN≥400mm 管子内部对接缝
直线气动砂轮机,安装 ϕ60mm 圆柱形砂轮	磨 DN65mm～DN350mm 管子内部对接缝
直线气动砂轮机,安装硬质合金旋转锉	磨 DN≤100mm 管子法兰内圆焊缝
	DN≤50mm 管子内部对接缝
钢丝刷	刷焊缝区飞溅和氧化铁
冷风皮带	提供气动砂轮机动力和吹除打磨产生的粉尘

砂轮机的用途在一般情况下如表 7-6-1 所列。在实际生产中,只要能使用即可,无明显界限,砂轮机可以通过加装接长杆延伸打磨的距离。

二、打磨质量要求

(1)去除粘附于法兰面上的熔渣和飞溅物,特别是法兰密封面部分。

(2)去除焊接部位的熔渣,对焊瘤和焊缝特别厚的地方打磨,使焊缝外表均匀。

(3)去除焊缝周围的焊接飞溅物。

(4)对特涂管,还须满足以下要求:

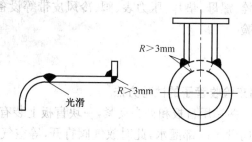

图 7-6-1　特涂管打磨质量要求

①法兰内圆焊缝、支管内部焊缝及主管上支管孔四周磨出 $R>3$mm 的圆角,如图 7-6-1 所示。

②管子表面有凹陷处磨出 $R>10$mm 圆角。

③外表面也需特涂的管子,则外表面焊缝也要打磨光顺,法兰角焊缝磨出 $R>3$mm 圆角。

④打磨后发现气孔,则须补焊,并再打磨。

三、打磨步骤

(1)按砂轮及气动工具说明书,正确安装砂轮,并戴好防护眼镜。

(2)固定管子,确保打磨时管子不会晃动。

(3)试转砂轮,新换砂轮空转 3min,非新换砂轮空转 1min。

(4)打磨,当使用铍形砂轮时,砂轮与工件成 15°～30°角。

285

(5)控制好砂轮对工件施压力度,注意施压过重会造成砂轮破碎产生事故。

(6)打磨结束后,关闭气源,等砂轮停止旋转后再将砂轮机拆下放到专用架子上。

四、打磨质量检查

打磨后,用冷风吹净打磨产生的微粒,然后用照明工具检查管子内部是否存在打磨不合格或遗漏的地方。对打磨后发现的焊接缺陷应通知焊工修补,修补后继续打磨。

第七节 水压试验

一、资料及交验方式

由设计所提供的非船级社、船东验收的水压验收表,由船厂检验员验收;需船级社船东验收的水压验收表,先由船厂检验员验收,合格后填写管子水压试验提交申请表,向船级社和船东报验。

二、试验设备及用品

(1)专用泵水装置。该装置由水泵、托架、盲板、夹头、冷风皮带等组成。夹头夹紧方式分为气动和手动两种。气动夹紧方式需有气动换向阀和汽缸,适用于单件试验。

(2)泵、盲法兰、螺栓、螺母、垫片、压力表、阀、冷风皮带等设备及用品常用于需船级社、船东验收的管子试验。

三、试验方法

(一)非船级社、船东验收管子的试验方法

将管子放到托架上,两端用盲板和夹头夹紧,一块盲板上装有进水管,另一块盲板上装有放气阀,从进水管向管子内部灌水,此时放气阀打开,等空气全部排出后,关闭放气阀,然后用冷风吹净管子外壁上的水,用检验锤头轻敲焊缝处,观察焊缝有无渗漏。

(二)需船级社、船东验收管子的试验方法

(1)将试验的管子连接起来,必要时制造临时管连接,在管路最高处装放气阀,管路终端包括支路终端装放泄阀,水泵出口至管路的连接管中装压力表,如图7-7-1所示。

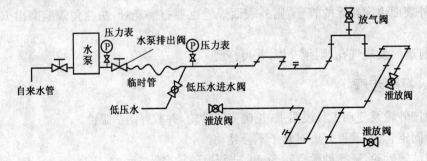

图 7-7-1 需船级社、船东验收管子水压试验连接示意图

（2）关闭水泵排出阀、管路中泄放阀。打开放气阀、低压水进水阀,对管路整体灌水,排出管路空气。

（3）当充分排出空气后,关闭放气阀、低压水进水阀,启动水泵,打开水泵排出阀,边缓慢上升压力,边检查有无泄漏,直到规定的压力。

（4）当发现有泄漏时,应将压力释放后补焊或紧固螺栓,然后再重复上述步骤。

（5）在规定的压力状态下保持60min,再确定有无泄漏,如情况良好,则将压力降低至1.0MPa左右待验。

（6）试验前30min加压到规定压力。

（7）公司检验员认可后,打报告由验船师及船东检查。

（8）合格后,在法兰侧面打上船级社认可的钢印。

（9）将管路中水排出,拆开管路,试验结束。

第八节　表面处理后的质量检查及喷油、封口

一、镀锌管的质量检查

（一）镀锌管的常见缺陷
镀锌管的常见缺陷有:
(1)管子内部有锌渣;
(2)镀锌流挂;
(3)法兰密封面特别是凹槽法兰槽内锌层不均匀;
(4)锌层损坏或局部未镀到锌。

（二）解决的方法
(1)清扫锌渣。

(2)流挂过分严重处予以磨去。

(3)法兰密封面上锌层不均匀处予以磨去多余部分,凹槽内锌层不均匀处宜加热后用比凹槽略窄的铲形铁器铲除锌层,然后擦去加热产生的黑烟,均匀地喷上富锌底漆和面漆。

(4)锌层损坏或局部未镀到锌,如面积很小,可用富锌底漆和面漆修补;面积较大的重新镀锌。

二、酸洗管的质量检查

（一）酸洗管的常见缺陷
(1)酸洗不彻底,铁锈未除尽或酸洗后又重新生锈。

(2)与酸洗过程无关,酸洗后清楚地发现管子的焊接、打磨缺陷,常见的缺陷为焊接咬口、气孔和焊渣、飞溅未除尽等。

（二）解决的方法
(1)对于燃油、滑油、液压油管,大面积生锈须重新酸洗,小面积生锈用打磨或砂纸擦的方法除锈。

(2)焊接咬口和气孔应补焊后重新打磨,焊渣、飞溅应用磨、锉的方法去除,经过打磨的管子应用冷风吹净打磨颗粒。

三、喷油及封口

(1)喷油前检查管子内部是否有油漆,如有应清除。

(2)喷油应从管子两端喷入,确保管子内表面有足够的防锈油。

(3)喷油后,用塑料盖或盲法兰封堵;用盲法兰封堵的,须加装与法兰规格相配的垫片,安装并拧紧螺栓、螺母。螺栓、螺母的数量与法兰孔相同。

第九节　管子加工过程质量控制程序

一、目的

管子加工质量达到船厂规定的考核值。

二、适用范围

适合于管子加工部门承担的船舶管子加工工作。

三、职责

(1)资料员负责设计所下达的产品图样及技术文件的管理,包括登记、发放、回收、销毁等工作。

(2)施工技术员负责按设计所下达的图样和技术文件更改通知单进行改图,并进行现场施工指导,及时反馈设计错误信息和处理现场施工中产生的各类技术问题。

(3)人事员负责操作人员的上岗培训工作。

(4)计划人员负责编制生产计划。

(5)材料员负责管子加工需用的材料的领用。

(6)设备员负责加工设备的保养和维修。

(7)质量管理人员负责质量管理文件编制、发放及贯彻实施,并处理施工过程中发生的质量问题。

(8)生产人员负责管子的加工,包括下料、弯管、校管、焊接、水压试验并报验、表面处理前整理、表面处理后整理及按托盘管理表装箱。

(9)检验员负责产品验收工作,包括向船东船级社报验。

四、工作程序

(一) 准备工作

1. 图样及工艺文件准备

(1)技术员落实有关图样和技术文件,并按改图单修改好相关的图样和技术文件。

(2)资料员进行图样和技术文件的登记工作。

(3)管子加工人员到资料室领取相关的图样和技术文件。

2．操作人员资质确认

(1)管系工必须经过培训,并取得至少初级职业资格。

(2)电焊工必须经过培训,并经过考试和考核合格,取得与焊接工作相应的上岗等级证书。

3．设备和检测仪表的确认

(1)弯管机、焊机、马鞍切割机等设备必须具有“合格”标志。

(2)水压试验用的压力表必须在使用有效期内。

4．作业环境检查

(1)堆放管子、附件的场地应整洁。

(2)工作场地有足够亮度的照明。

(3)火焰切割、电焊、打磨区域有足够的吸尘及通风设备。

(4)电焊区域各电焊工周围有挡住弧光的隔板。

(二)生产过程的质量控制

1．通用要求

(1)管子加工过程中的下料、弯管、校管、电焊、水压试验等工作,必须严格按照技术标准和有关工艺实施,每批管子制造所用材料的材质、合格证书、规格、数量,必须双人复验,并保存原始记录以备查考。

(2)自下料开始弯管、校管、电焊、水压试验等工序中均进行自主质量管理,建立“产品生产流程表”,执行自检、互检制度,对每批产品进行记录,使产品的生产过程质量可追溯。

(3)需船级社、船东进行水压试验验收的管子,交验合格后需经船级社、船东、检验单位出具合格报告。

(4)经检验为不合格的产品应及时做好标志进行隔离,并按相关程序进行处理。

2．原材料存放

领出的管子,按材质、材料级别、规格分开堆放,对船级社认可的Ⅰ级、Ⅱ级钢管做上色标。管附件按种类、规格分开堆放。

3．下料

(1)下料前按施工图样核对管子材质、材料级别和规格。

(2)下料后的管子按施工图样写上编号并堆放整齐。

(3)质量控制要点:

①规格和表面质量;

②下料长度与编号;

③堆放和保管。

4．管子弯曲

(1)按施工图样和技术文件选用合适的弯模。

(2)质量控制要点:

①管子弯曲圆度;

②管子弯曲皱折高度;

③机械损伤与缺陷；

④管子弯曲后的弯曲角、转角及管段长度。

5. 管子校管

(1)各类管子附件的材质、规格应符合技术文件要求，定型弯头和异径接头的坡口、支管与主管及管子对接的装配间隙和坡口应符合有关技术要求。

(2)质量控制要点：

①管子标记(钢印)；

②连接件规格、标准号；

③装配间隙、坡口；

④装配尺寸；

⑤定位焊点数及尺寸。

6. 管子焊接

(1)焊工必须持证上岗。

(2)大口径管子焊接应按有关焊接工艺要求控制焊接变形。

7. 管子打磨

(1)管子焊接后必须对焊缝进行打磨，磨去焊药、焊瘤和焊缝特别厚的地方，对焊缝周围的飞溅物也必须打磨干净。

(2)质量控制要点：

①管子表面质量，应无焊渣、焊药、飞溅物、气孔和毛刺；

②特涂管、涂塑管、衬橡胶管角焊缝的圆角半径、对接缝的平滑程度；

③Ⅰ级、Ⅱ级管内部成型；

④燃油、滑油、液压油管内部清洁度；

⑤用接合板定位的管子，接合板去除后管子表面是否有弧坑。

8. 水压试验

(1)管子经焊接、打磨后需按水压试验表进行强度试验。

(2)质量控制要点：

①需船级社、船东认可的管子编号与试验管子编号的一致性；

②试验压力达到设计规定值；

③焊缝有无渗漏。

9. 管子表面处理

(1)加工后的管子按技术文件要求进行表面处理，对不同表面处理的管子要分类整理。

(2)质量控制要点：

①管子表面处理和设计要求的一致性；

②管子镀层、涂层质量；

③油管酸洗后喷油前的防锈；

④涂层保护；

⑤需冲洗的管子内部清洁度(酸洗前，无法检查彻底，需酸洗后复检)；

⑥ 管子封堵。

10. 管子分理、交接和搬运

(1)检验合格的管子按技术文件清点、分类。

(2)质量控制要点：

①清点、分类、装箱、标志正确；

②有色金属和特殊处理的管子保护；

③防止碰撞和挤压损坏。

第十节　管子加工流水线简介

一、管子加工流水线的一般概念

在船舶管子加工中，需加工的管子种类繁多。按材料区分，可分为钢管、不锈钢管、铜管、铜合金管等，每种材料都有不同的规格。按形状区分，可以分为无支管直管、有支管直管、无支管弯管、有支管弯管等；按弯管方式来分，可分为机械弯管、定型弯头拼接管和混合弯头管。但是，尽管种类繁多，利用成组技术，可以将材料、规格、形状具有相似性的那一部分管子组合起来，利用相同的设备、相同的加工方式进行加工，并在加工各工序之间利用简便、高效的输送方式传递，这就是管子流水线加工。满足管子流水线加工并满足物流顺畅布置的一整套设备称为管子加工流水线。通常流水线内加工的管子为钢管，法兰为搭焊钢法兰。

二、管子加工流水线的设备

管子加工流水线的设备按流水线的功能配置，常见的有以下几种。

（一）DN≤100mm直管加工流水线

机械切割机、法兰定位机、法兰焊接机、料架、输送机。

（二）DN≤100mm先焊后弯管加工流水线

机械切割机、法兰定位机、法兰焊接机、数控弯管机、料架、输送机、吊车。

（三）DN≥125mm直管加工流水线

氧乙炔切割机、法兰定位机、法兰焊接机、料架、输送机、吊车。

（四）DN≥125mm定型弯头拼接管流水线

氧乙炔切割机、一次组立平台、自动焊机、二次组立平台、手工焊机、马鞍切割机、料架、输送机、吊车。

同一流水线内的切割机、法兰定位机、弯管机具有同一范围内管子加工能力。考虑到设备的具体加工能力和经济性，实际流水线的配置还要细分，例如DN≤100mm直管加工流水线可分为DN15～DN40和DN50～DN100两条。

三、常见流水线管子加工流程图

常见流水线管子加工流程图如图7-10-1、图7-10-2和图7-10-3所示。

（一）直管加工流水线

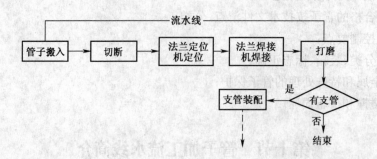

图 7-10-1　直管流水线加工流程图

（二）DN≤100mm先焊后弯管加工流水线

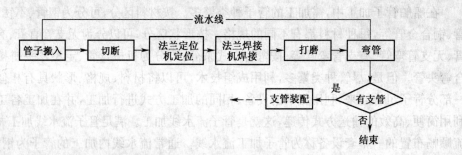

图 7-10-2　先焊后弯管流水线加工流程图

（三）DN≥125mm定型弯头拼接管加工流水线

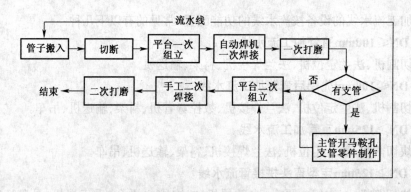

图 7-10-3　定型弯头拼接管流水线加工流程图

从三个流程图中看出，有些管子通过流水线能装焊结束，有些管子通过流水线后，还需经其他工序才能完成。

（四）流水线设备布置一般原则

流水线设备布置要考虑车间具体布局，总的要求是加工过程中管子从原材料向打磨、整理场地或水压试验场地方向流动，避免来回搬运作业。在各工序之间设置料架或留有管子堆放场地，料架略带倾斜，以便管子依靠重力滚动。

292

(五) 管子加工流水线的优点

(1)流水线内设备配置齐全,加工机械化程度高。

(2)管子具有相似性,每道工序工人可以操作同样的机器,加工相似的管子,使操作熟练。

(3)物流顺畅。

由于以上三个原因,利用管子加工流水线,可以投入较少的劳动力加工较多的管子,提高工作效率。

复 习 题

1. 管子加工有哪些主要工序?

2. 火焰切割机进行钢管下料的工艺过程有哪些?

3. 液压弯管机采用有芯弯管弯制普通无缝钢管的通用操作规程有哪些?

4. 如果弯管程序中有转角,哪些转角度数在什么条件下可用目测的方法检查转角的准确性?

5. 有一根紫铜管,长度为1018mm,需按以下弯管程序弯曲,弯曲半径为120mm。画出该管子退火范围示意图,并说明退火温度范围和目测判断是否达到退火温度的方法。

长	弯	长	转	弯	长
167	40°	150	180°	40°	500

6. 平台校管时,法兰螺孔转角的含义是什么? 由 TRIBON 系统输出的管子零件图中,当法兰螺孔转角为$-\alpha$时,是按逆转α还是按顺转α的方法在法兰上画线? 画出法兰画线图。

7. 支管制作方法有哪几种? 在主管上开支管孔的方法有哪几种?

8. 简述二次组立的方法,并画出一根DN200,由一只90°标准弯头,两段管子,两只法兰组成的直角弯管二次组立流程图。

9. 复板式贯通件装配时,如何选择复板的基准线?

10. 简述紫铜管直支管制作及装配步骤。

11. 内外壁特涂管的打磨质量要求是什么?

12. 对酸洗后的管子作检查,会发现哪些常见缺陷? 解决这些缺陷的方法有哪些?

第八章 管系安装

第一节 管系安装的一般知识

一、管系安装对象品

管系安装对象品包括：

(1)管子,包括预先制作好的管子、自制的管子、多芯管、仪表管等;

(2)附件,包括阀件、滤器、膨胀接头、吸入口、落水口、盲法兰、压力表等;

(3)支架;

(4)卫生设备等。

二、管系安装的方式

管系安装的方式有:

(1)单元组装;

(2)分段部装;

(3)分段反转舾装;

(4)分段正转舾装;

(5)盆舾装;

(6)总组反转舾装;

(7)总组正转舾装;

(8)露天装;

(9)船内装。

三、垫片的选用

(一) 材料

垫片材料选用的原则:

(1)高温管垫片的材料采用不锈钢石墨,如主辅机排气、蒸汽管系等。对于温度低一些的凝水管、锅炉给水管系,可用无石棉纤维,但为密性可靠,也可采用不锈钢石墨。

(2)油管垫片的材料采用无石棉纤维,无石棉纤维能防火,但不够致密,对于需冲洗的系统,为防止无石棉纤维有成分析出,可改用聚四氟乙烯。

(3)橡胶垫片具有密封性好的优点,但强度较差,适用于低压水系统,因此水系统垫片的材料除消防管因规范要求使用无石棉纤维外,其余使用氯丁橡胶。

(4)饮水系统及相关的日用热水、淡水系统垫片的材料采用无毒硅橡胶。

(5)油轮的货油及相关系统垫片的材料,因口径较大,压力较高,又需致密。因此选用密封性较好、耐压较高的衬有不锈钢片的膨胀聚四氟乙烯。

(6)PN≥1.6MPa 的压缩空气系统垫片的材料也应采用致密垫片,由于通径并不大,可采用聚四氟乙烯,而不必使用膨胀聚四氟乙烯。

以上介绍的是垫片材料选用原则,在实际使用中,应按设计图纸技术要求选用。表8-1-1为某船厂民用船舶的垫片材料选用标准。

(二) 规格

垫片的规格须与法兰通径、压力相符,不准在大通径法兰内安装小通径垫片,也不准在压力级高的法兰内安装压力级低的垫片。

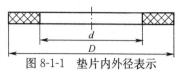

图 8-1-1　垫片内外径表示

常用法兰垫片内外径尺寸如图 8-1-1 所示和表 8-1-2、表 8-1-3、表 8-1-4 所列。

表 8-1-1　民用船舶垫片材料选用标准

管系代号	管系名称		垫片材料					
			A	B	C	D	E	F	G
			不锈钢石墨	氯丁橡胶	无石棉纤维	丁氰橡胶"O"型圈	无毒硅橡胶	聚四氟乙烯	膨胀聚四氟乙烯
AF	泡沫灭火				√				
AP	空气管				√				
BG	舱底水			√					
CA	控制压缩空气			√					
CO	货油管								√
CS	冷却水(海水)			√					
DO	柴油管				√				
EC	电缆管			√					
ED	蒸汽凝水管		√						
FL	注入管				√				
FO	燃油管				√				
FW	日用淡水管						√		
GD	气体检测管				√				
GF	CO₂灭火管				√				
HC	油舱加热管		√						
HP	遥控回油管	圆法兰			√				
		方法兰				√			
HT	遥控压力管					√			
HV	遥控操纵管					√			
HW	热水管						√		
IG	惰性气体管	辅锅炉至冷却塔	√						
		其余							√
LG	遥测管				√				
OM	取样管				√				
OP	液压油压力管					√			
OR	液压油回油管	圆法兰			√				
		方法兰				√			
PP	压缩空气			√					
PW	饮水管						√		

管系代号	管系名称		垫片材料						
		A	B	C	D	E	F	G
		不锈钢石墨	氯丁橡胶	无石棉纤维	丁氰橡胶"O"型圈	无毒硅橡胶	聚四氟乙烯	膨胀聚四氟乙烯
SC	甲板排水管		√					
SD	测深管			√				
SE	凝水排水管		√					
SL	污水管		√					
SM	蒸汽管	√						
SO	粪便污水管		√					
ST	货油舱扫舱管							√
SU	居住区落水		√					
SW	海水管		√					
TC	洗舱管							√
VT	传话管			√				
VP	油气收集管			√				
WB	压载水管		√					
WD	消防管			√				
1A	压缩空气 ≥1.6MPa						√	
	压缩空气 <1.6MPa		√					
1D	机舱凝水	√						
1E	排气管	√						
1F	机舱供水（冷水）					√		
2F	高温淡水冷却		√					
3F	锅炉给水系统 给水泵出	√						
	锅炉给水系统 锅炉泄放	√						
	锅炉给水系统 其余			√				
4F	机舱供水（海水）		√					
5F	机舱供水（饮水）					√		
6F	机舱供水（热水）					√		
8F	低温淡水冷却		√					
9F	淡水制造 淡水泵出至淡水舱和蒸馏水舱					√		
	淡水制造 其余部分		√					
1H	主机燃油日用						√	
3H	锅炉燃油日用			√				
4H	燃油输送和净化			√				
5H	辅机燃油日用			√				
9H	燃油泄放			√				
1L	滑油日用						√	
2L	尾管滑油						√	
3L	滑油输送和净化			√				
9L	滑油泄放			√				
3S	蒸汽	√						
8S	燃油伴行			√				
1W	舱底水		√					
2W	压载海水		√					
3W	消防			√				

管系代号	管系名称	垫片材料						
		A	B	C	D	E	F	G
		不锈钢石墨	氯丁橡胶	无石棉纤维	丁氰橡胶"O"型圈	无毒硅橡胶	聚四氟乙烯	膨胀聚四氟乙烯
5W	海水冷却		✓					
6W	辅助海水冷却		✓					
8W	化学清洗管			✓				

表 8-1-2　CB/T 46—1999、CB/T 47—1999 法兰垫片内外径尺寸　　　单位:mm

公称通径 DN	适用法兰标准号						
	CB/T 46—1999			CB/T 47—1999	CB/T 46—1999 CB/T 47—1999	CB/T 47—1999	
	公称压力 PN/MPa						
	0.6	1.0	1.6	2.5	0.6、1.0、1.6、2.5	4.0、6.4	
	外径 D				内径 d	外径 D	内径 d
15	48	—	—		23	—	—
20	56				28	50	36
25	61				35	57	43
32	69				43	65	51
40	79				50	75	61
50	89				62	87	73
65	109			116	78	109	95
80	124			131	90	120	106
100	144			151	115	149	129
125	169		171	176	141	175	155
150	194		201	206	169	203	183
175	224	232	236	241	196	233	213
200	250	257	261	267	222	259	239
225	281	286	287	292	248	286	266
250	311	316	317	322	276	312	292
300	366	371	372	377	328	363	343
350	416	421	423	433	380	421	395
400	466	472	478	483	429	—	—
450	516	527	528	—	483	—	—
500	571	577	583	—	535	—	—

注:CB/T 46—1999 和 CB/T 47—1999 标准分别代替标准 GB 573—65、GB 574—65

表 8-1-3　GB 2506—89、GB 10746—89 法兰垫片内外径尺寸　　　单位:mm

公称通径 DN	适用法兰标准号						
	GB 2506—89			GB 10746—89	GB 2506—89 GB 10746—89	GB 10746—89	GB 10746—89
	公称压力 PN/MPa						
	0.6	1.0	1.6	2.5	0.6、1.0、1.6、2.5	4.0、6.4	4.0、6.4
	外径 D				内径 d	外径 D	内径 d
10	40			48	18	34	24
15	45			53	23	39	29

公称通径 DN	适用法兰标准号						
	GB 2506—89			GB 10746—89	GB 2506—89 GB 10746—89	GB 10746—89	
	公称压力 PN/MPa						
	0.6	1.0	1.6	2.5	0.6、1.0、1.6、2.5	4.0、6.4	4.0、6.4
	外径 D				内径 d	外径 D	内径 d
20	55		63		28	50	36
25	65		73		35	57	43
32	78		84		43	65	51
40	88		94		49	75	61
50	98		109		61	87	73
65	118		129		77	109	95
80	134		144		90	120	106
100	154	164		170	115	149	129
125	184	194		196	141	175	155
150	209	220		226	169	203	183
175	239	250		256	195	233	213
200	264	275		286	220	259	239
225	289	305		313	250	286	266
250	319	330	331	343	274	312	292
300	375	380	386	403	328	363	343
350	425	440	446	460	354(380)	421	395
400	475	491	498	517	405(431)	473	447
450	530	541	558	567	460(483)	523	497
500	580	596	620	627	512(535)	575	549

注：GB 2506 标准代替 CBM14(6K)、CBM15(10K)(16K)的搭焊钢法兰和 CBM16(16K)的对焊钢法兰标准，GB 10746 标准代替 CBM17(25K)、CBM18(40K)、CBM19(64K)的对焊钢法兰标准；（ ）内内径 d 适用于第二系列管子。

表 8-1-4　CBM1004～1019—81 法兰垫片内外径尺寸　　　　单位：mm

公称通径 DN	适用法兰标准							
	CBM 1004、1012、1013、1014、1015、1016、1017-81	CBM 1004—81	CBM 1012—81	CBM 1013—81	CBM 1014—81	CBM 1015—81	CBM 1016—81 CBM 1017—81	CBM 1018—81 CBM 1019—81
	公称压力 PN/MPa							
	0.2、0.5、1.0、1.6、2.0、3.0	0.2	0.5	1.0	1.6	2.0	3.0	4.0、6.3
	内径 d	外径 D						内径 d　外径 D
10	18	—	45		53		59	28　38
15	23	—	50		58		64	32　42
20	28	—	55		63		69	38　50
25	35	—	65		74		79	45　60
32	43	—	78		84		89	55　70
40	49	—	83		89		100	60　75
50	61	—	93		104		114	70　90
65	77	—	118		124		140	90　110
80	90	—	129	134	140		150	100　120
90	103	—	139	144	150		163	110　130

公称通径DN	适用法兰标准								
	CBM1004、1012、1013、1014、1015、1016、1017-81	CBM1004—81	CBM1012—81	CBM1013—81	CBM1014—81	CBM1015—81	CBM1016—81 CBM1017—81	CBM1018—81	CBM1019—81
	公称压力 PN/MPa								
	0.2、0.5、1.0、1.6、2.0、3.0	0.2	0.5	1.0	1.6	2.0	3.0	4.0、6.3	
	内径d	外径D						内径d	外径D
100	115	—	149	159	165		173	125	145
125	141	—	184	190	203		208	150	175
150	170	—	214	220	238		251	—	—
175	196	—	240	245	—		—	—	—
200	221	—	260	270	283		296	—	—
225	247	—	285	290	—		—	—	—
250	275	—	325	333	356		360		
300	328	—	370	354	406		420		
350	354	—	413	423	450		465		
400	405	—	473	486	510		524		
450	460	535	533	541	575		—		
500	512	585	583	596	630				

注：表 8-1-2、表 8-1-3、表 8-1-4 中的垫片内径，因相同通径管子的外径会有不同，垫片内径也有差异，但同一通径、同一压力、同一标准的垫片外径是相同的。垫片内径比管子外径大 1mm～5mm

四、螺栓、螺母的选用

（1）螺栓、螺母的材质、强度等级和表面处理要求应按产品说明书确定。表 8-1-5 为某船厂建造的民用船舶紧固法兰用的螺栓、螺母的材质、强度等级和表面处理选用标准。

表 8-1-5　螺栓螺母的材质、强度等级和表面处理的选用

系　统	位置	材　质			强度等级		表面处理	备注
		分类	牌号	组别	螺栓	螺母		
≥ 3.0MPa 压缩空气、≥1.6MPa蒸汽、锅炉给水泵出、锅炉燃油泵出、锅炉泄放	不分	碳钢	45		8.8	8	发黑	
液压管系（包括回油管）	不分	碳钢	45		8.8	8	发黑	按原理图说明
					10.9	10		
排气管系（包括油轮惰性气体冷却塔前管系）	不分	螺栓：合金钢	40CrMo		10.9		发黑	按产品说明书
		螺母：碳钢	45			8		
		螺栓：碳钢	45		8.8		发黑	
		螺母：碳钢	Q235-A			4		

系统	位置	材　质			强度等级		表面处理	备注
		分类	牌号	组别	螺栓	螺母		
不分	常用于压载水舱、油轮货油舱、主甲板和上层建筑露天部分	不锈钢	螺栓：SUS304	A₂	50			按产品说明书
					70			
			螺母：0Cr18Ni9	A₂		50		
						70		
		不锈钢	螺栓：SUS316L	A₄	50			
			螺母：SUS316	A₄		70		
其余	油舱内	碳钢	Q235-A		4.8	4	发黑	
	油舱外						电镀锌	锌层厚15μm～20μm

（2）规格。螺栓的直径(螺纹直径)应符合法兰标准的规定,常用的法兰螺栓直径见表 8-1-6、表 8-1-7、表 8-1-8。

表 8-1-6　CB/T 46—1999(GB 573)、CB/T 47—1999(GB 574)

系列法兰螺孔直径与螺栓直径对应表　　　　　　单位:mm

螺孔直径	φ13	φ15	φ17	φ21	φ26	φ30	φ33	φ39
螺栓直径	M12	M14	M16	M20	M24	M27	M30	M36

表 8-1-7　GB 2506—89、GB 10746—89(CB M14～CB M19)

系列法兰螺孔直径与螺栓直径对应表　　　　　　单位:mm

螺孔直径	φ11	φ14	φ18	φ22	φ26	φ30	φ33	φ36	φ39	φ42
螺栓直径	M10	M12	M16	M20	M24	M27	M30	M33	M36	M39

表 8-1-8　CBM1012～CBM1019 系列法兰螺孔直径与螺栓直径对应表　　单位:mm

螺孔直径	φ12	φ15	φ19	φ23	φ25	φ27	φ33	φ39
螺栓直径	M10	M12	M16	M20	M22	M24	M30×3	M36×3

螺栓的长度应保证紧固后螺栓端部伸出螺母的尺寸在 0～0.5 倍螺栓直径范围内。

（3）螺栓螺母须有强度等级的钢印,无钢印的螺栓螺母不准使用。

五、管子的连接

（一）带法兰管子的连接

1. 连接步骤

（1）检查管子的制造质量。对管子焊接、镀锌等缺陷设法消除;对法兰密封面作仔细检查,确保密封面平整,密封线畅通;确认管子封口去除,管子内部清洁。

（2）检查螺栓螺母。螺栓螺母的螺纹中应清洁,无固体微粒嵌入。对于排气管用的耐热钢螺栓和不锈钢螺栓,在螺母拧入的范围内预先喷上润滑剂。

（3）将连接的两只法兰对中,插入法兰下半部分螺栓(一般为 $n/2+1$ 个螺栓,n 为法兰螺孔数),并拧上螺母,使法兰间留有放置垫片的间距,放入垫片,使垫片与法兰同心。然后安装剩下的螺栓、螺母。如果法兰对中有困难,除了与设备连接的法兰外,可用撬棒插入法兰螺孔帮助对中(但不准过度用力强行对中)。合拢管的法兰之间的间隙如较小,可用撬棒扁平端或凿子张开法兰面,放入垫片,摇动管子,使垫片与管子法兰同心。但这方法不适用于与设备连接的合拢管,当合拢管法兰与设备之间间隙小时,可松开原安装管子支架,调整间隙,合拢管安装后,重新安装支架。如果此方法不适用,则重校合拢管。

(4)拧紧螺栓螺母。拧紧次序(见图 8-1-2)为:

①操作最不方便的位置,代号 A;

②A 的对称点,代号 B;

③A、B 的分中,代号 C;

④C 的对称点,代号 D;

⑤A、C 的分中…,依次类推,拧紧不能一步到位,按次序重复 2 次~3 次,逐步增加扭矩,直到拧紧为止。

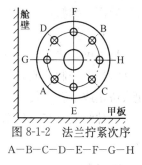

图 8-1-2 法兰拧紧次序
A—B—C—D—E—F—G—H

由于个别螺栓拧得太紧,会使其余螺栓松动,因此用力应均匀,在最后用与上一次相同的扭矩将所有螺栓紧一遍。

表 8-1-9 为螺栓螺母拧紧扭矩推荐值,供拧紧时使用扭矩的参考。

2. 注意事项

由于管子安装必须保证系统在密性试验时不泄漏,而保证法兰密性时不会泄漏需要的螺栓紧固力矩的大小与法兰的平整度、法兰面对中的曲折大小、垫片的材质、厚度等因素有关,因此在法兰紧固时使用的扭矩可能会超过使用扭矩值和安全扭矩值,当超过极限扭矩时,螺栓会变形、烂牙,甚至断裂,因此此时应找出法兰泄漏的原因,采取相应措施,不能过分使劲紧固螺栓螺母。

表 8-1-9 螺栓螺母拧紧扭矩推荐值   单位:N·m

强 度 等 级	4.8			8.8			A2-50(屈服强度 350N/mm²)		
材质	一般用钢			铬钼合金钢			不锈钢(SUS304)		
规格	使用扭矩	安全扭矩	极限扭矩	使用扭矩	安全扭矩	极限扭矩	使用扭矩	安全扭矩	极限扭矩
M8	14	18	25	28	36	51			
M10	28	36	51	56	72	102			
M12	50	62	88	100	122	174	59	74	105
M14	55	69	98	110	137	195			
M16	78	98	140	165	206	294	94	118	169
M18	110	137	195	227	284	405			
M20	140	176	251	321	402	574	184	230	330
M22	180	225	321	431	539	770	260	326	466
M24	251	314	448	548	686	980	320	400	570
M27	353	441	630	823	1029	1470			
M30	470	588	840	980	1225	1750			
M30×3							634	793	1133
M33	588	735	1050	1176	1470	2100			
M36	784	980	1400	1410	1764	2520			

(二)平肩螺纹接头的连接

1. 连接步骤

(1)清除中间接头和外套螺帽螺纹中的灰尘等固体颗粒,并用清洁的布擦拭干净。

(2)检查螺纹是否有碰撞损伤变形,如有应用断锯条、细锉、螺纹铰板或螺丝攻修理。

(3)当螺纹无缺陷时,在螺纹中涂润滑剂(牛油、滑油或二硫化钼)。

(4)将垫片套在中间接头上或放在螺帽内平肩上,然后将外套螺帽套上中间接头,用手拧紧螺帽,螺帽转动应轻松流畅。当用手转不动时,可用铁锤轻敲螺帽六角平面再用手拧,最后用与螺帽尺寸相配的开口板拧紧。

2. 注意事项

(1)不可直接用板手拧紧螺纹,以免螺纹咬死。

(2)当管子制作或安装有误差而不能保证中间接头和平肩接头处于同一中心线时,应修改、矫正或重新安装管子;如果强行安装会使螺纹接头容易咬死和渗漏。

(3)螺纹接头在进行系统密性试验后以及通入热介质(蒸汽、凝水、热水)后需再紧一遍。

六、开孔

在船体结构上开孔有两种方式。第一种是由管子设计部门提供管孔位置和大小给船体部门,在船体加工资料中已包含管孔切割信息,在船体加工阶段将管孔开好。第二种是由管子设计部门绘制开孔图,发管子安装部门,由安装部门按设计所提供的开孔图现场开孔,现场开孔分为画线、开孔、打磨三个步骤。下面对现场开孔的方法作介绍。

(一)画线

画线的依据有两种,一种是按开孔图,另一种是按管子实物。

究竟采用何种画线依据,需在开孔前阅读管子安装图、托盘管理表及管子零件图。管孔上通常安装贯通件,凡与贯通件相接的管子为完成管,且两个或两个以上与贯通件相接的完成管都汇集到同一主管上,如果从贯通件到主管之间没有调整管,则这些管孔只能预先开一个,其余按实物开孔。除上述情况外,其余可按开孔图开孔。

1. 按开孔图画线步骤

(1)认清船体分段的首尾、左右、上下、正反方向,方法为看分段标志或通过技术部门看船体分段工作图。

(2)根据开孔图上管孔距船体构件尺寸及构件基准面找出管孔中心线在船体上相应位置。对于正态制造的分段,因构架在反面,需从分段边缘找出构架位置移植到甲板正面,同一分段只要移植纵向、横向各一构件,就可以此为基准,找出管孔位置。

(3)画出管孔中心线和圆周线,在就近的船体上写上开孔直径,用洋冲在圆心及圆周线上打印。

2. 按实物画线

如图 8-1-3,由一根总管上分出多个支管,支管上连接的管子穿过甲板,由于管子制作有积累误差,事先将管孔全部开好后有些管子不能安装,因此采用按实物画线的方法。图 8-1-3 中的管子,四个管孔可以全部等总管安装后再根据各

图 8-1-3　按实物画线示意图

支管管路尺寸确定开孔位置,也可以先开一个孔,以这个孔为基准,安装一路支管和总管,再开其余三个孔。由于管子制作不可避免地存在误差,实际开孔的位置与开孔图上的位

置会有偏差,但偏差不能太大,不能影响系统的使用效果或产生另外的安装问题。

(二) 开孔

画出的线条经有关人员校对确认无误后,进行开孔。开孔工作应由持上岗证书的焊工进行,开孔的工具应使用带圆规的割炬。

(三) 打磨

1. 打磨范围

打磨范围为甲板上下平面贯通件复板覆盖的范围再向外延伸 20mm(一般为管孔向外延伸 70mm)和孔的圆柱体,见图 8-1-4。

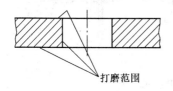

图 8-1-4　开孔打磨范围

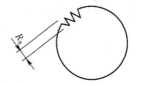

图 8-1-5　孔的圆柱体粗糙度

2. 质量要求

(1)甲板上下平面无熔渣;

(2)孔的圆柱体粗糙度 R_a 的范围见图 8-1-5 及表 8-1-10。

表 8-1-10　粗糙度 R_a 的范围　　　　　　　　　　单位:mm

部　　　位	标　准　范　围	允　许　极　限
上甲板、外板、油水舱壁、货舱壁	≤0.4	0.8
其　　　余	≤0.8	1.5

3. 工具

打磨用的工具及其用途见表 8-1-11。

表 8-1-11　工具及其用途

工　　具	用　　途
直角气动砂轮机,安装 φ125mm 钹形砂轮	磨甲板上下平面及直径大于 145mm 的孔的圆柱体
直线气动砂轮机,安装 φ60mm 圆柱形砂轮	磨直径为 76mm～145mm 的孔的圆柱体
直线气动砂轮机,安装硬质合金旋转锉	磨直径小于 76mm 的孔的圆柱体

(四) 特殊部位的处理

1. 风暴舱区域的套管贯通件开孔

风暴舱区域套管贯通件的开孔要求见图 8-1-6。

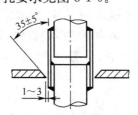

图 8-1-6　风暴舱区域套管孔开孔要求

2. 隔层式套管贯通件

油轮货油舱舱壁下部采用墩座形式时,贯通件需穿过二层结构,为避免管孔过大影响结构强度,将贯通件设计成隔层式套管形式。隔层式套管贯通件的开孔分三个阶段进行,见图 8-1-7。

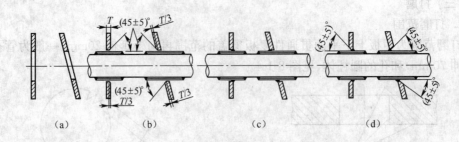

图 8-1-7　隔层式套管贯通件开孔示意图

第一阶段:按设计图纸开孔,不开坡口。通常此孔在船体下料时由数控切割机开好,如图中 8-1-7(a)所示。

第二阶段:放上隔层式套管贯通件,然后选择船体隔舱板的某一侧开坡口,坡口位置通常选择在操作较困难的一侧,如图 8-1-7(b)所示。

第三阶段:在已开好坡口的一侧进行焊接,如图 8-1-7(c)所示,然后在另一侧开坡口,坡口的深度应见到反面的焊缝为止(俗称出白清根),如图 8-1-7(d)所示。开坡口的方法通常采用碳刨,也可采用气割。

3. 舷旁短管(包括海底门上的短管)

舷旁短管开孔,除图纸上注明坡口要求以外,其余坡口要求如图 8-1-8 所示。

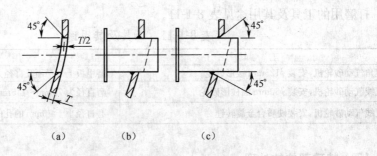

图 8-1-8　一般舷旁短管开孔示意图

开孔步骤如下。

按图纸要求开好管孔,并在外板内侧开坡口,留根尺寸为外板厚度的 1/2,见图中 8-1-8(a)。然后装上舷旁短管,在外板内侧坡口处焊接,见图中 8-1-8(b)。最后在外板外侧开坡口,坡口应见到反面的焊缝为止,见图中 8-1-8(c)。外板内侧开坡口的方法通常用气割,外侧通常用碳刨。

4. 主甲板落水管

主甲板落水管在分段反向时开孔不开坡口,上船台后,按图 8-1-9 的要求开坡口,方法为碳刨。

5. 斜孔

分段反转状态下,斜孔画线时,以与贯通件复板接触的甲板面为基准面,找出孔中心在基准面的位置,然后根据倾斜角度、甲板厚度,将开孔中心移植到基准面反面,再在基准面反面画出开孔线,示意图见图 8-1-10。

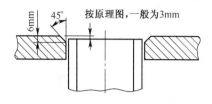

图 8-1-9　主甲板落水口开孔坡口　　　　　　图 8-1-10　斜孔画线

七、支架的安装焊接及制作

(1)管子支架复板安装范围和要求见第二章第四节第二(二)项和图 2-4-10。

除按第二章的要求外,船厂可按施工的工艺要求适量增加复板。

(2)管子支架在船体结构上的安装焊接要求见表 2-4-6。

(3)禁止安装支架的部位。

①船壳板。

②通过弯折工艺制造的柱体圆弧部分,见图 8-1-11。

③折边三角板的折边部分,见图 8-1-12。

④肋骨面板在以下情况禁止安装支架:当同一路管子的支架,有的安装于内底板上,有的安装于肋骨面板上,包括同一只龙门支架,一只脚安装于内底板上,一只脚安装于肋骨面板上,是不允许的,应全部安装于内底板上。

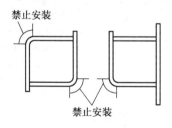

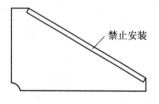

图 8-1-11　通过弯折工艺制造　　　　图 8-1-12　折边三角板上禁
　　的柱体上禁止安装支架部位　　　　　　止安装支架部位

(4)自制支架。在管子安装中,设计所设计的由集配部门配送的支架全部安装后,常会发现局部区域支架需补充,管子安装工人在进度紧迫的情况下需自制支架。自制支架选用的材料规格、尺寸限制应符合各船厂企业标准的要求。支架的螺孔须用钻床钻出,支架制作后应进行除锈处理并涂上底漆和面漆。图 8-1-13(G 形)和图 8-1-14(K 形)所示是某厂企业标准支架形式的例子。G 形支架与结构连接的是角钢的边,而 K 形支架是角钢的一端。

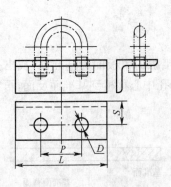

图 8-1-13 G 形支架

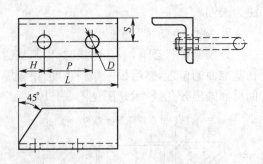

图 8-1-14 K 形支架

由于管子处于船上的位置多种多样,同时考虑到支架的强度,使需要制作支架的形式也多种多样,但是不管制作的支架形式怎样,只要使用相同管子外径、同一标准的管夹,支架螺孔的钻孔尺寸均相同。表 8-1-12 所示为 G 形支架的尺寸表。K 形支架的尺寸与 G 形支架基本相同,仅尺寸 L 没有规定,管子通径也只到 DN250。

单管型钢管和铜管支架的形式和尺寸 L 的限制见表 2-4-3。

表 8-1-12 G 形支架尺寸   单位:mm

公称通径 DN	管子外径	管子支架尺寸					施 工 图 号
		角钢的尺寸	P	S	d	最小长度 L	
15	22	5×40×40	35	22	12	84	H&Z524033-2006 G22
20	27	5×40×40	40	22	12	90	H&Z524033-2006 G27
25	34	5×40×40	46	22	12	96	H&Z524033-2006 G34
32	42	5×40×40	54	22	12	106	H&Z524033-2006 G42
40	48	5×40×40	60	22	12	112	H&Z524033-2006 G48
50	60	5×40×40	72	22	12	124	H&Z524033-2006 G60
65	76	6×50×50	90	28	15	152	H&Z524033-2006 G76
80	89	6×50×50	103	28	15	164	H&Z524033-2006 G89
100	114	6×63×63	132	35	19	204	H&Z524033-2006 G114
125	140	6×63×63	159	35	19	230	H&Z524033-2006 G140
150	168	6×63×63	187	35	19	258	H&Z524033-2006 G168
200	219	8×75×75	243	40	23	321	H&Z524033-2006 G219
250	273	8×75×75	296	40	23	378	H&Z524033-2006 G273
300	325	8×100×80	353	45	27	456	H&Z524033-2006 G325
350	351	8×100×80	379	45	27	486	H&Z524033-2006 G351
	377	8×100×80	405	45	27	512	H&Z524033-2006 G377
400	402	8×100×80	430	45	27	538	H&Z524033-2006 G402
	426	8×100×80	454	45	27	558	H&Z524033-2006 G426
450	457	10×100×100	492	55	34	626	H&Z524033-2006 G457
	480	10×100×100	516	55	34	650	H&Z524033-2006 G480
500	510	10×100×100	544	55	34	682	H&Z524033-2006 G510
	530	10×100×100	566	55	34	702	H&Z524033-2006 G530
550	560	10×100×100	600	55	40	732	H&Z524033-2006 G560
600	610	12×125×125	652	65	40	782	H&Z524033-2006 G610
	630	12×125×125	674	65	40	802	H&Z524033-2006 G630

八、贯通件的安装和焊接

(一) 安装前对船体结构的检查

(1)复板式贯通件安装范围内的船体拼板缝应焊接结束,对未焊接结束的板缝应在复板覆盖的范围内焊接完整,并向外延伸50mm,示意图见图8-1-15,焊后进行打磨,使焊缝高出甲板不超过3mm。

(2)复板式贯通件安装范围内的船体拼板焊缝高出甲板超过3mm的,应进行打磨,使焊缝高出甲板在3mm以下。

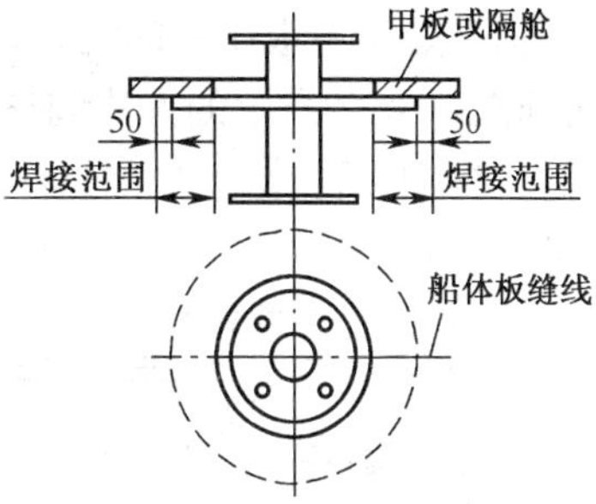

(二) 贯通件安装

1. 反转舾装的场合

此时,甲板反转,贯通件需要自下向上安装。

(1)直复板式贯通件的安装

安装步骤如下。

①确定贯通件法兰螺孔位置、上下方向,不要颠倒。

②向上托起贯通件,使复板与甲板紧贴,测量管子外壁到管孔圆周的尺寸,要求四周均等,见图8-1-16。

③用直尺放在法兰两只螺孔的公切线上,采用目测方法,使直尺与作为参照物的船体构件平行,示意图见图8-1-17。

图 8-1-15　贯通件复板下的船体
拼板缝预先焊接范围

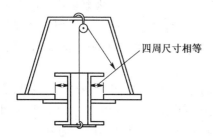

图 8-1-16　直复板贯通件反转舾装

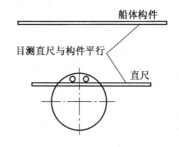

图 8-1-17　贯通件法兰螺孔位置检查

④螺孔位置准确后,进行定位焊。

(2)斜复板贯通件的安装

安装步骤如下。

①确定基准面:以甲板与贯通件复板接触面为基准面。

②找出甲板基准面上椭圆孔的长短轴,并在甲板基准面背面上画出基准面椭圆孔长短轴的延长线,如图8-1-18(a)所示。

③找出贯通件复板基准面与管子相交椭圆的长短轴,并在复板上画出此长短轴的延长线,如图8-1-18(b)所示。

④向上托起贯通件,使甲板基准面上椭圆孔长短轴延长线与复板基准面上的椭圆孔长短轴延长线对准,如图8-1-18(c)所示。

⑤定位焊。

（3）套管式贯通件的安装。套管式贯通件在反转舾装时,法兰处于上方,安装时先在套管上画出处于甲板位置的线条,作为安装基准线,然后将套管放入管孔,线条与甲板平齐,用与图 8-1-17 所示的方法调整法兰螺孔位置,并使套管与管孔之间的间隙均匀,进行一点定位焊,然后用水平尺测量法兰面的水平度。法兰平面水平后,继续进行定位焊,示意图见图 8-1-19。

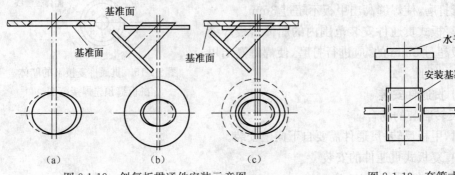

图 8-1-18　斜复板贯通件安装示意图　　　　图 8-1-19　套管式贯通件反转舾装

（4）落水口的安装。落水口安装前,必须按安装图上注明的落水口距甲板上平面（分段反转舾装时处于下面）的尺寸定位,安装方法与套管式贯通件相同。

2. 正转舾装的场合

（1）直复板式贯通件的安装。在甲板管孔上画出垂直相交的中心线,此中心线与肋骨、纵桁平行。在复板上同样找出与船体肋骨、纵桁平行的中心线,将复板中心线与管孔中心线对准即可。由于船体构件通常在甲板反面,肋骨线与纵桁线可通过甲板边缘线移植或甲板下方构件位置移植取得。也可以用甲板板缝线或甲板上的船体结构,如舱口围来确定与肋骨、纵桁的平行线。

（2）斜复板式贯通件的安装。此时,甲板基准面在上方。找出甲板基准面上椭圆孔的长短轴,将长短轴的延长线画在甲板基准面上,按图 8-1-18（b）所示的方法找出贯通件复板基准面与管子相交椭圆的长短轴,并将长短轴的延长线画到基准面的背面,然后放上贯通件,使复板上与甲板上画出的椭圆长短轴延长线对准,最后进行定位焊。

（3）套管式贯通件和落水口的安装。套管式贯通件和落水口在正转舾装状态下为朝天装,安装困难,应尽可能避免。安装方法参照反转舾装。因法兰面向下,水平度无法用水平尺检查,应用卷尺测量法兰距甲板尺寸,对于有斜度的甲板只能参照水平构件,目视检查。

（三）贯通件焊接

1. **焊缝尺寸要求见图 8-1-20。**

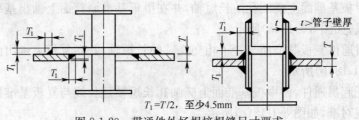

$T_1=T/2$,至少4.5mm

图 8-1-20　贯通件外场焊接焊缝尺寸要求

2. 焊接质量控制要求

(1)焊接前,对焊接区域应进行清理,去除油污、锈、飞溅物及毛刺。

(2)使用船级社认可的焊条。用于手工焊的碱性焊条 E5015、E5018(7018),使用前必须进行烘焙,领出后放在保温筒内保存。对 422 焊条的使用加以控制,仅用于小口径套管焊接及局部补焊。

(3)使用多道焊接时,在进行下一道焊接前,应将上道焊缝上的焊渣、焊剂除去。

(4)所有焊接缺陷必须使用铲、磨、锗等方法将缺陷部位的焊渣、飞溅物等清除干净,然后进行补焊。

(5)当船体结构板材为厚度大于 30mm 的高强度板时,需在舾装件装配位置向外扩展 100mm 的范围内进行预热,定位焊的预热温度为 50℃~75℃,正式焊接的预热温度为 120℃~150℃。

以上要求,同样适用于支架、管子护罩、油水舱注入防冲击板的焊接。

3. 焊接次序

(1)隔层式套管贯通件(见图 8-1-7)的焊接必须采用如图 7-4-47 的焊接次序,并且多层多道焊的层与层之间、道与道之间焊缝起熄弧点错开 50mm~100mm。

(2)DN≥200mm 的套管和复板式贯通件,也应采用如图 7-4-47 的焊接次序,以减少变形。

(3)当贯通件复板为活络复板时,应将复板与船体结构先焊,再焊复板与管子之间焊缝,复板与管子之间的焊缝焊接也按图 7-4-47 的次序。如果先焊管子与复板的焊缝,因焊缝收缩变形,会使复板与船体之间间隙增大,焊接后收缩应力也增大,应力会使已连接的法兰产生喇叭口,影响密封性能,严重的会使法兰螺栓断裂。

九、膨胀接头的安装

(一)常用膨胀接头种类

常用膨胀接头种类有波纹膨胀接头、整体式膨胀接头和填料函式膨胀接头,示意图见图 2-6-9、图 2-6-10 和图 2-6-11。

(二)安装步骤

1. 波纹膨胀接头

(1)检查定位螺杆上的螺母是否锁紧;如果松动,则应在波纹管自由状态下将螺母锁紧。

(2)安装膨胀接头,注意膨胀接头上的箭头方向必须与介质流向一致。

(3)膨胀接头与管子应自然对中,当管子长短误差大于 5mm 时,应采取相应措施,不准用拉长或压缩膨胀接头的方法弥补管子尺寸误差。

(4)安装结束后,拧松定位螺杆上螺母,拆除定位螺杆。不准使用气割的方法拆除定位螺杆。

2. 整体式膨胀接头

(1)检查管子端部的粗糙度,如有黏附物应用砂纸打磨光洁。

(2)调整管子端部间隙,间隙应在 70mm±20mm 范围内。

(3)在管子端部附近安装支架,以保证管子同心度。

(4)在两边管子上画出与膨胀接头法兰对齐的线条。

(5)松开膨胀接头上的螺栓,将膨胀接头解体,然后在管子上依次套入法兰、橡胶圈和套管,最后将螺栓螺母拧紧,注意安装后法兰应与管子上的线条对齐。

3. 填料函式膨胀接头

(1)按照施工图纸中标明的膨胀接头初始状态下的长度,检查膨胀接头的长度是否准确,有偏差应调整。

(2)其余同波纹膨胀接头(2)、(3)。

十、卡套接头的安装

卡套接头由中间接头体、卡套和外套螺帽组成,见图 8-1-21。使用卡套接头的管子表面应光洁,端口平整。卡套接头体、螺帽、卡套和管子都应保持清洁。

卡套接头安装可使用胎具在车间内预先安装,将卡套压入管子,然后拆下与中间接头体连接,也可以不使用胎具直接安装。胎具相当于半只中间接头体,只是 L_3 尺寸略小。

安装步骤。

(1)对于用于油系统的场合,为便于安装,在管子外表面、外套螺帽和中间接头体的螺纹上涂润滑油,卡套浸入润滑油中。用于水和蒸汽系统的管子外表及卡套不用润滑油润滑。

(2)将外套螺帽、卡套套入管子,注意卡套不要颠倒,示意图见图 8-1-21。

(3)将管子伸入中间接头体或胎具,伸入的深度应伸到底部。

(4)逐步拧紧螺帽,用手握住管子转动。当管子不能转动时,在螺帽和中间接头体上画一直线,作为外套螺帽继续拧紧的初始位置记号。

(5)继续拧紧螺帽,当螺帽从继续拧紧的初始位置起,转动 1.25 圈~1.5 圈后,安装结束。

有时因管子表面粗糙等原因,卡套压入管子的圆周上产生局部缺口,密性时发现少量渗漏,可使用聚四氟乙烯垫圈安装于图 8-1-21 A 处,垫圈尺寸见图 8-1-22。

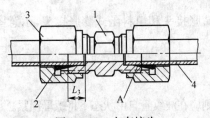

图 8-1-21 卡套接头

1—中间接头;2—卡套;3—外套螺帽;4—管子。

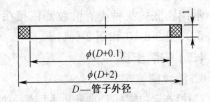

图 8-1-22 垫圈

十一、伴行管的安装

(一) 材料

管子采用紫铜管,并用不锈钢绑带绑扎,接头采用卡套接头,通舱件用卡套式通舱件,见图 8-1-23。管子外径按设计要求通常为 φ10mm,但外径为 φ10mm 管子太短,施工中常使用外径为 φ15mm 的管子。

(二) 伴行管数量

主管通径 DN≤150mm 1 根

主管通径 DN≥200mm 2 根

（三）伴行管最大长度

蒸汽压力　0.4 MPa　约50m

蒸汽压力　0.7 MPa　约70m

（四）伴行位置

伴行位置见图8-1-24。

图8-1-24（a）中如果主管为水平管,则伴行管尽可能安装在主管下方。

（五）伴行管的弯曲

伴行管通常现场采用热弯的方法弯曲,在需要弯曲半径特别小的地方可采用灌砂热弯,但注意安装卡套部位不能加热,并保持圆度。在卡套接头两侧、主管法兰和管夹处,伴行管弯过桥弯,见图8-1-25。

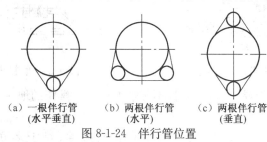

图 8-1-23　卡套式通舱件

1—管子;2—外套螺帽;3—卡套;4—通舱
接头体;5—甲板或隔舱。

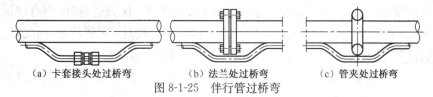

（a）一根伴行管　　（b）两根伴行管　　（c）两根伴行管
（水平垂直）　　　　（水平）　　　　　（垂直）

图 8-1-24　伴行管位置

（六）伴行管布置方式

伴行管通常采用串联布置方式。如串联布置确有困难,需采用并联布置,则并联布置各部分的长度应基本相等。

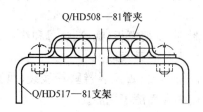

（a）卡套接头处过桥弯　　（b）法兰处过桥弯　　（c）管夹处过桥弯

图 8-1-25　伴行管过桥弯

十二、仪表管、遥控管的布置

（一）接头和支架

接头通常采用卡套接头。

支架在室内的场合可用扁钢支架和铜质管夹,或小口径管组合导架和铜质管夹。扁钢支架和铜质管夹示意图见图8-1-26,小口径管组合导架示意图见图8-1-27。

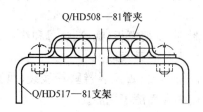

图 8-1-26　Q/HD 508—81 管夹及
Q/HD 517—81 支架示意图

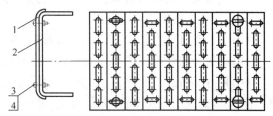

图 8-1-27　小口径管组合导架

1—导板;2—支架;3—螺钉;4—螺母。

在室外,特别是主甲板上易于受到海水浸蚀的地方,应使用由技术部门设计的专用支架。

(二) 管子布置要求

(1)管子布置应平直、整齐、美观,且易于维修。

(2)管子布置应不影响船上人员的行走、操作。在花钢板以下敷设管子,应尽量靠近花钢板格栅,不应布置于花钢板中央。在舱室人孔附近的空间内布置管子时,应弯曲绕开通道。

(3)管子应紧靠排列,管接头处相互错开,错开的方法可采用在与成排管子同一平面内弯制开挡尺寸不同的过桥弯,如图 8-1-28 所示,也可以离开成排管子的平面,间隔错开弯制过桥弯,如图 8-1-29 所示。

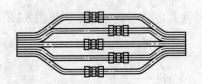 

图 8-1-28　管接头错开方法之一　　　　　图 8-1-29　管接头错开方法之二

(4)压力表应布置于易于观察,并且不影响人员通行操作的地方。

(三) 通舱件制作

通舱件可采用如图 8-1-23 所示的卡套式通舱件,对于多联通舱件,应将多个卡套式通舱件装焊于同一复板上;安装时,相互间保持一定间距,以利焊接和管子安装。

(四) 长尺寸紫铜盘管的敷设

为减少接头,对于长距离的采用紫铜管材料的遥控管、仪表管,可使用盘成圆形的长度超过 100m 的管子。由于紫铜管由圆变直的过程中会硬化,甚至断裂,因此,安装前应检查紫铜盘管是否已进行过退火处理(退火处理由制造厂负责)。

敷设长尺寸紫铜盘管,支架宜采用小口径管组合导架,敷设时用木槌将管子按在导板上轻敲,使管子变直,然后用管夹紧固。

第二节　管系安装步骤

一、一般步骤

(1)领取安装需要的管系安装图、开孔图、零件图、支架图、托盘管理表、合拢管水压验收表等生产设计资料。

(2)按托盘管理表领取管子、支架、管夹、阀件、管附件、支架复板、螺栓、螺母和垫片。

(3)与管子安装有关的机械设备、基座,与轮机方面人员联系领取。

(4)带好必备工具和用品,如扳手、榔头、锉刀、凿子、卷尺、直尺、线锤、粉线袋、风磨轮、割炬、电焊龙头等工具和砂纸、石笔、电焊条、富锌底漆和面漆等用品。

(5)拆开管子、阀件封口,检查内部质量。去除未磨尽的飞溅物、焊渣。对镀锌层缺陷予以修补,喷富锌底漆和面漆。对液压、主机滑油等清洁度要求高的系统,由质管员认可。

(6)需现场开孔时,按开孔图在分段上画出开孔线。对于主甲板、内底板、外板、油水舱柜上的管孔经技术员校对认可。

(7)开孔并打磨。

(8)按安装图中的管子安装尺寸,在船体板上用粉线弹出或用石笔画出安装尺寸线,并在相应的支架上画出管子中心线,根据安装尺寸线,借助于线垂,定出支架位置,对于多联支架,以支架中安装最大管子的中心线为准。示意图见图8-2-1。对于安装多只形状、尺寸相同的支架,可先按图8-2-1定位两端的支架。再以两端支架上最大管子的中心线为基准,用粉线拉出中间支架安装线。然后按此安装线将中间的支架定位。示意图见图8-2-2。

(9)支架定位焊,位于基准位置的支架及需承受重负荷的支架先焊接,其余支架待管子安装后再焊接。

(10)贯通件安装并焊接。对于类似落水管之类管子,主管上有多个支管,而且支管与贯通件相接,则只能先定位一件贯通件。

(11)管子安装。安装应根据管路布置情况,研究确定安装管子的先后顺序,其原则是先找到便于安装作业顺利进行的基准,按先大后小、先下后上、先里后外、先主管后支管、先支管多后支管少的方法进行,还要考虑管子安装后是否会影响作业人员的进出和后续管子的安装、管子制作误差的影响等,合理的次序视具体情况而定。

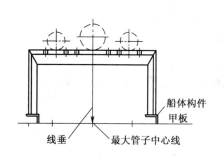

图 8-2-1　用线垂定位支架

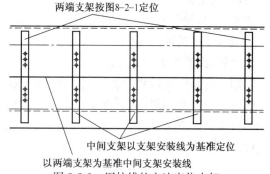

图 8-2-2　用拉线的方法定位支架

(12)支架焊接。焊接前,对支架下方的设备用三防布遮盖。对尾轴管内巴氏合金衬套,须用三防布加铁皮遮盖。

(13)校托盘内部调整管(与调整管相连的管子均为托盘内已安装的管子),并将调整管制造、安装结束。

(14)按托盘管理表带运管子,带运位置应安全、可靠,尽量不影响下道工作,如打磨、除砂、涂装等,且带运位置与实际安装位置之间无间隔的结构,最好带运在要连接的管子上。带运参考方法见图8-2-3。

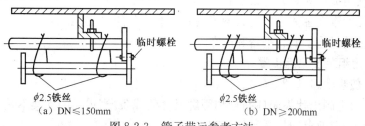

图 8-2-3　管子带运参考方法

(15)对影响分段涂装的吸口、测量管端头等安装完成后拆下,带运或取出保管。

(16)管子端部封口。末端管子安装时不应拆除封口,并检查封口的情况。如有问题,按下列要求检查和处理:对于液压管、主机滑油管、特涂管的法兰,用钢质盲法兰加装垫片,用螺栓螺母紧固;其他系统用塑料盖加胶带、铁皮加胶带等方式封口;对于非冲砂的分段,也可用塑料胶带粘贴;对设备、不锈钢膨胀接头等用三防布包复;尾轴壳内的滑油管接口须用钢板点焊封住。

(17)对于用套管连接的焊缝(包括在管子加工车间焊接的焊缝)用胶带粘贴,避免喷上油漆。

(18)对伸出分段边界,会影响吊运、搭载的管子进行移位或拆下带运。

(19)自检互检安装质量。

检查内容:

①螺栓应有强度等级的钢印。

②管子与船体、舾装件之间的间距不小于 10mm,对于有绝缘的管子,间距应从绝缘层外算起。

③阀件手轮与管子、船体及其他舾装件之间间距不小于 20mm。

④法兰之间无明显裂面,法兰紧固螺栓螺母应拧紧,DN≥250mm 的管子,法兰紧固后,对称点间距相差不大于 1mm。

⑤吸口、测量管末端距舱底尺寸与设计要求偏差不大于 5mm。

⑥吸口下的防冲击复板位置应包含整个吸口范围。

⑦镀锌、涂塑外表缺陷应修补。

⑧同一管路中无镀锌管和涂漆管混装以及不同油漆颜色的管子混装的现象。

⑨U 形管夹单螺母、双螺母安装正确,并拧紧。

⑩修割过的支架及无法兰端管子应打磨光洁。

(20)回收多余物品,扫清场地垃圾。

二、单元组装

(一) 单元组装的一般知识

单元组装是在车间内或平台上,将在船上位置靠近的舾装件如设备、基座、管子、阀件、附件等组装起来,形成一个整体,称为单元。组装好的单元可吊上分段、总组或船上安装。

单元组成的条件是要有一个具有一定刚性的主体,确保单元吊运时整个单元不会有大的变形。

单元按其组成可大致分为设备管子单元和纯管子单元。

组成单元的刚性主体主要有大型设备基座和大型组合支架。

单元组装的设施主要有平台和吊车。

(二) 单元组装及吊运步骤

(1)同一般步骤(1)、(2)、(3)、(4)、(5)。

(2)在平台上画出代表船体肋骨和距舾尺寸的线条,当单元的支架不是安装于同一平面(同一甲板、同一舱壁)时,需制作胎架。

图 8-2-4　机舱底部单元组装

（3）基座定位。对于组装的设备，则基座连同设备一起定位。

（4）大型支架定位。

（5）管子、附件安装，穿插其他支架安装，并对安装于基座上的支架进行焊接。

（6）同一般步骤（13）、（16）、（19）、（20）。

（7）根据吊装需要对基座、支架进行加强，必要时安装吊环。吊点应设置于刚性较强的部位。对于设备管子单元，吊点常设置于基座或设备带的吊环上。对于纯管子单元，吊点常设置于组合支架或大口径管子上。对于面积较大的单元，可使用吊排吊运。吊排用型钢制成，通常呈长方形，具有较强的刚性。吊排上方有若干吊环，供吊车吊运吊排自身使用，下方有若干吊环，用于安装葫芦，由葫芦吊起单元。葫芦的位置通常在单元吊点的上方，使单元各吊点垂直向上受力，以减小变形。如因单元太大吊装困难，可将单元拆开成几个小单元。单元拆开时，应考虑拆开后的各小单元仍具有刚性主体，并视具体情况对小单元进行加强和增加临时支架。小单元吊运时，应视安装位置考虑好吊运次序，通常离吊运通道较远的小单元先吊运，靠近吊运通道的小单元后吊运，对影响吊运就位的局部管子可事先拆下带运。

（8）到分段、总组或船上单元安装位置画出基座和主要支架位置。

（9）吊上单元，对准基座和主要支架位置就位。

（10）拆去吊装用的加强和吊环。

图 8-2-4 所示为某船机舱底部主机前方的单元组装。

三、分段部装

分段部装是指在船体结构部装（小组装）阶段，将管子零件当做结构部装零件的一部分进行安装。例如散货轮等的顶边水舱分段内有一隔舱，在进行隔舱部装（隔舱板上安装加强板）的同时，安装位于隔舱板上的管子通舱件或一路管子。图 8-2-5 所示为舱口围小组装（部装）阶段的预舾装完整性示意图，包括电缆导架、设备基座等，并完成涂装作业。

315

图 8-2-5　小组装阶段舾装、涂装完整性示意图

四、分段反转舾装

(一) 分段反转舾装的一般知识

分段反转舾装是指分段以甲板或平台为基面反造,在分段结构完工后保持反转的状态下进行管子舾装。

(二) 分段反转舾装(见图 8-2-6)的步骤

(1)同一般步骤(1)~(10)。

(2)单元定位。

(3)同一般步骤(11)~(20)。

图 8-2-6　机舱平台甲板下方的分段反转舾装

五、分段正转舾装

(一) 分段正转舾装的一般知识

分段正转舾装(见图 8-2-7)是指分段在正态情况下进行的预舾装工作。分段反转舾装和正转舾装安装的部位相隔一层甲板。

分段正转舾装须考虑不影响上一层分段的吊装,因此靠近舷部、隔舱、肋骨的部位不宜安装。如必须装,则安装后不能与船体焊接,须移位。

图 8-2-7　机舱平台甲板上方的分段正转舾装

（二）安装步骤

(1)同一般步骤(1)～(5)。

(2)由轮机工人画出设备基座的安装位置线条,并将组装好的设备、基座放置到位。

(3)单元吊装定位。

(4)同一般步骤(8)、(9)、(11)、(12)。

(5)检查管子与设备的对中情况,对于既有偏差,管子修改又困难的场合,移动设备或调整基座高低。移动范围不超过 25mm,对于超过 25mm 时,须向技术部门反馈。基座修割工作由装配工实施,修割后的基座水平度不变。

(6)同一般步骤(13)、(16)～(20)。

六、盆舾装

（一）盆舾装的一般知识

盆舾装是在由机舱双层底分段、泵舱双层底分段、舷部分段、隔舱分段组合起来的总组上进行的正转舾装。对于泵舱双层底分段仅对油轮而言,舷部分段和隔舱分段的高度一般略高于花钢板高度。盆舾装的作用是使花钢板以下、内底板以上的密集布置的设备、管子安装完整,使与上层分段之间的合拢管移至花钢板以上,以减少上船台工作量。

盆舾装不必考虑上一层分段的吊装问题,在盆舾装范围内可以将管子、设备、阀件以及花钢板格栅等安装完整。图 8-2-8 是机舱底部主机前方盆舾装。

（二）盆舾装的步骤

盆舾装的步骤与分段正转舾装相同。

七、总组反转舾装

（一）总组反转舾装的一般知识

总组反转舾装是将两个或两个以上分段在反转状态下进行结构总组,总组后在反转状态下进行管子预舾装,预舾装的管子主要是分段接缝线处的管子和分段之间的合拢管。

（二）安装步骤

(1)同一般步骤(1)～(12)。

(2)校分段之间合拢管,并将合拢管制造、安装结束。

图 8-2-8　机舱底部主机前方盆舾装

(3)同一般步骤(16)、(17)、(19)、(20)。

八、总组正转舾装

(一) 总组正转舾装的一般知识

总组正转舾装是将两个或两个以上的分段在正转状态下进行结构总组,或在反转状态下进行结构总组,总组后翻身,然后在正转状态下进行预舾装(见图 8-2-9)。

预舾装的管子包括:

(1)分段接缝线处的管子;

(2)分段之间合拢管;

(3)分段正转舾装时因考虑影响上层分段吊装而未装的管子;

(4)分段预舾装阶段为使管子不伸出分段而移动的管子。

图 8-2-9　全宽型机舱总组正转舾装

（二）安装步骤

(1)同分段正转舾装安装步骤(1)～(3)。

(2)对于嵌入两个分段之间的完成管,由于管子制作、安装的误差,必须将其中一个分段内的管路移动,移动的管路应是直管或平行弯管,且管路中无支管、贯通件。

(3)同分段正转舾装安装步骤(4)～(6)。

九、露天装

（一）露天装的一般知识

露天装是指在舱室顶板未盖之前进行的管子安装,如油轮货油舱内管子的安装。采用露天装的原因是舱室封顶后管子及附件无法进舱或进舱不便。采用露天装方法可以利用吊车使管子等物品进舱并配合安装,并且露天装的通风、照明环境也较好。

（二）安装步骤

(1)同一般步骤(1)～(10)。

(2)单元吊入并定位。

(3)同一般步骤(11)～(13)、(15)～(17)、(19)、(20)。

十、船内装

（一）船内装的一般知识

船内装是指船体分段或总组上船台(或进船坞)搭载后的管子安装,安装部位主要有:

(1)总组边界处的管子;

(2)直接吊上船台、船坞的分段(不参加总组的分段)边界处的管子;

(3)在船台、船坞安装的设备附近的管子;

(4)其他无条件实施预舾装的管子。

（二）安装步骤

(1)同一般步骤(1)、(2)、(4)。

(2)在船体搭载过程中,穿插进行管子托盘、单元的吊入。

(3)同一般步骤(5)～(10)。

(4)拆开与进行安装的管子有关的已安装的设备和管子、附件的封口,进行内部清洁检查,有缺陷须消除。

(5)同一般步骤(11)～(13)、(15)～(17)、(19)、(20)。

十一、复合舾装

（一）复合舾装的一般概念

在本节二～十项中介绍了各种舾装方法的实施步骤,但在实际应用中,有些分段预舾装工作需用两种或两种以上方法实施,这些分段主要是指双层底区域分段,也包括散货轮顶、底边水舱分段、集装箱船舷侧分段等。这种分段内部管子需安装于船体的二面或三面结构,如安装于双层底分段的内底板和外板,舷侧分段的外板和纵壁,顶边水舱的主甲板、外板和斜底板。在船体建造中如果以分段顶部结构为基面反造,则安装于基面上的管子舾装为反转舾装。如果以分段底部的一面为基面正造,则安装于基面上的管子舾装为正转舾装。不管以哪一面结构为基面,另一面上的管子需朝天安装,朝天安装类似于船内装。由于分段上预舾装有着通风好、光线充足、物料进出方便等诸多优点,即使在分段内实行朝天装,也应将分段内的管子装完。在现场施工中,可根据分段建造翻身的机会,多实施向下安装工作。现以双层底分段为例对安装方法作一介绍,其余分段可参照实施。

(二)复合舾装方法在双层底分段预舾装(见图 8-2-10)**中的应用**

1. 双层底分段预舾装的类型

(1)分段以内底板为基面反造:外板未封闭→管子预舾装→外板封闭→剩余部分管子预舾装→分段翻身。这种类型如机舱双层底分段。

(2)分段以内底板为基面反造:外板未装→装焊内底板上或构件上的支架→装外板,分段翻身→管子预舾装。

(3)分段以内底板为基面反造,分段安装完整翻身→管子预舾装。

第(2)、(3)种分段类型同为货舱区双层底分段,在外板未封前是否预装内底板上或构架上的支架取决于船东是否允许分段结构性结束前安装舾装件。

图 8-2-10 双层底分段外板封闭前的预舾装

2. 安装步骤

(1)第一种类型。

①同一般步骤(1)～(5)。

②根据安装图的指示,将在船体分段建造过程中必须放入的管子放置到位。

③同一般步骤(6)、(7)。对于船体下料时已开好的管孔,应检查其圆度和垂直度,消除影响管子安装的缺陷。

④同一般步骤(8)～(12)。

⑤船体外板封闭。

⑥装、焊布置于靠近后封外板处的管子支架,然后将管子安装完整。

⑦同一般步骤(13)～(20)。

(2)第二种类型。

①同一般步骤(1)～(5)。

②根据安装图的指示,将在船体分段建造过程中必须放入的管子放置到位。

③整理出布置于内底板上的支架,在外板安装前将这部分支架装焊结束。

④分段外板安装结束,翻身。

⑤同一般步骤(6)、(7)。对于船体下料时已开好的管孔,应检查其圆度和垂直度,消除影响管子安装的缺陷。

⑥同一般步骤(8)~(10)。

⑦同一般步骤(11),对于管弄内的直管,可在平台上将多根管子连接,一起吊入。

⑧同一般步骤(12)~(16)。

⑨对于伸出分段端头的直管,则松开管夹,移动管子,使缩进分段50mm以上。

⑩同一般步骤(17)~(20)。

(3)第三种类型。

同第二种类型①②⑤⑥⑦⑧⑨⑩步骤。

第三节　合拢管制作

一、合拢管制作质量标准和工艺规则

合拢管制作质量标准和工艺规则见表8-3-1。

二、现场校管的方法及注意事项

(一) 概要说明

本章所述的合拢管,包括制成半成品的调整管和外场管系工自制的合拢管,外场自制的合拢管包括未经生产设计的管子和因调整管遗失,或调整管不适用需补充的管子。也有一部分完成管在安装过程中需开刀修改,修改后也按合拢管要求处理。合拢管的弯管、拼接、支管制作的方法参照第七章的相关内容。

(二) 一般过程

(1)按管系原理图确定自制合拢管的材质、规格。

(2)需弯制的合拢管,由施工技术员计算弯管程序并核对材质、规格,然后进行领料、弯制。

(3)现场校管的调整管,必须看清管子编号,对号入座。

(4)校管前,拆去相关管子的封口,检查已装管子内部的清洁度,对于朝天的和向上倾斜的管子,必须在管端加装铁皮封堵,以免定位焊的熔渣落入管子内部。对于与设备相接的合拢管,不管设备接口方向是朝天还是水平,一律加装铁皮。

(5)取下点焊于调整管上的法兰,将法兰装上相关管子或设备,中间加放临时垫片,注意法兰之间应无错位和裂面。

(6)量出调整管的尺寸,然后切割余量。当因有误差使管子与法兰无法校成垂直时,切割线应与法兰平行,与管子不垂直。量尺寸的方法可借助于样棒,用φ10mm洋圆按管子形状弯出,然后用样棒放到调整管位置,在法兰临时垫片处做上记号,再将样棒放到管子上画出切割线。但对于法兰与管子不垂直情况下需画出的切割斜线,仍需人为判断。

(7)定位焊。

（8）拆下合拢管，将相关管子封口，然后将合拢管带回车间先进行焊前清洁修整工作，修整后向质量检验部门报验，合格后进行焊接。

（9）焊后打磨并修补缺陷。

（10）按需船级社验收的合拢管水压验收表做好水压试验报验工作，水压试验应在内场进行。

（11）按设计要求做表面处理工作。

（三）注意事项

（1）与贯通件相连接的合拢管，必须在贯通件复板或套管至少一面焊接后再校管，以减少贯通件焊接引起的变形。

（2）带拼接弯头的合拢管，应在弯头焊接后再校管，以减少弯头焊接带来的变形，特别是与设备相接的合拢管。

（3）与吸口连接的合拢管，通常将吸口放于舱底，在合拢管法兰和吸口法兰之间垫上与吸口离舱底高度相等的扁铁或螺母，垫的部位必须至少三处。

（4）垂直方向的合拢管，套进法兰后，因重力作用下沉，因此在套入法兰前，下端管子上做上与法兰平齐的印记，定位焊时将管子稍微向上提起，使印记与法兰平齐。

表 8-3-1　合拢管制作质量标准和工艺规则　　　　　　　　　单位：mm

工　作　内　容	标　　准	工　艺　规　则
1. 钢管对接坡口加工	$t\leqslant 3$　$G:1.5\sim 2$　$\theta:30°\sim 40°$ $3<t\leqslant 6$　$G:2\sim 3$　$\theta:30°\sim 40°$ $t>6$　$G:2.5\sim 4$　$\theta:50°\sim 60°$	
2. 对接错位 等厚度错位 不等厚度错位	$t=t_1$　$DN\leqslant 100$　$t_0\leqslant 1$ 　　　　$DN>100$　$t_0\leqslant 2.3$ 当　　$DN\leqslant 100$　$t-t_1\leqslant 1$ 　　　$DN>100$　$t-t_1\leqslant 2.3$ 当　　$DN\leqslant 100$　$t-t_1>1$ 　　　$DN>100$　$t-t_1>2.3$ 开过渡坡口　$L\geqslant 3\times(t-t_1)$	

322

工 作 内 容	标 准	工 艺 规 则
3.支管装配	详图A $G:t_1 \leqslant 3$ $G=2$ $3 < t_1 \leqslant 6$ $G=2\sim3$ $t_1 > 6$ $G=3\sim4$ $\theta=45°\sim50°$ 详图B-B 详图C 详图D $G=2.5\sim4$	
4.对接、支管的定位焊	支管、对接可以进行二面焊的范围	(1)可以用氩弧焊工艺直接定位焊 (2)当用手工电弧焊或 CO_2 保护焊时： (a)对于可以进行两面焊的地方,可直接定位焊； (b)无法进行两面焊的地方,用搭接板定位。 (3)定位焊要求参照表7-4-1

第4行表格：

通径	对接	支管	通径	对接	支管
D	$L_1 \leqslant$	$L_2 \leqslant$	D	$L_1 \leqslant$	$L_2 \leqslant$
65	30	50	200	200	240
80	40	70	250	200	250
100	80	100	300	250	350
125	100	140	350	250	400
150	100	150	400	300	400

323

工 作 内 容	标 准	工 艺 规 则
5.校法兰	(1)法兰与管子间隙　(2)焊接端面 *a* ≤ 2 **H 表** | 通径	5K	10K	16K	20K	30K | |---|---|---|---|---|---| | 15 | | | 4 | 4.5 | | | 20 | | | 4 | 4.5 | | | 25 | 4 | 4 | 4.5 | | 0 | | 32 | | | | 5 | | | 40 | | | 5 | | | | 50 | | | | | | | 65 | | | 5.5 | 7 | | | 80 | 5 | 5 | | | | | 100 | | | 6 | | | | 125 | | | | | | | 150 | 6 | 6 | 6.5 | | | | 200 | | | | | | | 250 | 8 | 8 | 8.5 | | | | 300 | | | | | | | 350 | | 9 | 10 | | | | 400 | 9 | | | | | | 450 | | 10 | 11 | | | | 500 | | | 12 | | | 注:1k≈0.1MPa (3)法兰与管子倾斜角不大于3° ≤3°	(1)*a* 值允许极限不作规定,但当 *a*>2 时,要求法兰和管子四周间隙大致均匀 (2)当现场管子下料太短,导致管子伸入法兰尺寸不足法兰厚度1/3时,必须采取以下措施: ①*t*<6mm 管子:更换新管; ②*t*≥6mm 管子: ⓐ一般情况更换新管; ⓑ可采用堆焊+打磨方法弥补,但此工艺尽量少用 注意:不允许在法兰内部嵌短管 (3)伸入法兰内部的管子,外壁必须事先做好清洁工作,特别是油漆和锌应尽可能去除(改样管)
6.焊前清洁	应割去补焊 应打磨去除 焊接前必须将焊缝区域打磨清洁,支管和对接缝内部应无毛刺和飞溅物,法兰内管端无氧化皮、熔渣和气割沟槽,管端基本平整。点焊凸起严重处(主要为假焊的焊珠)应打磨去除	

工 作 内 容	标 准	工 艺 规 则
7.焊接后修补及打磨	 (1)去除黏附于法兰内外圈焊缝、对接外圈焊缝及法兰密封面上的熔渣(不得损坏法兰面密封线)。焊瘤及焊缝特别厚的地方,用砂轮打磨,但不应将鱼鳞片磨光,以免影响强度。焊缝附近的飞溅也应去除 (2)对接焊缝内部处理: (a)对燃油、滑油、液压油、冷却水、压缩空气、蒸汽管及特殊涂装管用砂轮打磨光滑,飞溅、溶渣等充分去除; (b)除以上管子外,其余管子内部作一般性打磨,磨不到处用钢丝刷等清扫,去除飞溅、熔渣 (3)搭接板去除后,产生的凹坑应补焊,毛刺及凸出物应磨平	1.管子从管子加工车间取出前,先进行外观检查,发现气孔、凹陷、未焊透、漏焊现象及时指出并请管子加工车间补焊 2.打磨后,发现气孔、凹陷、未焊透、漏焊现象,严重的送管子加工车间补焊,本部门有能力补焊的,也可自行补焊
8.镀锌后的处理	(1)管子内部的镀锌流挂予以去除 (2)因焊渣未清除造成少量镀锌层缺损,应清除焊渣后补喷锌漆 (3)法兰密封面,特别是 3.0MPa 以上榫槽式法兰的安装垫片部位,应将多余的锌去除,并将表面擦清,喷锌漆修补	

三、主机排气管的校管

(一) 概要说明

主机排气管因口径大,通常管子加工车间无专用校管设备,需由管子安装部门自行校管。

(二) 一般过程

(1)制作胎架。主机排气管因直径大、管壁薄,管子由船体施工部门用钢板卷成,在重力的影响下变成近于椭圆形。为使管子变圆,需制作胎架。胎架为半圆形钢板,直径比排气管子直径略大。

(2)将管子放上胎架使其变圆。

(3)在管子内部加装撑柱,撑柱部位靠近对接部位及法兰端。

(4)校法兰和对接时,局部不圆处用千斤顶顶出。

(5)对于因管子直径过大,法兰无法套上的情况,可在管子端部开刀,抽去一部分,然后在开刀部位重新焊接,为防止焊接应力引起裂纹,需在开刀切口根部开止裂孔,示意图见图 8-3-1。

(6)安装支架、吊环。吊环包括船上吊装的吊环和搬运、翻身用的吊环。吊环与排气管之间加装复板,复板上开 4~5 个直径为 30mm 的孔进行塞焊。

(7)焊接。法兰和管子及直径大于 1000mm 的管子对接焊,全部双面焊。

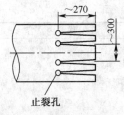

图 8-3-1　止裂孔示意图

(8)对焊缝进行打磨,检查缺陷,咬口严重的进行补焊。

(9)拆除管子内部撑柱,磨去撑柱与管子焊接部位的焊脚,并检查是否有咬口,咬口处需补焊。

(10)移交下道包复绝缘和铁皮。

排气管合拢管现场校管完成后,必须拆下,按要求对法兰进行双面焊接,严禁单面焊。

四、铜合金管合拢管的校管

(一)单根管子现场校管

铜合金管校管需用氩弧焊点焊,因氩弧焊机到现场不便,可采用以下方法:

(1)将管子按零件图精确下料。如果管子与内法兰之间有微小的交角,则在管子端部锉出斜度,使管子与内法兰之间间隙均匀。

(2)在现场将管子和法兰对合,画出管子和内法兰之间的对合线。

(3)到车间按对合线将管子与内法兰定位,进行一点定位焊。

(4)到现场进行复校,如有偏差,则采用改变管子与内法兰之间间隙的方法纠正偏差。

(5)到车间继续进行定位焊。

注意在改变间隙以纠正偏差到继续定位焊之间法兰位置不可变动。

(二)单根管子靠模校管

先到船上制作靠模用的样板,样板的制作方法为在现场已安装的与合拢管相接的管子上安装钢质法兰,用角钢、管子等与两只法兰定位焊,并记好合拢管走向上需避开的地方。将样板带回车间平台,制作靠模:在样板两端安装两只法兰,并将这两只法兰固定于平台上。然后拆下样板,按平台上两只法兰的相对位置,考虑好合拢管在现场应避开的地方,量出尺寸,绘制草图,按草图弯出或拼好管子,以平台上两只法兰为基准校合拢管法兰,制作完成后到现场安装。

(三)同一路管子有多根合拢管的校管

当同一路合拢管有多根时,可绘制草图,到车间制作,上船安装后,使合拢管只剩一根,然后按上述单根管子校管方法制作最后一根合拢管。

第四节　特种管子的安装

一、不锈钢管的安装

(一)不锈钢支架的焊接

不锈钢支架焊接可采用手工电弧焊或 CO_2 气体保护焊,两种方法中应优先选用 CO_2 气体保护焊,在焊接区域需喷上防焊接飞溅的喷涂剂。

(二)套管的焊接

套管焊接采用氩弧焊工艺,为防止母材温度过高,焊接时应采用如图 7-4-47 的次序。

（三）贯通件焊接

对于材质为不锈钢的贯通件复板和套管，可采用与不锈钢支架相同的焊接方法。

（四）不锈钢管的保护

不锈钢管的保护包括防撞击和防污染，防撞击的方法可将不锈钢管放在专用的木箱内吊装，如采用散装的方式，则在托盘箱内垫上木板使管子与托盘箱隔离，吊装时采用纤维吊装带。防污染的方法为：焊缝打磨采用非铁的刷子，对安装好的管子和支架用三防布包裹，特别注意焊缝处不能接触铁质粉尘。

（五）其他方面

其他方面可参照一般钢管安装工艺。

二、铜镍合金管、铝黄铜管的安装

（一）带法兰的铜镍合金管和铝黄铜管

安装工艺与一般钢管相同，但安装前后需采取保护措施，主要有如下几点。

(1)在托盘箱内采用垫木板等方式，使管子与托盘箱隔离。

(2)吊运时宜整箱吊运，单件吊时使用纤维吊装带。

(3)安装时保留管子加工后包复的三防布，缺损的补上。

(4)易撞击的部位加装防护罩，走道处安装步桥。

（二）套管连接的铝黄铜管

套管连接的铝黄铜管通常用于油舱加热管。安装时，套管两端的管子应保持清洁，清洁的方法为使用洁净的干布、砂纸和丙酮等擦洗管子表面，使露出金属本色。然后将管子插入带有银焊丝的套管，用气焊焊枪在套管及管子端部加热，使银焊丝熔化。操作时应掌握好温度和加热的位置，防止银焊丝因过热而造成漏泄。最后根据需要决定在套管两端是否再用银焊丝补充焊接。

三、玻璃钢管的安装

（一）工具准备

工具包括切割管子的电锯、打磨管子表面用的电钻(作为驱动砂轮的动力)和纤维吊装带。

（二）管子搬运和吊装

搬运过程中，管子下垫木头和橡皮。吊装时用纤维吊装带。

（三）管子上船预放

将管子吊上安装位置，在管子与船体肋板相接触处包复橡皮。在分段端头，为防止船体切割余量和焊接时损坏管子，在管子端头套铁皮罩。

（四）管子船上安装

1. 安装要求

(1)贯通件(材料为钢管)复板与船体隔舱紧贴，不可有间隙。

(2)管子应自然对中，法兰之间无喇叭口，膨胀接头两端管子处于同一轴线上，管子之间间距在膨胀接头要求范围内。

(3)与管子接触的支架、管夹上装有聚四氟乙烯垫板及板条。

2. 安装步骤

(1)贯通件装焊。

(2)支架定位、点焊。

(3)将管子放上支架,对于无支管及未胶接止动块的直管,进行转动,使管子两端处于最理想的同轴状态。使用膨胀接头连接的管子,调整好管子之间的间距。

(4)法兰连接。

连接步骤如下。

①检查管子法兰面、垫片、螺栓、螺母。法兰面应光洁。螺栓螺母的螺纹内部应无灰尘和其他固体粒子,有缺陷应消除。垫片应清洁。

②将管子对中,检查法兰面的对中情况,应无明显的曲折和偏移。

③在螺栓螺纹头部及垫圈上喷二硫化钼润滑剂。

表 8-4-1　玻璃钢管法兰螺栓、螺母紧固力矩

公 称 通 径	每次紧固递增力矩/N·m	最终紧固力矩/N·m
25~100	7	27
150~300	14	41
350~400	14	68
450~500	27	81
600~900	34	102

④放上垫圈、垫片、螺栓、螺母后,用手指将螺栓螺母拧紧,然后用力矩扳手按表 8-4-1所列的递增力矩逐步拧紧螺栓、螺母,最后一次的力矩为最终紧固力矩。在所有拧紧过程中,须执行交错拧紧次序。在所有的螺栓紧固力矩都达到最终紧固力距值后,用相同的力矩检查每一只螺栓。

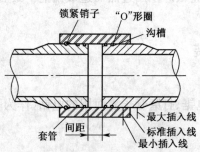

图 8-4-1　玻璃钢管膨胀接头

(5)膨胀接头安装。膨胀接头示意图见图 8-4-1。

安装方法如下。

①将膨胀接头套管内部用干布擦清,涂润滑剂,套上管子,注意套管上锁紧销子槽的位置与管子上锁紧销子槽的位置应保持一致。检查膨胀接头两端部是否在接头上的安装基准线范围内。当确认在安装基准线范围内后,移动膨胀接头套管至安装位置以外。

②去除"O"形圈的沟槽里的油污、灰尘等,用清洁干布擦清。

③检查"O"形圈,必须无损伤(无切口、气泡、拉毛)。

④在沟槽里涂润滑剂。

⑤将"O"形圈放入槽内。放入时注意不要将"O"形圈扭曲,对于通径为400mm及400mm以下管子的"O"形圈放入槽内后,用洁净、光滑的金属棒涂上润滑剂放到"O"形圈下面,平滑地绕接头旋转,均匀地将"O"形圈放入槽内;对于通径超过400mm的管子上的"O"形圈,可用金属棒涂上润滑剂将"O"形圈挑起约管子直径的20%,然后突然抽去金属棒,使"O"形圈均匀地回到沟槽里。

⑥将两根管子对中,使两根管子中心线在同一直线上,借助于手绞车将膨胀接头套管就位,检查并确认膨胀接头两端部在接头上安装基准线的范围内。

⑦锁紧销子涂上润滑剂后插入膨胀接头和管端的销子孔中。

3. 合拢管胶接

玻璃钢管的合拢管制作采用半成品现场胶接的方法,步骤如下。

(1)打磨:打磨用的砂轮为专用砂轮,驱动工具为电钻,先打磨套管内部,再打磨接头外部,以利于打磨后表面的清洁保护。接头端面也需打磨,打磨不可有遗漏,打磨后用洁净布擦净,不准用手摸,以免污染,在接头干的情况下,应立即胶接。

(2)试插接头,并在接头上画出插入深度检验线。

(3)将两种成分的胶水调和均匀,涂于套管和接头的接触面上,接头上胶水涂多些,套管上胶水涂少些。

(4)将接头插入套管,并使接头上检验线与套管两端部等距离,在胶水涂得适量时,接头端部胶水形成垫珠以确保接头的端部不发生渗漏,见图8-4-2。

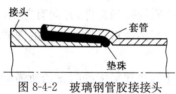

图8-4-2 玻璃钢管胶接接头

(5)将接头和套管拉紧,并保持一整天。在接头插入套管和拉紧接头时,不要使接头旋转,以免空气带入接触面。天冷时,胶水需用电热毯预热,胶接后用电热毯保温,时间为1小时,此时管子两端应封住,避免窜风冷却。最适宜的胶接温度为22℃~30℃。

第五节 管子安装质量控制程序

一、目的

使管系安装、调整管和合拢管制造工作规范地进行,确保管系施工的质量。

二、范围

本部门承担的船舶产品管系安装工作。

三、职责

(1)计划部门负责编制管子安装计划。

(2)资料员负责设计所下达的产品图样及技术文件管理。

（3）技术员负责按设计所下达的图样和技术文件更改通知单进行改图,并进行现场施工指导,及时反馈设计错误信息和处理现场施工中产生的各类技术问题。

（4）船体加工部门负责按设计所下达的产品图样进行管孔切割,包括切割机能力以外的厚板上的管孔手工切割。

（5）管子安装部门负责完成管安装、调整管和合拢管的制造和安装以及系统完整性工作。

（6）船体建造部门负责船体外板上管子、座板的焊接。

（7）搭脚手架部门负责施工现场搭脚手架。

（8）动力部门负责施工现场照明线路及灯具的安装。

（9）集配部门负责管系托盘集配和发送。

（10）分段制造部门负责贯通件复板覆盖区域船体拼板缝的碳刨、焊接和打磨工作。

（11）质量管理部门负责编制管子重点控制部分的质量控制文件并贯彻执行。

四、工作程序

（一）图样及工艺文件准备

（1）技术员落实有关图样和技术文件,并按改图单修改有关图样和技术文件。

（2）资料员将图样和技术文件进行登记,并按图样和技术文件使用人员需求,做好发放、回收等工作。

（3）质量管理部门及时编制质量控制文件,并向有关部门发放。

（4）管子安装部门按工作内容到资料室领取相应的图样和技术文件。

（二）管子托盘领用

（1）管子安装部门按工作计划通知集配部门发送所需的托盘。

（2）集配部门将托盘发送到指定地点。

（三）检查生产环境

（1）堆放管子、附件的场地应整洁。

（2）工作场地应有足够亮度的照明。

（3）狭小舱室应有足够的通风设备。

（4）高空作业应有可靠的脚手架。

（四）完成管的安装

（1）船体加工部门按设计所下达的产品图样进行管孔切割,对于机器不能切割的厚板上的管孔,由人工进行切割并打磨。

（2）管子安装部门按管系开孔图及舷侧附件布置图在船体结构上画出切割线,并需经施工技术员校对,经校对后由管子焊工按画出的线条开孔并打磨。贯通件复板覆盖范围内的船体未焊好的拼板缝,由生产管理部门联系,分段制造部门进行碳刨、焊接和打磨工作。

（3）管子和附件在即将安装时由安装人员进行拆封并清理法兰密封面及密封线上的热镀锌残留物,检查管子里面是否有异物。

（4）管子安装人员根据安装图进行支架定位及管系安装。

（5）由管子焊工进行贯通件复板、支架和管子的焊接工作（外板部分除外）。

(6)船体建造部门焊工进行外板上管子、座板的焊接。

(7)在安装过程中如果发现管子与船体结构或舾装件相碰以及管子设计、制造错误而无法安装时,向施工技术员反馈,由施工技术员负责解决。

(8)有重点控制要求的地方需按质量管理部门规定执行。

(9)分段预装、单元组装结束后,管子开口端用塑料闷盖或其他材料封堵。对于冲砂分段,需用钢板封堵,防止砂粒进入。

(10)带运管子要做到带运可靠,尽可能不影响下道工序工作。

(11)分段预装结束后,由施工部门做自检互检工作,然后向检验员提交。

(五)调整管、合拢管的制造及安装

(1)调整管现场校管前,施工人员检查管子件号与安装图是否一致。

(2)合拢管由施工人员提供管子尺寸,并由施工技术员计算弯管程序并写明管子材质及规格,DN≤25mm 的合拢管,由施工人员自行弯制,DN>25 的合拢管,委托管子加工部门弯制。

(3)与设备相连的调整管、合拢管校管工艺要求参见本章第三节二(二)4 有关内容。

(4)带法兰或其他可拆接头的调整管船上定位后,如果因船上位置限制而无法取出时,则在船上焊接并做好涂层修补工作,然后直接安装,但这种施工方法必须得到设计部门认可。其余调整管和合拢管则带回车间,进行以下工作:校管修正和焊缝清洁工作→经自验互验后向检验员报验→检验员验收合格后由焊工焊接→打磨→水压试验,需船级社、船东认可的管子向检验员、船级社、船东报验→表面处理,油管喷油、封口。

(5)调整管、合拢管校管质量要求见表 8-3-1 相关内容。

复 习 题

1. 管系安装的对象品有哪些?

2. 管系安装的方式有哪几种?

3. 在上甲板上开好一只用于安装复板式贯通件的管孔,简述对该孔的打磨范围和质量要求。

4. 简述反转舾装场合直复板式贯通件的安装步骤。

5. 简述填料函式膨胀接头的安装步骤。

6. 仪表管、遥控管的布置要求有哪些?

7. 什么是单元组装?单元组成的条件有哪些?

8. 什么是分段反转舾装?什么是分段正转舾装?同一分段反转舾装和正转舾装部位有什么不同?

9. 什么是盆舾装?它的作用是什么?

10. 现场校合拢管有哪些注意事项?

11. 铜镍合金管安装前后需采取哪些保护措施?

12. 玻璃钢管有哪些安装要求?

第九章　管系密性和冲洗

第一节　管系密性试验

一、密性试验的作用和要求

管子安装完整后,需按系统进行密性试验。密性试验的目的是检查管子和附件的连接件,包括法兰、螺纹接头、套管等安装后是否存在渗漏现象,以保持整个系统的密封性要求。密性的介质按规范要求,压力按原理图要求。密性后,需按检验项目表分别向公司质保部、船东、船级社报验。

二、密性试验的一般步骤

(一) 系统检查

1. 检查布置和原理的一致性和完整性,具体要求为:

(1)管子通径正确;

(2)阀件、管子附件、检测仪表的型号、规格、安装位置和流向正确;

(3)有编号名牌的阀件和附件位置正确。

2. 检查系统安装质量,具体要求为:

(1)管子与船体及舾装件之间留有 10mm 以上间隙,有绝缘层的管子应从绝缘层算起;

(2)需操作的管系附件,如阀件、测量管头、过滤器无操作障碍;

(3)有高度要求的附件,如油水舱吸入口、液位遥测探头、液位遥测通海阀、空气管头等,安装尺寸符合设计要求;

(4)支架的管夹螺母全部拧紧,有双螺母要求的管夹螺母安装齐全;

(5)法兰螺栓螺母的材质、强度等级符合设计要求,螺栓螺母安装齐全,并且全部拧紧,螺栓超出螺母尺寸不超过螺栓直径的 1/2;

(6)密封垫片的材质、规格符合设计要求;

(7)套管连接的焊缝处,不可有油漆。

(二) 安装隔离盲板

1. 安装部位

(1)设备。对于难以安装隔离盲板且又能承受密性压力的设备,如泵和热交换器,可以不装隔离盲板,与系统一起密性。

(2)管子端部。

(3)对于液压系统,应按冲洗需要将管路连接,用临时管和高压油泵接通,然后在冲洗泵连接的管路上加装盲板,示意图见图 9-1-1。

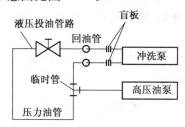

图 9-1-1　液压系统冲洗前按密性要求连接示意图

2. 安装要求和方法

(1) 油水舱内吸入管上盲板靠近吸口;

(2) 天花板、里子板内管系包括合拢管全部制作、安装结束并参与密性,不装盲板;

(3) 对管径较小、压力较低的管子可在法兰内加装铁皮盲板。大口径管、高压管用盲法兰,由于铁皮盲板受力后会变形,取出时必须拆开管路。因此,当吸口离舱底距离很小时,为避免因无足够间距拆开管路取出铁皮盲板,不可在管系与吸口法兰之间加铁皮盲板,而应移开吸口,在管子上装盲法兰。

(4) 对无法兰的管端,可在管端装焊临时法兰,密性结束后割去。也可用木塞封堵或在管端安装压板、垫片,然后在船体上焊支马,用支马压紧压板的方法。

(5) 对舷旁短管,在舷外一侧用螺塞封堵。(舷旁短管制作时,在舷外一端已安装螺纹座。)

(6) 在管路的一只盲板上安装通入介质的接头。

(7) 管路中所有加装的盲板应做好记录,以免遗忘。

(三) 系统预密性

1. 方法

在管路中通入冷风,在管子法兰及套管焊缝处喷肥皂液进行预密性,发现焊缝及法兰渗漏予以消除。对于密性压力较高的系统,例如液压系统,用冷风进行预密性压力太低,可在冷风进行预密性后,用氮气进行第二次预密性。发现渗漏后应释放系统压力,然后设法消除渗漏。

2. 渗漏消除的方法:

(1) 焊缝渗漏进行补焊,对工作压力低于 1MPa 的系统允许使用 422 焊条。

(2) 法兰渗漏:

①先检查螺栓螺母有否松动,是否安装了小规格螺栓螺母,然后拧紧螺栓螺母;

②当采用第①种方法无效时,需松开螺栓螺母,更换垫片;

③当采用第①②种方法无效时,需拆下管子修整密封面;

④当采用①②③种方法无效时,需更换螺栓螺母,使用强度等级更高的螺栓螺母;

⑤以上方法都无效时,管子返工,更换法兰。

(四) 系统密性

1. 密性交验过程

预密性合格后,在管子内通入介质,然后缓慢加压,边加压边喷肥皂液并检查,当发现渗漏时,应释放压力消除渗漏。当达到管系原理图上规定的压力后,系统内保持压力 2h,经检查无渗漏,且无明显压力降后,向公司检验员报验,合格后向船级社、船东报验。

2. 密性介质

(1) 滑油、压缩空气、二氧化碳系统的介质为压缩空气;

(2) 液压系统的介质为液压油;

(3) 燃油、蒸汽、凝水、油舱加热、热油、货油、惰性气体、洗舱及各种水系统的介质为水。

(4) 燃油舱的空气、测量管密性介质为水,其余空气、测量管及液位遥测的介质为气、水都可。

3. 加压方法

(1) 压缩空气系统用系统内压气机加压。

(2) 液压系统用高压油泵加压。

(3) 滑油、二氧化碳系统在船上压缩空气可提供时用船上压缩空气加压,不能提供时,用冷风及瓶装氮气加压。

(4) 用水作介质的系统用密性专用水泵加压。

(五) 密性后工作

(1) 燃油日用系统放掉密性用水,并用氮气吹净残水,准备冲洗。

(2) 液压油系统密性后进行冲洗,冲洗结束后放掉系统内液压油,用氮气将剩油吹净,然后复位。

(3) 滑油系统(包括凸轮轴滑油、汽缸油、尾管滑油系统等)需拆下进行冲洗前清洁工作的则拆下,不拆下的则按冲洗要求连接。是否拆下取决于清洁过程控制的方式。

(4) 其他用水做密性介质的系统,放掉密性用水,管系复位。

(5) 用压缩空气做介质的系统,拆下盲板复位。

(6) 油水舱内吸口装复,安装时,应将已用过的垫片更换,安装后做好自检互检工作。

(7) 清点加装的盲板,数量应与记录一致。

(8) 对安装隔离盲板的部位,除油水舱吸口处外,其余部位在系统工作时检查是否泄漏。

(9) 对用法兰或螺纹接头连接的蒸汽管、凝水管、热水管,在管路中通入蒸汽或热水情况下,检查是否泄漏。

三、几种特殊情况的密性方法

(一) 货舱区横隔舱上的管子

货舱区横隔舱上的管子包括空气管、测量管、电缆管、液位遥测管。向下通到内底板以下舱室,向上通到主甲板或首楼甲板。在横隔舱分段预舾装阶段,安装了管路的中间部分,上船台(船坞)后整条管路安装完整。管路密性分两个阶段进行。第一阶段在横隔舱分段管子预舾装后,进行密性并交验。第二阶段上船台(船坞)管路安装完整后,在进行船体内底板以下除燃油舱以外的舱室密性时,可利用舱室内的压力,检查管子的其余部分;对于燃油舱的空气管、测量管需做灌水试验。

（二）顶边水舱放水管

顶边水舱放水管经货舱通向舷外密性时将舷外管口用木塞封堵,利用顶边水舱舱室密性的压力,检查管子的套管焊缝的渗漏情况。

（三）尾压载舱内的尾管滑油管

在尾压载舱分段管子预舾装后,用木塞封堵尾轴壳上的管孔,在机舱端通入冷风,到尾压载舱内检查套管焊缝的渗漏情况。

（四）上层建筑的管子密性

上层建筑的管子密性在上层建筑总组阶段完成。吊上船搭载后,上层建筑总组与主船体之间以及总组与总组之间的合拢管制造安装后,对这部分合拢管进行密性试验。

（五）舱口盖液压系统的密性

舱口盖液压系统通常分成几部分冲洗,密性工作需在冲洗结束、原拆开的管子重新接通后进行。关于舱口盖液压系统冲洗方法见本章第二节。

因压力油管的密性压力与回油管路、泄油管路不同,在回油管路、泄油管路不能承受高压的情况下需安装隔离阀,有些地方需安装盲法兰及螺塞。隔离阀、盲法兰、螺塞及接高压油泵的快速接头的位置应安装于管子高的部位,使密性结束后只需放掉一小部分油就能使系统复位。密性用的连通管也处于高的部位,且能承受密性压力。密性用管路图见图9-1-2。管路连接后,先用氮气进行预密性,然后在系统内加入液压油,此液压油可以是工作油,密性后留在系统内。系统内油加满后用高压油泵加压。先打开各隔离阀,按回油管、泄油管的压力要求密性。合格后关闭隔离阀,按压力油管的压力要求密性。合格后放掉少量液压油,然后将管子与设备接通。

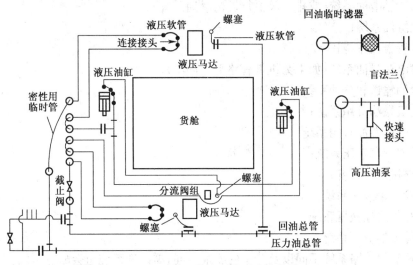

图9-1-2　舱口盖液压管系密性管路

第二节　管系冲洗

一、冲洗的目的

在船舶各管路系统中,都存在固体粒子。这些粒子来源于以下几个方面:

（1）油舱、柴油机机架的焊接和冲砂；

（2）泵、滤器等设备的浇铸、焊接和机加工；

（3）阀件的浇铸和机加工；

（4）管子焊接；

（5）钢质材料锈蚀；

（6）安装过程中不慎带入等。

这些粒子会对系统中的设备带来损害。如滑油系统中的粒子嵌入柴油机的轴承内，会损害轴承，引起轴颈擦伤，使轴颈粗糙度增加。当轴颈粗糙度增加到某一程度时就会发生轴承金属的摩擦、挤压，改变或破坏润滑条件和导致轴承故障。燃油系统中的粒子会使喷油泵柱塞卡滞或咬死、喷油泵中出油阀阀座磨损。液压系统中的粒子会堵塞液压阀件的间隙或孔口，引起阀的故障、运动件和密封件的配合面磨损、擦伤，内外泄漏增加。此外，所有系统中的固体粒子会阻塞滤器，影响系统正常工作，甚至损坏油泵等设备。

由于除了固体粒子以外，非金属黏附物，如油漆皮，也会对系统工作带来影响。系统中的这些固体粒子和黏附物无法用人工方法去除，因此，必须使用冲洗的方法来去除，以保证系统中的设备、阀件及各种附件不受损坏，整个系统能正常工作。

二、冲洗系统的范围

一般船舶冲洗系统的范围为：

（1）主机滑油系统；

（2）凸轮轴滑油系统（或排气阀执行机构滑油系统）；

（3）汽缸油系统；

（4）尾管滑油系统；

（5）发电机滑油系统（如果为机带管路则不冲洗）；

（6）滑油输送和分油系统；

（7）主机燃油日用系统；

（8）发电机燃油日用系统；

（9）系泊绞车液压系统；

（10）锚机液压系统；

（11）舱口盖液压系统；

（12）阀门遥控液压系统；

（13）首侧推液压系统。

不同船舶因管路系统不同以及船东的要求不同，需冲洗系统也会略有不同。

三、冲洗设备、附件及材料

常用的冲洗设备、附件及材料有泵、油柜、过滤器、阀、临时管、过滤纸、振动器、加热器、检查袋、遮盖主机十字头轴承用的抱裙、木槌、冲洗专用盲法兰、压力表和温度计。

（一）泵

泵一般采用船厂自备的泵。但对于主机滑油系统，通常使用船上的主机滑油泵。主机燃油供给泵、主机燃油循环泵在征得船东同意的情况下，也可作为冲洗泵。

（二）油柜

油柜可以采用船上的油柜,如主机滑油系统冲洗的油柜为主机滑油循环柜,主机燃油系统冲洗的油柜为柴油日用柜或燃油日用柜,也可以用船厂自备油柜。

（三）过滤器、过滤纸和滤芯

过滤器通常使用船厂自备的过滤器,在过滤器的滤筒内部安装过滤纸。

过滤纸目前采用高分厂滤板纸。船舶行业标准 CB 1372—2004 将滤板纸的主要性能指标分为 s、m、l、x 四级,各级对应的过滤精度见表 9-2-1。

表 9-2-1　滤板纸各等级和过滤精度对应表

性能指标等级	过滤精度/μm	性能指标等级	过滤精度/μm
s	3～5	l	15～25
m	5～15	x	25～50

当过滤纸的孔径达不到需要的精度时,可增加过滤纸的层数来提高过滤精度。

还有一种过滤器内部不装过滤纸,而装纸质滤芯。滤芯的精度有 $20\mu m$、$10\mu m$、$5\mu m$、$3\mu m$、$1\mu m$ 等,通常用于通径不大于 100mm 管路的冲洗。常用的滤芯精度为 $20\mu m$ 和 $5\mu m$。起初冲洗阶段用 $20\mu m$ 滤芯,冲了一阶段改用 $5\mu m$ 滤芯。另外,在纸质滤芯外部装有带孔的铁皮罩,在铁皮罩上包复过滤纸,可以提高过滤效果和延长滤芯使用寿命。

（四）临时管

临时管可采用钢管制作,也可用高压软管。高压软管一般用于 DN≤100mm 的管路。

（五）振动器

振动器有气动和电动两种。气动振动器功率小,价格低,一般用于 DN≤100mm 的管路中;电动振动器功率大,价格贵,一般用于通径较大的管路中。

（六）加热器

加热器有电加热器和蒸汽加热器两种。电加热器通常安装于油柜的人孔盖上。蒸汽加热器通常采用船上设备,如滑油分油加热器,滑油循环柜加热盘管。

（七）检查袋

检查袋通常用于主机滑油系统、主机燃油系统和凸轮轴滑油系统,安装于冲洗临时滤器出口和柴油机带的管子上。

检查袋实际上是一只小型滤器,带有 $50\mu m$ 的过滤袋,用于检查冲洗油的清洁度。

（八）冲洗专用盲法兰

冲洗专用盲法兰用于主机滑油系统,在柴油机主轴承、十字头轴承等处进油管中装入冲洗专用盲法兰,可使通向轴承的管子法兰封死,与滑油进油总管连接的各支管畅通。在活塞冷却油的管路中安装专用盲法兰,可以减少进入活塞冷却油管的流量,从而增加进入主轴承总管的油流量。

冲洗专用盲法兰及其安装方式示意图见图 9-2-1。

（九）冲洗车

冲洗车是将油柜、泵、过滤器、管子、阀件、加热器、温度计、压力表、电器开关箱等组合在一起的一种装置,也可称为冲洗泵组。冲洗车可用于除主机滑油系统以外的所有管系的冲洗工作。

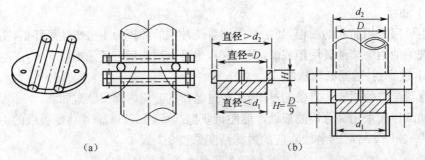

图 9-2-1　冲洗专用盲法兰及其安装方式

四、流速和温度

(一) 流速

冲洗系统油的流速要求见表 9-2-2。

表 9-2-2　冲洗系统油的流速要求

冲 洗 用 油	管子通径/mm	流 速 要 求	
		流　速	雷诺数 Re
滑油、柴油	不分		最小 3000
液压油	＞25	最小 6m/s	
	≤25		最小 4000

雷诺数计算公式

$$Re = \frac{V \times D}{\nu} \times 1000$$

式中: Re 为雷诺数; V 为平均流速(m/sec); ν 运动黏度(cst-厘斯); D 为管子内径(mm)。

在有双泵的系统中,可以开动双泵来提高流速,但不要超过滤器承受能力的限度。

(二) 温度

冲洗系统油的温度要求见表 9-2-3。

表 9-2-3　冲洗系统油的温度要求

系　　　统	温　　　度
主机滑油系统	起初为 40℃~50℃,等滑油分油机将油中水分离后,提高到 60℃~65℃
其他滑油系统	40℃~50℃ 注:如果与主机滑油系统串在一起冲洗,则温度同主机滑油系统
燃油系统	无要求
液压系统	60℃~65℃

五、冲洗管系的清洁控制

(一) 清洁控制范围

(1)油柜;

(2)系统设备;

(3)阀件、管附件;

(4)管子,包括冲洗临时管;

(5)冲洗设备;

(6)与油柜相接的非冲洗油管。

(二)清洁质量要求

(1)油柜内部无焊接飞溅、焊药、打磨或冲砂留下的粉尘和铁砂。其中焊接飞溅、焊药来自于船体结构焊接,轮机舾装件焊接,管子贯通件、支架及套管的焊接。

(2)设备、阀件内部无浇铸留下的型砂、机械加工留下的金属屑,内壁应光洁。

(3)管子附件和管子内部无焊接飞溅、焊药、油漆、铁锈和灰尘。

(4)冲洗设备:

①油箱无铁锈和冲洗留下的固体颗粒;

②油泵、管子、阀件无铁锈、灰尘和油污;

③软管内部无灰尘和油污。

(5)与油柜相接的非冲洗管无明显的焊接飞溅、焊药、铁锈和灰尘。

(三)质量控制方法

(1)油柜打磨后、涂装前由检验员检查。

(2)油泵在车间组装阶段,由检验员从泵进出口观察内部清洁情况。如有缺陷设法消除,检验合格的泵接口加装盲法兰或用法兰对夹铁皮封口。在车间不进行总组的油泵和其他设备,清洁检查和封口工作在上船安装前进行。

(3)阀件领出后,在搬运过程中注意封口保护,安装前做好清洁工作,并由质量管理部门认可,对于存放于船上一段时间再安装的特殊阀件,如蝶阀、液压三通阀等,应将阀口全部封紧,并存放于清洁的场所,安装前做好清洁检查工作。对蝶阀注意阀杆及阀瓣与阀体接触处的清洁,方法可用冷风吹、洁净布擦和磁铁吸。对液压三通阀,如果弹簧内有粉尘,应将弹簧拆下吹净后再装复。对于一般截止阀、截止止回阀,如发现内部不清洁,需将阀解体打磨,并确认后重新安装。这项工作最好委托阀门制造厂承担。

(4)所有管子,包括管子加工车间制造的完成管、外场校对的合拢管和冲洗临时管,在焊接后做好打磨工作,有缺陷进行修补并再打磨,然后酸洗。酸洗后进行详细的检查,检查是否有飞溅、焊药、灰尘和铁锈,合格后喷防锈油和封口。封口采用盲法兰加装垫片的方法,注意垫片位置正确,螺丝拧紧。

在分段预舾装阶段,管子安装后管端封口保留,法兰外圆处用胶带粘贴。如在预舾装阶段未实行清洁过程控制措施,则在冲洗前将管子拆下进行冲砂、酸洗和喷油,装复后立即冲洗。

(5)校对与设备连接的合拢管时,须检查设备接口上是否有铁皮,没有的予以补上,如果设备上已安装塑料或橡胶封口,也须在封口上加装铁皮,然后校管,以防定位焊熔渣落入设备。

(6)对与冲洗系统有联系的管子,例如油舱加油管、空气管、输送泵抽吸管等,用压缩空气对管路进行吹洗。

(7)对冲洗设备做好保养工作。由于冲洗后的油的清洁度通常优于新油,对冲洗车内的油在冲洗结束后提取油样进行粒子计数确认,当质量优于新油或与新油相当时,将冲洗车各接管做好封口工作,以作下一次冲洗使用。当发现油样质量比新油明显差时,将油从冲洗车内抽出,对冲洗车做清洁工作,并由质保部门认可。钢质冲洗临时管用于多艘船舶的,在冲洗前作检查,不清洁的重新酸洗、喷油。

(8)冲洗管系的连接、复位,应在清洁的环境下进行。所谓清洁的环境,应包括:

①周围无打磨等引起尘土飞扬的作业。

②管子上方,包括船体结构梁面板上、管子支架上、遮盖设备的三防布上无焊条头、气割熔渣、焊接飞溅物等固体物质。

六、冲洗临时管的布置

(1)临时管的通径与相连的冲洗设备或管子相符。

(2)管子的布置应保证冲洗临时滤器打开时,油不会外溢。因此,当冲洗临时滤器低于冲洗管路时,滤器两端安装隔离阀,在其中一只隔离阀与滤器之间安装短管,短管上开一泄放支管,并安装阀件,从此阀件上安装管子通入冲洗油柜或临时油桶。

主机滑油系统机外管子冲洗时,临时管不与机带滑油管连接,而是从机架上的人孔进入曲轴箱,管子的布置应保证柴油机运转时不与运动部件接触,并且管子出口应对准机架壁板,使油顺着壁板流下。

(3)冲洗管路的最低部位应有泄放阀及管路,用于冲洗后放油。最高部位安装放气阀,用以排除管路中的空气。

(4)滤器前后安装压力表,用以检查滤器的压差,在易于观察的地方安装温度计。

(5)滤器下方放置盛油盘。

(6)当冲洗管路管子通径差异过大,考虑到串联连接会使通径较大管子内流体流速太慢影响冲洗效果而采用并联连接时,在每一分支管路中安装一只截止阀,以便控制流量。

(7)安装检查袋和取样阀。对主机滑油系统,分别在临时滤器出口、主轴承进油总管和活塞冷却油进油总管上安装检查袋和取样阀。

对凸轮轴滑油系统、主机燃油系统,在临时滤器出口安装检查袋和取样阀。

检查袋的出油管须通向冲洗的油柜。

其他系统,在临时滤器后安装取样阀。

在使用冲洗车冲洗的情况下,取样阀已安装于冲洗车上。

七、冲洗质量的确认

(一)一般船舶上质量确认的方法和标准

1. 主机滑油系统、凸轮轴滑油系统(或排气阀执行机构滑油系统)

通过检查袋每隔 2h 检查一次。直至在 2h 内,检查袋中找不到固体粒子,然后取油样到油料检测部门进行粒子计数确认,当粒子数小于 ISO4406 级别标准中 19/15 范围时,冲洗质量合格。

2. 尾轴滑油系统

通过临时滤器过滤纸检查,当 2h 内过滤纸上找不到固体粒子时,提取油样到油料检测部门进行粒子计数确认,级别标准范围与主机滑油系统相同。

3. 燃油系统

当通过临时滤器的压力降在 4h 连续冲洗中保持稳定,2h 内在检查袋中找不到固体粒子,刚冲洗质量合格。

4. 液压系统

当 2h 内在临时滤器的过滤纸或 $5\mu m$ 的纸质滤芯上看不到固体粒子,然后提取油样,到油料检测部门进行粒子计数确认,当粒子数小于 ISO4406 级别标准中 17/14 范围时,冲洗质量合格。

5. 滑油输送及分油系统、发电机燃油系统

2h 内在临时滤器过滤纸或 $5\mu m$ 的纸质滤芯上看不到固体粒子,冲洗质量合格。

(二) 粒子计数标准

粒子计数标准有 ISO4406、MIL STD 1246A、NAS1638、SAE 等。

各精度等级标准对应关系见表 9-2-4。

表 9-2-4　各精度等级标准对照表

ISO4406	MIL STD 1246A	NAS 1638	SAE
26/23			
25/23	1000		
23/20	700		
21/18		12	
20/18	500		
20/17		11	
20/16			
19/16		10	
18/15		9	6
17/14	300	8	5
16/13		7	4
15/12		6	3
14/12	200		
14/11		5	2
13/10		4	1
12/9		3	0
11/8		2	
10/8	100		
10/7		1	
10/6			
9/6		0	
8/5			
7/5	50		
6/3			
5/2	25		
2/1	10		

ISO4406 标准等级代号含义见表 9-2-5。

表 9-2-5　ISO4406 标准等级代号含义

代码数	每毫升直径大于以下值的粒子数			
	5μm		15μm	
	大于	最多并包括	大于	最多并包括
20/17	5000	10000	640	1300
20/16	5000	10000	320	640
20/15	5000	10000	160	320
20/14	5000	10000	80	160
19/16	2500	5000	320	640
19/15	2500	5000	160	320
19/14	2500	5000	80	160
19/13	2500	5000	40	80
18/15	1300	2500	160	320
18/14	1300	2500	80	160
18/13	1300	2500	40	80
18/12	1300	2500	20	40
17/14	640	1300	80	160
17/13	640	1300	40	80
17/12	640	1300	20	40
17/11	640	1300	10	20
16/13	320	640	40	80
16/12	320	640	20	40
16/11	320	640	10	20
16/10	320	640	5	10
15/12	160	320	20	40
15/11	160	320	10	20
15/10	160	320	5	10
15/9	160	320	2.5	5
14/11	80	160	10	20
14/10	80	160	5	10
14/9	80	160	2.5	5
14/8	80	160	1.3	2.5
13/10	40	80	5	10
13/9	40	80	2.5	5
13/8	40	80	1.3	2.5
12/9	20	40	2.5	5
12/8	20	40	1.3	2.5
11/8	10	20	1.3	2.5

注：上面表内包含最通常的一系列等级，在 8 级与 20 级之间，其他未列出的等级也可以使用。

（三）油样提取方法

（1）到油料检测部门取油样专用瓶。

（2）注意取样环境，应无风无水雾，以免灰尘和水滴进入油样。如遇有风及小雨天气，则必须采取挡风、遮雨的措施。

（3）打开取样阀，放掉起初流出的油（放入污油桶），然后将大约 100mL 油放入取样瓶（取样瓶的容量约为 500mL），盖住瓶盖轻摇，将取样瓶内壁荡洗一遍，然后打开瓶盖将瓶内油样倒入污油桶。

（4）重新打开取样阀，向取样瓶内放入约 400mL 油样。

注：如果从临时滤器前的管路中取样也可。

八、冲洗后的复位工作

（1）泄放管子内冲洗用油，无法泄放的可在管路中接入氮气吹除。

（2）与未经冲洗的设备连接前对设备进行清洁检查。未接入冲洗系统的液压系统的三通接头体、阀件等在安装前擦洗干净。

（3）在液压系统复位时，抽检液压法兰内是否有冲洗留下的油漆皮、铁质颗粒等杂质滞留。如有，则扩大检查范围，直至清除全部杂质。

（4）复位后，擦净污油，将油布回收，做好冲洗临时管封口工作并带回车间保管。

九、冲洗方法介绍

（一）主机滑油管系冲洗（以沪东中华造船集团建造的 5688TEU 集装箱船为例）

1. 冲洗前的先决条件

（1）管系。

①为锅炉、分油机服务的系统安装、密性试验结束。

这些系统包括锅炉给水系统、锅炉燃油系统、蒸汽凝水系统、滑油分油系统、日用供水系统。

②燃油注入系统、燃油输送系统、滑油注入系统、滑油输送系统、海水冷却系统、低温淡水冷却系统安装密性试验结束。

（2）油柜。主机滑油储存柜、分油柜、沉淀柜、循环柜舾装件装焊结束，结构性检查、油柜密性结束，涂装结束。

（3）设备。

①锅炉、滑油分油机具备运行条件。

②主机滑油泵、滑油输送泵、低温淡水冷却水泵、海水冷却水泵具备运转条件。

2. 准备工作

（1）对滑油储存柜、沉淀柜、循环柜注油管路，用压缩空气吹洗，并在滑油储存柜向滑油循环柜注油管路中加装过滤精度约为 $80\mu m$ 的临时滤器或过滤网。

（2）滑油输送泵排出口接三路临时管，第一路接软管用于冲洗主机内部，第二路经过滤精度为 $10\mu m$ 的临时细滤器接至滑油循环柜，用于平行过滤滑油。第三路排至主机滑油储存柜、沉淀柜、分油柜，在排出总管上加装 1 只过滤精度为 $10\mu m$ 的临时滤器，用于将滑油循环柜内油驳出过程中的过滤。示意图见图 9-2-2。

（3）对与滑油循环柜相接的非冲洗管，用压缩空气吹洗。

（4）清洁主机滑油储存柜、沉淀柜、分油柜，自验互验合格后向质保部门和船东提交。

（5）封堵柴油机滑油支管。封堵的方式有两种：第一种是旁通；第二种是隔断。旁通的方式使滑油从支管中流出，但不通向轴承。隔断的方式为在垫片和通向轴承的法兰之

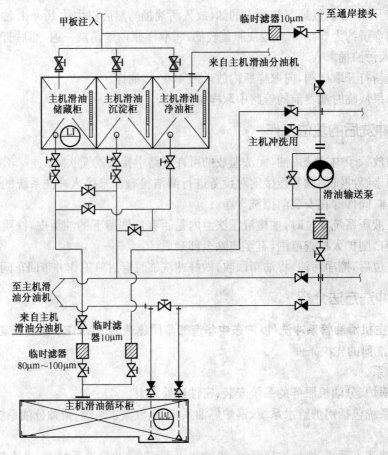

图 9-2-2　滑油输送注入管路增加临时管临时滤器示意图

间插入铁皮,使滑油不能流出。主轴承滑油支管用图 9-2-1(a)的盲法兰封堵。因柴油机内管子冲洗每次只冲两只汽缸,因此每次仅封堵两只汽缸的主轴承滑油支管。十字头轴承支管用图 9-2-1(b)的盲法兰封堵。其余支管用隔断方式封堵。MAIN B&W 柴油机滑油支管封堵方式见表 9-2-6 和图 9-2-3。

表 9-2-6　MAIN B&W 柴油机滑油支管封堵方式

序号	滑油支管通向部位	封 堵 方 式
1	主轴承	旁通
2	十字头轴承	旁通
3	主链条箱内轴承和喷嘴	隔断
4	推力轴承	隔断
5	轴向减震器	隔断或旁通
6	扭振减震器	隔断
7	涡轮增压器	隔断或旁通
8	液压链条张紧器	隔断
9	前端链传动力矩补偿器	隔断
10	功率传动齿轮装置	隔断

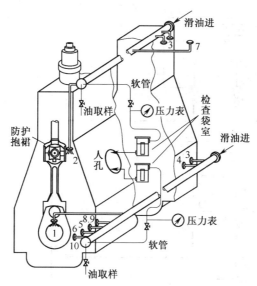

图 9-2-3　检查袋和盲法兰安装位置

（6）在十字头轴承盖上安装好抱裙。

（7）对主机内部进行清洁检查，并清洁主机油底壳。

（8）轮机工人在冲洗管路上进行完整性安装工作。内容主要如下。

①在管路上安装振动器。振动器通常每隔 2m 安装 1 只，振动器的活塞应处于垂直方向。

②安装压力表、温度计、泄放阀、放气阀、盛油盘、取样阀、检查袋。检查袋安装位置见图 9-2-3、图 9-2-4。

③安装滤板纸。在主机滑油冲洗主管路临时滤器内安装过滤精度为 $50\mu m$（x 级）的滤板纸。安装于滤筒底部的滤板纸要有约 20mm 的折边。滤筒壁上的滤板纸上部要高出滤筒约 10mm，滤板纸垂直方向的边缘需重叠接合。

④临时滤器内放入磁铁。

（9）管系工人对滑油临时管用压缩空气进行气密试验，如发现缺陷予以消除。

（10）轮机工人将冲洗用的滑油加入主机滑油储存柜，然后将主机滑油储存柜内的滑油通过循环柜滑油注入管加入滑油循环柜，在向循环柜加油过程中，边加油边测量，确保滑油循环柜内的油位接近但不超过最高液位。

（11）轮机工人将锅炉运行，锅炉内蒸汽保持一定压力（约 0.3MPa）。

（12）轮机工人开动分油机，对主机滑油循环柜内的滑油进行分离。

（13）轮机工人开动滑油输送泵，从滑油循环柜内吸油通过 $10\mu m$ 过滤器排至滑油循环柜。

·3. 冲洗通则

（1）临时滤器内滤板纸的精度开始 20h 为 x 级（$25\mu m\sim50\mu m$），以后为 1 级（$15\mu m\sim25\mu m$）。

（2）滤板纸的更换时间，在最初的 2h～3h 内，每 15min 更换一次，以后视清洁情况决定。一般在接下去的 12h 内每隔 4h 更换一次，以后每隔 6h 更换一次。

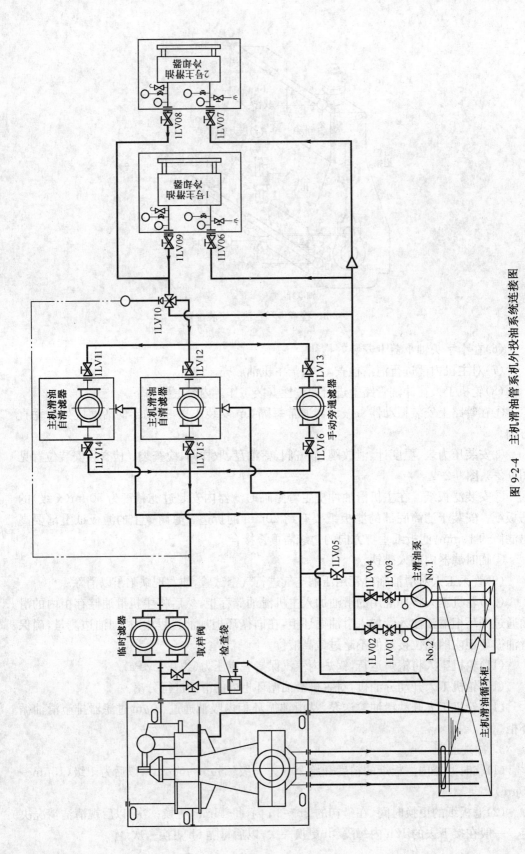

图 9-2-4 主机滑油管系机外投油系统连接图

（3）滤器内壁在开始 12h 内为每 4h 清洁一次，以后每 6h 清洁一次，清洁的方法可用府绸布擦洗。

（4）振动器每隔 2h 变更位置一次，无法安装振动器的地方用木槌敲击。当冲洗过程中发生共振时，应立即改变振动器的位置，以避免共振。

（5）滑油输送泵排至滑油循环柜的过滤器每 8h 更换滤芯一次。

（6）在滤器承受能力许可的情况下，应开动双泵冲洗。

（7）在滑油泵启动前，应检查并记录滑油循环柜油位，启动后检查滑油循环柜油位的变化和液位浮子开关的动作。

4. 冲洗过程

（1）主机外接管路冲洗，滑油冷却器除外。机外冲洗系统连接示意图见图 9-2-4。此时将滑油冷却器进出油阀 1LV06、1LV07、1LV08、1LV09 关闭，滑油三通调温阀 1LV10 转到旁通位置。关闭主机滑油细滤器进出阀 1LV11、1LV12、1LV14、1LV15，抽去手动旁通滤器滤芯，冲洗临时滤器出口直接接至主机油底壳。在临时滤器排出管支管上安装检查袋和取样阀。冲洗时，由主机滑油泵从主机滑油循环柜吸取滑油，经泵排出阀 1LV01、1LV02、1LV03、1LV04、三通调温阀 1LV10、1LV13、抽去滤芯的旁通滤器、阀 1LV16、临时滤器到主机油底壳，从主机油底壳流入滑油循环柜。使用滑油分油加热器和滑油循环舱内加热管提高滑油温度。初始阶段因滑油内水分未分离净，温度过高水分会从油中蒸发，使柴油机内部生锈，温度宜控制在 40℃～50℃ 之间。冲洗时间约需 84h，当 2h 内检查袋内基本上无固体颗粒时，转下一到工序。

（2）主机外接管路冲洗，包括滑油冷却器。当不经过冷却器的冲洗工作进行一段时间后，将滑油冷却器进出阀 1LV07、1LV08、1LV06、1LV09 打开，滑油三通调温阀 1LV10 转到中间位置，使油能从旁通管路和滑油冷却器管路同时通过。对包括冷却器在内的机外管路冲洗，此时将油温加热到 60℃～65℃ 之间。冲洗时间约需 48h。每隔 2h 检查检查袋 1 次。当连续 2h 内在检查袋找不到固体粒子，就取油样进行粒子计数确认，合格后机外管路冲洗结束。

机外管路冲洗结束后，打开系统中所有泄放阀，包括滤器、冷却器的泄放阀，将油排至滑油循环柜。特别是滤器底部容易积油的地方，要趁油温高的时候充分排除。泄放工作结束后，测量并记录滑油循环柜的油位，要求留在系统中的滑油在 5% 以内。

（3）对滑油进行冷却。由于经过一定时间的冲洗，滑油温度达到 65℃ 左右，柴油机内部、滑油循环柜内部 65℃ 左右的温度，使作业人员难以进入进行下道作业。因此需要通过滑油冷却器用低温冷却淡水将滑油冷却，冷却后的温度为 50℃ 左右。

（4）主机内部冲洗。用滑油输送泵输排出软管对主机内部（包括链条箱）进行冲洗，将曲轴箱、机架内壁、齿轮等充分洗净，但不要使油进入轴承。冲洗时调整滑油输送泵出口的压力不小于 0.5MPa。冲洗时间约为 4h。冲洗过程中应连续开动盘车机，使曲轴转动。冲洗后对留在油底壳内的固体粒子予以清除。

主机内部冲洗时，因油温较高，作业人员必须注意防止烫伤。另外，防止外部的水滴、灰尘进入曲轴箱内，要特别防止火种产生，附近的一切明火作业必须停止。

（5）清洁滑油循环柜。用滑油输送泵将滑油循环柜内的滑油通过 $10\mu m$ 的过滤器输送到滑油沉淀柜。用人工擦净滑油循环柜内的剩油和固体粒子。用分油机将滑油沉淀柜内的滑油分离,分离后的净油排至滑油分油柜,再由输送泵将滑油分油柜内的滑油通过 $10\mu m$ 的滤器输送到滑油循环柜。输送结束后,测量并记录滑油循环柜油位。

(6)主机内外管路冲洗。拆除临时滤器至油底壳的管路,将临时滤器排出口与主机机带滑油管路连接。打开主机滑油自清滤器的进出油阀 1LV11、1LV12、1LV14、1LV15,关闭手动旁通滤器的进出阀 1LV13、1LV16。此时,滑油经过冷却器、三通调温阀、自清滤器、临时滤器到达柴油机的活塞冷却油和主轴承滑油两路总管。

由于在活塞冷却油总管的各支管上安装了起减小流通面积作用的盲法兰,增加了主轴承滑油进油管的油流量。为确保主轴承小口径支管获得满意的流量,在主轴承滑油支管中,油只通向两只支管,其余封死。冲洗 4h 后,转换到另两只支管,直至全部冲洗完毕。冲洗过程中,每隔 1h~2h,将主机旋转 90°,冲洗时间约需 48h。

通过安装于临时滤器出口、主轴承滑油总管和活塞冷却油总管上的检查袋检查,并经对油样粒子计数确认,合格后冲洗结束。

在冲洗泵运转的同时,分油机连续地工作,滑油输送泵不停地从滑油循环柜内吸油,再经过临时细滤器将滑油排回到滑油循环柜,从而减少了油中的杂质。

(7)通过管路及设备最低部位的泄放阀和管路,放尽冲洗用油。测量并记录滑油循环柜油位。要求留在系统内的滑油在 5% 以内。打开管子死角端部的盲法兰,检查并手工清洁管子内部。滤器内积油的地方,趁油温高的时候充分排除。

(8)拆除临时滤器、临时管和柴油机内各进油支管的旁通法兰和隔断盲板,恢复主机内外油管至正常运行状态。复位工作必须在清洁的环境内进行,垫片、管子内壁不得接触不清洁的物体。

(9)用输送泵抽去滑油循环柜内滑油,抽去的油可输送到滑油沉淀柜,经分油机分离,化学分析合格并经船东同意后可作为系统用油,否则输送到码头储油柜中。

(10)清洁主机曲轴箱和拆除十字头轴承盖上抱裙,用府绸布将沉淀在曲轴箱底部的灰尘、润滑油和防锈涂料擦除。清扫时,注意不要残留纤维。

(11)清洁滑油循环柜。将滑油循环柜内剩油取出,然后用府绸布将油柜及舾装件表面的滑油及其他垃圾擦除,凡焊缝和支架死角处的垃圾可用面粉或黏脂粘贴清除。

(12)在滑油循环柜内加放新油。

(13)开动滑油泵,并检查主轴承滑油压力、推力轴承滑油压力、活塞冷却油压力及链条箱最高部分通油情况,特别要注意曲轴箱内部的油管接头的漏油情况。

(二)舱口盖液压管系冲洗及密性(以沪东中华造船集团建造的 74500t 散货轮为例)

1. 系统布置简介

系统布置示意图见图 9-2-5。该船有七只货舱,每只货舱有相同的液压系统。在船首部泵房内有液压泵站,液压泵输出的压力油通过总管向七只货舱并联供油。各舱压力油通过控制阀组分别通向左液压马达、右液压马达、分流阀组进口和液压油缸有杆腔。分流阀组出口分两路通向液压油缸无杆腔。控制阀组回油管和液压马达泄油管汇集到回油总管,通向液压泵站油箱。在压力油总管终端装一只球阀与回油管连通。舱口盖液压系统冲洗管路连接图如图 9-2-6 所示。

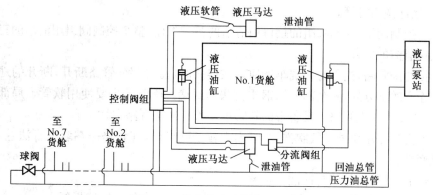

图 9-2-5　舱口盖液压管布置示意图

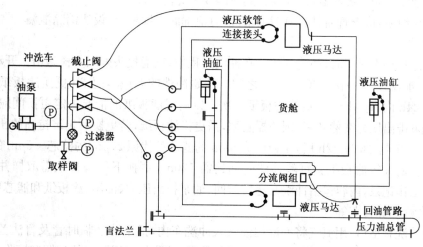

图 9-2-6　舱口盖液压系统冲洗管路连接图

2. 冲洗方案

(1)使用冲洗车冲洗。

(2)为考虑冲洗管连接的方便性,将整个液压系统分割成七部分,即每只货舱的液压系统加上该货舱旁的液压总管为一个独立冲洗的组成部分。其中第一货舱冲洗时,液压总管包括到泵站部分。

(3)根据液压油冲洗流速和雷诺数的要求,同时考虑冲洗管路连接的方便性以及冲洗泵的排量,通过技术部门计算,每部分冲洗分为两路:一路为左右液压马达、总管至控制阀组管路和总管;另一路为液压油缸管路和左液压马达泄油管。

(4)在靠近液压泵站油箱的回油总管上加装过滤精度为 $10\mu\mathrm{m}$ 的过滤器(见图 9-1-2),用于系泊试验、试航阶段继续过滤。此过滤器在冲洗结束后系统使用过程中应用,直到交船前拆除。

3. 准备工作

(1)通过粒子计数确认冲洗车内油的清洁度。清洁度必须达到 ISO4406 级别标准中17/14 的要求。当清洁度不合格时,抽去冲洗车油箱内液压油,清洁油箱,经检验合格后加上新油。

(2)连接冲洗临时管。

①拆去控制阀组,控制阀组的接口用清洁的胶带封住,整个控制阀组用清洁的三防布包复后放在清洁的地方。

②连接冲洗管路,先不与冲洗车连通。在连接时,需将部分管路断开,断开的地方除接临时管连通的部分外,其余部分用钢质盲法兰封堵。临时管主要使用软管。局部管子拆掉后移位,接入冲洗管路。设备带的软管也接入到冲洗管路中。

③将冲洗管路用压缩空气吹洗,当管内无粒子吹出时,在管路一端装上盲法兰,对管路进行预密性。

④密性后,将冲洗管路与冲洗车接通。

⑤在过滤器内装上 $20\mu m$ 的滤芯,滤芯外的铁皮罩上包复 x 级滤板纸。

⑥在管路上安装振动器,振动器大约每隔 3m 安装 1 只。

⑦开动油泵,检查管路是否有漏油情况,有泄漏时立即停泵,设法消除泄漏。

4. 冲洗

当确认管路无泄漏时,冲洗开始。在冲洗过程中,三通接头处用木槌敲击。开动加热器,使液压油温度保持在 $60\text{℃}\sim65\text{℃}$ 之间。开始冲洗的 8h 里,每 2h 更换滤板纸一次。接下去的 24h 内,每 4h~6h 更换滤板纸一次。以后视滤板纸的情况决定更换间隔时间。当发现油泵排出压力突然升高,则滤器阻塞,需更换滤板纸,若更换后仍维持高的压力,则更换滤芯。当冲洗经过 72h 后,用精度为 $5\mu m$ 的滤芯替代原 $20\mu m$ 的滤芯。$5\mu m$ 的滤芯外同样需包复 x 级滤板纸。每舱冲洗时间约需 120h。更换下的滤板纸需取样并编号。每班做好工作记录,内容包括冲洗泵运转时间、油泵排出压力、油温、滤板纸和滤芯更换时间、操作者姓名和日期等。

每舱冲洗合格后,用氮气将冲洗用油吹入冲洗车内,拆下冲洗临时管及盲法兰,在三通的盲法兰拆除后,检查三通体内是否有固体粒子存留,如有用清洁的府绸布擦除。然后将总管连通,但不与设备连接,根据密性要求连接管路。关于密性的内容见本章第一节。

5. 密性结束后,系统复位

在系泊试验、航行阶段,通过回油滤器上的临时滤器对液压系统继续过滤,交船前将此临时滤器拆除,系统完全复位。

第三节　管系密性和冲洗质量控制程序

一、目的

使管系密性和冲洗工作规范地进行,确保施工质量。

二、范围

船舶所有管系的密性工作和燃油、滑油、液压油管系的冲洗工作。

三、职责

(1)计划部门编制密性、冲洗工作计划。

(2)技术员负责和设计所联系,落实或自行编制密性和冲洗工艺文件。

(3)资料员负责设计所下达的工艺文件管理。

(4)动力部门负责施工现场照明线路及灯具的安装。

(5)设备工具部门负责提供密性、冲洗用设备及工具。

(6)质量管理部门负责编制密性、冲洗的质量控制文件并贯彻执行。

四、工作程序

(一)图样及文件的准备

(1)技术员落实密性和冲洗工艺文件,并按修改通知单修改有关文件。

(2)质量管理部门编制质量控制文件,并向有关部门发放。

(3)车间作业人员到资料室领取管子原理图、系泊试验大纲及密性和冲洗工艺文件。

(二)设备工具的准备

作业人员到设备工具部门借用需用的设备,并确认设备处于完好状态,检测仪表在使用有效期内。

(三)工作环境检查

(1)冲洗车及冲洗管路周围场地应整洁,并无明火作业。

(2)工作场地应有足够亮度的照明。

(3)狭小舱室内有足够的通风设备。

(4)高温作业应有可靠的脚手架。

(四)管系密性

(1)密性试验的压力、介质以及压力保持时间、压力允许的下降值要符合原理图和系泊大纲的规定。

(2)按密性试验步骤做好系统检查、隔离盲板的安装、系统预密性和系统密性工作。并按表 9-3-1 做好隔离盲板安装记录。

表 9-3-1　管系密性隔离盲板安装、取出记录表

工程编号:		产品名称:			系统:		
序号	位置	安装人	安装日期	取出人	取出日期	备注	

(3)当系统压力稳定并经检查无渗漏时,向检验员报验,合格后按检验项目表向船东、船级社报验。

(4)密性后系统复位。对于用水密性的燃油系统,需将水放完并用冷风吹净残水。隔离盲板如数取出并做好记录。

(5)油水舱内吸口装复时,需使用新垫片,安装时做好自检互检工作,确保法兰连接的密性,并按表 9-3-2 做好记录。

表 9-3-2　管系密性后油水舱吸口安装记录表

工程编号：			产品名称：		
序号	舱柜名	安装人	互验人	日期	备　注
					操作要领:垫片清洁,法兰面光洁,螺栓螺母逐步地紧固,最后全部拧紧,受力均匀

(五) 管系冲洗

(1)冲洗用油需使用设计所规定的油料。

(2)冲洗前,应对整个系统做好清洁控制工作,包括油柜、泵、过滤器、阀件、管子等。

(3)冲洗工作应按工艺文件进行。

(4)冲洗后,按文件要求向检验员、船东提交。

(5)冲洗后的复位工作应在清洁的环境中进行。复位时,对未参与冲洗的设备、阀件等需经检验员检验,确认合格后才能与管子连接。

(6)管内冲洗用油放尽后,应使用压缩空气吹尽残油,对于液压系统则用氮气吹除。

复 习 题

1. 管路系统密性前,需检查系统安装质量,管路系统安装质量的具体要求是什么?

2. 简述管路系统预密性的方法和密性交验过程。

3. 管路系统密性交验后需做哪些工作?

4. 冲洗管系的清洁控制范围有哪些?

5. 冲洗后如需提取油样进行粒子计数确认,请介绍油样提取的方法。

第十章 HSE 管 理

第一节 船舶管子工安全操作规程

一、通则

(1)安全生产,人人有责。职工必须加强法制观念,认真执行党和国家有关安全生产的方针、政策与法规。严格遵守船舶工业职工安全生产行为守则和其他安全技术操作规程、各项安全生产规章制度。遇有严重危及生命安全的情况下,职工有权停止操作,并及时向安全部门报告。

(2)按规定正确使用好个人防护用品。凡进入船台、平台、船坞、码头等生产区域以及基建施工、内场立体交叉作业场所,均需戴好安全帽,扣好帽带。2m 以上登高作业,若无防护栏杆等有效可靠的安全设施,必须系好安全带,带钩系在固定牢靠的地方。水上作业穿好救生衣。机械转动部位严禁戴手套操作,女工应把发辫纳在帽内,高速飞溅切削应戴好防护眼镜。

(3)凡从事起重、起重驾驶、焊割等特种作业,必须经过专业安全技术培训,经考试合格,取得省部级特种作业操作证后,方能上岗单独操作。严禁无证操作。

(4)工作时应集中精力,坚守岗位,不准擅自把自己工作交给他人,不是自己操作的设备不准随意开动。工作时不准嬉闹、打瞌睡和做与工作无关的事,不准穿拖鞋、赤脚、赤膊。工作前不准饮酒。

(5)在高空及立体施工场所作业时,严禁向下投掷工具、材料等物;作业人员随身携带的工具、物料应安放稳妥,防止落下伤人。

(6)严禁任何人攀登吊运中的物体及在吊物下通过和停留。

(7)爱护和正确使用各种设备。各种安全装置必须齐全可靠,不准随意拆除和占用。

(8)一切工具设备不得超重、超压、超载、超负荷使用。使用榔头时不准戴手套。

(9)两人共同操作,必须有主有从;三人以上的多人共同操作,应明确由一人统一指挥,密切配合,以确保安全。

(10)发生重大事故或恶性未遂事故,要及时抢救,保护现场并立即向领导和安全部门报告。

(11)在工厂内行走,应注意各种警示标志,严禁贪便跨越危险区,严禁从行驶中的机动车上爬上跳下。

(12)使用扶梯,应注意完好。竹梯脚要有橡皮包扎,梯挡不能缺损,上端要固定(或下端有支撑物),防止梯子滑倒;上下扶梯要面向梯子,手中不准携带重物。

(13)上下船只要走行桥,船旁施工要有防护措施,防止落江。不准自搭跳板随意行走。

(14)上船氧乙炔、电焊皮带必须架空，分道进入工作部位；明火作业前必须对氧乙炔、电焊皮带等工具以及作业场所、邻近区域（包括隔舱）进行全面检查，确保安全后方可施工。作业中应注意安全，严格执行明火作业"十不烧"规定。工作完毕必须切断电源、气源，拆下接头，并将皮带拉出舱外圈挂好。不准将与气源相连的皮带存放封闭式的工具箱内。

(15)船上严禁用电灯泡、割炬、木柴等进行烘物或烤火取暖，不准用割炬照明。

(16)船上油柜加油后，禁止在油柜附近、机舱等处吸烟。

(17)易燃易爆等危险场所，严禁吸烟和明火作业。不得在有尘毒、粉尘的生产场所进餐、饮水。

(18)在修造船过程中，汽油、松香水、酒精、丙酮、油漆等易燃易爆物品在工作完毕后，一律带上岸，集中保管，不得留在船上，空油漆桶也要带走，做到工完料清。

(19)不得在防爆禁区内穿带有铁钉的鞋子和用金属物敲打，以防产生火花，发生爆炸。

(20)打磨、除锈必须戴好头盔、口罩，严防粉尘危害，患尘肺病。

(21)各种消防器材、工具应按消防规范放置，不准随便动用，安放地点周围不准堆放其他物品。

(22)非电气专业人员不准装、修、拆、搭电气设备和线路。

(23)专业修理人员检修各类机械电气设备时，事先应切断电源，并挂上"严禁合闸"警告牌。管系工无权取下警告牌，并严禁合闸。

(24)使用手持电动工具必须绝缘可靠，有良好的接地或接零措施，装有触电保护器，并戴好绝缘手套。手持行灯电压不得超过 36V。

(25)在容器、双层底及狭小舱室内工作时，必须坚持双人监护制，即一人工作，一人监护。监护人要坚守工作岗位，不能离开现场，要注意观察情况，以防窒息、中暑、昏倒、触电等事故的发生。

(26)生产现场安全设施和警戒标志，不准私自拆除，若因工作需要暂时拆移；须经安全部门同意，工作完毕立即恢复。

(27)各类油料、含油废水、工业毒品、工业垃圾等应倒在指定地点和指定盛器内，不准乱抛或随意排放。

(28)夜间施工要有良好的照明，船上行走要注意人孔洞，上下洞口后要自觉将翻板盖好。

二、管子加工

(1)使用砂轮机切割管子前，应确认砂轮机护罩完好。切割时，人必须站在砂轮机侧面。

(2)送料、测量管子尺寸时，切割设备必须停止运转。

(3)弯管机开动后，管子行程范围内不准有人。

(4)管子弯好后，扎头松开，弯头朝上的管子在倒落方向不准有人。

(5)校管时，管子必须搁置平稳，立体管子有可能倒落的范围内不准站人。

(6)焊接作业前，必须启动除尘设备，并使除尘设备保持良好工作状态。焊线、焊枪如有破损,应及时用胶布包好或更换,以免触电。

(7)在焊接大口径管子和形状复杂的管子时,应将管子固定牢固,以免滑动伤人。

(8)打磨作业前,应检查风动砂轮防护罩是否完好。打磨管子必须垫实,飞溅物的方向不准对准他人。砂轮不能过度压紧管子,以免砂轮碎裂飞出伤人。

(9)管子水压试验时,管子闷头处不准站人,以防闷头弹出伤人。发现管子泄漏需补焊时,应先释放压力再补焊。试验结束后,先释放压力再拆卸工装件。

(10)管子喷油、油漆作业时,必须离开明火作业区域。废弃的油漆桶、油漆集中回收,放到指定地点。

三、管子安装

(1)工作前检查工作场地上下及周边的工作环境是否安全以及安全设施是否齐全,如照明及线路敷设、防护栏、跳板、通道、舾装件放置及消防设施、警告标志等。如果存在安全隐患,应及时向有关部门或人员反映,尽快解决,否则可拒绝工作。

(2)检查所需的工具,如榔头、气焊气割工具、电焊枪用具等容易引发安全事故的工具是否完好,有缺陷的须修理或更换。

(3)熟悉周边的设备及通道等环境,尤其是消防设施以及逃生通道的位置,以便在发生严重事故且失去照明的情况下,能够迅速采取应急措施,减轻各方面的损害程度。

(4)清除工作现场的杂物,尤其是易燃物品;工件要整齐地堆放在指定的地点,并保证通道畅通。

(5)严禁擅自启动如 CO_2 系统和功率较大的泵浦等设备或系统,以免发生意外的人身安全及电力过载而引起的其他不可预知的事故。如果需要,必须告知电工、钳工等相关人员。

(6)使用吊车吊运管子、阀件等物品,必须等物品到位、吊钩离开后再进行搬运工作。搬运小物品时,要轻拿轻放;搬运大物品时,注意协调和防护,防止坠落,伤及其他人或设备。严禁用铁质链条捆扎物品。

(7)使用手动葫芦时,生根要牢固。不准生在脚手架及薄弱的物件上。

(8)安装阀件、管子时,应使用锥形铁棒进行法兰对中,不准用手指伸入法兰螺孔对中,防止手指受到伤害。

(9)高空作业传递物件时,要采取措施,严禁抛接,以防发生坠落事故。

(10)在切割管子余量时,应采取手扶或捆扎等措施,防止管子余料坠落伤人。

(11)严禁在没有安全设施的肋板、横梁、纵梁、横隔板上行走。

(12)进入人孔洞内部工作,要检查或放置人孔洞防护设施;工作完毕后,保持防护设施或安装好人孔盖。

(13)凡在狭小密闭舱室或箱柜、容器内作业时,要保持好良好通风,同时要严格执行双人监护制。人离开狭小密闭舱室或箱柜、容器时,必须随身带出电焊、气割龙头及皮带。

(14)在隔舱壁上开孔,背面一定要有人看管,负责告知其他人员采取保护措施,并检查和保护各类易损舾装件及设备等。如存在木料、泡沫塑料、电缆等易燃物品,必须在征得消防部门的同意并采取防火安全措施后,方可进行施工。

(15)严禁使用没有防护罩的砂轮和砂轮切割机。使用时,应戴好防护眼镜或防护面罩,站在机器侧面,用力适当。

(16)检查并放好各类工具、图纸;尤其是氧气、乙炔、电焊皮带,以防漏气、漏电,或使舱室内充入可燃或窒息气体引起火灾、人员伤亡等事故。

(17)将管子及其他舾装件整齐、稳定地摆放到指定场地,并确保通道畅通。

(18)清理工作场地,将垃圾等杂物放到指定的容器内,尤其是含有易燃介质的废旧抹布等。做到工完料尽场地清。

(19)检查、增加或复位各种物品的防护设施,这些物品包括设备、管子、电缆、附件等。

(20)检查设备、系统、附件等在工作人员离开后所处的状态是否正常和安全,以及是否影响其他工种的正常工作。

注:明火作业"十不烧"具体内容见本章第五节。

第二节　触电防护管理程序

一、目的

为了规范电气设备的安全使用,防止触电和电气事故,确保供电和用电安全,特制定本管理程序。

二、适用范围

造船部门所有用电和供电部门及职工。

三、定义

用电:电气装置在安装、验收合格交付使用后的整个操作、使用、检查和维护过程。

电气装置:一定的空间或场所中若干互相连接的电气设备的组合。

四、职责

(1)用电部门负责本部门的用电安全。

(2)设备部门负责用电设备的电气线路维修安全。

(3)安全环保部门负责安全用电的监督性检查和用电及维修安全培训工作。

五、程序内容

(一)用电安全的基本要求

(1)用电部门应联合安环部门对使用者进行用电安全教育和培训,使其掌握用电安全的基本知识和触电急救知识。

(2)电气装置在使用前,应确认其是否已经过国家指定的检验机构检验合格并得到认可,并确认其符合相应环境要求和使用等级要求。

(3)电气装置在使用前,操作人员应认真阅读产品使用说明书,了解使用中可能出现的危险以及相应的预防措施,并按产品使用说明书的要求正确使用。

(4)用电单位或个人应掌握所使用的电气装置的额定容量、保护方式和要求、保护装置的整定值和保护元件的规格。不得擅自更改电气装置或延长电气线路。不得擅自增大电气装置的额定容量,不得任意改动保护装置的整定值和保护元件的规格。

(5)用电设备和电气线路的周围应留有足够的安全通道和工作空间。电气装置附近不应堆放易燃、易爆和腐蚀性物品。严禁在架空线上放置或悬挂物品。

(6)使用的电气线路须具有足够的绝缘强度、机械强度和导电能力并应定期检查。当电气装置和开关的绝缘或外壳损坏,可能导致人体触及带电部分时,必须立即停止使用,并及时修复或更换。

(7)插头与插座应按规定正确接线,插座的保护接地极在任何情况下都必须单独与保护线可靠连接。严禁在插头(座)内将保护接地极与工作中性线连接在一起。

(8)高低压开关、变压器、电缆、电动机、电容器、防雷装置等一切机电设备的金属外壳必须接地或接零。

(9)不得在带负荷的情况下插拔插头,并且人体不得接触导电极,不应对电源线施加拉力。

(10)正常使用时会产生飞溅火花、灼热飞屑或外壳表面温度较高的用电设备,应远离易燃物质或采取相应的密闭、隔离措施。

(11)用电设备在暂停或停止使用、发生故障或遇突然停电时均应及时切断电源,必要时应采取相应技术防护措施。在因维修切断电源时,必须在切断的电源处挂牌警示,并采用双人监护制。

(12)船上局部照明排灯及生产场所的照明行灯,应采用 36V 电压。压力容器内及潮湿场地,应采用 12V 以下电压的行灯。

(13)船上产品所需 380V 岸电电源,电工应使用四芯插座。线芯截面较大者,需固定接入熔断器内或汇流排上,并需接上接地线。所用四芯橡皮线应涂红色,并指定专人负责日常检修。

(14)当发生人身触电事故时,应立即断开电源,使触电人员与带电部分脱离,并立即进行急救。在切断电源之前禁止其他人员直接接触触电人员。

(15)各种电器设备、电气线路、照明灯具等一律不得私接私拆。

(二) 电气装置的检查和维修安全要求

(1)电工作业人员应经医生鉴定没有妨碍电工作业的病症,并应具备用电安全、触电急救的专业技术知识及实践经验。

(2)电工作业人员应经安全技术培训,考核合格,取得相应的资格证书后,才能从事电工作业,禁止非电工作业人员从事任何电工作业。

(3)电工作业人员在进行电工作业时必须穿戴和使用经定期检查或试验合格的电工用个人防护用品。

(4)当进行现场电气工作时,应有熟悉该工作和对现场有足够了解的电工作业人员来执行,并采取安全技术措施。

(5)当非电工作业人员有必要参加接近电气装置的辅助性工作时,应有电工作业人员先介绍现场情况和电气安全知识、要求,并有专人负责监护,监护人不能兼做其他工作。

(6)电气测量的仪表应有专人负责管理、定期进行安全检验,绝缘用具应定期做耐压实验,以保证安全可靠。严禁安全性能不合格的电气用具投入使用。

第三节　手拉葫芦安全管理程序

一、目的

为了进一步规范手拉葫芦的使用,防止职工在使用手拉葫芦的过程中造成伤害,保证造船部门职工的人身安全,特制定本程序。

二、适用范围

本安全规范适用于施工人员在分段装配、总装和船台搭载、管子安装、设备吊装等所有与手拉葫芦有关的作业活动过程。

三、职责

(1)使用人员负责在使用手拉葫芦作业过程中的正确使用和领用前的检查。

(2)安全环保部门负责教育职工正确使用手拉葫芦,并做好生产现场正确使用的监督工作。

(3)设备工具部门负责发放合格的手拉葫芦,并对不合格的葫芦及时维修或报废处理。

四、程序内容

(一) 手拉葫芦的规范使用

(1)使用人员必须了解手拉葫芦的规格、工作原理和使用范围,严禁超规格、超载荷使用手拉葫芦。

(2)使用人员必须在使用前对所使用的葫芦进行检查,察看其是否有"完好"标志,严禁将无"完好"标志的葫芦投入使用。

(3)使用人员在作业前应充分了解使用场所存在的危险因素,确认悬挂手拉葫芦的构架应牢固可靠,并注意周围的环境和人员,以防止弹击伤人。

(4)用手拉葫芦吊运工件或拉拢物体时,必须确保物体的捆缚连接牢固可靠。用两个手拉葫芦同时起吊一个物体时,必须保持物体的平稳,使葫芦受力均衡,且上升和下降的动作要一致,并且要有专人指挥。

(5)放下物体时,必须缓慢轻放,不允许自行落下或采用拖曳惯性下放。当自锁制动装置失灵时,严禁投入使用。

(6)吊钩上应设置保险卡子,以防脱钩。当吊钩、链条有永久变形、裂纹或者吊钩断面磨损达 10% 时,应当报废更换,严禁再投入使用。

(二) 安环部门管理事项

(1)负责对职工进行正确使用手拉葫芦的教育工作,特别是对新进厂的职工。

(2)定期对施工现场进行检查,加强手拉葫芦安全使用的监督工作。

(三) 设备部门管理事项

(1)设备工具部门负责将使用有效期到期的葫芦送专职检查部门检验,合格后贴上

"完好"标志。

(2)设备工具部门应加强手拉葫芦的管理,进一步做好葫芦的发放、入库、保存等工作。

(3)设备工具部门应做好手拉葫芦的发放登记工作。

(4)对于归还的手拉葫芦,工具室必须检验其是否处于完好状态,并对其进行相应的维修保养工作。如该葫芦存在的问题不能解决,则应及时联系有关部门进行大修或进行报废处理。

第四节　皮带使用安全管理程序

一、目的

防止造船部门职工在使用皮带过程中因爆裂可能造成的人身伤害和中毒事故的发生。

二、适用范围

本安全规范适用于造船部门的各种气体皮带、电焊皮带及碳刨皮带的规范使用和安全防护工作。

三、职责

(1) 操作人员负责正确使用各类皮带。

(2)安环部门负责教育职工正确使用各类皮带,并做好生产现场正确使用的监督工作。

(3)设备部门负责发放合格的各类皮带,并对磨损严重、老化的皮带予以及时报废处理。

四、主要内容

(一) 使用单位的规范使用

(1)新氧乙炔皮带应吹清里面的防粘粉末,并必须按规定颜色标记使用。

(2)在工作前应检查氧乙炔皮带的完好程度,发现破损立即进行修理,且接头处必须用铅丝扎牢,以防漏气造成燃烧或爆炸。

(3)电焊、碳刨皮带发现损坏,应及时修理或更换,以防触电事故发生。

(4)使用者在使用前必须明确所使用气包的气压和所使用皮带的额定压力和规格,使皮带所受的压力低于皮带额定压力,以防皮带超压爆裂,导致安全事故。

(5)发现皮带老化时,必须及时更换新的皮带。严禁使用破损老化的皮带。

(6)在狭小的舱室和容器中进行气割或电焊作业时,应加强作业区域的通风,并严格执行双人监护制度,监护人必须坚守岗位,发现问题及时采取措施。

(二) 安环部门的管理事项

(1)负责对职工进行规范使用皮带的教育工作,特别是新进厂的职工。

(2)定期对施工作业现场进行检查,加强对皮带安全使用的监督工作。

第五节　防火防爆安全管理程序

一、目的

为有效防止火灾、爆炸事故发生,保障国家的财产安全和职工的人身安全。

二、范围

本规定适用于造船部门明火作业、电气设备管理及化学危险物品的存储、运输与使用。

三、职责

(1)明火作业、电气安装、化学危险物品的储存、运输与使用人员应严格按照本程序工作要求规定执行。

(2)造船部门涉及上述范围的部门应对职工加强教育,并对作业过程进行监控、检查。

四、工作要求

(1)明火作业坚决做到"十不烧":

①无安全操作证或持学习证人员没有正式明火作业人员指导不烧。

②禁火区未经审批,没有安全措施,消防人员未到场,以上三条中有任意一条存在不烧。

③不了解焊接物内部情况不烧。

④不了解现场和焊割部位相邻情况不烧。

⑤作业内部与外部接触处有可燃物,没有安全措施不烧。

⑥盛放过易燃易爆、有毒有害物质的容器,未经彻底清洗不烧。

⑦用可燃材料做隔层的设备、部位,未隔离或未采取可靠安全措施的不烧。

⑧有压力或密封的管道、容器不烧。

⑨附近有易燃易爆物品,未彻底清理或未采取有效的安全措施前不烧。

⑩作业场所附近有与明火作业相抵触的作业不烧。

(2)明火作业前,操作人员对操作工具、作业区及邻近区域,进行全面检查,确保安全后,方可施工。

(3)明火作业中应随时注意作业场所及邻近区域的情况,发现不安全因素,要及时采取安全措施后方可继续施工。

(4)明火作业后,操作者必须关闭乙炔、氧气、电焊机等,并巡查四周,严防余火引起火烧。

(5)凡在狭小舱室、容器内等危险场所进行明火作业,必须在有人监护的情况下方可动工。

(6)在盛装过易燃液体、气体的容器(如油舱、油柜等)和管道、贵重物品、易燃易爆危险品仓库、油漆间、木工间、资料室等禁火区动火,应严格执行工厂三级动火申请、审批、现场监督制度。

(7)在船舶主机吊装后的机舱内动火,应严格执行工厂三级动火申请、审批、现场监督制度。

(8)所有电气设备、线路的安装、检修,均应由专业电气人员进行,各种电气或照明等设备在工作完毕后,必须切断电源。

(9)所有电气设备和线路,必须符合有关的安全规程,不得超负荷使用。电气设备周围禁止堆放杂物和易燃、易爆化学危险物品,保持环境整洁干燥。

(10)有燃烧、爆炸危险的气体或粉尘工作区域必须使用防爆型电气设备。

(11)堆放各类化学危险物品的仓库必须具备良好通风,严禁各类火种的进入;装卸和搬运化学危险物品时必须轻装轻卸。

五、相关文件

(一)三级动火申请、审批、现场监督制度

三级动火申请、审批、现场监督制度

一、动火范围的划分

1. 一级动火范围

(1)盛装过各种油类的油舱、油箱及受压密封设备和容器。

(2)公司内防火重点要害部位(氧气站、乙炔站、油化库、电石库等)。

(3)有可能影响全公司或造成重大损失的场所。

2. 二级动火范围

(1)已安装主、副机的舱室及驾驶室、报房、海图室、声纳室等安装有重要仪器的舱室。

(2)已安装软木、泡沫塑料、木板、塑面板、电缆等可燃物部位。

(3)各车间(科室)储存、使用一、二级易燃液体的化学或危险品仓库、工场以及木工间、资料室等。

3. 三级动火范围

除一、二级动火范围外,凡属非固定的没有明显危险因素的场所,必须临时进行动火焊割的都属三级动火范围。

二、程序

(1)申请部门填写"一级/二级/三级动火申请、审批单"(见附录B、附录C、附录D),部门主管领导、监造师或调度员负责人签字,隔天向消防队提出申请。

(2)动火前,消防、安环等有关部门人员到位,检查落实防火措施。

(3)停止作业或下班前要切断电源,拆除气包、氧、乙炔接头,熄灭火种。严格执行氧气、乙炔气使用的安全操作规程,同时严禁火种进入生产区域。

三、各相关人员按动火申请、审批表签署意见操作,超越审批同意的范围和时间,动火审批表即告失效,焊割工应拒绝动火。

(二)相关记录

(1)一级动火申请、审批单

一级动火申请、审批单

No:

车间(科室)	工段(股组)	班 组	申 请 人	申请时间
				年 月 日

动火人	动火证号	动火监护人	监护证号

动火时间	年 月 日至 日 上午: 时至 时 下午: 时至 时		
动火 部位 施工 项目		申请 部门 防范 措施	
申请部门负责人意见:		签名: 证号: 年 月 日	
监管部门(安全)意见:		签名: 证号: 年 月 日	
监管部门(消防)意见:		签名: 证号: 年 月 日	
监造(修)师意见(注1):		签名: 证号: 年 月 日	
企业防火负责人意见:		签名: 证号: 年 月 日	
船方负责人意见(注2):		签名: 证号: 年 月 日	

注:1. 监造(修)师仅审批一级动火范围的第(1)、(3)种部位。

　　2. 船方负责人审批修船产品一级动火范围的第(1)种部位。

(2) 二级动火申请、审批单

二级动火申请、审批单

No:

车间(科室)	工段(股组)	班 组	申 请 人	申请时间
				年 月 日

动火人	动火证号	动火监护人	监护证号

动火时间	年 月 日至 日 上午: 时至 时 下午: 时至 时		
动火 部位 施工 项目		申请 部门 防范 措施	
申请部门负责人意见:		签名: 证号: 年 月 日	
监管部门(消防)意见:		签名: 证号: 年 月 日	
监管(修)师意见(注1):		签名: 证号: 年 月 日	
船方负责人意见(注2):		签名: 证号: 年 月 日	

注:1. 监造(修)师仅审批二级动火范围的第(1)、(2)种部位。

　　2. 船方负责人仅审批修船产品的二级动火范围的第(1)、(2)种部位。

362

（3）三级动火申请、审批单

三级动火申请、审批单

No：

车间(科室)	工段(股组)	班　组	申 请 人	申请时间
				年　月　日
动火人	动火证号		动火监护人	监护证号

动火时间	年　月　日至　日　　上午：　时至　时　　下午：　时至　时

动火部位施工项目		申请部门防范措施	

车间安全员意见：　　　　　　　　　　　　　签名：
　　　　　　　　　　　　　　　　　　　　证号：
　　　　　　　　　　　　　　　　　　　　　　　　年　　　月　　　日

车间负责人意见：　　　　　　　　　　　　　签名：
　　　　　　　　　　　　　　　　　　　　证号：
　　　　　　　　　　　　　　　　　　　　　　　　年　　　月　　　日

第六节　防止物体打击管理控制程序

一、目的

为了减少和控制施工作业过程中的物体打击伤害，特制定本程序。

二、范围

本程序适用于造船部门的加工、打磨、装配、焊接、分段/总组/设备吊运(翻身)及管子等物件吊运等施工作业过程。

三、职责

（1）设备工具部门负责提供质量性能合格的操作工具给施工作业人员；
（2）施工作业人员负责作业过程中正确使用工具；
（3）起重工负责注意观察吊装、翻身过程中的作业环境；
（4）安环部门负责生产现场的职业健康安全环境的检查监督工作。

四、程序内容

（1）进行立体施工作业时，上下层作业人员要错开。
（2）行人要尽可能在安全通道上行走。
（3）零件加工作业
①使用三芯辊时，应将轧辊校到和工件的厚度相适应的位置，防止板料翘起伤人。不

得站在工件或垫板上进行操作。

②用油压机压制或矫正工件时,不得用不规则的临时垫铁或圆钢等作压垫矫正,禁止使用脆硬垫铁,垫铁应放置正中,不要偏歪,防止弹出伤人。

③使用肋骨冷弯机操作前,应先将工件顶牢。操作时,根据工件的材料性能,适当地加压,防止工件断裂飞出伤人。肋骨冷弯机的两侧禁止站人。撑端头时,垫头要垫得平均,另一端不要站人,防止甩动伤人。

④刨(铣)边机上刀具装夹要牢固,刀具应完好无损。刨(铣)切削前,钢板各个压点应压紧。加工中若板料松动,应停车压紧后再进行加工。

⑤砂轮机的防护罩应完好无损。使用砂轮机磨削时,人应站在砂轮的侧面。

⑥火工作业使用榔头时,应先敲压紧榔头,敲榔头时不准戴手套;同时要看清周围情况,对面不准有人,严防榔头飞出伤人。松铁马要轻敲慢松,防止铁马飞出伤人。

(4)打磨作业

①打磨宜采用风动的除锈工具。

②施工前,操作人员必须检查工具是否达到完好状态,即防护罩完好无损,工作部件无裂纹,防松脱锁卡完好,风管、接头、气阀、开关必须完好无漏气。

③操作人员要正确使用打磨工具。

④操作人员应带好安全防护手套。

(5)装配焊接作业

①装配工在进行割除余量、吊环、临时加强材等操作时,应采取一定措施,禁止乱抛,严防物件坠落伤人。

②使用榔头时,应先敲压紧榔头,敲榔头时不准戴手套;同时要看清周围情况,对面不准有人,严防榔头飞出伤人。

③松铁铮或铁马要轻敲慢松,防止铁铮或铁马飞出或坠落伤人。

④设备、工具、材料等放置要平稳,要有防滑防坠措施,且脚手架上不得放置超面积、超负荷的物体。

⑤开启气瓶时,操作人员应站在侧面,以防接头飞出伤人。

(6)管子安装作业

①在甲板开孔、切割管子、支架余量时,应采取措施,防止割下的余料坠落伤人。割下的余料应放置稳妥,有序搬运至余料箱内,禁止乱抛。

②管子预舾装结束后,应将多余的物品,如管子、支架、支架复板、管夹、螺栓、螺母以及切割下的余料全部取出,所有安装的管子都用支架固定牢固,带运管带运可靠,确保分段翻身时无物件落下。

③在船上进行立体作业时,所有物件,包括管子、阀件、支架等都必须放到稳妥的地方,不要放在走道及舱室开口边缘,以防坠落。放在脚手板上的物品要有可靠措施防止人走动时滚落。

(7)分段、总组、设备吊运(翻身)作业

①吊运(翻身)的分段、总组重量(包括舾装件、管子、吊环、加强材等)、设备重量不允许超出起重机械的额定起重范围。

②起重工根据分段、总组、设备重量及吊运(翻身)要求,选用匹配的吊索夹具,棱角快

口处必须有垫衬。

③根据大型分段、总组特点,技术员和起重工选择合理的翻身方式、翻身场地。

④对大型分段、总组、设备的吊运(翻身),施工技术部门制订吊运(翻身)方案,设备工具部门检查起重机械,并进行跟踪保驾。

⑤分段吊运或翻身前,施工单位要清除杂物,固定好活动物件,舾装件、散装件等要搭焊牢固,防止跌落伤人。

⑥地面相关作业人员应站在开阔、上风处,防止物件打击。

⑦安环科应监督分段、总组、设备吊运(翻身)的安全工作,不准人员在吊物下方或翻身场地里任意走动或停留。

(8)物件吊运作业

①起重作业人员要根据所吊物件重量,合理选用匹配的吊索夹具。

②起重作业人员要根据物件形状、重量、重心及角度,合理布置吊点位置,生根要牢靠,防止吊运过程中物件跌落。

③对于大量散件一起吊装时,散件一定要用钢丝绳捆扎牢靠,棱角快口处必须有垫衬,防止吊运过程中物件滑落或散落伤人。

④地面相关作业人员应站在开阔、上风处,防止物件打击。

⑤安环部门应监督物件吊运过程中的安全工作,不准人员在吊运物件下方任意走动或停留。

第七节　高空作业安全管理程序

一、目的

为确保高空作业设施安全可靠,防止高空坠落,保障职工在登高作业中的人身安全和健康。

二、适用范围

造船部门所有职工在 2m 以上有坠落可能的场地、洞口、脚手架等地方的施工过程。

三、职责

(1)造船部门所属各单位必须加强对参与高空作业的职工进行高空作业安全知识的教育与监督。

(2)安环部门加强生产现场和施工现场高空作业的安全检查工作。

四、工作要求

(1)对患有高空禁忌症的人员,不得从事高空作业。

(2)进入作业场所人员一律戴好安全帽,系好安全防护带,2m 以上高处作业人员都必须将安全防护带抛锚固定,搭扣应扣在牢固的物件上并做到高挂低用,以防坠落。

(3)职工在工作前必须检查安全带的紧身带、绳子、搭扣是否处于良好状态,如发现失效,应立即更换。

(4)登高设施要符合规范,脚手架、脚手板搭设应严格按照脚手架安全管理规定。

(5)登高作业所携带的工具、物件必须放置稳妥,严禁将任何物件往下扔,不准危及他人的安全和影响作业环境。

(6)在脚手架上或其他危险区域内不准卧睡休息及嬉戏打闹。

(7)夜间作业,必须设置足够的照明设施。

(8)遇有六级以上强风的时候,禁止露天悬空登高作业。脚手板等高处作业场所,遇有霜、雪、冰冻应及时清除,采取防滑措施。

(9)在有可能产生物体坠落的情况下,应用防护栏防止物体坠落,或使物体远离高处的边缘,或及时清除可能坠落的物体。

(10)在 2m 及以上的工作场所边缘、洞口、脚手架上作业时,必须有坠落保护系统,包括安全带、安全网、防护栏、人孔盖及个人坠落控制系统。

(11)水上高空作业必须穿好救生衣,系好安全带。

第八节　明火作业安全管理程序

一、目的

控制明火作业的安全,减少明火作业对人体的伤害,维护职工的身体健康,保护环境,节约能源。

二、范围

适用于造船部门的钢材(钢板、型钢、钢管等)切割、焊接、碳刨、火工等明火作业过程。

三、职责

(1)安环部门负责施工作业过程中的职业健康安全环境的现场监督检查工作;

(2)生产管理人员应合理安排生产,防止弧光、熔渣对其他作业人员造成伤害;

(3)施工作业人员要戴好相关的劳防用品,做好劳动保护工作。

四、内容

(1)钢材切割工作

①气割平台的底部必须保持通风,平台下的熔渣和杂物应经常清理,以防乙炔、丙烯等气体沉积发生火灾、爆炸。

②切割平台的格挡板间隔不能大于 150mm。

③工作前,气割工应检查皮带、接头、割具等是否完好、紧固。阀门及紧固件应紧固牢靠,不准有松动漏气现象。

④检查气瓶及气包上的回火装置是否完好有效。

⑤等离子数控切割机的吸尘系统应定期保养,保持吸尘管道畅通,使吸尘处理装置有效工作。

⑥在高空切割拉撑、角铁、吊环、余料等物时,必须采取安全措施,以防上述物件坠落伤人。

⑦禁止使用割炬的火焰做照明,严禁使用氧气做通风气源。

⑧切割时,操作人员应戴好专用的防光眼镜、耳塞、防尘口罩。

⑨气割时,操作人员还应戴好专用手套。

(2)焊接、碳刨工作

①工作前应认真检查工具、设备是否完好,焊机、碳刨设备的外壳是否有可靠的接地装置。

②焊钳、碳刨龙头必须绝缘良好,焊线要经常检查、整理,如发现破皮轧坏等,应及时用胶布包扎好或调换,防止短路、触电。

③焊机、碳刨设备的接地线和焊接工作搭铁线,不准搭在各种气瓶、管道、脚手架、钢丝绳、轨道、屋架、储罐等上面。工作回线不准接行灯线。

④各施工单位要积极进行高效焊接工艺技术培训,大力推行CO_2半自动焊以替代传统手工焊,采用高效焊接工艺技术进行船舶建造施工,以减少烟尘的排放。

⑤施工人员在进行焊接工作前,戴好防尘口罩和其他相关的劳防用品,做好劳动保护。

⑥施工单位根据工艺要求,对施工人员进行合理优化布局,以减少烟尘排放点。无关人员应撤离施工现场;若必须在现场进行施工,则必须戴好防尘口罩。

⑦施工人员应严格按照图纸工艺要求进行施工。

(3)火工作业

①火工钢平台下应定期进行通风,以防乙炔、丙烯等气体沉积发生火灾、爆炸。

②使用榔头时,应先敲压紧榔头,敲榔头时不准戴手套,同时要看清周围情况,对面不准有人,严防榔头飞出伤人。

③进行水火弯板时,松铁马要轻敲慢松,防止铁马飞出伤人。

④操作人员应戴好专用的防光眼镜、耳塞等劳防用品。

(4)多人立体作业时,站立位置要互相照顾、叉开进行,防止物体打击、熔渣烫伤烧伤。并妥善放好工具和材料,严防落下伤人。

(5)高空作业时,施工作业人员应戴好安全带,且安全带抛锚牢固。

(6)在拉皮带时,要注意皮带是否被其他物件挂住,不要强拖硬拉,更不要拉龙头线一端,防止物件被皮带带动落下和脱接伤人。

(7)在易燃易爆物品附近严禁明火作业。必要时采取有效的安全措施,并经消防部门检查同意后方可施工。

(8)在舱室围壁等地方进行明火作业时,应仔细检查周围环境和相邻舱室围壁的情况,确认安全后,方可进行明火作业。

(9)在密闭、狭小舱室内明火作业时,必须要有良好的通风,并实行双人监护制度,监护人不得擅自离开工作岗位,发现问题及时采取措施。工作完毕,操作人员应及时将皮带拉出舱室。

(10)明火作业须遵守"明火作业十不烧"。

(11)工作结束应切断电源,关闭气源,检查现场,灭绝火种。

第九节　密闭舱室相关作业安全管理程序

一、目的

杜绝险肇事故发生,保障职工生命安全,确保生产有序进行。

二、范围

本程序适用造船部门建造的各类产品(具体场所视各类产品情况而定)。

三、职责

(1)各级生产部门、班组在安排工作中应充分考虑到涉及密闭舱室、危险场所等部位的不确定因素,强化安全管理,在狭小、封闭、危险场所作业实行双人监护制。

(2)各部门涉及上述舱室作业时,应由作业长以上管理干部对作业区域进行蹲点监控,及时了解作业情况并采取应对措施。

(3)安环部门负责对在密闭舱室及狭小、封闭、危险场所的作业实行双人监护制,落实安全措施并进行监督、检查。

四、内容

(一) 封舱作业

(1)所有密性和强度试验及加油加水的舱室、容器(柜)等,在封舱、封盖前一天均由生产管理部门负责发送《封舱作业单》,通知作业车间和相关部门,作业车间落实封舱责任人。

封舱作业单

工程编号		产品名称		地　　点	
舱　名			封舱时间		
封舱作业部门			封舱责任人		
封舱人签字			具体封舱时间		
封舱责任人确认签字			生产管理部门确认签字		
备　注	(1)封舱前认真查舱,确认无人方可封舱; (2)查舱完毕后,应及时封舱,所有螺母必须拧紧; (3)各相关部门收到本通知单后,应及时将信息反馈给生产管理部门				

(2)接到《封舱作业单》的相关部门必须妥善协调各工种的作业程序,认真贯彻执行安全工作"五同时"(即计划、布置、检查、总结、评比生产的同时,要计划、布置、检查、总结、评比安全工作),并将有关信息反馈给生产管理部门。

(3)封舱人员在封舱、封盖前一定要钻入工作舱室进行全面检查,人孔出入口要有专人看管,看管人员不得擅自离开岗位,实行双人监护。

（4）封舱人员查舱工作完毕，确认舱室内无人后，应立即封舱、封盖，并按有关工艺要求拧紧所有螺母。如离开过现场，则应重新查舱。

（5）封舱完毕后，由车间封舱责任人确认封舱情况，最后由生产管理部门建造师确认封舱情况。

（6）建造师收到完备的《封舱作业单》后，方可安排加油加水、泵气、密性或强度试验工作。

（二）泵气、密性操作

（1）泵气密性所用的压力表、泵等仪器设备必须要有有效合格证书，并经常检测，保证使用时准确和安全可靠。

（2）封盖上螺母必须拧紧，防止受压后，盖子及螺母弹出伤人。

（3）泵气压力不得超过工艺规定压力，作业过程中，应专人监护。

（4）密性试验工作完毕，应缓慢放气，使压力逐渐减小，谨防螺母、人孔盖等飞弹，以防发生意外。

（5）在高处外板冲水时，必须佩戴安全带。江面外板冲水时，除了戴好安全带外，还必须穿好救生衣。

（三）大舱强度实验

（1）封盖上螺母必须拧紧，防止受压后，盖子及螺母弹出伤人。

（2）打水前，应认真检查与试验无关的舱室的压载总管上阀门是否处于闭合状态。

（3）水压不得超过工艺规定压力，作业过程中，应专人监护。

（四）狭小、封闭、危险场所作业

（1）电焊机设备接线等必须规范。

（2）电焊龙头、皮带绝缘必须完好无损。

（3）当人体潮湿时不可用手接触更换焊条。

（4）作业场所应备有安全电压的小型移动式通风机。

（5）必须执行双人监护制，监护人必须在操作者近旁监控。当监护人有事离开，必须通知施焊者停止作业。

（6）如发生触电，监护人必须迅速切断电源，并进行现场急救。

（7）对氧乙炔、电焊（包括 CO_2 气体）等皮带应每天进行检修，发现破损，及时包扎完好，皮带应随人进出，不得滞留在作业场所。

（8）加强狭小舱室易燃物品的清理，加强通风，防止燃烧或窒息。

（五）加强监查力度

相关船舶建造师、安全人员要加强监查力度，确保全过程的作业安全。

第十节　溺水防范管理程序

一、目的

防止在船舶生产和基础设施建设中溺水事故的发生。

二、适用范围

在船舶密性试验、下水、出坞、码头作业、试航和基础设施建设时防止溺水的安全管理。

三、职责

(1)各有关作业人员必须佩戴好相关的劳防及救生用品；

(2)安环部门负责现场施工作业过程中的安全检查监督工作。

四、程序内容

(1)在码头作业中,高处外板冲水时,必须佩戴安全带。江面外板冲水时,在佩戴好安全带的情况下,还必须穿好救生衣。

(2)在码头作业中,进行舷侧外板排水管的电焊作业和外板打磨时,必须佩戴好安全带和穿好救生衣,防止作业时坠入江面。

(3)对因基础设施改造而产生的积水深坑,当面积超过 $0.5m^2$、深度超过 $1m$ 时,施工单位应及时通知安环部门,在危险源区域用防护栏或防护带隔离,或在上面设置安全防护盖,防止职工坠入深坑。

(4)船舶在下水时,应划出禁区,禁止无关人员进入。

(5)船坞放水前,应加强对坞内的检查,确认坞内无人方可放水。放水期间,进坞道口应挂禁入标记,并指派专人看守,防止有人进入发生意外。

(6)船舶出坞前,临时加压载水的舱室应在敞开人孔处挂禁入标记。

(7)船舶出坞时,在船坞周围作业的职工和船上配合作业的职工应佩带安全带,防止人员坠入江面。

(8)在浮吊及其他船只上作业时,应穿好救生衣。不准穿拖鞋,不得在船舷旁跨越船挡上岸或下船,不准窜跳。

(9)船舶停靠码头或其他船旁时,架设的跳板两旁应有栏杆,下面要拉安全网,以防落水事故。

(10)船舶在停靠码头时,未停妥,尚未架设上下跳板前,禁止一切人员任意跨越上岸,防止坠入江内。

(11)码头调试期间,舷旁作业人员应保持适当作业距离,防止受挤压落水。

(12)在船舶航行过程中,严禁用桶从江中打水,以防止落入水中。在高速航行时,船上人员一律不准坐在船舷两旁或带缆桩上,以防浪花冲击落水。

(13)船在夜航中,船上人员不要在室外甲板、船舷等处停留,应回到指定的地方休息,以防止发生意外事故。

(14)船舶试航中,进行操舵试验时,甲板上除了值班人员外,其他人员都必须回到舱室内。

(15)船舶试航中,进行甲板项目试验时,参与试验人员应穿好救生衣。在甲板上行走时应拉牢防浪绳或栏杆。

(16)船舶试航中,人员接送应做好安全防护措施,舷梯需专业人员操作。

(17)船舶航行途中遇到大风大浪时,操作人员应穿好救身衣,并要加强值班检查。值班人员至少要有两人在一起,不准单独行动。

(18)船舶下水后,安环部门要加强船舶产品的安全检查,对于船上暗、险、狭小区域的人孔要及时设置防护栅栏。

第十一节　冲洗过程中漏油控制程序

一、目的

使冲洗过程中漏油情况得到控制,防止油料流入周围水域和机舱底部。

二、范围

本程序适用船舶所有冲洗系统,包括主辅机燃油、滑油系统和甲板机械液压油系统。

三、职责

(1)加油相关部门负责加油过程漏油控制。

(2)冲洗相关部门负责冲洗过程漏油控制。

(3)环保部门负责污油水、含油布料的处理工作。

(4)生产管理部门负责冲洗结束后冲洗用油的处理。

四、工作程序

(一)利用冲洗车冲洗的场合

(1)检查冲洗车污油箱。污油箱应有足够的污油容纳空间,污油箱出油阀(或螺塞)安装完好。

(2)检查油盘。滤器的下方应有油盘,油盘的大小应保证更换滤纸时,油不会滴到油盘外面,滤器的出口应能使油顺利流回油箱,否则,滤器两端装有隔离阀。

(3)检查放油阀。管路最低位置应有放油阀。

(4)检查冲洗管路连接情况,管路安装应完好,螺丝无松动。

(5)管路注油后检查管路有无渗漏,如有及时消除。

(6)更换滤纸时,需停车,待油从滤器流出一部分后再打开滤器,取出滤芯,更换滤纸。更换过程中滤芯处于油盘上方,更换下来的滤纸在油流完后方可移到油盘外面。

(7)冲洗结束后,需用压缩空气或氮气将油吹回冲洗车油箱,再打开放油阀,放完剩油,放油阀放出的油必须回油箱或其他容器内。

(8)油盘内的油满后,倒入污油箱。

(9)在拆下冲洗临时管时,少量滴落在甲板上的油,用木屑吸干,抹布擦净,清扫后倒入专用含油垃圾收集箱,然后由环保部门负责处理。

(10)污油箱满后,驳运到码头专用废油箱,然后由环保部门负责处理。

(二)利用船上油舱冲洗的场合

(1)检查油舱的容积,油舱应足以容纳所加的油料。

(2)检查加油管路及油舱上有关阀件,确保阀件开闭正确。

(3)对管路中的遥控阀,应确保遥控阀的动力源正常供给,勿使因动力源中断自动关阀。

(4)用加油船向船上加油时,应及时测量油位。结束时,应先停加油船输油泵,然后关闭船上阀件。

(5)检查油盘。滤器的下方应有油盘,油盘的大小应保证更换滤纸时,油不会滴到油盘外面,滤器的出口应能使油顺利流回油舱,否则,滤器两端应装有隔离阀。

(6)检查放油阀。管路最低位置应有放油阀。

(7)检查冲洗管路连接情况。管路安装应完好,螺丝无松动。

(8)管路注油后检查管路有无渗漏,如有及时消除。

(9)更换滤纸时,需停车,待油从滤器流出一部分后再打开滤器,取出滤筒,更换滤纸。更换过程中滤筒处于油盘上方,更换下来的滤纸在油流完后方可移到油盘外面。油盘内的油通过船上燃油、滑油泄放管路流入泄放柜,然后由船上系统进行处理。

(10)冲洗结束后,需用压缩空气或氮气将油吹回油舱,再打开放油阀,放完剩油,放油阀放出的油必须回油舱或其他容器内。

(11)冲洗结束后,油舱内的油根据生产部门安排,或经分离后供船上使用,或用输油泵驳运到码头专用油柜。

(12)在管子复位时,少量流入舱底的油,混入舱底水,由环保部门负责将污油水抽至污油水处理船舶或岸上污油水箱,然后进行处理。

(13)擦洗机舱甲板或油舱的布料,收集到专用的含油垃圾箱内,然后由环保部门处理。

五、相关记录

(1)燃油加油漏油控制记录表

燃油加油漏油控制记录表

工程编号:		产品名称:		加油日期:	
实施情况:					
实施部门:			实施人:		
部门主管:			日期:		

注:实施情况分为正常和不正常,如果不正常,则写明原因、漏油情况和处理经过。

(2)冲洗过程漏油控制记录表

冲洗过程漏油控制记录表

工程编号:		产品名称:	
冲洗系统:		冲洗起始日期:	
实施情况:			
实施部门:		实施人:	
部门主管:		日　　期:	

注:实施情况分为正常和不正常;如果不正常,则写明原因、漏油情况和处理经过。

第十二节 管系工职业健康保护措施

一、目的

规范保护措施,防止管系工在作业过程中受到健康损害。

二、范围

适用于管子加工、管子安装、系泊试验和试航等作业过程。

三、职责

(1)安环部门负责职工职业健康保护教育和现场监督检查;
(2)管系工负责在生产作业过程中的自我保护。

四、程序内容

(一)防噪声措施
(1)从事管子切割、打磨等噪声大的作业,必须戴好防护耳塞。
(2)在系泊试验阶段,机舱内进行工作的人员应戴防护耳塞,工作间隙内可按生产组织部门的安排进入到噪声较小的舱室。
(3)在试航过程中,机舱内的人员应戴上防护耳塞。

(二)防尘毒措施
(1)在管子加工车间以及合拢管制作场所进行管子切割、焊接、打磨作业时,必须运行吸尘、除尘和通风设施。
(2)在船上舱室内进行切割、焊接作业,必须运行通风设施。
(3)在尘毒浓度较高的作业场所,暂时又无法采取有效措施的情况下,操作人员应正确佩带个人呼吸防护用品。

(三)防电焊弧光措施
(1)电焊前检查面罩防光玻璃是否完好;如发现玻璃损坏,必须更换。
(2)管子或支架定位焊时,施焊人员必须戴好面罩,扶持管子、支架的人员必须转向,避免眼睛对准弧光。
(3)在电焊区域工作,应在电焊区域放置挡板,如无法放置挡板,应背对电焊弧光工作。

(四)防中毒措施
1. 配合焊工进行氩弧焊定位时
(1)确认工作场地空气流通,装有通风排毒装置。通风装置失效时,应停止工作。
(2)手工氩弧焊时,焊工、管系工都应戴好防尘口罩。
(3)不准在焊接区域吸烟或进食。
2. 在进行管子、支架油漆作业时
(1)作业场所应加强通风、排气,并禁止明火和吸烟。

(2)在调和油漆和进行涂刷作业时,应穿戴好个人防护用品。操作中,发现有头晕、呕吐等不适现象,应立即离开作业场所休息,呼吸新鲜空气。

(3)食前要洗手,洗手应用肥皂和洗洁精,禁止用汽油、香蕉水等溶剂洗手。

3. 在进行不锈钢焊缝钝化处理时

(1)使用钝化膏时,必须穿上橡胶靴,戴上手套及防护眼镜。

(2)通风不佳处使用适当的呼吸设备。

(3)如果接触到钝化膏,应立即移出污染区,到敞开的空间就医;皮肤接触后,应立即脱下污染衣服,用大量的清水冲洗再就医;眼睛接触后,15min内用大量的清水冲洗,保持张开眼睛再就医。

(4)误食后不停地用清水漱口并不要使其呕吐,立即叫救护车。

复 习 题

1. 管子工的个人防护用品中有安全帽、安全带、救生衣和防护眼镜,这些用品在什么情况下使用?

2. 使用砂轮机切割管子时,人应站在什么地方?

3. 在管子加工车间进行管子水压试验时,有哪些安全注意事项?

4. 外场管系工在狭小密闭舱室或箱柜内作业时,有哪些安全注意事项?

5. 明火作业十不烧的具体内容是什么?

6. 在船上工作,因照明设施欠缺,管系工是否可以自己安装电线和电灯?

7. 执行冲洗过程中漏油控制程序的目的是什么?

8. 在进行管子、支架油漆作业时,应采取哪些防毒措施?

附录 已修订的符合 JIS 标准的 CBM 标准与 CB 标准号的对照表

在编写本书的过程中,不少符合 JIS 标准的 CBM 的阀件标准已经修订为 CB 标准,并且内容也有一些修改。尽管随着 CB 标准的发布,CBM 就随之作废,但现在是过渡期,很多工厂仍在使用,所以读者可以根据下面的对照表查阅相关的标准。

已修订的符合 JIS 标准的 CBM 标准与 CB 标准号的对照表

序号	CB/T 标准	CBM 标准	序号	CB/T 标准	CBM 标准
1	CB/T 4001—2005	CBM 1115	19	CB/T 4019—2005	CBM 1127
2	CB/T 4002—2005	CBM 1048	20	CB/T 4020—2005	CBM 1121、1122
3	CB/T 4003—2005	CBM 1049	21	CB/T 4021—2005	CBM 1041
4	CB/T 4004—2005	CBM 1051、1116	22	CB/T 4022—2005	CBM 1131
5	CB/T 4005—2005	CBM 1052	23	CB/T 4023—2005	CBM 1037
6	CB/T 4006—2005	CBM 1057	24	CB/T 4024—2005	CBM 1078
7	CB/T 4007—2005	CBM 1087、1119	25	CB/T 4025—2005	CBM 1126
8	CB/T 4008—2005	CBM 1088、1120	26	CB/T 4026—2005	CBM 1091
9	CB/T 4009—2005	CBM 1089	27	CB/T 4027—2005	CBM 1092
10	CB/T 4010—2005	CBM 1081	28	CB/T 4028—2005	CBM 1090
11	CB/T 4011—2005	CBM 1082	29	CB/T 4029—2005	CBM 1080
12	CB/T 4012—2005	CBM 1069	30	CB/T 4030—2005	CBM 1125
13	CB/T 4013—2005	CBM 1170	31	CB/T 4031—2005	CBM 1135
14	CB/T 4014—2005	CBM 1071	32	CB/T 4032—2005	CBM 1107
15	CB/T 4015—2005	CBM 1075	33	CB/T 4033—2005	CBM 1109
16	CB/T 4016—2005	CBM 1176	34	CB/T 4034—2005	CBM 1110、1111（部分）、1113、1114
17	CB/T 4017—2005	CBM 1077			
18	CB/T 4018—2005	CBM 1130	35	CB/T 4035—2005	CBM 1111（部分）

参 考 文 献

[1]叶平,乔国梁 . 船舶管系工工艺 . 哈尔滨:哈尔滨工程大学出版社,1994.

[2]施正一 . 船舶管铜工工艺学(中级). 哈尔滨:哈尔滨工程大学出版,1985.

[3]谢祚水 . 船舶与海洋工程概论 . 北京:国防工业出版社,1998.